W0254786

Seibt

Organisation von Software-Systemen

Betriebswirtschaftliche Beiträge
zur Organisation und Automation

Schriftenreihe des

 Betriebswirtschaftliches Institut für Organisation
und Automation an der Universität zu Köln

Herausgeber: Professor Dr. Erwin Grochla, Universität zu Köln

Band 18

Dr. Dietrich Seibt

Organisation von Software-Systemen

Betriebswirtschaftlich-organisatorische Analyse
der Software-Entwicklung

Betriebswirtschaftlicher Verlag Dr. Th. Gabler, Wiesbaden

ISBN 978-3-409-31075-8   ISBN 978-3-322-87907-3 (eBook)
DOI 10.1007/978-3-322-87907-3

Geleitwort des Herausgebers

Die Anwendung automatischer Datenverarbeitungsanlagen zur Erfüllung umfangreicher und komplexer Aufgaben induziert eine Vielzahl betriebswirtschaftlich-organisatorischer Problemstellungen. Im Mittelpunkt der wissenschaftlichen Diskussion stehen gegenwärtig besonders die Probleme der wechselseitigen Anpassung von Computern und Computer-Benutzern im Prozeß der Schaffung integrierter Informations- und Entscheidungssysteme. Dieser Prozeß und seine Ergebnisse unterliegen der Bewertung aus der Sicht der jeweils geltenden Zielkonzeption und vollziehen sich im Rahmen des Organisationsspielraums, den beispielsweise eine Unternehmung als das umfassendere System bietet.

Eine zweite wichtige Gruppe von Problemstellungen ergibt sich aus der Notwendigkeit, bereits die vor der Anwendung ablaufenden Phasen der Entwicklung und Konfigurierung von Computer-Systemen als wirtschaftliche Prozesse zu gestalten.

Sowohl die Schaffung von Computer-Systemen als auch ihre spätere Anwendung zur Lösung von Problemen sind Aktivitäten, bei deren Ausführung das Prinzip der Wirtschaftlichkeit oder — pragmatisch gesehen — die Forderung nach zufriedenstellender Realisierung einer vorgegebenen Zielkonzeption zu beachten ist. Dies gilt um so mehr, je höher die Kosten sind, die bei der Entwicklung und Anwendung von Computer-Systemen anfallen und je höher die Leistungen sind, die von derartigen Systemen erwartet werden können.

Nachdem lange Zeit primär die technischen Probleme der Computer-Entwicklung diskutiert worden sind, gewinnt nun die Behandlung dieses außerordentlichen komplexen Bereiches durch Betriebswirtschaftler und Organisatoren zunehmend an Bedeutung. Es freut mich, daß mein Mitarbeiter und Schüler, Herr Dipl.-Kfm. Dr. Dietrich Seibt, sich die Aufgabe gestellt hat, die organisatorischen Aspekte der Gestaltung von Software-Systemen zu untersuchen, wobei er unter Software die Gesamtheit der Programme für eine automatische Datenverarbeitungsanlage — aus meiner Sicht das Programmsystem — versteht. Ohne Zweifel handelt es sich um ein Gebiet, das bisher unter diesem Gesichtspunkt keine oder nur sehr oberflächliche literarische Behandlung erfuhr. Dabei ist eine Untersuchung entstanden, die eine Brücke zwischen informationstechnologischen und organisatorischen Fragestellungen schlägt und verdeutlicht, wie notwendig eine komplementäre Ergänzung technischer und organisatorischer Gestaltungsansätze ist.

Im Mittelpunkt der Arbeit stehen die Probleme der Gestaltung der Software-Komponente eines automatisierten Informationssystems. Unter der Voraussetzung bestimmter Umwelt-Bedingungen und Restriktionen soll die optimale aus einer Reihe von technisch realisierbaren Gestaltungsalternativen

ausgewählt werden. Die Optimalitätsbedingung ist nicht notwendigerweise
eine ökonomische, indem nur Preise und Kosten als Effizienzkoeffizienten in
Betracht kommen. Der Verfasser entwickelt Entscheidungsansätze, die zwar
auf die Einbeziehung ökonomischer Kriterien ausgerichtet sind, die aber
auch Parameter enthalten, die nicht unmittelbar in Geldeinheiten bewertet
werden können.

Neben diesem Zentralproblem hat sich der Verfasser die Aufgabe gestellt,
die Beziehungen zwischen der Software und den übrigen Komponenten automatisierter Informationssysteme zu analysieren. Dies geschieht im Rahmen
eines Strukturvergleiches, durch den neben formalen Gemeinsamkeiten
und Unterschieden vor allem die realen Zusammenhänge zwischen Software und Hardware, zwischen Software und Automatensprachen und zwischen Software und den Aufgaben der Informationsverarbeitung untersucht
werden. Schließlich wird festgestellt, inwieweit Elemente und Strukturen
von Software-Systemen mit dem Begriffsapparat der betriebswirtschaftlichen Organisationslehre erklärbar und in welchem Umfang organisatorische
Prinzipien in den Zielkonzeptionen für die Gestaltung von Software-Systemen
nachweisbar sind. Dieser Teil der Untersuchung leitet über zu den Teilprozessen der Software-Gestaltung, für die jeweils ein Entscheidungsansatz entwickelt wird. Bei der Betrachtung der Elemente der unterschiedlichen Entscheidungsfelder liegt ein Schwerpunkt auf der Ableitung von Maßstäben,
durch die die Ausprägungen der zum größten Teil nur subjektiv und topologisch meßbaren Parameter soweit bestimmt werden können, wie dies für
die Gestaltungsentscheidungen der Systementwickler und Systembenutzer erforderlich ist.

Den Abschluß der Arbeit bildet eine Analyse der Rolle, die Software-Systeme
in den automatisierten Informationssystemen der Zukunft spielen können, soweit die Strukturen dieser Systeme in der Gegenwart bereits erkennbar
sind.

Basis der Arbeit ist neben einem ausgereiften Verständnis auf dem Gebiet
der Software-Technologie, das der Verfasser sich als Leiter mehrerer For-
schungspojekte am Betriebswirtschaftlichen Institut für Organisation und
Automation an der Universität zu Köln (BIFOA) erwarb, eine breit ange-
legte, kritisch ausgewertete Literatursammlung, die vor allem neuere US-
amerikanische Lösungsvorschläge und Erfahrungsberichte einschließt. Die
Untersuchung macht nicht nur deutlich, wieviel Forschungsarbeit die Organisationstheorie für diesen wichtigen Gestaltungsbereich noch zu leisten hat,
sondern in ihr wird gleichzeitig eine ausgezeichnete Grundlage für weitere
fruchtbare wissenschaftliche Arbeiten auf diesem Gebiete gelegt.

Köln, im Juli 1971

Erwin Grochla

Vorwort

Dieser Schrift liegt die Dissertation zugrunde, die von mir unter dem Titel „Organisatorische Aspekte der Gestaltung von Software-Systemen für die automatisierte Informationsverarbeitung" der Wirtschafts- und Sozialwissenschaftlichen Fakultät der Universität zu Köln im Sommer 1970 eingereicht wurde.

Meinem verehrten akademischen Lehrer, Herrn Professor Dr. Erwin Grochla, danke ich herzlich für die Anregung und großzügige Förderung der Arbeit sowie für ihre Aufnahme in die Schriftenreihe „Betriebswirtschaftliche Beiträge zur Organisation und Automation" des Betriebswirtschaftlichen Instituts für Organisation und Automation an der Universität zu Köln. Besonderen Dank schulde ich ebenfalls Herrn Professor Dr. Norbert Szyperski und Herrn Professor Dr. Paul Schmitz, die die Akzente dieser Arbeit wesentlich beeinflußt und mich durch zahlreiche wertvolle Hinweise und durch ihre konstruktive Kritik unterstützt haben. Nicht weniger wichtig waren für mich die Gespräche, die ich mit Software-Spezialisten der Computer-Hersteller und ADV-Fachleuten von Anwenderfirmen führen konnte. In diesem Zusammenhang danke ich vor allem Herrn Dr. Martin Graef, Tübingen, Herrn Dipl.-Math. H. Dreßler, Frankfurt, Herrn Dipl.-Math. Heinz Matis, Marl, und Herrn Dr. Manfred zur Nieden, Bielefeld.

Wichtige Anregungen und Informationen erhielt ich aufgrund des engen Kontaktes als Mitarbeiter des BIFOA zu namhaften Herstellern und Anwendern von ADV-Anlagen, die dem Fördererverein des Instituts als Mitglieder angehören. Besonderer Dank gebührt in diesem Zusammenhang der Firma IBM Deutschland GmbH, die mir im Herbst 1968 auf Empfehlung von Herrn Professor Dr. Grochla die Möglichkeit zu einem Besuch einiger IBM-Forschungszentren in den USA bot. Es sei mir gestattet, mich ohne die Nennung zahlreicher Namen für die wertvollen Informationen und Hinweise zu bedanken, die ich in vielen Gesprächen mit IBM-Mitarbeitern erhalten habe.

Schließlich bin ich allen meinen Kollegen am BIFOA zu großem Dank verpflichtet, den einen für manche wichtigen Hinweise, den anderen für die Geduld zum Zuhören und für ihre konstruktive Kritik.

Die Arbeit wurde im wesentlichen im Sommer 1970 fertiggestellt. Danach fanden, abgesehen von sporadischen Angaben über Literatur, die zu einem späteren Termin erschienen ist, lediglich noch formale Veränderungen statt.

Köln, im Juli 1971

Dietrich Seibt

Inhaltsverzeichnis

Verzeichnis der Abbildungen

A. Einführung:
Problemstellung und Aufbau der Untersuchung

Viele Unternehmungen bemühen sich gegenwärtig mit einem sehr hohen Einsatz an Ressourcen um die Gestaltung effizienter automatisierter Informationssysteme für eine große Anzahl unterschiedlicher Anwendungsbereiche und Aufgabenstellungen. Dabei treten Probleme auf, zu deren Lösung Kenntnisse aus vielen, teilweise weit auseinander liegenden Wissensbereichen herangezogen werden müssen. So ist beispielsweise eine Kombination des Wissens über das Verhalten des Menschen als Informationsbenutzer und Maschinenanwender mit dem Wissen über die Strukturen und Fähigkeiten der zur Informationsverarbeitung und -gewinnung geeigneten Maschinen notwendig, wenn Systeme gestaltet werden sollen, in denen die Fähigkeiten der Maschinen und die Bedürfnisse der menschlichen Informationsbenutzer optimal aufeinander abgestimmt sind.

Sowohl die Gestaltung automatisierter Informationssysteme als auch ihr späterer Einsatz zur Lösung von Problemen bzw. zur Erfüllung von Informationsverarbeitungsaufgaben sind Aktivitäten, bei deren Ausführung das Prinzip der Wirtschaftlichkeit zu beachten ist. Dies gilt um so mehr, je höher die Kosten sind, die bei der Entwicklung und Anwendung von automatisierten Informationssystemen anfallen, und je höher die Leistungen sind, die von derartigen Systemen erwartet werden.

Im Mittelpunkt dieser Arbeit steht das folgende Problem: „Welche Maßnahmen sind zu ergreifen, damit bei Geltung einer bestimmten Zielkonzeption die Gestaltung der Software-Komponente eines automatisierten Informationssystems zu optimalen Ergebnissen führt?"

Software ist zwar nur eine der Komponenten eines automatisierten Informationssystems. Die Problemstellung enthält jedoch methodische Aspekte, die auch bei der Gestaltung der übrigen Systemkomponenten anzutreffen sind. Als Gestaltung werden hier primär die organisatorischen Maßnahmen bezeichnet, mit deren Hilfe die vorgegebene Zielkonzeption realisiert werden kann. Es handelt sich somit um eine Untersuchung aus ökonomischer und organisatorischer Sicht.

Die Gestaltung von automatisierten Informationssystemen als Mensch-Maschine-Systemen[1] hat menschliche und maschinelle Faktoren in Betracht zu ziehen. Entsprechend kann im Hinblick auf die notwendigen Gestaltungsentscheidungen zwischen sozial- und technisch-orientierten Entscheidungszielen differenziert werden.

---

1) Vgl. hierzu die Ausführungen in Abschnitt B. I.

Bisher wurde aus dem Blickwinkel der Organisationstheorie primär eine Diskussion über die sozial bzw. interpersonal orientierten Entscheidungsziele geführt[2]. Die Erforschung der theoretischen Grundlagen der Maschinentechnologie war andererseits bisher ausschließlich Gegenstand der Ingenieurwissenschaften, die auch ihre eigene autonome Zieldiskussion führten[3]. Dies ist wahrscheinlich ein wichtiger Grund, warum für die Gestaltung von Mensch-Maschine-Systemen kein theoretischer Ansatz existiert, der eine integrierte Zielkonzeption anbietet, d. h. die sozial- bzw. personalorientierten Entscheidungsziele mit den technisch-konstruktionsmäßigen Entscheidungszielen verknüpft[4].

Hier wird die Notwendigkeit der Entwicklung interdisziplinärer Forschungsansätze deutlich, die von vornherein unter dem Gesichtspunkt der viele Ziele integrierenden Gestaltung spezieller organisatorischer Systeme entstehen müßten. Neben der Automationsforschung als synthetischer Interdisziplin und der Kybernetik als übergreifender analytischer Disziplin[5] erscheint für die Gestaltung von automatisierten Informationssystemen besonders die „Informatik" geeignet, sofern sie sich nicht eng als „Computer Science", sondern als umfassende interdisziplinäre Wissenschaft versteht, deren Zweck die optimale Gestaltung von Informationssystemen als Mensch-Computer-Systemen ist[6].

---

2) Es handelt sich dabei vor allem um Ansätze von amerikanischen Organisationstheoretikern, für die die technologischen Aspekte der Gestaltung nicht als organisatorische Probleme gelten. Vgl. dazu Frese, Erich: Zur Gestaltung organisatorischer Systeme. Arbeitsbericht 69/1 des Betriebswirtschaftlichen Instituts für Organisation und Automation an der Universität zu Köln. Köln 1969, S. 22 ff., der zwischen analytisch-algorithmischen Modellen und Simulationsmodellen zur Gestaltung von Entscheidungs- und Informationssystemen unterscheidet. Nach Leavitt lassen sich drei Richtungen zur Gestaltung organisatorischer Systeme feststellen: 1. Struktur-Ansätze, 2. Technologie-Ansätze und 3. Personen-Ansätze. Die Personen-Ansätze nehmen den weitesten Raum in der Literatur ein. Vgl. Leavitt, Harold J.: Applied Organizational Change in Industry: Structural, Technological and Humanistic Approaches. In: Handbook of Organizations, hrsg. von James G. March, Chicago 1965, S. 1151.

3) Vgl. Grochla, Erwin: Technische Entwicklung und Unternehmungsorganisation. In: Organisation und Rechnungswesen, hrsg. von Erwin Grochla, Berlin (1964), S. 57—80.

4) Die Betriebswirtschaftliche Organisationslehre hat einen Ansatz hervorgebracht, der eine solche Zielintegration herbeiführen könnte. Vgl. Kosiol, Erich: Organisation der Unternehmung. Wiesbaden (1962). Auch in der Betriebswirtschaftlichen Organisationslehre stand jedoch bisher die Strukturierung von Mensch-Mensch-Systemen im Mittelpunkt. Grochla weist mit Recht darauf hin, daß sich diese Betrachtungsweise mit der Verselbständigung immer komplexerer Maschinensysteme und mit der Zunahme von Mensch-Maschine-Systemen als zu eng erweist. Vgl. Grochla, Erwin: Automation und Organisation. Wiesbaden (1966), S. 75 ff.

5) Zur Möglichkeit der interdisziplinären Kooperation von Wissenschaften bzw. zur Bildung von Interdisziplinen vgl. Kosiol, Erich mit Szyperski, Norbert und Chmielewicz, Klaus: Zum Standort der Systemforschung im Rahmen der Wissenschaften. In: ZfbF, 17. Jg. N. F., Heft 7, Juli 1965, S. 337—378, vor allem S. 353 ff.; ebenso Ackoff, Russel L.: Systems, Organizations, and Interdisciplinary Research. In: Eckman, Donald P. (Ed.): Research and Design. New York/London 1961, S. 26—42.

6) Zu dieser Interpretation der Informatik vgl. Szyperski, Norbert: Unternehmungs-Informatik. Grundlegende Überlegungen zu einer Informationstechnologie für Unternehmungen. Arbeitsbericht 68/2 des Betriebswirtschaftlichen Institus für Organisation und Automation an der Universität zu Köln. Köln 1968, S. 6; ebenso Grochla, Erwin; Szyperski, Norbert; Seibt, Dietrich: Ausbildung und Fortbildung in der automatisierten Datenverarbeitung. Eine Gesamtkonzeption. München/Wien 1970, S. 65 ff.

Eine der ersten Aufgaben der Informatik bzw. Informationstechnologie als Lehre vom Aufbau, der Arbeitsweise und damit auch der Gestaltung realer Informationssysteme könnte darin bestehen, eine generelle integrierte Zielkonzeption für die Gestaltung von Informationssystemen zu entwickeln, aus der dann die notwendigen Optimalitätskriterien für die Gestaltung spezieller Informationssysteme abgeleitet werden könnten. Da gegenwärtig keine derartige Zielkonzeption existiert, müssen bei ökonomisch-organisatorischer Betrachtung der Gestaltung von automatisierten Informationssystemen bestimmte Annahmen unterstellt werden. Diese Annahmen betreffen den Einfluß, den die im Informationssystem als Aktionsträger tätigen Menschen und Maschinen (Computer) auf die Zielkonzeption nehmen können. Es wird unterstellt, daß die späteren Aktionsträger ihren ohne Zweifel sehr starken Einfluß durch und mit Hilfe der Systementwickler geltend machen, und daß die Systementwickler in der Lage sind, Zielkonzeptionen zu bilden, in denen die Aktionsträger-individuellen Ziele mit den Zielen der übergeordneten organisatorischen Einheit integriert werden. Es wird weiterhin unterstellt, daß jeweils mehrere Alternativen vorhanden sind, wie der Prozeß der Gestaltung eines Mensch-Maschine-Systems oder eines Subsystems, z. B. Software-Systems, organisiert werden kann.

Im Rahmen eines entscheidungstheoretischen Ansatzes muß versucht werden, die bei Geltung einer bestimmten Zielkonzeption optimale Organisation des Gestaltungsprozesses herauszufinden. Die Optimalitätsbedingung ist nicht notwendigerweise eine ökonomische in der Form, daß nur Preise und Kosten als Effizienzkoeffizienten in Betracht kommen. Ein wesentliches Anliegen der Untersuchung besteht darin, Entscheidungsansätze zu entwickeln, die zwar den Zusammenhang mit ökonomischen Kriterien deutlich machen, die aber auch Parameter zulassen, die nicht objektiv in Geldeinheiten bewertet werden können.

Aus dem genannten Zentralproblem lassen sich eine Reihe von Teilproblemen ableiten, die zweckmäßigerweise vor der eigentlichen Gestaltungsproblematik untersucht werden. Im Teil B ist festzustellen, welche Funktionen ein Software-System als Subsystem eines automatisierten Informationssystems besitzt, in welche Phasen der Gestaltungsprozeß zerfällt und ob die Phasen der Gestaltung eines Software-Systems artmäßig mit den Phasen der Gestaltung der übrigen Komponenten eines derartigen Systems vergleichbar sind.

Anschließend werden im Teil C die teilweise sehr engen Beziehungen zwischen dem Software-System und den übrigen, ebenfalls als Subsysteme zu kennzeichnenden Komponenten eines automatisierten Informationssystems betrachtet. Dabei handelt es sich primär um einen Strukturvergleich, durch den formale Gemeinsamkeiten bzw. Unterschiede und reale Zusammenhänge zwischen den Strukturen dieser Subsysteme festgestellt werden. So ist beispielsweise die weitgehende Austauschbarkeit zwischen Hardware-Funktionen und Software-Funktionen eine allgemein bekannte Tatsache. Von nicht unerheblicher Bedeutung ist die Beantwortung der Frage, ob bereits alle aus dieser Tatsache abzuleitenden Konsequenzen — namentlich aus organisatorischer Sicht — gezogen worden sind.

Eine Analyse der Beziehungen zwischen Software-Programmen und Automatensprachen ist notwendig, um feststellen zu können, wie groß gegenwärtig noch die Kluft zwischen den auf beiden Seiten vorhandenen Möglichkeiten und dem für eine weitgehende Automatisierung von Problemlösungsprozessen erforderlichen Gegebenheiten ist.

Schließlich wird festgestellt, inwieweit Elemente und Strukturen von Software-Systemen mit dem Begriffsapparat der betriebswirtschaftlichen Organisationslehre erklärbar sind und in welchem Umfang organisatorische Prinzipien in den Zielkonzeptionen für die Gestaltung von Software-Systemen nachweisbar sind. Dies gibt die Gelegenheit, die bereits angedeutete Zielproblematik bei der Gestaltung von Informationssystemen wieder aufzugreifen und im Hinblick auf die organisatorischen Ziele bei der Gestaltung von Programm-Systemen zu vertiefen.

Im Teil D, der den Schwerpunkt der Untersuchung bildet, wird für die drei Teilprozesse der Gestaltung eines Software-Systems

I. Entwicklung eines generellen Software-Systems

II. Konfigurierung eines speziellen betriebsindividuellen Software-Systems

III. Gestaltung im Rahmen der Anwendung eines speziellen, betriebsindividuellen Software-Systems

jeweils ein Entscheidungsansatz entwickelt. Bei der Betrachtung der Elemente der unterschiedlichen Entscheidungsfelder liegt ein Schwerpunkt auf der Ableitung von Maßstäben, durch die die Ausprägungen der zum größten Teil nur subjektiv und topologisch meßbaren Input- und Output-Parameter soweit bestimmt werden können, wie dies für die Gestaltungsentscheidungen der Systementwickler und Systembenutzer erforderlich ist.

Den Abschluß der Arbeit bildet eine Analyse der Rolle, die Software-Systeme in den automatisierten Informationssystemen der Zukunft spielen können, soweit die Strukturen dieser Systeme in der Gegenwart bereits erkennbar sind. Dieser Abschnitt der Untersuchung soll deutlich machen, ob zu erwartende Modifikationen der technischen Struktur von Software-Systemen unter Umständen auch zu Veränderungen ihrer organisatorischen Aufgaben führen werden.

B. Komponenten und Prozeß der Gestaltung automatisierter Informationssysteme

In diesem ersten Teil der Untersuchung wird zunächst der Begriff „Informationssystem" entsprechend der gewählten Aufgabenstellung abgegrenzt. Es folgt eine Analyse des allgemeinen Informationssystems eines wirtschaftlichen Betriebes, durch die deutlich wird, daß ein automatisiertes Informationssystem nur eines der in der Realität vorhandenen Subsysteme des allgemeinen betrieblichen Informationssystems ist. Diese Erkenntnis bildet den Rahmen für die Betrachtung der Objekte und Phasen der Gestaltung automatisierter Informationssysteme. Dabei wird bereits der eigentliche Schwerpunkt der Arbeit, der auf dem Gebiet der Gestaltung der Software-Komponente von automatisierten Informationssystemen liegt, herausgestellt. Den Abschluß dieses Teils B bildet eine Untersuchung der Anlässe und Kriterien für die Gestaltung automatisierter Informationssysteme.

I. Automatisierte Informationssysteme als Subsysteme im Rahmen organisatorischer Einheiten

Die Bestimmung des Begriffes „Informationssystem" kann aus mehreren unterschiedlichen Blickrichtungen erfolgen. Einerseits kann der Schwerpunkt auf den strukturellen Aspekten eines Informationssystems liegen. In diesem Fall ist als Informationssystem ein organisatorisches System zu bezeichnen, dessen Struktur durch bestimmte Elemente (Informationsbenutzer, Informationsprozessoren usw.) und die zwischen diesen Elementen gegebenen organisatorischen Beziehungen gebildet wird[7].

Andererseits kann der funktionale Aspekt bei der Begriffsbestimmung überwiegen, so daß als Informationssystem ein System zu verstehen ist, das Informationen aufnimmt, abgibt, transformiert und speichert[8]. Schließlich kann die Begriffsbestimmung mit dem Ziel einer Abgrenzung der Beziehungen zwischen realen Phänomenen und kognitiven Größen erfolgen. In diesem Fall wird das Informationssystem als ein System gesehen, das die in der Realität vorhande-

---

7) Vgl. Kosiol, Erich: Organisation der Unternehmung. Wiesbaden (1962), S. 19 f., der als Struktur „die gefügehafte Ordnung der Glieder eines Ganzen" bezeichnet. Vgl. ebenso Kosiol, Erich: Die Unternehmung als wirtschaftliches Aktionszentrum. Einführung in die Betriebswirtschaftslehre. (Reinbeck) (1966), S. 54 f.

8) In diesem Sinne z. B. Kramer, Rolf: Information und Kommunikation. Berlin 1965, S. 82 ff. Kramer spricht von den Funktionen der Informationsaufnahme, -vorspeicherung, -verarbeitung, -nachspeicherung und -abgabe.

nen Phänomene und die zwischen diesen bestehenden Beziehungen in Form von Aussagen abbildet[9]).

In dieser Arbeit wird der Begriff „Informationssystem" so abgegrenzt, daß eine Verknüpfung der strukturellen und der funktionalen Betrachtungsweise möglich ist. Untersucht werden spezielle Probleme der organisatorischen Gestaltung der maschinellen Informationsprozessoren und der zwischen ihnen und den Informationsbenutzern[10]) vorhandenen Beziehungen.

Informationssysteme sind außerordentlich komplexe Gebilde, die je nach Standpunkt des Betrachters eine Vielzahl von Subsystemen enthalten können. Gleichzeitig sind sie selbst jedoch Subsysteme im Rahmen umfassender organisatorischer Einheiten.

Der Gesamtkomplex der Aufgaben einer organisatorischen Einheit[11]) zerfällt in diejenigen Aufgaben, die sich aus der technologischen[12]) Umwandlung und Umformung materieller Objekte ergeben und in diejenigen Aufgaben, die der Verarbeitung von Informationen als immateriellen Objekten, d. h. von Aussagen über vergangenes oder zukünftiges reales Geschehen[13]), dienen.

Als organisatorische Einheiten werden hier im wesentlichen wirtschaftliche Betriebe betrachtet[14]). Das Informationssystem als Subsystem wirtschaftlicher Betriebe hat insbesondere die betrieblichen Entscheidungs-, Planungs- Abrechnungs- und Kontrollprozesse zum Inhalt[15]).

---

9) Vgl. Szyperski, Norbert: Unternehmungs-Informatik. Arbeitsbericht 68/2 des BIFOA, S. 38 ff.

10) Der Begriff Informationsbenutzer wird hier in einem weiteren Sinne verwendet. Da in der Realität keine exakte Trennung zwischen Lieferanten (Sender), Abnehmern (Empfängern) und Verarbeitern (Prozessoren) von Informationen gegeben ist, werden als Benutzer alle Funktionsträger bezeichnet, die zeitweise oder permanent eine der genannten Aufgaben erfüllen. Im gleichen Sinne Szyperski, Norbert: Unternehmungs-Informatik, a. a. O., S. 10.

11) Als organisatorische Einheiten werden im Sinne Kosiols „integrativ strukturierte Ganzheiten" verstanden, wobei diese Begriffsbestimmung allerdings nicht wie bei Kosiol auf den Humanbereich beschränkt bleiben soll, sondern wie bei Grochla Menschen und Sachmittel (Maschinen) umfassen soll. Vgl. Kosiol, Erich: Organisation der Unternehmung, a. a. O., S. 21 f.; vgl. ebenso Grochla, Erwin: Automation und Organisation, a. a. O., S. 73.

12) Der Begriff „technologisch" wird hier im Sinne des Begriffs „technisch" verwendet. Obwohl beiden Begriffen eine unterschiedliche Bedeutung zukommt — vgl. Wahrig, Gerhard (Hrsg.): Das Große Deutsche Wörterbuch. Gütersloh (1966), S. 3538 — setzt sich im Sprachgebrauch immer mehr der Begriff „technologisch" als Ersatz für „technisch" durch. Vgl. Grochla, Erwin: Automation und Organisation, a. a. O., S. 81.

13) Dabei kann es sich um feststellende, behauptende, erklärende, prognostische und/oder strategische Aussagen handeln. Vgl. Szyperski, Norbert: Unternehmungs-Informatik, a. a. O., S. 39.

14) Zum Begriff des Betriebes vgl. Grochla, Erwin: Betriebsverband und Verbandbetrieb. Berlin (1959), S. 17 ff.

15) Vgl. Grochla, Erwin: Planung, betriebliche. In: Handwörterbuch der Sozialwissenschaften, hrsg. von Erwin von Beckerath, Hermann Bente, Carl Brinkmann u. a., Band 8, Stuttgart/Tübingen/Göttingen 1964, S. 314—325, vor allem S. 314 f.; ebenso Frese, Erich: Kontrolle und Unternehmungsführung. Wiesbaden 1968, S. 45 ff.

Das Informationssystem selbst kann ebenfalls wiederum in Subsysteme gegliedert werden:

(1) Eine erste Einteilung in Subsysteme orientiert sich an der Frage, welche Teile des Informationssystems formal strukturiert, d. h. planmäßig vorgesehen, sind und welche informal — ungeplant — aufgrund zwischenmenschlicher Beziehungen hinzukommen[16]).

(2) Informationssysteme stellen im allgemeinen Informationen für eine Vielzahl von Benutzern bereit. Da die Benutzer Informationen für unterschiedliche Zwecke benötigen, ergibt sich die Möglichkeit zu einer zweckorientierten Gliederung, z. B. in entscheidungsorientierte Informationssubsysteme für die Unternehmungsführung, abrechnungs- bzw. vergangenheitsorientierte Informationssysteme für das Rechnungswesen oder am Prozeß orientierte Informationssubsysteme für die Produktionssteuerung. Klare Grenzen zwischen diesen Subsystemen können in der Realität meist schon deshalb nicht gezogen werden, weil ihre Integration im Rahmen der Informationssystem-Gestaltung als Maxime gilt[17]). Dennoch wird im realen Einzelfall jeweils einer der genannten Aspekte überwiegen, so daß eine Zuordnung zu einer der abgegrenzten Klassen von Informationssubsystemen durchaus möglich ist[18]).

(3) Schließlich kann eine Gliederung des Informationssystems in Subsysteme, die unterschiedlich stark automatisiert bzw. mechanisiert sind[19]), erfolgen. Diese Gliederung führt zu einer Skala von Informationssubsystemen, an deren einem Ende das total automatisierte Informationssubsystem und an deren anderem Ende das völlig auf den Einsatz von Sachmitteln verzichtende personale Informationssubsystem steht. Beide Extrema sind in der Realität sicherlich nicht nur als Grenzfälle anzutreffen, sofern man entsprechend tief gliedert. Es gibt jedoch gegenwärtig noch keine Anhaltspunkte dafür, daß das gesamte formale Subsystem des allgemeinen Informationssystems eines Betriebes je völlig automatisiert werden könnte. (Dies würde z. B. bedeuten, daß es nur noch „automatische Benutzer" geben dürfte.) Hier soll von zwei Grundtypen von Informationssubsystemen ausgegangen werden:

a) dem (überwiegend) automatisierten Informationssubsystem,

b) dem (überwiegend) nicht automatisierten Informationssubsystem.
Da jedes System in sich wiederum Subsysteme besitzen kann, wird im folgenden das automatisierte Informationssubsystem kurz als „automatisiertes Informationssystem" bezeichnet. Dieses kann selbst wiederum Subsysteme enthalten. Die Zusammenhänge sind in Abbildung 1 dargestellt.

---

16) Die Problematik der informalen Informationsbeziehungen wird vor allem im Rahmen der Organisationssoziologie behandelt. Vgl. dazu die bei Berthel und Lehmann genannte organisationssoziologische Literatur. Berthel, Jürgen: Informationen und Vorgänge ihrer Bearbeitung in der Unternehmung. Berlin (1967), S. 177—181; ebenso Lehmann Helmut: Organisationslehre I (Entwicklung im deutschsprachigen Raum). In: Handwörterbuch der Organisation, hrsg. von Erwin Grochla, Stuttgart 1969, Sp. 1160 ff. Im folgenden wird das Handwörterbuch der Organisation durch „HWO" abgekürzt.

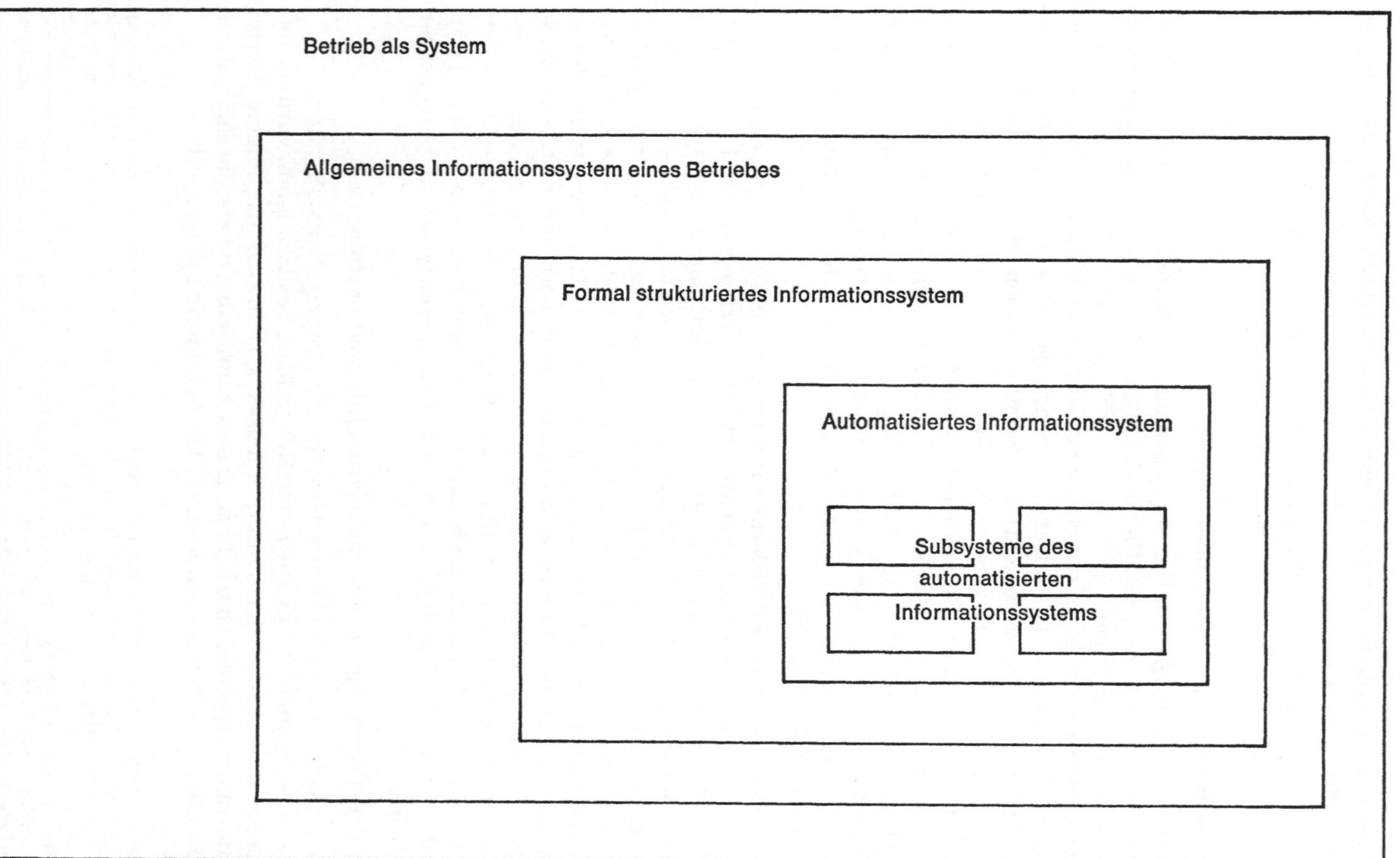

Abb. 1: Allgemeines Informationssystem eines Betriebes und Subsysteme dieses Informationssystems

Wichtig erscheint die ergänzende Beobachtung, daß diese ineinandergeschachtelten Systeme und Subsysteme[20]) wie in einer Regelkreiskette miteinander verknüpft sein können[21]). Diese Aussage ist primär als Analogie gemeint und bedeutet nicht, daß die Darstellung der Beziehungen zwischen den einzelnen Systemen immer in Form von Rückkopplungsbeziehungen möglich und sinnvoll ist[22]).

II. Gestaltungsobjekte und Phasen des Gestaltungsprozesses

Ein automatisiertes Informationssystem enthält im wesentlichen zwei Gruppen von Gestaltungsobjekten: Menschen und Maschinen. Beide Gruppen können sowohl Informationen benutzen als auch Informationen verarbeiten. Die Gesamtheit der zu einem automatisierten Informationssystem gehörenden Menschen und Maschinen kann als integriertes Mensch-Maschine-System bezeichnet werden. Der Tatbestand der Integration ist gegeben, weil ein wechselseitiger Zusammenhang und eine gegenseitige Beeinflussung von Menschen und Maschinen im automatisierten Informationssystem festgestellt werden kann[23]). Aus diesem Grunde müssen bei der Gestaltung eines automatisierten Informationssystems die Eigenarten von Menschen und Maschinen aufeinander abgestimmt werden.

---

17) Zur Bedeutung der Integration als Gestaltungsmaxime vgl. Grochla, Erwin: Die Integration der Datenverarbeitung. In: Bürotechnik und Automation, Heft Nr. 3, März 1968, S. 4 ff., ebenso Lehmann, Helmut: Integration. In: HWO, a. a. O., Sp. 768—774, vor allem Sp. 773. In letzter Zeit wird vor allem von seiten der mit der Gestaltung automatisierter Informationssysteme beauftragten Systementwickler zunehmend Kritik an der Berechtigung und relativen Bedeutung der Integration im Vergleich zu anderen Gestaltungskriterien geäußert.

18) Neben den genannten Zweckkategorien könnten selbstverständlich eine Reihe weiterer Kategorien angewendet und entsprechende Subsystem-Klassen gebildet werden. Vgl. z. B. Rölle, Harald: Konzeptionen für die Gestaltung von Management-Informations-Systemen, Arbeitsbericht 68/3 des BIFOA.

19) Der Automatisierungs- bzw. Mechanisierungsgrad ist um so höher, je mehr Maschinen d. h. Sachmittel als Aufgaben- bzw. Aktionsträger eingesetzt werden. Vgl. Wegner, Gertrud: Systemanalyse und Sachmitteleinsatz in der Betriebsorganisation. Wiesbaden (1969), S. 52 ff.

20) Die Begriffe System und Subsystem sind austauschbar, d. h. jedes System wird im allgemeinen ein Umsystem besitzen, für das es Subsystem ist. Gleichzeitig enthält es meist selber mehrere Subsysteme, für die es Umsystem ist. Zum Begriff „System" vgl. Beer, Stafford: Kybernetik und Management. (Hamburg) (1962), S. 21; ebenso Johnson, Richard A.; Kast, Fremont E.; Rosenzweig, James E.: The theory and management of Systems. London (1963).

21) Auf diesen Tatbestand weist Kramer hin. Vgl. Kramer, Rolf: Information und Kommunikation, a. a. O., S. 174 ff.

22) Der Verfasser schließt sich der Kritik von Frese an, der darauf hinweist, daß Regelkreis-Darstellungen von Informationsbeziehungen im Betrieb meist nur dann sinnvoll und möglich sind, wenn die Informationsbeziehungen automatisiert („programmiert") werden können. Vgl. Frese, Erich: Kontrolle und Unternehmungsführung, a. a. S., S. 149 f.

23) Vgl. Grochla, Erwin: Automation und Organisation, a. a. O., S. 32 f.

Unabhängig von einer pragmatisch am jeweiligen Gestaltungsobjekt orientierten Einteilung in unterschiedliche Arten und Mengen von Systemkomponenten könner sowohl beim Prozeß der Gestaltung einzelner Subsysteme als auch beim Gesamtprozeß der Gestaltung automatisierter Informationssysteme immer wieder drei Phasen beobachtet werden, die zwangsläufig aufeinander zu folgen scheinen. Hinsichtlich ihrer zeitlichen Dauer und anderer ablauforganisatorischer Kriterien können sich diese Phasen jedoch in der Realität beträchtlich unterscheiden.

a) Komponenten automatisierter Informationssysteme

Die gestaltungsrelevanten[24] Besonderheiten der zur automatischen Informationsverarbeitung einsetzbaren Maschinen manifestieren sich in den Komponenten „Hardware" und „Software". Die gestaltungsrelevanten Besonderheiten der an der automatisierten Informationsverarbeitung partizipierenden Menschen werden in dieser Untersuchung als durch die Komponenten „Informationsverarbeitungsaufgaben" und „Sprachen zur Kommunikation mit den Maschinen" repräsentiert angesehen. Dieser Ansatz erfaßt zwar die Problematik, die gerade in der Gestaltung des „Mensch-Systems" als Subsystem eines automatisierten Informationssystems liegt, keineswegs vollständig[25]. Dies kann aber auch im Rahmen einer Untersuchung, deren Schwerpunkt auf dem Gebiet der Gestaltung von Software-Systemen liegt, nicht erwartet werden.

Aus der Klasse der Informationen verarbeitenden Maschinen werden hier ausschließlich die speicherprogrammierten[26] digitalen Universalrechenautomaten[27] in ihrer gegenwärtigen Ausprägungsform[28] untersucht[29]. Diese Automaten werden im Bereich der wissenschaftlichen Forschung z. B. zur Lösung von theoretisch/mathematischen Aufgabenstellungen, in der betrieblichen Praxis z. B. zur Lösung betriebswirtschaftlicher und technischer Aufgabenstellun-

---

24) Hier geht es ausschließlich um organisatorisches Gestalten. Neben organisatiorischen Gestaltungshandlungen existieren andere Klassen von Gestaltungshandlungen, z. B. motivierendes und instruierendes Handeln, durch das Menschen in einer bestimmten Weise beeinflußt werden, usw.

25) Nicht erfaßt sind beispielsweise die psychischen und physischen Auswirkungen bestimmter Gestaltungshandlungen auf die beteiligten Menschen.

26) Vgl. Rutishauser, H.; Speiser, A. und Stiefel, E.: Programmgesteuerte Rechenmaschinen. Mitteilungen Nr. 2 aus dem Institut für angewandte Mathematik der ETH Zürich 1951 (eine der ersten Veröffentlichungen zu diesem Thema).
Zur Bedeutung der Speicherprogrammierung vgl. Schmitz, Paul: Programmierung. In: HWO, a. a. O., Sp. 1359. Der Tatbestand der Speicherprogrammierung schließt die Steuerung der Rechenautomaten durch Programme ein.

27) Vgl. Händler, W.: Digitale Universalrechenautomaten. In: Taschenbuch der Nachrichtenverarbeitung. hrsg. von K. Steinbuch, 2. Auflage, Berlin/Göttingen/Heidelberg 1967, S. 965—1089.

28) Gemeint sind die ADV-Systeme der sogenannten 3. Generation.

29) Neben speicherprogrammierten digitalen Universalrechenanlagen gibt es eine Reihe anderer Informationen verarbeitender Maschinen, z. B. Analogrechner, Automaten mit fest verdrahteten Programmen und Kleinrechner, die man nicht als Universalrechenautomaten bezeichnen kann.

gen[30]) in immer größerer Zahl eingesetzt[31]). In der betrieblichen Praxis werden diese Maschinensysteme häufig als elektronische oder automatische Datenverarbeitungssysteme bezeichnet[32]). Diesem Sprachgebrauch wird hier insofern gefolgt, als die zu untersuchenden speicherprogrammierten digitalen Universalrechenautomaten abgekürzt „ADV-Systeme" genannt werden.

Ein ADV-System besteht aus „Hardware" und „Software". Unter „Hardware"[33]) versteht man die materiellen Elemente des ADV-Systems, d. h. die verdrahteten Schaltungen, die Speichermedien, Übertragungskanäle, Ein- und Ausgabegeräte usw.

Als „Software"[34]) werden diejenigen Elemente bezeichnet, die selbst keine materielle Substanz besitzen, jedoch zu ihrer Aktivierung eines materiellen Trägers[35]) bedürfen. Damit ist Software die Gesamtheit der Programme, die zum Betreiben und Steuern einer bestimmten Klasse von Hardware und zur Erfüllung einer bestimmten Klasse von Informationsverarbeitungsaufgaben benutzt wird. Das Verhältnis von Software und Hardware kann durch eine Analogie verdeutlicht werden: Genauso wie das Vorhandensein und Wirksamwerden von Informationen stets in irgendeiner Weise an Materie gebunden bleibt[36]), ist die Existenz und Aktivität von Software an Hardware gebunden. Nähere

---

30) Die Kombination der Attribute „mathematisch-technisch" und der Attribute „betriebswirtschaftlich-kommerziell" zur Kennzeichnung unterschiedlicher Aufgabenstellungen, die zur Auswahl unterschiedlicher Rechnertypen führten, verliert gegenwärtig immer mehr an Bedeutung, da die Anlagen der 3. Generation dem Ideal eines wirklichen „Universal"-Rechners bereits sehr nahe kommen. Dies schließt zwar nicht aus, daß auch weiterhin Spezialrechner für begrenzte Aufgabenstellungen vorhanden sind bzw. entwickelt werden. Diese sind aber nicht Gegenstand dieser Untersuchung.

31) Vgl. Diebold-Statistik der installierten und bestellten Anlagen in der Bundesrepublik Deutschland. Frankfurt a. M. Danach waren am 1. 1. 1971 in der Bundesrepublik (einschließlich West-Berlin 8348 ADV-Anlagen installiert, wobei nicht nach Aufgabenstellungen differenziert wird.

32) Zwischen Informationsverarbeitung und Datenverarbeitung besteht hier kein Unterschied, weil die Begriffe „Information" und „Datum" in dieser Arbeit synonym verwendet werden (vgl. Abschnitt B I).

33) Der Begriff „Hardware" stammt aus dem Englischen. Unabhängig von seiner Verwendung im Rahmen der Computer-Terminologie, entspricht seine Bedeutung weitgehend den deutschen Begriffen „Hartwaren" bzw. „Eisenwaren". Im Rahmen der Computer-Terminologie hat der englische Begriff jedoch einen Bedeutungswandel erfahren, der die Entwicklung auf dem Gebiet der Computer-Technologie widerspiegelt. Eine Gleichsetzung mit einem deutschen Begriff, z. B. mit dem Begriff „Maschinensystem" erscheint nicht sinnvoll. Vgl. dazu die Ausführungen in Abschnitt C I a.

34) Der Begriff „Software" stammt ebenfalls aus dem Englischen. Er ist jedoch im Gegensatz zu „Hardware" erst im Rahmen der Computer-Terminologie entstanden und umfaßte ursprünglich alles, was nicht Hardware war, aber zum Einsatz bzw. zum Verkauf von Computern notwendig war, d. h. Programmiersprachen, Programme und Dienstleistungen der Hersteller. Für diese auch heute noch durchaus anzutreffende weite Fassung des Begriffes „Software" ist ebenfalls kein entsprechender deutscher Begriff gefunden worden.

35) Träger der Software ist die Hardware, genauer die Speichermedien, Schaltungen und Übertragungskanäle, in denen die Programm-Informationen enthalten sind, die den Verarbeitungsprozeß steuern.

36) Vgl. Szyperski, Norbert: Analyse der Merkmale und Formen der Büroarbeit. In: Bürowirtschaftliche Forschung, hrsg. von Erich Kosiol, Berlin (1961), S. 96.

Einzelheiten des Verhältnisses von Hardware und Software werden in Abschnitt C I untersucht.

Software besteht — entsprechend der gewählten Definition — aus zwei Untermengen: Aus der Menge der Systemprogramme[37]) und aus der Menge der Anwendungsprogramme[38]) (vgl. dazu die Abbildungen 2 und 3). Die Menge der Systemprogramme steuert, verwaltet und unterstützt nicht nur die Hardware, sondern auch die Menge der Anwendungsprogramme.

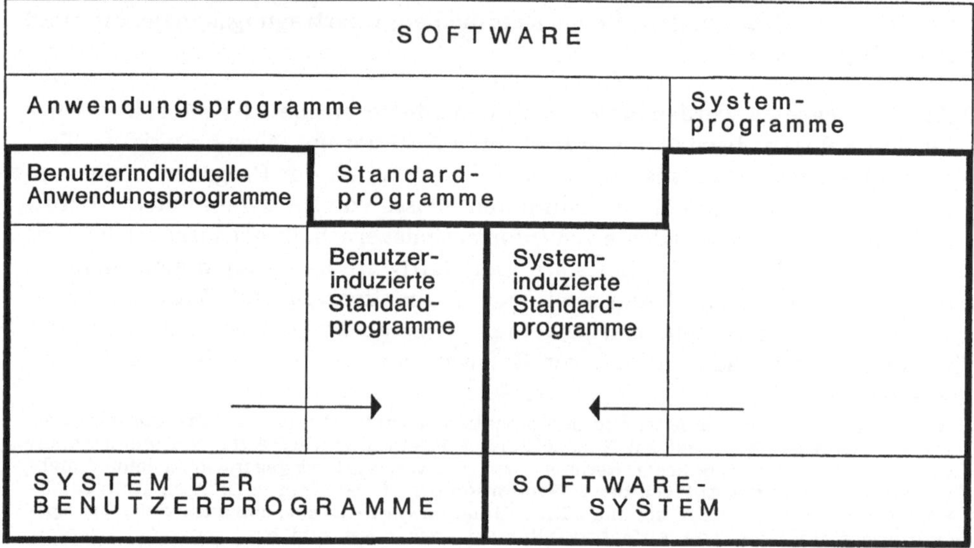

Abb. 2 Software-Arten

Die Menge der Anwendungsprogramme zerfällt wiederum in zwei Untermengen, nämlich die Menge der auf individuelle Benutzer-Verhältnisse abgestimmten und von einem Benutzer erstellten Anwendungsprogramme (= benutzerindividuelle Anwendungsprogramme) und die Menge der für viele Benutzer geeigneten Standardprogramme. Schließlich kann die Menge der Standardprogramme noch unterteilt werden in diejenigen, die zunächst individuelle Benutzerprogramme sind und später generalisiert und standardisiert werden, so daß sie von vielen Benutzern angewendet werden können (= benutzerinduzierte Standardprogramme) und in diejenigen Programme, die von vornherein mit den System-Programmen für bestimmte, bei vielen Anwendungen auftretende

---

37) Die Klasse der Systemprogramme (englisch: system programs) wird auch als „System-Software" bzw. als „maschinenorientierte Software" bezeichnet. Diese Bezeichnungen werden hier aus bestimmten, in Abschnitt C I näher erläuterten Gründen nicht für sinnvoll gehalten.

38) Die englische Bezeichnung „application program" entspricht der deutschen Bezeichnung „Anwendungsprogramm". Manchmal findet man die Bezeichnung „Problemlösungsprogramm". Die Klasse der Anwendungsprogramme wird auch unter dem Begriff „problemorientierte Software" zusammengefaßt. Vgl. Poths, Willi: Die Bedeutung problemorientierter Software für die Gestaltung betrieblicher Anwendungssysteme. In: Elektronische Datenverarbeitung, Heft 8/1969, S. 356—361.

Aufgabenstellungen als Standardprogramme geschaffen werden (= system-induzierte Standardprogramme). Letztere üben unter Umständen einen Einfluß auf die Gestalt der Systemprogramme aus[39]), zumindest nutzen sie aber die Besonderheiten der Hardware und der Systemprogramme in weit stärkerem Maße aus, als dies bei den individuellen Benutzerprogrammen — auch bei denen, die später standardisiert werden — je möglich ist. Die Systemprogramme bilden zusammen mit den systeminduzierten Standardprogrammen die innere, stark Hardware-orientierte Schicht der Software. Man kann sich ein ADV-System wie eine Zwiebel aufgebaut vorstellen (vgl. dazu Abbildung 3). Ihr innerster Kern ist die Hardware, die erste Schicht besteht aus Systemprogrammen, eine weitere Schicht aus den systeminduzierten Standardprogrammen. Es folgt die Schicht der vom Anwender induzierten Standardprogramme, und den Abschluß bildet die Schicht der benutzerindividuellen Anwendungsprogramme. Diese innere Schicht wird hier als das eigentliche „Software-System" verstanden. Die Beziehungen werden in Abbildung 3 zusammenfassend dargestellt.

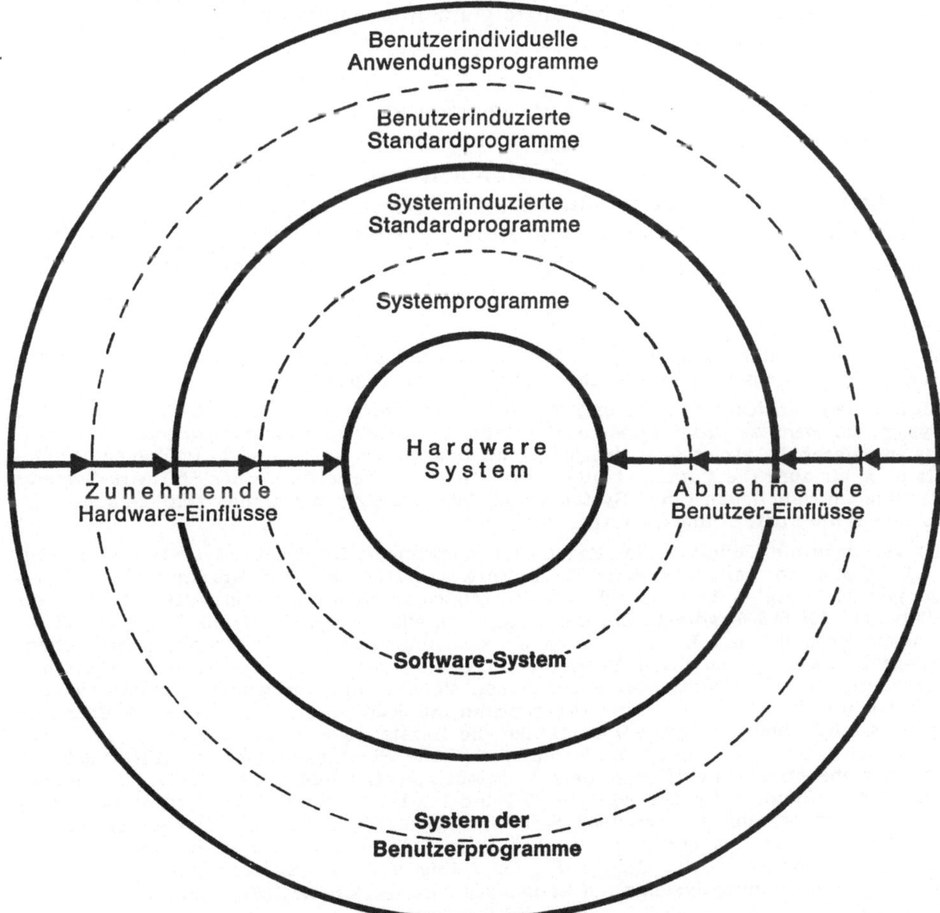

Abb. 3: Schichten eines ADV-Systems

Ein wesentliches Ergebnis der Analyse dieser Beziehungen ist die Erkenntnis, daß neben dem „Hardware-System" und neben dem „Software-System" das „System der Benutzerprogramme" als weitere Komponente bei der Gestaltung eines automatisierten Informationssystems beachtet werden muß[40]). Das als Software-System bezeichnete Programm-System wird häufig auch als „Betriebssystem" bezeichnet. Dennoch wird hier der Begriff „Betriebssystem" nicht verwendet, weil man sich bisher noch nicht auf eine einheitliche Definition hat einigen können[41]).

Die Gestaltung eines automatisierten Informationssystems erfordert darüber hinaus vor allem die Berücksichtigung der durch den Menschen gestellten Informationsverarbeitungsaufgaben. Dabei handelt es sich um diejenigen Aufgaben aus der Gesamtheit der Informationsverarbeitungsaufgaben eines Betriebes, die mit Hilfe des ADV-Systems automatisch gelöst werden bzw. deren Umfang und/oder Inhalt durch die automatische Lösung anderer Aufgaben beeinflußt werden. Sie werden im folgenden in einem abstrakten „Aufgaben-System" zusammengefaßt[42]).

Zur Übertragung von Informationsverarbeitungsaufgaben auf ADV-Systeme sind besondere sprachliche Ausdrucksmittel erforderlich. Mit ihrer Hilfe werden die Aufgaben bzw. die zur Erfüllung der Aufgaben notwendigen Arbeitsvorschriften so formuliert, daß sie vom ADV-System „verstanden" werden können. Alle zur Formulierung von Aufgabenstellungen bzw. von Vorschriften zur automatischen Aufgabenerfüllung verfügbaren sprachlichen Ausdrucks-

---

39) Der Einfluß der Systemprogramm-Entwicklung auf die Entwicklung von derartigen Standardprogrammen ist jedoch sehr viel stärker als umgekehrt.

40) Bei oberflächlicher Betrachtung spricht einiges dafür, das Software-System und das System der Benutzerprogramme zu einer einzigen Gestaltungskomponente zusammenzufassen. Dieser Ansatz erweist sich jedoch als bedenklich, weil sowohl die Träger der Gestaltung, als auch die Voraussetzungen und Ziele der Gestaltung eines Software-Systems verschieden von denen eines Systems von Anwendungsprogrammen sein können. Vgl. dazu auch die Ausführungen im Abschnitt C III c.

41) Vgl. dazu die Definition des Fachnormenausschusses Informationsverarbeitung (FNI) im Deutschen Normenausschuß (DNA) im Entwurf DIN 44 300 vom Februar 1971 „Informationsverarbeitung — Begriffe", Nr. 52. (Im folgenden wird dieser Entwurf abgekürzt als „Entwurf DIN 44 300" zitiert.) Ein Betriebssystem wird dort definiert als diejenigen „Programme eines digitalen Rechensystems, die zusammen mit den Eigenschaften der Rechenanlage die Basis der möglichen Betriebsarten des digitalen Rechensystems bilden und insbesondere die Abwicklung von Programmen steuern und überwachen". Damit werden offenbar nur die Steuerungs- und Überwachungsfunktionen als Funktionen des Betriebssystems angesehen. Demgegenüber zählen die Hersteller von ADV-Systemen im allgemeinen auch Übersetzungs-, Transformations-, Test-, Wartungs- und Unterstützungsfunktionen (siehe Abschnitt C III c) zu den Funktionen des Betriebssystems. Vgl. z. B. Siemens AG (Hrsg.): Siemens System 4004/35—55 Band-Platte-Betriebssystem. Organisationsprogramm. Beschreibung. (o. Ort) 1969, S. 1—1; ebenso IBM Corp. (Hrsg.): IBM System/360 Operating System. Concepts and Facilities. Form C 28—6535, 5. Aufl. (Poughkeepsie, N. Y.) (1968), S. 6; ebenso Mealy, George H.: Operating Systems (Excerpts). In: Rosen, Saul (Editor): Programming Systems and Languages, New York usw. (1967), S. 516 ff.

42) Die Problematik der Beziehungen des Aufgaben-Systems zur Software-Komponente eines automatisierten Informationssystems wird in Abschnitt C III c untersucht.

mittel bilden das „Sprachen-System" als weitere Komponente eines automatisierten Informationssystems[43]).

Sofern eine der genannten fünf Komponenten ein Entwicklungsniveau repräsentiert, das niedriger ist als das der anderen Komponenten, kann sich ein Engpaß ergeben, der den Gesamtprozeß der Gestaltung automatisierter Informationssysteme entscheidend zu behindern vermag.

b) Phasen der Gestaltung automatisierter Informationssysteme

Der Gesamtprozeß der Gestaltung automatisierter Informationssysteme bis zur Anwendungsreife gliedert sich in 3 Phasen, die bei jeder der fünf genannten Gestaltungskomponenten (vgl. dazu Abbildung 4) beobachtet werden können:

Phase 1: Entwicklung genereller Subsysteme.

Phase 2: Spezifizierung bzw. Konfigurierung individueller Subsysteme.

Phase 3: Gestaltung im Rahmen der Anwendung individueller Subsysteme.

In der ersten Phase der Gestaltung jeder einzelnen Komponente geht es primär um die Entwicklung eines Subsystems[44]), das zum „Einbau" in eine Vielzahl von automatisierten Informationssystemen geeignet ist. Im Hinblick auf die vom Menschen zu stellenden Aufgaben ist diese Phase z. B. durch die Entwicklung einer generellen Anwendungskonzeption[45]) gekennzeichnet. Eine solche Konzeption faßt die bei einem bestimmten Benutzerkreis[46]) im allgemeinen automatisierbaren Informationsverarbeitungsaufgaben modellartig zusammen[47]). Hinsichtlich der zur Kommunikation mit ADV-Systemen notwendigen Sprachen findet in dieser Phase die Entwicklung von allgemein verwendbaren Programmiersprachen statt[48]). Bei der Hardware-Komponente geht es um die Ent-

---

43) Die Bedeutung des Sprachen-Systems und seine Beziehungen zur Software werden in Abschnitt C II erörtert.

44) Diese Subsysteme werden hier als „generelle Subsysteme" bezeichnet. Sie sind so konstruiert, daß sie durch nachfolgende Gestaltungsphasen zu vielen unterschiedlichen Subsystem-Varianten modifiziert werden können.

45) Eine derartige Anwendungskonzeption ist das am Betriebswirtschaftlichen Institut für Organisation und Automation entwickelte „Arbeitsmodell zur Entwicklung eines integrierten Informationsverarbeitungssystems". Vgl. Grochla, Erwin: Die Integration der Datenverarbeitung, a. a. O., S. 3—14. Es handelt sich um eine Aufgabenzusammenstellung, zu deren Lösung im Rahmen eines automatisierten Informationssystems ADV-Systeme anwendbar sind.

46) Die Zusammenstellung der Aufgaben für das oben genannte Arbeitsmodell erfolgte z. B. durch empirische Untersuchungen in industriellen Unternehmungen.

47) Bei dem oben genannten Arbeitsmodell handelt es sich primär um ein Erfassungs- bzw. Beschreibungsmodell. Dies entspricht der Absicht, die hier mit der Komponente „Anwendungskonzeption" verfolgt wird. Zur Problematik der Verwendung von Modellen zur Gestaltung von Informationssystemen vgl. Grochla, Erwin: Modelle als Instrumente der Unternehmungsführung. In: ZfbF, N. F., 21. Jg., Heft 6, Juni 1969, S. 382—397, vor allem S. 391 ff.

48) Es handelt sich um die Entwicklung der syntaktischen und semantischen Grundlagen von Programmiersprachen. Für den Gesichtspunkt der Allgemeingültigkeit bzw. generellen Verwendbarkeit spielt es prinzipiell keine Rolle, ob es sich um „maschinenorientierte", „prozedurorientierte" oder „problemorientierte" Programmiersprachen handelt (vgl. dazu Abschnitt C II a).

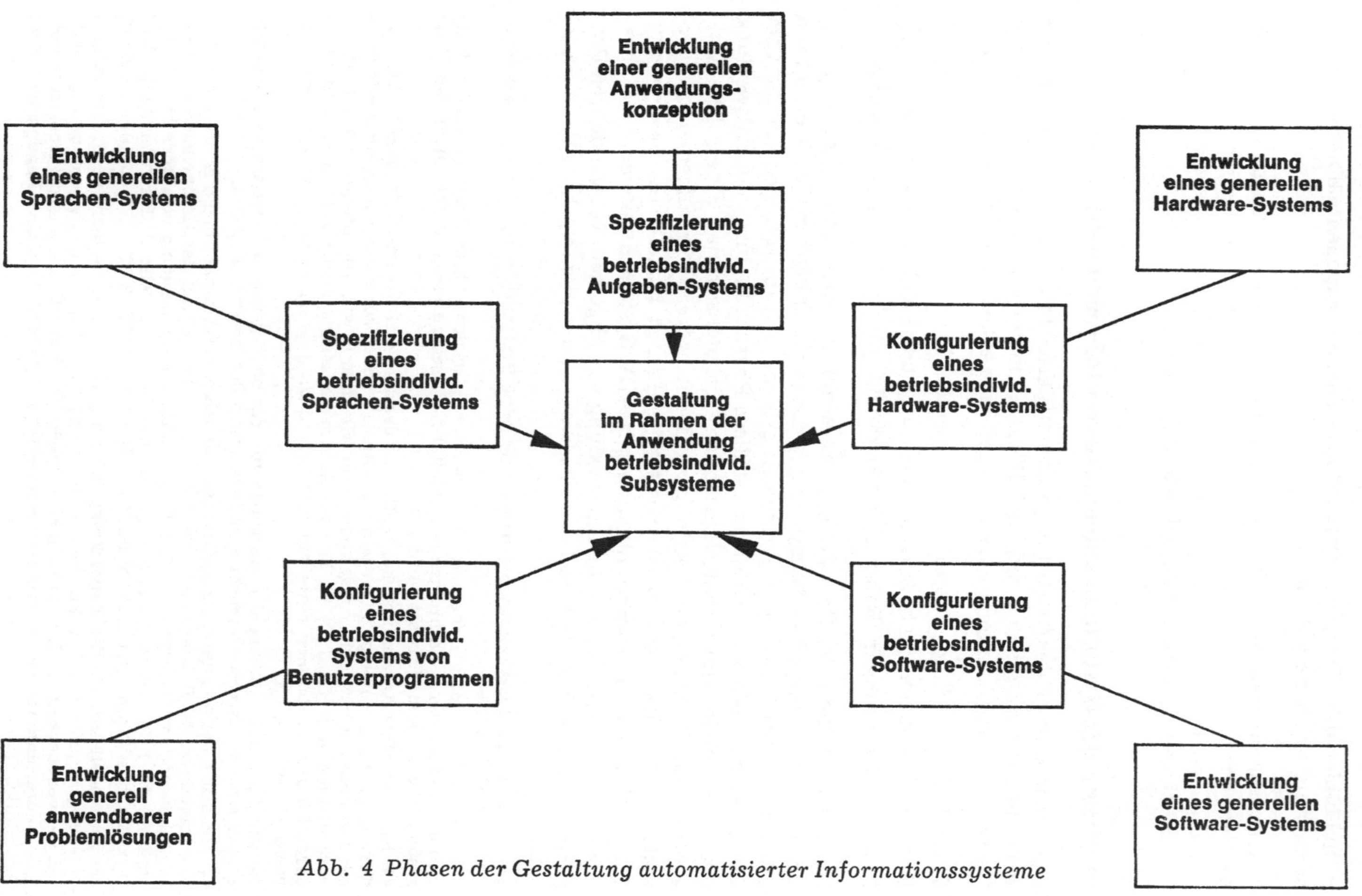

Abb. 4 *Phasen der Gestaltung automatisierter Informationssysteme*

wicklung eines generellen Hardware–Systems, aus dem später die unterschied-
lichsten Konfigurationen abgespalten werden können[49]. Im Hinblick auf das
System der Benutzerprogramme werden in dieser Phase Problemlösungen für
die betrieblichen Aufgabenstellungen in Form von Programmablaufplänen
entwickelt, zu deren Realisierung prinzipiell unterschiedliche ADV-Systeme
einsetzbar sind[50]. Schließlich entsteht in dieser Phase ein generelles Software-
System, das u. a. die Möglichkeit in sich trägt, an viele unterschiedliche Aufgabenstellungen und an viele unterschiedliche Hardware-Konfigurationen angepaßt zu werden[51].

Die Phase der Entwicklung genereller Subsysteme ist bei allen fünf Komponenten feststellbar. Für das Ziel der Entwicklung eines integrierten Informationssystems würde die Ideallösung darin bestehen, daß die auf unterschiedliche Komponenten bezogenen, aber hinsichtlich des Schemas sich entsprechenden Phasen gleichzeitig und in enger Beziehung zueinander ablaufen. Dieser
optimale Gestaltungsansatz ist jedoch bisher in der Entwicklungsphase
(Phase 1) noch nicht realisiert worden[52]. Relativ starke Rückkopplungsbeziehungen bestehen zwischen den Teilabschnitten

> Entwicklung eines generellen Hardware-Systems,
>
> Entwicklung eines generellen Software-Systems und
>
> Entwicklung eines generellen Sprachen-Systems[53].

Fehlende oder nur sehr schwache Rückkopplungsbeziehungen sind zwischen
diesen Teilabschnitten und der Entwicklung einer generellen Anwendungskonzeption zu finden[54]. Eine mittlere Position nimmt die Entwicklung eines
Systems generell verwendbarer Problemlösungen (zukünftiger Benutzerprogramme) ein. Sie findet teilweise in Anlehnung an die erste Gruppe von Teil-

---

49) Die Relativität des Begriffes „generell" wird, wenn man ihn ausschließlich auf die
Hardware-Komponente bezieht, besonders offensichtlich. Dennoch bieten die meisten
Hardware-Systeme (unabhängig von der dazukommenden Software) bereits eine so große
Variationsbreite (durch Konfigurierungsmöglichkeiten), daß die Konstatierung der Ent-
wicklung eines „generellen" Hardware-Systems berechtigt erscheint.

50) Damit wird das System der Benutzerprogramme gleichzeitig als System der benutzerindividuellen Problemlösungen betrachtet.

51) Dabei handelt es sich um die unterschiedlichen Konfigurationen einer einzigen Hard-
ware-Konzeption.

52) Gegenwärtig werden die meisten generellen Hardware- und Software-Systeme und
teilweise auch die generellen Sprachen-Systeme von den Herstellern von ADV-Systemen
entwickelt. Bei Realisieung des optimalen Gestaltungsansatzes müßten diese Hersteller
zusätzlich und gleichzeitig mit Hardware, Software und Sprachen auch generelle Anwen-
dungskonzeptionen und generelle Problemlösungssysteme entwickeln.

53) Bei der gleichzeitig mit der Hardware- und Software-Entwicklung stattfindenden
Sprachentwicklung wird es sich meist um die Entwicklung maschinenorientierter Programmiersprachen (= Assemblersprachen) handeln. Grundsätzlich kann die Entwicklung
neuer Hardware und Software jedoch auch die Entwicklung neuer prozedurorientierter
Programmiersprachen implizieren. Zum Stand der Sprachentwicklung vgl. Abschnitt C II.

54) Dies setzt voraus, daß die Entwicklung einer generellen Anwendungskonzeption als
Entwicklungsaufgabe bewußt erkannt wird. Meist sind nur erste Ansätze zu Teilkonzep-
tionen zu finden.

abschnitten, teilweise in Anlehnung an die Entwicklung einer generellen Anwendungskonzeption statt[55]).

Die zweite Phase, die Konfigurierung bzw. Spezifizierung individueller Subsysteme, verlangt zwingend die Integration der Gestaltungskomponenten. Die aufeinander abgestimmte Gestaltung aller Subsysteme findet hier bessere Voraussetzungen als in der ersten Phase, weil sie meist in der Hand eines einzigen Benutzer (als Institution verstanden) liegt[56]) und sich bereits an der späteren realen Anwendung im Rahmen eines betriebsindividuellen automatisierten Informationssystems orientieren kann. Die Ergebnisse der zur zweiten Phase gehörenden, meist gleichzeitig abgewickelten Gestaltungsabschnitte führen zu einem automatisierten Informationssystem, das auf die Lösung der betriebsindividuellen Aufgabenstellungen zugeschnitten ist.

Die dritte Phase umfaßt eine Reihe von Gestaltungshandlungen, die stattfinden, während das automatisierte Informationssystem angewendet wird. In den fünf Komponenten bzw. Subsystemen steckt auch nach der Konfigurierung/ Spezifizierung (= Spezialisierung) noch so viel Flexibilität, daß sie durch weitere Gestaltungshandlungen während der Anwendung an temporär wechselnde Aufgaben angepaßt werden können. Diese Anpassung bewirkt eine Steigerung der Produktivität der Subsysteme und damit der Effektivität des Gesamtsystems. Die Gestaltungshandlungen der dritten Phase sollen hier unter dem Begriff „Anwendungsgestaltung" zusammengefaßt werden.

III. Gestaltungsanlässe und ihre komponenten-technischen Konsequenzen

Bei der Entwicklung eines Klassifikationsschemas für die Anlässe zur Gestaltung automatisierter Informationssysteme ist zu unterscheiden zwischen den Anlässen zur Erstgestaltung derartiger Systeme und Anlässen zur Umgestaltung bereits längere Zeit existierender Systeme[57]).

---

55) Die Entwicklung eines Systems generell verwendbarer Problemlösungen fällt teilweise in den Bereich des Operations-Research, umfaßt jedoch auch Informationsverarbeitungsaufgaben, die mit anderen als den gegenwärtigen Methoden des Operations-Research zu lösen sind.

56) In der zweiten Phase werden die Ergebnisse der für die einzelnen Komponenten meist getrennt verlaufenen Komponenten-Entwicklungen der ersten Phase auf die Bedürfnisse eines einzigen Benutzers zugeschnitten. Dies setzt natürlich voraus, daß durch die Gestaltungshandlungen der ersten Phase die notwendige Flexibilität (im Sinne einer „Zuschneidbarkeit") mit eingeplant worden ist.
Der Anwender wird hier als Institution verstanden, z. B. als ein Betrieb, der ADV-Systeme zur Lösung seiner Informationsverarbeitungsaufgaben anwendet. In der Realität sind die Gestaltungshandlungen beim Anwender auf unterschiedliche Aufgabenträger, z. B. Systemspezialisten, Problemanalytiker, Programmierer usw. verteilt.

57) Wenn im formalen Informationssystem eines Betriebes bisher keine ADV-Systeme zur Bewältigung der Informationsverarbeitungsaufgaben eingesetzt waren, werden statt der hier genannten wahrscheinlich andere Gestaltungsanlässe zu untersuchen sein. Diese Tatsache widerspricht nicht der theoretischen Erkenntnis, daß der Fall der Neugestaltung eines Systems formal-logisch auch den Fall der Umstrukturierung einschließt. Vgl. Wegner, Gertrud: Systemanalyse und Sachmitteleinsatz in der Betriebsorganisation, a. a. O., S. 79 ff.

	Klassifikation der Anlässe zur Gestaltung automatisierter Informationssysteme
I. Anlässe, die dem Einflußbereich der Benutzer von ADV-Systemen zuzuordnen sind	(1) Quantitative Veränderung des Aufgaben-Systems
	(2) Qualitative Veränderung des Aufgaben-Systems
	(3) Aufdeckung von Produktivitäts-Mängeln
II. Anlässe, für die die Hersteller von ADV-Systemen verantwortlich sind	(4) Verbesserung/Neuentwicklung des Hardware-Systems
	(5) Verbesserung/Neuentwicklung des Software-Systems
III. Anlässe, die sowohl durch Aktivitäten von Benutzern als auch durch Aktivitäten von Herstellern oder durch Aktivitäten Dritter entstehen können.	(6) Verbesserung/Neuentwicklung des Systems der Benutzer-programme
	(7) Modifikation des Sprachensystems zur wirksameren Programmierung bereits automatisierter Aufgaben
	(8) Modifikation des Sprachensystems zur Programmierung bisher nicht programmierter Aufgaben

Abb. 5 *Anlässe zur Gestaltung automatisierter Informationssysteme*

Das in Abbildung 5 abgeleitete Klassifikationsschema berücksichtigt nur Anlässe, die auftreten, wenn ein automatisiertes Informationssystem bereits längere Zeit in einem Betrieb existiert[58]).

(1) Quantitative Veränderungen des Aufgaben-Systems

Das Aufgaben-System eines automatisierten Informationssystems ist gekennzeichnet durch Mengen und Arten der auftretenden Informationsverarbeitungsaufgaben. Quantitative Veränderungen des Aufgaben-Systems betreffen das „Mengengerüst" der Aufgaben. Darüber hinaus kann jede einzelne Aufgabe durch Maßstäbe wie Verarbeitungszeit, benötigter Speicherplatz zur Speicherung der zu verarbeitenden Informationen (differenziert nach Hauptspeicher- und Sekundärspeicherbedarf) und während der Verarbeitung benutzte Hardware bzw. Software-Einheiten quantitativ charakterisiert werden. Quantitative Veränderungen des Aufgaben-Systems können daher z. B. in Form einer

— Vermehrung der Gesamtzahl der Aufgaben,

— Verminderung der Gesamtzahl der Aufgaben,

— Vergrößerung des Umfanges einzelner Aufgaben oder

— Verkleinerung des Umfanges einzelner Aufgaben

auftreten[59]).

Aus derartigen Veränderungen resultiert meist die Notwendigkeit, alle oder einige der anderen Komponenten des automatisierten Informationssystems ebenfalls umzugestalten. Stellvertretend für alle aufgeführten quantitativen Veränderungen des Aufgaben-Systems sollen im folgenden die komponententechnischen Konsequenzen einer *Vermehrung* der Gesamtzahl der Aufgaben skizziert werden[60]). Eine mögliche Konsequenz einer solchen Vermehrung ist die Veränderung des Systems der Benutzerprogramme. Dieses System verändert sich insofern, als entweder neue Benutzerprogramme zu den bereits vorhandenen hinzutreten (= quantitative Veränderung)[61]) oder existierende Benutzerprogramme so modifiziert (umprogrammiert) werden, daß sie die neuen

---

58) Die veranlaßten Gestaltungshandlungen können im Hinblick auf das schon vorhandene System als Modifikationen betrachtet werden.

59) Zur Ableitung der einzelnen Gestaltungsanlässe wird von der realen Möglichkeit abstrahiert, daß mehrere dieser Anlässe gleichzeitig auftreten können. Insofern gilt hier die ceteris-paribus-Annahme.

60) Bei den übrigen Veränderungen des Mengengerüstes der Aufgabenstruktur können analoge Auswirkungen auf die übrigen Komponenten festgestellt werden.

61) Beispiel: Ein Konzern mit einer Muttergesellschaft und mehreren Tochtergesellschaften besitzt ein einheitliches automatisiertes Informationssystem. Die Betriebsabrechnung der Muttergesellschaft wird mit Hilfe eines ADV-Systems bewältigt, die Betriebsabrechnung der Tochtergesellschaft jedoch noch manuell. Wenn diese sich nun ebenfalls zu einer maschinellen Abwicklung ihrer Betriebsabrechnung entschließen, erscheint es bei Existenz einer größeren Zahl von z. B. historisch bedingten Unterschieden zwischen den Kostenrechnungssystemen gerechtfertigt, für die Probleme der Tochtergesellschaft zunächst zusätzliche Benutzerprogramme zu erstellen.

Aufgaben mit erfüllen können (= qualitative Veränderung)[62]. Sekundär kann die Modifikation des Systems der Benutzerprogramme eine Umgestaltung des Hardware-Systems bewirken, wenn die Kapazität dieses Systems bereits vor der Modifikation vollständig ausgelastet war[63]. Die Umgestaltung des Hardware-Systems in Richtung auf eine kapazitive Erweiterung wird im allgemeinen in einer Änderung der Hardware-Konfiguration bestehen. Der Benutzer kann z. B. seine bisherige Zentraleinheit gegen eine andere Zentraleinheit austauschen, um eine erhöhte Verarbeitungsgeschwindigkeit zu gewinnen. Andere kapazitative Erweiterungen sind z. B. in Form einer Hauptspeicher-Vergrößerung oder durch Austausch der Eingabe/Ausgabe-Geräte möglich.

Darüber hinaus besteht die Möglichkeit, daß nach einer primären Modifikation des Systems der Benutzerprogramme parallel zu einer sekundären Veränderung des Hardware-Systems (neue Konfiguration) eine sekundäre Veränderung des Software-Systems induziert wird. In diesem Falle wird die notwendige Kapazitätserhöhung partiell durch eine Hardware-Erweiterung[64] und partiell durch eine Veränderung des Software-Systems realisiert[65]. Voraussetzung dafür ist ein modularer Aufbau des Software-Systems und seine stufenweise Ausbaufähigkeit bzw. seine vollständige Austauschbarkeit gegen ein Alternativsystem[66].

Quantitativen Modifikationen des Aufgaben-Systems kann ohne den Umweg über das System der Benutzerprogramme durch direkte Anpassung des Hardware-Systems begegnet werden. Dieser Fall ist gegeben, wenn die zur Lösung der neuen Aufgabe(n) notwendigen Arbeitsvorschriften sofort in Form von

---

62) Das obige Beispiel kann bei Vorliegen bestimmter Bedingungen so abgewandelt werden, daß von vornherein eine Zentralisierung der Aufgabe „Betriebsabrechnung" für alle Gesellschaften geplant wird. Das modifizierte Benutzerprogramm der Muttergesellschaft ist dann z. B. insofern qualitativ verändert worden, als es eine sehr viel stärkere Integration der Teilaufgaben der Betriebsabrechnung bewirkt.

63) Theoretisch ist die vollständige Auslastung eines Hardware-Systems erst erreicht, wenn das System im 3-Schicht-Betrieb arbeitet. Praktisch kann bereits bei einem Einschicht-Betrieb eine vollständige Kapazitätsauslastung gegeben sein, wenn aus Gründen, die nicht in den Ermessensspielraum des ADV-Organisators fallen, Mehrschicht-Betrieb nicht als Entscheidungsalternative angesehen wird.

64) Diese durch parallele Software-System-Veränderung begleitete Erweiterung des Hardware-Systems kann dann natürlich relativ geringer sein als diejenige, bei der die Kapazitätserhöhung allein durch Hardware-Mittel geschieht. Dieser Gesichtspunkt ist vor allem dann von entscheidender Bedeutung, wenn — wie das gegenwärtig noch der Fall ist — der Hersteller des Hardware-Software-Systems nur die Hardware-Erweiterungen berechnet, die Software-Erweiterungen jedoch nicht.

65) Ein solcher Fall ist meist gegeben, wenn ein bisher im Einprogrammbetrieb gefahrenes ADV-System auf Mehrprogrammbetrieb umgestellt wird. Eine Hardware-Veränderung z. B. in Form einer Hauptspeichererweiterung wird dabei meist unumgänglich sein; wesentlich ist der Austausch des auf Einprogrammbetrieb eingestellten Software-Systems gegen ein Software-System, das für Multiplex-Betrieb der Zentraleinheit sorgt (vgl. Entwurf DIN 44 300).

66) Diese Voraussetzungen sind bei den meisten Software-Systemen der dritten Generation gegeben, d. h. daß man sowohl einzelne Teile (Programme) als auch komplette Systeme gegen funktional umfassendere bzw. funktional spezialisiertere austauschen kann.

Schaltungen fest verdrahtet werden[67]). Im allgemeinen bietet sich diese Möglichkeit jedoch für Benutzer nicht als Gestaltungsalternative an, weil ihre Realisierung außerordentlich umfangreiche Kenntnisse auf dem Gebiet der Hardware-Entwicklung voraussetzt, die Benutzer normalerweise nicht besitzen. (Vgl. dazu die grundsätzlichen Überlegungen zur Hardware/Software-Austauschbarkeit in Abschnitt C I a.)

Ebenfalls unabhängig von den genannten sekundär induzierten Veränderungen des Software-Systems treten Fälle auf, in denen quantitative Modifikationen des Aufgaben-Systems direkt zu einer Veränderung des Software-Systems führen. Dies kann z. B. dann geschehen, wenn durch Verzicht auf ein oder mehrere Software-Elemente[68]), die bisher ausschließlich zur Erhöhung der Flexibilität im Software-System enthalten waren, genügend Kapazität[69]) für die neu hinzukommenden Aufgabenstellungen geschaffen wird[70]).

Quantitative Veränderungen des Aufgaben-Systems werden im allgemeinen nicht — auch nicht sekundär — zu einer Veränderung des Sprachen-Systems führen. Insofern besteht ein wesenlicher Unterschied zu den nachfolgend geschilderten Fällen, in denen qualitative Modifikationen der Aufgabenstruktur Anlaß zu Gestaltungshandlungen geben.

(2) Qualitative Veränderungen des Aufgaben-Systems

Zwischen den in einem automatisierten Informationssystem erfüllten Aufgaben bestehen qualitative Unterschiede. Eine mögliche Gliederung dieser Unterschiede ist im Schaubild 19 (s. Abschnitt D I c) wiedergegeben. Daneben sind andere Einteilungen der Aufgabenqualitäten denkbar[71]). Entscheidend ist, daß zur Feststellung unterschiedlicher Aufgabenqualitäten u. U. mehrere Dimensionen unterschiedlicher Qualitätskriterien überprüft werden müssen. Werden (bei gleichbleibendem Mengengerüst) qualitative Veränderungen des Aufgaben-Systems festgestellt[72]), so können diese den Anlaß zur Neu- bzw. Umgestaltung anderer Komponenten automatisierter Informationssysteme bilden.

---

67) Es handelt sich bei derartigen verdrahteten Algorithmen um spezialisierte Hardware-Elemente, die im Gegensatz zu den meisten anderen Elementen der Zentraleinheit sozusagen eine als Subsystem funktionierende Einzweckmaschine darstellen.

68) Bei modular aufgebauten Software-Systemen können einzelne Programme mit Hilfe spezieller Maßnahmen, z. B. im Rahmen der System-Generation (vgl. Abschnitt D II) aus dem Gesamtsystem herausgelöst werden.

69) Dabei kann es sich sowohl um freiwerdende Hauptspeicher-Kapazität als auch um freiwerdende Zentraleinheit-Zeit oder Eingabe/Ausgabe-Kapazität handeln.

70) Daneben sind andere Fälle denkbar, z. B. der Ersatz eines CPU-Zeit-aufwendigen Software-Systems durch ein speicheraufwendiges System.

71) So könnte z. B. zwischen den Aufgaben der numerischen Informationsverarbeitung und Aufgaben der nichtnumerischen Informationsverarbeitung unterschieden werden. Eine andere Einteilungsart könnte zwischen einmaligen und wiederkehrenden Aufgaben differenzieren.

72) In diesem Falle handelt es sich lediglich um die Feststellung des Vorhandenseins oder Nicht-Vorhandenseins bestimmter, vorher abgegrenzter Klassen. Dieser Vorgang wird im allgemeinen nicht als Messen bezeichnet. Vgl. dazu Szyperski, Norbert: Zur quantitativen Terminologie in der Betriebswirtschaftslehre. Berlin (1962), S. 64 f.

Das Vorliegen einer neuen Aufgabenqualität soll zusätzlich mit dem Tatbestand gekoppelt sein, daß die zur Formulierung der Arbeitsvorschriften für die Erfüllung dieser neuen Aufgaben notwendigen sprachlichen Ausdrucksmittel noch nicht vorhanden sind. Die erste Komponenten-technische Konsequenz besteht dann in einer Veränderung des zum automatisierten Informationssystem gehörenden Sprachen-Systems. Entweder muß eine neue Sprache geschaffen oder vorhandene Sprachen müssen so erweitert werden, daß die Formulierung der Lösungswege für die neuen Probleme möglich wird. In jedem Falle ergibt sich daraus sekundär eine Veränderung des Software-Systems, weil die neue Sprache bzw. der neue Sprachumfang zu einer Erweiterung der im Software-System enthaltenen Übersetzungsfunktion führt[73]). Ebenfalls sekundär wird durch das zur Fixierung des Lösungsweges (Arbeitsvorschrift) in der neuen Sprache zu erstellende Benutzerprogramm eine Veränderung des Systems der Benutzerprogramme induziert[74]).

Schließlich kann man auch qualitativen Veränderungen des Aufgaben-Systems prinzipiell mit Hilfe direkter Modifikationen des Hardware- und/oder Software-Systems begegnen, ohne den Umweg über eine Veränderung des Systems der Benutzerprogramme zu gehen. Für die Benutzer von Hardware/Software-Systemen bietet sich dieser Weg jedoch im allgemeinen nicht als Alternative an bzw. ist mit großen Schwierigkeiten verbunden (vgl. Punkt (1)).

(3) Aufdeckung von Produktivitätsmängeln

Informationssysteme können als Produktionssysteme betrachtet werden[75]). Die „Produktion" von Informationen zerfällt dabei in Operationen, die als „Generierung" neuer, bisher noch nicht existierender Informationen bezeichnet werden können und Operationen, die als Transformierung bzw. Kombinierung bereits vorhandener Informationen zu kennzeichnen sind[76]).

Unter Produktivität wird hier die mengenmäßige Ergiebigkeit von Produktionsprozessen verstanden[77]). Die Forderung nach maximaler Produktivität kann einerseits dahingehend interpretiert werden, daß bei einem bestimmten

---

73) Vgl. dazu Abschnitt C III c. Die Entwicklung eines neuen Übersetzers bzw. die Abwandlung existierender Übersetzer gehört im allgemeinen in den Aufgabenbereich der Hersteller von Software-Systemen. Dennoch ist eine große Zahl von Fällen bekannt, in denen einzelne Übersetzer von Anwendern modifiziert bzw. neu entwickelt worden sind.

74) Veränderungen des Systems der Benutzerprogramme können die unter Punkt (1) geschilderten Auswirkungen auf das Hardware-System und auf das Software-System implizieren.

75) Vgl. Kosiol, Erich: Die Unternehmung als wirtschaftliches Aktionszentrum, a. a. O., S. 167 ff.

76) Für beide Arten der Informationsproduktion wird hier der Begriff „Informationsverarbeitung" verwendet.

77) Vgl. Gutenberg, Erich: Grundlagen der Betriebswirtschaftslehre. 1. Band: Die Produktion, 10. Auflage, Berlin/Göttingen/Heidelberg 1965, S. 9 f.; vgl. dagegen Kosiol, Erich: Organisation der Unternehmung, a. a. O., S. 23. Kosiol verwendet den Ausdruck „Produktivität" zur Kennzeichnung der gesamtwirtschaftlichen Ergiebigkeit der Bedarfsdeckung.

Einsatz von Produktoren[78]) eine maximale Produktmenge erzeugt (verarbeitet) werden soll, andererseits zur Erzeugung (Verarbeitung) einer bestimmten Produktmenge die minimalen Produktor-Mengen einzusetzen sind. Produktoren in Informationssystemen sind vor allem menschliche und maschinelle Arbeitsleistungen[79]). Produkte sind generierte bzw. transformierte Informationen. Sobald erkannt wird[80]), daß die maximal mögliche Produktivität nicht realisiert wird, ist zu versuchen, durch Veränderung der Komponenten ein besseres Verhältnis von mengenmäßigem Input und Output zu erreichen.

Inputgrößen sind die Produktor-Einsatzmengen, d. h. im Rahmen der hier gestaltungsrelevanten Komponenten die durch das Hardware- und Software-System realisierten maschinellen Arbeitsleistungen. Outputgrößen sind quantitativ und qualitativ in mehrfacher Weise gekennzeichnete Informationsverarbeitungsleistungen. Bei Aufdeckung von zu geringer Produktivität[81]) kann unter der Voraussetzung konstanter Aufgabenstellungen und damit konstanten Outputs an Informationsverarbeitungsleistungen eine Konsequenz in der Verkleinerung des Hardware-Systems und/oder des Software-Systems liegen. Dieser Fall tritt zum gegenwärtigen Zeitpunkt des Einsatzes von ADV-Systemen so gut wie niemals auf. Stattdessen wird bei zu geringer Produktivität normalerweise die Zahl der Aufgabenstellungen[82]) und damit die Menge der geforderten Informationsverarbeitungsleistungen erhöht. Dies führt sekundär zu einer Modifikation des Systems der Benutzerprogramme, weil für die neuen Aufgabenstellungen Arbeitsvorschriften in Form neuer Benutzerprogramme bzw. durch Ergänzung schon vorhandener Programme geschaffen werden müssen. In vielen Fällen bewirkt eine derartige Beseitigung mangelnder Produktivität, daß das Aufgaben-System so umfangreich wird, daß es seinerseits wiederum die unter Punkt (1) und (2) aufgeführten Gestaltungshandlungen auslöst. Auf diese Weise entstehen iterative Prozesse, die ein Grund für das Wachstum automatisierter Informationssysteme sind.

(4) Verbesserung/Neuentwicklung des Hardware-Systems

Während die Anlässe (1) — (3) dem Einflußbereich der Benutzer von ADV-Systemen zuzuordnen sind, entstehen Verbesserungen bzw. Neuentwicklungen

---

78) Zum Begriff des Produktors vgl. Kosiol, Erich: Die Unternehmung als wirtschaftliches Aktionszentrum, a. a. O., S. 114.

79) Von den im Teil D als weiterem Produktor untersuchten „Sprachlichen Ressourcen" kann hier zunächst abstrahiert werden, da es sich um ein derivatives Gut handelt, das durch die Kombination menschlicher (und maschineller) Arbeitsleistungen entsteht.

80) Diese Erkenntnis kann z. B. durch Vergleich mit Informationssystemen anderer Betriebe induziert werden.

81) Eine ähnliche Problematik ergibt sich im Zusammenhang mit dem Einsatz von verbesserten oder neuen Programmiersprachen. Vgl. hierzu die Ausführungen unter Punkt (7) dieses Abschnitts.

82) Dabei kann es sich um eine ausschließlich quantitative Veränderung oder (bei entsprechender Redundanz im Sprachen-System) um eine sowohl quantitative als auch qualitative Veränderung des Aufgaben-Systems handeln.

von Hardware- und Software-Systemen meist durch Aktionen der Hersteller von ADV-Systemen.

Als Verbesserung eines Hardware-Systems wird hier eine Verbesserung eines oder mehrerer seiner Hardware-Elemente[83]) hinsichtlich einer oder mehrerer ihrer Produktor-Eigenschaften[84]) bezeichnet. Diejenigen Verbesserungen, die als Korrekturen von Konstruktionsfehlern bezeichnet werden müssen, werden somit nur dann eingeschlossen, wenn sie die vorgenannte Bedingung erfüllen. Die induzierten Gestaltungshandlungen bestehen primär darin, das alte Hardware-Element gegen das neue auszutauschen. Sekundär kann sich die Notwendigkeit zu Modifikationen anderer Komponenten des automatisierten Informationssystems ergeben, wenn die Realisierung der maximalen bzw. einer zufriedenstellenden Produktivität des Systems durch die veränderte Hardware nicht mehr gewährleistet ist.

Die Neuentwicklung eines Hardware-Systems kann im Gegensatz zu Detail-Verbesserungen den Austausch der wesentlichen Elemente des Hardware-Systems bedingen. Als wesentliche Elemente eines Hardware-Systems können Rechenwerk, Speicherwerk und Steuerwerk betrachtet werden, da ihre Funktionen durch keine anderen Elemente substituiert werden können. Derartige Hardware-Wechsel waren bisher meist mit der Entwicklung einer neuen Computer-Generation[85]) verbunden und führten im allgemeinen auch zu einer recht weitgehenden Neugestaltung der übrigen Komponenten automatisierter Informationssysteme. So ergab sich bisher zwangsläufig für die Anwender ein vollständiger Austausch des Software-Systems einfach deshalb, weil ein Software-System bisher bei der Entwicklung als derjenige Teil eines ADV-Systems betrachtet wurde, der ergänzt werden muß, damit das vorab konzipierte Hardware-System möglichst wirksam arbeiten kann. Diese Einstellung zum Software-System beginnt sich in jüngster Zeit zu ändern[86]). Damit ergeben sich für zukünftige Generationen von ADV-Systemen neue Perspektiven, die einen zwangsläufigen Austausch des Software-Systems bei Veränderungen des Hardware-Systems zweifelhaft erscheinen lassen.

Als Folge der bisher zwangsläufig induzierten Veränderungen des Software-Systems ergaben sich meist auch sekundäre Modifikationen des Sprachen-

---

83) Hardware-Elemente sind z. B. die Zentraleinheit, einzelne Eingabe-/Ausgabe-Geräte, die Register, die Auslegung der Kanäle usw. (vgl. dazu auch Abschnitt C I).

84) Produktor-Eigenschaften der Zentraleinheit als eines Elementes des Hardware-Systems sind z. B. die Zykluszeit, die Speichergröße, die Geschwindigkeit, mit der Befehle (z. B. Additionen) ausgeführt werden, usw.

85) Zur Abgrenzung der bisher entwickelten Generationen von ADV-Systemen vgl. Abschnitt E.

86) Heute gibt es Entwicklungsgruppen, in denen umgekehrt zunächst eine Software-Konzeption entworfen wird, zu deren Realisierung dann die notwendige Hardware ergänzt wird. Vgl. Gill, Stanley: Thoughts on the sequence of writing software. In: Software Engineering. Report on a Conference Sponsored by NATO Science Committee. Edited by Peter Naur and Brian Randell, (Brüssel) 1969, S. 186—188; ebenso Rosen, Saul: Hardware design reflecting software requirements. In: AFIPS Conference Proceedings, Vol. 33/ Part 1/FJCC 1968, S. 1443 f.

Systems[87]) und des Systems der Benutzerprogramme. Selbst wenn die Benutzerprogramme in Sprachen geschrieben werden, die sowohl vom alten als auch vom neuen Hardware/Software-System unterstützt werden, müssen umfangreiche und aufwendige Anpassungsprozesse vollzogen werden[88]).

(5) Verbesserung/Neuentwicklung des Software-Systems

Eine Verbesserung des Software-Systems liegt analog zum Hardware-System bereits dann vor, wenn ein oder mehrere seiner Elemente[89]) hinsichtlich einer oder mehrerer ihrer Produktor-Eigenschaften[90]) verbessert werden. Hier sind Software-System-Verbesserungen gemeint, die unabhängig von Verbesserungen des Hardware-Systems auftreten[91]). Für die daraus resultierenden Gestaltungshandlungen gilt im wesentlichen auch das für die Verbesserung eines Hardware-Systems Gesagte.

Die Neuentwicklung von Software-Systemen war bisher im allgemeinen durch eine Neuentwicklung des Hardware-Systems induziert. Hier zeichnen sich jedoch gegenwärtig neue Alternativen ab[92]), die berechtigen, auch eine vom Hardware-Fortschritt unabhängige Entwicklung von Software-Systemen in Zukunft als autonomen Anlaß zur Gestaltung automatisierter Informationssysteme zu betrachten. Als Konsequenz für den Benutzer ergeben sich bei der Neuentwicklung von Software-Systemen Auswirkungen auf das Sprachen-System und auf das System der Benutzerprogramme, die einerseits mit den in Punkt (4) bereits skizzierten Veränderungen übereinstimmen, andererseits noch über diese hinausgehen. So können z. B. zum veränderten Software-System gehörende systeminduzierte Standardprogramme einzelne Teile von Benutzerprogrammen ersetzen oder sogar zu quantitativen oder qualitativen Erweiterungen des Systems der automatisch erfüllbaren Informationsverar-

---

87) Bei allen Hardware-/Software-Generationswechseln wurden bisher die am Maschinencode orientierten symbolischen Assemblersprachen nicht auf das neue System übertragen. Damit mußten alle in diesen Sprachen geschriebenen Benutzerprogramme neu programmiert werden, sofern nicht Anpassungshilfen in Form von speziellen Übersetzern und Simulatoren geschaffen wurden.

88) So variierte bisher beispielsweise die Implementierung der Übersetzer für prozedurorientierte Compiler-Sprachen und die Auswahl der ihnen zugrunde liegenden Sprachumfänge beträchtlich. Häufig mußten vor allem zeitraubende Formatänderungen (Datenformate) durchgeführt werden.

89) Elemente von Software-Systemen sind einzelne Programme, die z. B. Steuerfunktionen, Übersetzungsfunktionen oder Dienstleistungsfunktionen ausüben. Vgl. dazu im einzelnen Abschnitt C III c.

90) Produktor-Eigenschaften der Elemente von Software-Systemen sind die z. B. in D I c untersuchten Qualitätskomponenten.

91) Beispiele sind die bei den Software-Systemen der 3. Generation herausgegebenen neuen „Releases". Es handelt sich offenbar meist um Korrekturen von Fehlern, die von Anfang an im Software-System enthalten sind, erst nach und nach durch Benutzung des Systems erkannt und durch die Herausgabe neuer Releases ausgemerzt werden.

92) Wenn in Zukunft immer größere Teile eines Software-Systems getrennt fakturiert werden, ergibt sich die Möglichkeit, daß selbständige Software-Firmen zusätzlich zu den vom Hersteller geschaffenen Software-Systemen Konkurrenz-Systeme entwickeln. Außerdem ist eine Umkehrung der Beeinflussungsrichtung dahingehend zu beobachten, daß das Hardware-System erst konzipiert wird, wenn man klare Vorstellungen über das Software-System hat. Vgl. dazu Abschnitt D I c.

beitungsaufgaben führen, die dann ihrerseits sekundär die unter Punkt (1) und (2) analysierten Gestaltungshandlungen auslösen, sofern in den übrigen Subsystemen nicht die zur Bewältigung der neuen Aufgaben notwendige Redundanz enthalten ist.

(6) Verbesserung/Neuentwicklung des Systems der Benutzerprogramme

Das System der Benutzerprogramme gehört zwar zum Gesamtkomplex der Software eines ADV-Systems, unterscheidet sich aber — wie in Abschnitt B II erläutert wurde — vom eigentlichen Software-System.

Verbesserungen bzw. Neuentwicklungen des Systems der Benutzerprogramme gehören ebenso wie die Punkte (7) und (8) zu einer Gruppe von Anlässen für Gestaltungshandlungen, die durch Aktivitäten sowohl der Hersteller als auch der Benutzer von ADV-Systemen entstehen können[93]).

Eine autonome Verbesserung, d. h. eine Verbesserung, die nicht durch irgendeinen der übrigen Anlässe (1) — (8) ausgelöst wird, ist z. B. die Entwicklung eines neuen Standardprogrammes durch einen Benutzer, das auch anderen Benutzern zugänglich wird und eine wirtschaftlichere Lösung eines oder mehrerer ihrer Probleme gestattet. Eine autonome Verbesserung des Systems der Benutzerprogramme ist z. B. auch dann gegeben, wenn ein bisher nur durch Simulation[94]) oder Emulation[95]) verwendbares Programm in eine von dem jeweiligen ADV-System unterstützte Programmiersprache umgeschrieben wird.

Eine Neuentwicklung des Systems der Benutzerprogramme findet statt, wenn alle Programme entweder hinsichtlich der ihnen zugrunde liegenden Lösungswege[96]) oder hinsichtlich der zu ihrer Codierung verwendeten Programmiersprache(n) umprogrammiert werden. Obwohl eine derartige Neuentwicklung in der Praxis wahrscheinlich niemals unabhängig von einer entsprechenden

---

93) Hier werden die Aktivitäten von Software-Häusern, die einen hohen Prozentsatz ihrer Tätigkeit der Entwicklung von Standard-Anwendungsprogrammen widmen, als Hersteller-Aktivitäten betrachtet.

94) Die Simulation eines für ein ADV-System A geschriebenen Programmes auf einem ADV-System B geschieht mit Hilfe von Simulatorprogrammen (Simulierern). Diese veranlassen das System B, sich so zu verhalten, als sei es das System A. Das Simulatorprogramm ist Teil des Software-Systems. Zu den Begriffsdefinitionen vgl. IFIP-Fachwörterbuch der Informationsverarbeitung. Hrsg. von International Federation for Information Processing. Amsterdam 1968, A 24, A 40, J 27.
Vgl. ebenso Fachnormenausschuß Informationsverarbeitung (FNI) im Deutschen Normenausschuß (DNA): Informationsverarbeitung — Begriffe. Entwurf DIN 44 300.

95) Die Emulation eines für ein ADV-System A geschriebenen Programmes auf einem System B entspricht im Effekt der Simulation. Sie wird jedoch nicht ausschließlich durch ein Programm, sondern durch eine kombinierte Hardware-Software-Einrichtung, den Emulator, realisiert. Vgl Betriebswirtschaftliches Institut für Organisation und Automation (Hrsg.): Begriffe aus dem Bereich der automatisierten Datenverarbeitung. 2. Aufl., Köln 1968, S. 48; ebenso Tucker, S. G.: Emulation of Large Systems. In: Comm. of the ACM, Vol. 8/No. 12/Dec. 1965, S. 753—761.

96) Dabei muß es sich nicht immer um Algorithmen handeln. Vgl. Grochla, Erwin; Szyperski, Norbert; Seibt, Dietrich: Ausbildung und Fortbildung auf dem Gebiet der automatisierten Datenverarbeitung, a. a. O., S. 19 f.

Neuentwicklung des Hardware-/Software-Systems stattfinden wird[97]), ist die Erwähnung dieses autonomen Anlasses nicht nur von theoretischem Interesse. Das stärkste Argument für eine derartige Neuentwicklung sind die Vorteile einer umfassenden Integration der Elemente des Systems der Benutzerprogramme[98]). Die meisten der gegenwärtigen Benutzerprogramm-Systeme sind wenig integriert, weil die mehr oder weniger große Zahl von Aufgabenstellungen zu verschiedenen Zeitpunkten über Jahre verteilt programmiert wurde. Dadurch sind z. B. die Informationen für die durch Einzelprogramme repräsentierten Informationsverarbeitungsaufgaben meist getrennt und unabhängig voneinander erfaßt und organisiert worden. Konsequenzen sind Mehrfacherfassung, Mehrfachspeicherung und Mehrfach-Organisation der Informationen in unterschiedlichen, nicht kompatiblen Formen. Die Nachteile, die ein derartiges historisch gewachsenes System täglich verursacht, können nur durch Neuentwicklung des Systems mit Hilfe einer auf Integration ausgerichteten Konzeption beseitigt werden[99]). Verbesserungen des Systems der Benutzerprogramme induzieren manchmal Veränderungen im Aufgaben-System[100]), bleiben aber im allgemeinen ohne Einfluß auf die übrigen Komponenten[101]). Demgegenüber können bei Neuentwicklung des Systems erhebliche gestaltungstechnische Konsequenzen entstehen. Notwendig ist in den meisten Fällen eine Veränderung des Software-Systems. Eine Reihe von bisher in den einzelnen Benutzerprogrammen enthaltenen Funktionen kann z. B. im Software-System zentralisiert werden[102]). Für andere Aufgabenstellungen werden

---

97) Die Kosten der Umprogrammierung sind meist weit höher als der leistungsmäßige Gewinn, der bei Neuentwicklung des Systems der Benutzerprogramme entstehen würde. Die Feststellung von Kosten und Leistungen setzt Maßstäbe voraus, mit deren Hilfe die Kosten und Leistungen verursachenden Faktoren gemessen werden können. Zur Problematik der Entwicklung bzw. Ableitung derartiger Maßstäbe vgl. den Abschnitt D I c.

98) Ein hoher Integrationsgrad bietet nicht nur Vorteile, sondern auch Nachteile. Beide müssen bewertet und verglichen werden.

99) Für einen Teil dieser Konzeption sind die Möglichkeiten zur Gestaltung integrierter Informations- bzw. Datenbanken relevant, durch die die Informationen und ihre Eingabe und Ausgabe für alle Benutzerprogramme vereinheitlicht wird. Vgl. Reusch, Günter: Die Struktur des Programmsystems und der Datenbank für ein Informationssystem. In: ADL-Nachrichten, Heft 50/1968, S. 21—25; ebenso Lutz, Theo und Klimesch, Herbert: Management Information Systems (MIS). Die Datenbank und ihre Probleme. In: IBM-Nachrichten, Heft 192/Dezember 1968, S. 457—464.

100) Dies geschieht z. B. dann, wenn für eine bisher nicht automatisch abgewickelte Aufgabe ein extern entwickeltes standardisiertes Benutzerprogramm zur Verfügung steht. Die Ausnutzung dieses Programmes führt zu einer entsprechenden Erweiterung des Aufgabensystems.

101) Der Grund dafür besteht darin, daß der kapazitive Rahmen des vorhandenen Hardware/Software-Systems meist so bemessen ist, daß er durch Hinzufügen oder Austauschen einzelner Programme nicht gesprengt wird.

102) Dies geschieht z. B. in Form der zum Software-System gehörenden „Datenbank-Software". Es handelt sich dabei um speziell für Datenbanken konstruierte Daten-Management-Programme (=Datenbankprozessoren), die den automatischen Zugriff zu den nach unterschiedlichen Verfahren (z. B. Adreßketten-Verfahren, Verwendung von Indextafeln) organisierten Informationen realisieren. Vgl. Dodd, George G.: Elements of data management systems. In: Computing Surveys, Vol. 1/No. 2/Juni 1969, S. 117—133; ebenso McElroy, David C.: Generalized File Management Software System. In: Total Systems Letter. Vol. 2/No. 5/S. 1—3; ebenso McGee, William C.: Generalized File Processing. In: Annual Review in Automatic Programming, Band 5, hrsg. v. Mark I. Halpern et al., Oxford usw. (1969).

Software-Lösungen verfügbar, die speziell auf die Bedingungen bestimmter Hardware-Systeme ausgerichtet sind[103]). Außerdem führen derartige Modifikationen des Systems der Benutzerprogramme und des Software-Systems häufig zu sekundären Veränderungen des Hardware-Systems. Als Folge davon kann z. B. dessen Speicherkapazität erweitert werden.

(7) Modifikation des Sprachen-Systems zur wirksameren Programmierung bereits automatisierter Aufgaben

Modifikationen der Sprachen-Systeme, die beim Einsatz bestimmter ADV-Systeme angewendet werden, können sowohl von Herstellern und Benutzern von ADV-Systemen als auch von Institutionen durchgeführt werden, die ausschließlich der Sprach-Entwicklung dienen[104]). Zu Beginn der ADV-System-Entwicklung gab es für jedes ADV-System (das damals ausschließlich aus Hardware bestand) nur eine einzige, die sogenannte Maschinensprache[105]), die zur Abfassung von Arbeitsvorschriften nur Befehlsworte zuließ, die das System direkt, d. h. ohne Übersetzung, verstand. Wenn man diese Maschinensprache verändern wollte, mußte man das Hardware-System ändern. Das Problem der autonomen Modifikation des Sprachen-Systems, d. h. einer Hardware-unabhängigen Sprach-Modifikation tritt erst auf, seit es Programmiersprachen gibt, zu deren Verwendung die Zwischenschaltung eines Übersetzers erforderlich ist[106]). Wenn diese Assembler- bzw. Compiler-Sprachen verändert werden[107]), resultiert daraus eine entsprechende Veränderung des zum Software-System gehörenden Übersetzers (Assembler oder Compiler).

Als Modifikationen des Sprachen-Systems sind jedoch nicht nur Veränderungen innerhalb einer der vorhandenen Sprachen, sondern auch

- das Hinzufügen einer neuen Sprache,
- das Ersetzen einer alten Sprache durch eine neue Sprache und
- der ersatzlose Wegfall einer alten Sprache zu betrachten[108]).

---

103) Dies gilt z. B. für die hardwaremäßig spezialisierte Entwicklung von Sortier- und Mischprogrammen. Vgl. IBM Corp. (Hrsg.): IBM System/360 Operating System SORT/MERGE. Form C 28-6544-5 (o. Ort) (1968).

104) Vgl. dazu die Ausführungen in Abschnitt C II.

105) Zur Definition der Maschinensprache vgl. Entwurf DIN 44300.

106) Die Beziehungen werden in Abschnitt C II b zusammenfassend dargestellt.

107) Die hier als Assembler-Sprachen bezeichneten Programmiersprachen werden im Entwurf DIN 44300 „maschinen-orientierte Programmiersprachen" genannt. Die hier als Compiler-Sprachen bezeichneten Sprachen heißen im Entwurf DIN 44300 „problemorientierte Programmiersprachen".

108) In der Vergangenheit wurden derartige Modifikationen von den Anwendern meist im Rahmen der Konversion zu einem neuen Hardware/Software-System berücksichtigt. Hier besteht jedoch keineswegs ein zwangsläufiger Zusammenhang.

Hier interessieren zunächst nur diejenigen Auswirkungen der Modifikation, die mit dem Ziel einer qualitativen Verbesserung der Erfüllung von vorhandenen Aufgabenstellungen unternommen werden. Qualitative Verbesserung der Aufgabenerfüllung kann beispielsweise durch Verbesserung einer, mehrerer oder aller folgenden Eigenschaften bzw. Fähigkeiten von Programmiersprachen bewirkt werden[109]).

- Eindeutigkeit der Definition einer Programmiersprache und der Formulierungen in dieser Sprache
- Einfachheit der Formulierungen
- Redundanz der Formulierungen
- Rekursivität von Unterprogrammen
- Kommunikationsfreundlichkeit
- Anwendungsbreite
- Erweiterbarkeit
- Erlernbarkeit
- Implementierungsfreundlichkeit
- Verträglichkeit (Kompatibilität)
- Übergangsmöglichkeiten in andere Programmiersprachen

Verbesserungen dieser Eigenschaften bzw. Fähigkeiten haben für unterschiedliche Aufgabenstellungen auch unterschiedliche Bedeutung und sind zum Teil nur bei bestimmten Programmiersprachen möglich. Modifikationen des Sprachen-Systems eines Anwenders sollten sich daher auf die Verbesserung der für seine individuellen Aufgabenstellungen wichtigen Sprach-Eigenschaften und -Fähigkeiten konzentrieren. Derartige sprachliche Modifikationen führen meist zu gestalterischen Konsequenzen für die anderen Komponenten eines automatisierten Informationssystems. Neben der bereits erwähnten Veränderung des Software-Systems in Form von Modifikationen der Übersetzerprogramme kann sich der Anwender zu nicht unerheblichen Veränderungen des Systems der Benutzerprogramme entschließen. Dies wird vor allem dann geschehen, wenn gleichzeitig eine zu geringe Produktivität der existierenden Benutzerprogramme festgestellt wird. Die Produktivität eines Benutzerprogrammes kann bestimmt werden, indem der Prozeß der Erstellung dieses Benutzerprogrammes und der Prozeß, in welchem es die von ihm erwarteten Ergebnisse „produziert", betrachtet werden. Inputs für diese Prozesse sind[110]):

---

109) Eine genauere Betrachtung dieser Eigenschaften und Fähigkeiten von Programmiersprachen erfolgt bei Schmitz, Paul; Seibt, Dietrich; Matis, Heinz; Strunz, Horst: Entwicklung eines Modells zur Bestimmung der Wirksamkeit von Programmiersprachen. In: Studienkreis Paul Schmitz: Die Wirksamkeit von Programmiersprachen. Wiesbaden 1972.

110) Eine genauere Betrachtung dieser Inputgrößen erfolgt bei Schmitz, Paul; Seibt, Dietrich; Matis, Heinz; Strunz, Horst: Entwicklung eines Modells ..., a. a. O.

- Aufwand für Programm-Vorgaben
- Programmieraufwand
- Aufwand für Job-Vorbereitung
- Übersetzungsaufwand
- Testaufwand
- Dokumentationsaufwand
- Rüstzeit
- Laufzeit
- Speicherbedarf
- Änderungsaufwand

Outputs sind letzten Endes die Verarbeitungsergebnisse, die bei der (beispielsweise periodisch wiederholten) Programmabwicklung auf einem Hardware/Software-System entstehen. An diese Outputs können aus dem Aufgabenerfüllungszusammenhang resultierende, individuell unterschiedliche qualitative Anforderungen gestellt werden, beispielsweise im Hinblick auf Fehlerlosigkeit, Darstellungsweise oder Geschwindigkeit. Die tatsächlichen Outputs entsprechen diesen Anforderungen mehr oder weniger. Durch Gegenüberstellung der tatsächlichen Inputs und Outputs kann die Produktivität bestimmt werden.

Bei der Entscheidung für oder gegen den Ersatz einer alten durch eine neue, bisher nicht zum Sprachen-System gehörende Programmiersprache wird häufig vor allem dem Gesichtspunkt der möglichst einfachen Wartung von Benutzerprogrammen Rechnung getragen[111]). Dies bedeutet, daß für Benutzerprogramme mit hoher Änderungswahrscheinlichkeit eine Umprogrammierung dann sinnvoll wird, wenn die neue Programmiersprache geringeren Änderungsaufwand induziert als die alte.

(8) Modifikation des Sprachen-Systems zur Programmierung bisher nicht automatisierter Aufgaben

Diese Art von Modifikationen ist meist durch das Hinzufügen einer neuen Sprache (mit oder ohne gleichzeitiges Ersetzen einer alten Sprache) gekennzeichnet. Es handelt sich bei der neuen Sprache um ein Werkzeug, mit dessen Hilfe für Aufgaben, die bisher nur durch menschliche Aufgabenträger erfüllbar waren, automatisierbare Lösungen formuliert werden können. (Hierbei ist es zunächst gleichgültig, ob die Lösung später durch Hardware oder durch Software realisiert wird.) Die maschinellen Voraussetzungen zur Lösung qualitativ neuartiger Aufgaben in Form entsprechender Hardware/Software-Systeme können u. U. schon lange gegeben sein, ehe die notwendigen sprachlichen

---

111) Vgl. Davis, Ruth M.: Programming Language Processors. In: Advances in Computers, Vol. 7, ed. by Franz L. Alt and Morris Rubinoff, New-York—London 1966, S. 117—180.

Ausdrucksmittel zur Formulierung der Problemlösungswege geschaffen werden[112]).

Die primäre Konsequenz des Benutzers auf die Bereitstellung neuer Sprachen für neue Probleme ist in vielen Fällen eine Expansion des Systems der automatisierten und zu automatisierenden Informationsverarbeitungsaufgaben, d. h. die Erweiterung seiner individuellen Anwendungskonzeption. Aus dieser ergeben sich häufig die unter Punkt (2) genannten Gestaltungshandlungen als sekundäre Auswirkungen. Wenn die sprachlichen Ausdrucksmittel vom Benutzer selbst entwickelt wurden, wird er meist selbst die notwendige Ergänzung des Software-Systems (in Form der Entwicklung zusätzlicher Übersetzer) vornehmen. Wenn die neue Sprache durch den Hersteller zur Verfügung gestellt wird, wird dieser auch für die Bereitstellung entsprechender Übersetzer sorgen. Eine Kooperation zwischen Benutzer und Hersteller ist ebenfalls in der Realität anzutreffen[113]).

---

112) Insofern ist das Vorhandensein von Hardware und Software eine zwar notwendige aber nicht hinreichende Bedingung zur Lösung von Aufgaben. Dies ist der eigentliche Grund, warum hier das Sprachen-System als weitere Komponente neben das Hardware- und das Software-System gestellt wird.

113) Grundsätzlich ist genauso wie bei den unter Punkt (7) aufgeführten Modifikationen des Sprachen-Systems eine hardwaremäßige Realisierung vorstellbar, nur wird sie im allgemeinen für den Benutzer nicht als Gestaltungsalternative in Betracht kommen.

C. Beziehungen zwischen der Software und den übrigen Komponenten automatisierter Informationssysteme

Ein Ergebnis der bisherigen Betrachtung ist die Unterscheidung zwischen dem Aufgaben-System, dem Hardware-System, dem Sprachen-System, dem Software-System und dem System der Benutzerprogramme als den wesentlichen Subsystemen eines automatisierten Informationssystems. Eine Differenzierung zwischen den beiden letztgenannten Subsystemen erscheint nicht unbedingt notwendig, wenn im Rahmen einer gestaltungsneutralen Analyse zunächst die einzelnen als Bausteine verwendeten Elemente untersucht werden. Es wurde bereits darauf hingewiesen (vgl. Abschnitt B II a), daß die beiden Subsysteme strukturell aus den gleichen Elementarten bestehen[1]).

Im nun folgenden Teil C werden die Relationen zwischen Software und Hardware, zwischen Software und Sprachen sowie zwischen Software und Aufgaben untersucht. Es handelt sich dabei primär um Analysen, durch die Gemeinsamkeiten, Unterschiede, Zusammenhänge und Gegensätze zwischen den genannten Phänomenen erkennbar werden sollen.

I. Zusammenhänge zwischen Software und Hardware

Zunächst wird die weitgehende Austauschbarkeit von Hardware- und Software-Lösung für bestimmte Problemstellungen begründet. Es folgt eine Darstellung derjenigen schaltalgebraischen und automatentheoretischen Grundlagen, die für Hardware und Software gemeinsam gelten. Den Abschluß bildet die Betrachtung der Phänomene „Maschine" und „Programm" aus der Sicht der Systemtheorie, wobei deutlich wird, daß automatentheoretische und sytemtheoretische Interpretationen dieser Phänomene zu weitgehend identischen Ergebnissen führen.

a) Austauschbarkeit von programmierten und verdrahteten Funktionen

Ein ADV-System besteht aus Geräten, die eine Grundmenge von verdrahteten Basisinstruktionen anbieten, und aus in Speichern residenten Programmen, die eine erweiterte Instruktionsmenge zur Verfügung stellen[2]). Die verdrahteten Basisinstruktionen realisieren u. a. die elementaren automati-

---

1) Software-System und System der Benutzerprogramme setzen sich aus strukturell gleichartigen Programmen zusammen. Diese Programme wiederum benutzen u. U. die gleichen Befehlsarten usw. (Vgl. dazu im einzelnen die Ausführungen in Abschnitt C III c.)

2) Vgl. Händler, W.: Digitale Universalrechenautomaten, a. a. O., S. 996 ff.

schen Transformationen an Operanden (sowohl arithmetische als auch logische), die Transmission von Informationen zwischen der Zentraleinheit und den peripheren Geräten und die automatische Veränderung einer Folge von Ereignissen in Abhängigkeit von den Tranformationen bzw. vom jeweiligen Zustand des Systems[3]).

Die Speicherung von codierten Programmen geschah historisch gesehen zunächst mit der Absicht, Bibliotheken von Funktionen (in Form von Subroutinen) im Speicher zu haben, die zur Durchführung von komplizierten Transformationen aufgerufen werden konnten[4]). In den heutigen komplexen ADV-Systemen sind zu diesen „Grundfunktionen" von gespeicherten Programmen weitere Funktionen hinzugekommen. Dazu gehören das Steuern und Koordinieren von Informationsverarbeitungseinheiten (Jobs bzw. Tasks), die Verknüpfung und Verteilung von Informationseingabe- und -ausgabe-Strömen, die Steuerung und Kontrolle der Allokation von Hardware- und Software-Elementen als Ressourcen an Verarbeitungseinheiten, die Registrierung und Buchhaltung über die für die einzelnen Verarbeitungseinheiten benötigten Element-Zeiten und -Kapazitäten, die Übersetzung von Programmen aus der Sprache eines Programmierers in die Sprache einer Maschine oder in die Sprache eines anderen Programmierers, die Aufdeckung und unter Umständen die Korrektor von Fehlern im ADV-System und viele Hilfs-, Unterstützungs- bzw Dienstleistungsfunktionen[5]).

Programme[6]) existieren nicht prinzipiell nur in Form von Software. Arbeitsabläufe in ADV-Systemen werden stets durch Programme gesteuert[7]), unabhängig davon, ob die Programme sich jerderzeit veränderbar bzw. löschbar in Speichern befinden oder ob sie fest verdrahtet sind und vom Anwender nicht oder nur durch entsprechende Hilfen des Herstellers verändert werden können. In den Zentraleinheiten der ersten programmgesteuerten digitalen Rechenanlagen waren alle Programme fest verdrahtet[8]). Später wurde ein Teil der Programme über Lochstreifen in die Zentraleinheit eingegeben und während des Eingabe-Vorganges schrittweise sofort ausgeführt[9]). Die Entwicklung führte dann zur Verwendung von auswech-

---

3) Vgl. Estrin, G. et. al.: SNUPER COMPUTER — a computer in instrumentation automation. In: AFIPS Conference Proceedings, Vol. 30/SJCC 1967, S. 645 ff.

4) Vgl. Rosen, Saul: Programming Systems and Languages. Historical Survey. In: AFIPS Conference Proceedings, Vol. 25/SJCC 1964, S. 1—15, vor allem S. 1.

5) Vgl. dazu im einzelnen die Ausführungen in Abschnitt C III c.

6) Ein Programm wird von Schmitz als „geordnete Folge von Anweisungen und Vereinbarungen zur Lösung einer Aufgabe mit Hilfe einer automatischen Datenverarbeitungsanlage" bezeichnet. Vgl. Schmitz, Paul: Programmierung, a. a. O., Sp. 1358 f.

7) Vgl. dazu die Definition des ADV-Systems in Abschnitt B I a; vgl. ebenso Schuff, Hans Konrad: Programmsteuerung. In: HWO, a. a. O., Sp. 1363.

8) Vgl. Schmitz, Paul: Programmierung, a. a. O., Sp. 1359.

9) Dieses Verfahren wurde z. B. bei der von Zuse entwickelten Rechenanlage Z 3 angewendet. Vgl. Beauclair, W. de: Geschichtliche Entwicklung. In: Taschenbuch der Nachrichtenverarbeitung, a. a. O., S. 10.

selbaren Stecktafeln, auf denen die Programme variabel gesteckt werden konnten[10]). Der wesentliche Schritt zur Verselbständigung eines Teiles der im Rahmen eines ADV-Systems zur Erfüllung von Aufgaben verwendeten Programme geschah dadurch, daß man dazu überging, diese Programme nicht mehr zu verdrahten, sondern — jederzeit löschbar bzw. modifizierbar — in einem Arbeitsspeicher bereit zu halten. Dieses Konzept, das auf John von Neumann zurückgeht[11]), ist praktisch heute noch gültig.

Mit diesem Fortschritt wurde die Grundlage für eine Trennung zwischen Hardware und Software, d. h. zwischen den verdrahteten und den nicht verdrahteten Funktionen eines ADV-Systems geschaffen. Die starke Ausbreitung, die das Software-Konzept seither erfahren hat, beruht auf den Vorteilen, die es gegenüber dem Hardware-Konzept bietet. Der entscheidende Vorteil ist die große Flexibilität und Anpassungsfähigkeit, die ADV-Systeme mit Hilfe der Speicherprogrammierung erhalten. Auf diese Weise können sie eine oder mehrere sehr große Teilmengen von unterschiedlichen Informationsverarbeitungsaufgaben lösen[12]), und in einem — wenn auch relativen Sinne — zu Universalautomaten werden.

Bei den ersten ADV-Systemen waren die Produktionskosten der Hardware-Geräte relativ hoch. Die Kosten der Erstellung von codierten Programmen fielen dagegen kaum ins Gewicht. Im Laufe der Entwicklung wurden die Hardware-Kosten bei gleichzeitig steigenden Leistungen der Geräte stark reduziert. Dies galt vor allem für die zur Aufnahme von Informationen und Programmen geschaffenen Speicher[13]). Eine Konsequenz war die Erstellung größerer und komplexerer Programme.

Hinzu kam, daß die Entwicklung von Hardware-Baugruppen in Form von miniaturisierten integrierten Funktionsmodulen für die Hersteller nur dann wirtschaftlich war, wenn gleichzeitig die Richtung der „very general pur-

---

10) Auf diese Weise wurde die von Aiken entwickelte „Großrechenanlage" Mark I gesteuert. Vgl. Beauclair, W. de: Geschichtliche Entwicklung, a. a. O., S. 11.

11) Vgl. Hoffmann, Walter: Entwicklungsbericht und Literaturzusammenstellung über Ziffern-Rechenautomaten. In: Digitale Informationswandler. Hrsg. von Walter Hoffmann. Braunschweig 1962, S. 662. Hoffmann zitiert als Quelle den Moore-School-Bericht über die Planung der Rechenanlage EDVAC. Neumann, John von: First draft of a report on the EDVAC. Contract No. W — 670. ORD — 492, Moore School of Electrical Engineering. University of Pennsylvania. 30. Juni 1945.

12) Die Menge aller denkbaren Informationsverarbeitungsaufgaben bzw. die Menge aller zum Zeitpunkt x zur Lösung anstehenden Informationsverarbeitungsaufgaben kann in Teilmengen zerlegt werden, die durch bestimmte Eigenschaften charakterisiert sind. (Vgl. z. B. die Einteilung in Schaubild 19.) Jede Teilmenge enthält eine unendlich große Zahl unterschiedlicher Informationsverarbeitungsaufgaben. ADV-Systeme können meist mehrere Teilmengen von Aufgaben lösen.

13) Zur Entwicklung der Speicher-Leistungen in der ersten, zweiten und dritten Computer-Generation vgl. Nisenhoff, N.: Hardware for information processing systems: Today and in the future. In: Proceedings of the IEEE, Vol. 54 / No. 12 / Dezember 1966, S. 1820—1835.

pose computers" verfolgt wurde[14]). Unter diesen Umständen blieben die Aufgaben der Spezialisierung der Fähigkeiten eines „very general purpose computer" und seiner Anpassung an eine große Anzahl unterschiedlicher Typen von Eingabe- und Ausgabe-Informationen sowie peripherer Geräte den Programmierern überlassen[15]).

Ein weiterer Grund für die Betonung der softwarenmäßigen Realisierung von Funktionen ergab sich aus der Entwicklung von Programmiersprachen. Bei den ersten speicherprogrammierten ADV-Systemen konnte man lediglich auf Instruktionen zurückgreifen, die auch als Hardware-Operationen fest verdrahtet waren[16]). Dies machte den Programmierungsprozeß umständlich und langwierig. Eine Konsequenz war die Schaffung von potenteren Instruktionen, die den sequentiellen Ablauf von mehreren Hardware-Operationen auslösten[17]). Damit wurde die Programmierung erheblich vereinfacht und beschleunigt. Allerdings ergab sich die Notwendigkeit, die neuen, der Hardware nicht direkt verständlichen Instruktionen in den Maschinencode umzuwandeln. Dies führte zur Entwicklung neuer, bisher nicht bekannter Funktionsträger, der Übersetzerprogramme, die zur Übersetzungzeit neben dem zu übersetzenden Programm (Ursprungsprogramm) im Hauptspeicher resident sein müssen. Hier deutet sich eine Kausalkette an, die kennzeichnend für das Verhältnis von Hardware und Software ist[18]):

Die Beziehungen können vereinfachend dahingehend zusammengefaßt werden, daß die Hardware neue Software und die Software sowohl neue Software als auch neue Hardware induziert. (Vgl. Abbildung 6). In diesem Ergebnis kommt ein unausgewogenes Verhältnis zwischen der Hardware- und der Software-Entwicklung zum Ausdruck, das sich bestätigt, wenn die Entwicklung der Herstellungskosten betrachtet wird.

Während alles darauf hindeutet, daß der Anteil der Hardware-Kosten auch in Zukunft abnehmen wird, ist der Anteil der Software-Kosten für ein ADV-System im Ansteigen begriffen[19]). Ursachen für diesen Tatbestand, mit dem sich sowohl die Hersteller als auch die Benutzer von ADV-Systemen konfrontiert sehen, können u. a. die folgenden sein:

---

14) Vgl. Etzrodt, A. und Metschl, E. C.: Allgemeines über Bauelemente — Zuverlässigkeit — Miniaturisierung. In: Taschenbuch der Nachrichtenverarbeitung, a. a. O., S. 167 bis 200, vor allem S. 192 ff.

15) Vgl. Hobbs, L. C.: Effects of large arrays on machine organization and hardware/software tradeoffs. In: AFIPS Conference Proceedings. Vol. 29/FJCC 1966, S. 92.

16) Zur Problematik der Programmierung in den sogenannten Maschinensprachen vgl. Davis, Ruth M.: Programming language processors, a. a. O., S. 125 f.

17) Diese Wirkung haben die Befehle der prozedur- bzw. problemorientierten Programmiersprachen. Vgl. Burkhardt, Walter H.: Universal programming languages and processors ..., a. a. O., S. 1—21, vor allem S. 2 ff.

18) Vgl. dazu die Ausführungen in Abschnitt B III.

19) Joseph konstatiert, daß die Kosten der Programmierung als Teil der Gesamtkosten eines ADV-Systems von 5 Prozent um 1950 auf ungefähr 50 Prozent um 1965 angewachsen sind. Vgl. Joseph, Earl C.: Computers: Trends toward the future. In: Proceedings of IFIP Congress 68. Edinburgh 1968 (Invited Papers, Vol. 1), S.147.

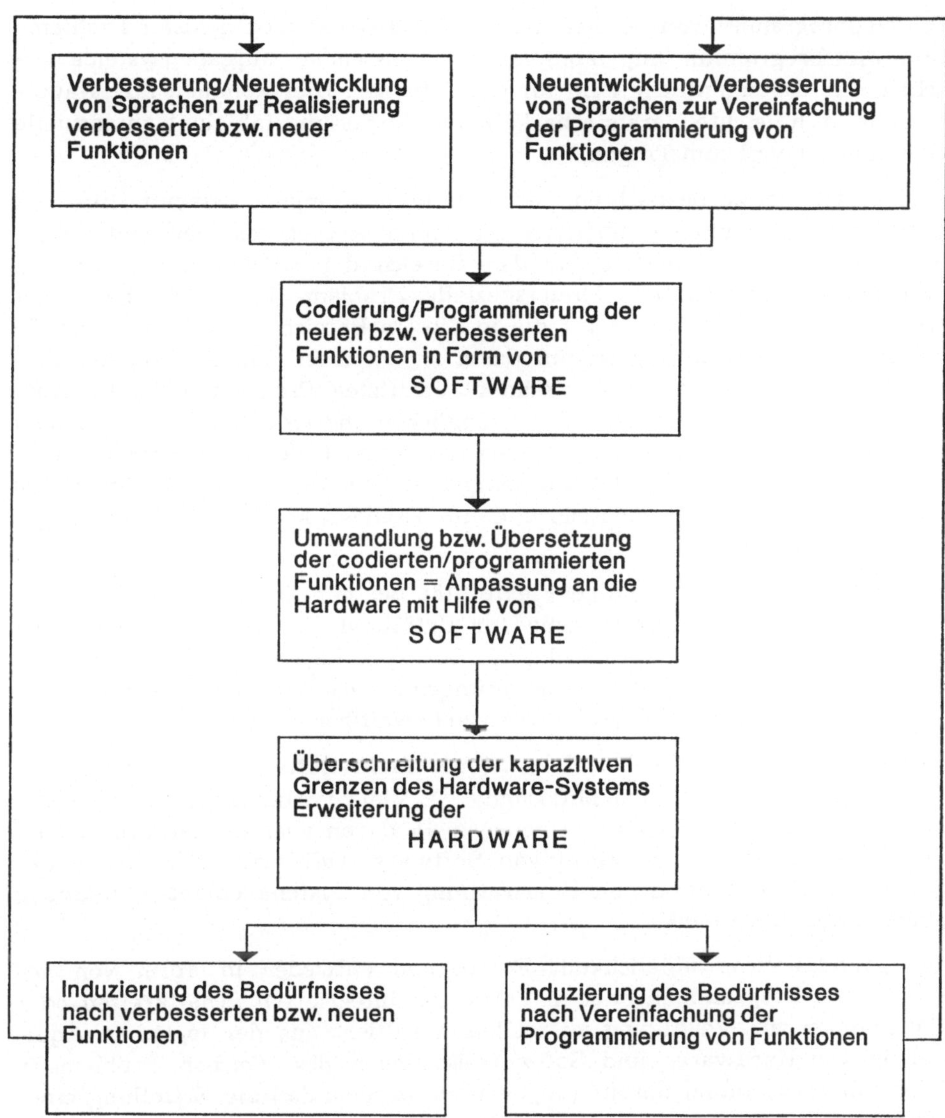

Abb. 6 Beziehungen zwischen Hardware und Software

(1) Eine immer größere Anzahl von artmäßig unterschiedlichen Informationsverarbeitungsaufgaben wird ADV-Systemen übertragen. Die Erstprogrammierung erfolgt im allgemeinen zunächst in Form der Software-Programme.

(2) Gleichzeitig wird versucht, immer komplexere und umfassendere Aufgabengebiete zu automatisieren.

Die Neuprogrammierung bisher nicht mit ADV-Systemen gelöster Probleme und die Programmierung komplexer umfassender Aufgabensysteme erscheint als das eigentliche Feld für die Software. Hier kommen ihre Hauptvorteile, d. h. leichte Veränderbarkeit und Anpassungsfähigkeit an spezielle Bedingungen voll zum Tragen.

Andererseits ist zu beobachten, daß viele bereits längere Zeit mit Hilfe von Software-Programmen praktizierte Aufgabenlösungen fest verdrahtet werden. Dies gilt insbesondere für den Bereich der ADV-Systeme der sog. „Mittleren Datentechnik", deren spezielle Probleme hier nicht betrachtet werden können. Ein Grund für die in diesem Bereich stark hervortretende Tendenz zur Verdrahtung scheint darin zu bestehen, daß die von den Anwendern der „Mittleren Datentechnik" benutzten Programme häufig Aufgaben lösen, die hinsichtlich ihrer möglichen individuellen Ausprägungen genau bekannt sind. Insofern ist auch das Ausmaß der notwendigen Flexibilität bereits bekannt und kann „eingebaut" werden. Diese Kenntnis existiert aber bei der Automatisierung umfassender komplexer Aufgabengebiete meist noch nicht.

So wird z. B. die notwendige Flexibilität bei der Schaffung umfassender integrierter Anwendungs-Systeme zur Erfüllung von betriebsindividuellen Aufgabenkomplexen den Ausschlag für Software-Lösungen geben, weil diese Aufgabenkomplexe häufigen Veränderungen unterworfen sind, die hardwaremäßig nur mit sehr viel höheren Kosten zu bewältigen wären.

Manchmal erscheint der Trend zu immer mehr Software als der Ausfluß einer zeitbedingten „design philosophy"[20]. Viele Vorhersagen für die sogenannte 4. Computer-Generation gehen z. B. davon aus, daß ein großer Teil der gegenwärtig noch in Form von Software realisierten Funktionen der Steuerung, Koordination und Überwachung von Systemelementen zukünftig „verdrahtet"[21] werden[22].

Die grundsätzliche Möglichkeit, Funktionen entweder in Form von gespeicherten Programmen oder in Form von integrierten Schaltkreisen oder Baugruppen zur Verfügung zu stellen, resultiert aus der logischen Äquivalenz von Hardware- und Software-Lösungen des gleichen Problems[23]. Hier soll noch einmal darauf hingewiesen werden, daß die Erstellung eines „Programmes" in dem am Anfang dieses Kapitels verwendeten umfassen-

---

20) Vgl. Hobbs, L. C.: Effects of large arrays . . ., a. a. O., S. 92.

21) Der Vorgang des „Verdrahtens" darf hier nicht eng ausgelegt werden. Er umfaßt z. B. auch die technische Realisierung von Schaltkreisen im Rahmen der Large Scale Integration. Vgl. Petritz, Richard L.: Technological foundations and future directions of large scale integrated electronics. In: AFIPS Conference Proceedings. Vol. 29 / FJCC 1966, S. 65—87.

22) Vgl. Lass, Stanley E.: A fourth generation computer organization. In: AFIPS Conference Proceedings. Vol. 32 / SJCC 1968, S. 435—441; ebenso Walter, Cloy J. et al.: Fourth generation computer systems. In: AFIPS Conference Proceedings, Vol. 32 / SJCC 1968, S. 423—434; ebenso Joseph, Earl, C.: Computers: Trends toward the future, a. a. O., S. 148 ff.

den Sinne (Programm = Arbeitsvorschrift) auch bei einer späteren Verdrahtung erforderlich ist. Bei der Hardware-Lösung ergeben sich zusätzliche Kosten der materiellen Realisierung dieses Programmes in Form von Schaltkreisen bzw. Baugruppen, womit derartige Lösungen meist nur dann in Frage kommen, wenn die Kosten auf eine hohe Losgröße bei der Produktion von Schaltkreisen bzw. Baugruppen umgelegt werden können. Die Hardware-Lösung bietet im allgemeinen den Vorteil der schnelleren Verarbeitung unabhängig von der Benutzung des aufwendigen Hauptspeichers. Sie hat den Nachteil relativ geringer Flexibilität in bezug auf konstruktive Veränderungen und parametrische Anpassungen an spezielle Benutzer-Bedingungen. Das Umgekehrte gilt im allgemeinen für die Software-Lösung.

Die Entscheidung, ob der eine oder andere konstruktive Weg beschritten wird, hat neben den genannten eine Reihe weiterer Faktoren zu berücksichtigen, die einerseits mit der Herstellung dieser Lösungen, andererseits mit ihrer Anwendung durch die späteren Benutzer von ADV-Systemen zusammenhängen[24]). Wesentlich sind Entwicklungen auf dem Gebiet der Hardware, die es auch den Benutzern — und nicht wie bisher nur den Herstellern von ADV-Systemen — gestatten werden, in breitem Umfang alternativ zu Software-Modifikationen auch Hardware-Veränderungen vorzunehmen. Eine derartige Erweiterung des Spielraums für die Gestaltungsentscheidungen der Benutzer wäre zu begrüßen, läßt sich aber nicht ohne ein Mindestmaß an Standardisierung von Funktionen realisieren. Zusammenfassend kann festgestellt werden, daß die optimale Erfüllung aller Informationsverarbeitungsaufgaben auch in Zukunft nur möglich erscheint, wenn die dafür notwendigen Funktionen je nach Bedarf in Hardware- und/oder in Software-Form zur Verfügung stehen.

b) Einige gemeinsame schaltalgebraische und automatentheoretische Grundlagen

ADV-Systeme dienen der Abwicklung logisch genau definierter Aussagen-Systeme. Die Vorgänge in ADV-Systemen können weitgehend durch Wahrheitsfunktionen beschrieben werden[25]). Unter einer Wahrheitsfunktion versteht man eine aussagenlogische Verknüpfung[26]), durch die jeder Kombination von Wahrheitswerten genau ein Wahrheitswert zugeordnet wird[27]).

---

23) Vgl. Kerner, I. O.: Modern programming methods and problems and their influence on the design of computing instruments. In: Proceedings of IFIP Congress 62. München 1962, S. 699—702, vor allem S. 700; ebenso Opler, Ascher: New Directions in Software, a. a. O., S. 1758.

24.) Vgl. dazu die Ausführungen in Abschnitt D I c.

25) Vgl. Steiner, Hans-Georg: Logik und Methodologie. In: Das Fischer-Lexikon. Mathematik 1. (Hamburg) (1964), S. 203.

26) Zur Aussagenlogik (= Aussagenkalkül) als Teilbereich der Logik vgl. neben Steiner, op. cit. auch Bochenski, I. M. und Menne, A.: Grundriß der Logistik. Paderborn 1965, S. 25—56.

27) Vgl. Steiner, Hans-Georg: Logik und Methodologie, a. a. O., S. 202.

Die beiden Wahrheitswerte „wahr" und „falsch" werden im Zusammenhang mit der Beschreibung elektrischer Schaltvorgänge umgedeutet in die Werte „Strom fließt" und „Strom fließt nicht". Die verwendete Aussagenlogik wird im Hinblick auf ihren Verwendungszweck als „Schaltalgebra" bezeichnet[28]. Die Schaltalgebra erscheint gleichzeitig als die „Lehre von der Verknüpfung von Entscheidungen zwischen zwei Möglichkeiten"[29]. Dabei bleibt zunächst völlig offen, welche Elemente von ADV-Systemen die Entscheidungen und Verknüpfungen realisieren.

Die drei Grundoperationen der Schaltalgebra sind Konjunktion $(\wedge)$, Disjunktion $(\vee)$, und Negation $(\overline{})$. Abbildung 7 zeigt die Ergebnisse dieser Grundoperationen für die zweiwertigen Variablen x und y.

Variablen		Operationen		
x	y	$x \wedge y$	$x \vee y$	$\overline{x}$
0	0	0	0	1
0	1	0	1	1
1	0	0	1	0
1	1	1	1	0

Abb. 7 Grundoperationen der Schaltalgebra

Prinzipiell ist es möglich, Rechenautomaten zu bauen, die nur diese Grundoperationen schalttechnisch realisieren[30], wobei die Bewältigung von komplexen Informationsverarbeitungsaufgaben mit derartigen Automaten allerdings außerordentlich umständlich und zeitraubend wäre, weil alle Aufgaben in die Grundoperationen aufgelöst werden müßten. Das andere (theoretische) Extrem ist ein Rechenautomat, bei dem die Arbeitsvorschriften bzw. Aussagenverknüpfungen für alle möglichen Benutzer-Aufgaben in Form von Schaltnetzen[31] fest verdrahtet sind, so daß zur Ausführung einer Vorschrift nur

---

28) Vgl. Zuse, Konrad: Entwicklungslinien einer Rechengerät-Entwicklung von der Mechanik zur Elektronik. In: Digitale Informationswandler, a. a. O., S. 512 ff. Die Schaltalgebra ist bereits im 19. Jahrhundert von George Boole als Algebra der Logik entwickelt worden. (Daher auch Boolesche Algebra.)

29) Vgl. Zemanek, H.: Logische Algebra und Theorie der Schaltnetzwerke. In: Taschenbuch der Nachrichtenverarbeitung, a. a. O., S. 86.

30) Vgl. Zuse, Konrad: Entwicklungslinien . . ., a. a. O., S. 525. Shannon weist nach, daß sogar ein Automat mit nur zwei möglichen internen Zuständen funktionsfähig ist. Vgl. Shannon, C. E.: A Universal Turing Machine With Two Internal States. In: Automata Studies, edited by C. E. Shannon and J. Mc Carthy. Princeton 1956.

31) Händler bezeichnet derartige Schaltnetze als Zuordner. Zur Definition vgl. Händler, W.: Digitale Universalrechenautomaten, a. a. O., S. 969 f; ebenso DIN 44300, a. a. O., Nr. 84.

noch die Variablenwerte eingegeben und der Vorgang (z. B. durch Knopf-
druck) ausgelöst zu werden brauchte. Ein solcher Automat würde einen
extrem hohen Schaltungsaufwand verursachen[32]), der mit den gegenwärtigen
Schaltmitteln wahrscheinlich nicht zu bewältigen wäre. Bei der praktischen
Synthese von Schaltwerken[33]) sind Zeitbedarf und Schaltungsaufwand entsprechend den geplanten Aufgabenstellungen in ein angemessenes Verhältnis zu bringen[34]). Alle Funktionen, die unter diesen Gesichtspunkten
nicht verdrahtet werden können bzw. sollen, müssen gespeichert werden.
Im Gegensatz zu den für die Schaltwerksynthese verwendeten aktiven
Schaltmitteln[35]), bestehen die Speicher der ADV-Systeme aus passiven Elementen. Jede „Speicherzelle", d. h. jede geschlossen aufrufbare Einheit, kann
jedoch ebenfalls nur Ja/Nein-Werte enthalten. Damit ergibt sich die Möglichkeit, die zu speichernden Programme (Software) in der gleichen Weise
wie die mit Hilfe von Schaltkreisen zu realisierenden Programme (Hardware) zu konzipieren, nämlich mit Hilfe von Ausdrücken der Schaltalgebra.
Die Feststellung, daß Hardware und Software auf den gleichen formalen
und axiomatischen Grundlagen aufbauen, läßt sich ergänzen durch die Feststellung, daß zur Konzipierung von Hardware und Software die gleichen
Darstellungs-Methoden verwendet werden. Schaltalgebraische Ausdrücke
können in Form von

    a) Gleichungssystemen,

    b) Matrizen oder

    c) Netzwerken

dargestellt werden. Gleichungen der Schaltalgebra werden sowohl im Rahmen der Formulierung von Aufgaben mit Hilfe von Programmiersprachen[36]) als auch zur Formulierung schalttechnischer Probleme benutzt[37]).
Die Matrizen-Darstellung findet sich bei der Schaltwerksynthese z. B. in
Form von logischen Quadratdiagrammen[38]), in der Programmierung ge-

---

32) Auf die Schwierigkeiten, die bereits bei Verdrahtung des Gleitkommas für arithmetische Operationen entstehen, weist Zuse hin. Vgl. Zuse, Konrad: Entwicklungslinien …,
a. a. O., S. 525.

33) Zur Definition des Schaltwerkes vgl. Händler, W.: Digitale Universalrechenautomaten, a. a. O., S. 972; ebenso Entwurf DIN 44300, a. a. O., Nr. 79.

34) Vgl. dazu neben Händler auch Zemanek, H.: Logische Algebra, a. a. O., S. 104 ff.

35) Zu den Arten von in ADV-Systemen verwendeten Schaltmitteln vgl. die Überblicks-
Aufsätze in Steinbuch, K. (Hrsg.): Taschenbuch der Nachrichtentechnik, a. a. O., S. 167
bis 473.

36) Beispiele sind die Programmiersprachen ALGOL und PL/1. Vgl. Rutishauser, Heinz:
Description of ALGOL 60. Handbook for Automatic Computation. Vol. I, Part a. Berlin
usw. 1967. Vgl. Winkler, Heinz: Anleitung zum praktischen Gebrauch von PL/1. München
und Wien 1967.

37) Beispiele sind die algorithmischen Verfahren zur Bestimmung von Mintermen. Vgl.
Zemanek, H.: Logische Algebra …, a. a. O., S. 110 ff.

38) Vgl. Zemanek, H.: Logische Algebra …, a. a. O., S. 111. Dieser zitiert Karnough, M.:
The Map Method for Synthesis of Combinational Logic Circuits. In: Communication and
Electronics. Vol. 9 (1953), S. 593—599.

winnt sie in Form der Entscheidungstabellen an Bedeutung[39]. Die Verwendung von Netzwerk-Darstellungen kommt in der Schaltwerksynthese bereits im Begriff „Schaltnetz" zum Ausdruck[40]. In der Programmierung hat sie in Form der Programmablaufpläne und Datenflußpläne Eingang gefunden[41].

Die logische Äquivalenz[42] von Hardware- und Software-Lösungen ergibt sich auch aus der Tatsache, daß die Automatentheorie als theoretische Basis für beide Arten der automatischen Erfüllung von Informationsverarbeitungsaufgaben in Betracht kommt.

Die Entstehung der Automatentheorie ist einerseits ein Resultat der technologischen Entwicklung von ADV-Systemen, andererseits ist sie bzw. verspricht sie, in Zukunft eine der Antriebskräfte für die Computer-Entwicklung zu werden[43]. Die Automatentheorie gilt als ein Spezialgebiet der instrumentellen Mathematik, eines Teilgebietes der angewandten Mathematik[44]. Der Begriff des Automaten, der der Automatentheorie zugrunde liegt, ist das Ergebnis einer mathematischen Abstraktion von den real existierenden diskreten Rechenautomaten[45]. Inzwischen gibt es eine Reihe unterschiedlicher Definitionen für den Begriff des Automaten, die auch zu unterschiedlichen Sub-Theorien innerhalb der Automatentheorie geführt haben[46].

Das Konzept der endlichen Automaten kann folgendermaßen verallgemeinert werden[47]:

---

39) Vgl. Chapin, N.: An introduction to decision tables. In: DPMA Quarterly, April 1967, S. 3—23.

40) Grundlage ist die allgemeinere Graphentheorie. Vgl. Zemanek, H.: Logische Algebra . . ., a. a. O., S. 104 ff.

41) Vgl. Fachnormenausschuß Informationsverarbeitung (FNA) im Deutschen Normenausschuß (DNA): Informationsverarbeitung. Sinnbilder für Datenfluß- und Programmablaufpläne. DIN 66001, (o. Ort) 1966.

42) Aus der logischen Äquivalenz folgt nicht die verfahrenstechnische und schon gar nicht die wertmäßige Äquivalenz. Auf die unter diesen Aspekten vorhandenen Unterschiede zwischen Hardware- und Software-Lösungen wurde in Abschnitt C I a hingewiesen.

43) Vgl. McNaughton, Robert: The theory of automata, a survey. In: Advances in Computers. Vol. 2 / New York/London 1961, S. 379; ebenso Gill, A.: Introduction to the theory of automata. New York 1962; ebenso Nelson, R. J.: Introduction to automata. New York 1966.

44) Vgl. Unger, Heinz: Elektronische Datenverarbeitungsanlagen und Automatentheorie. Heft 152 der Arbeitsgemeinschaft für Forschung des Landes Nordrhein-Westfalen. Köln und Opladen (1965), S. 7.

45) Vgl. Gluschkow, W. M.: Theorie der abstrakten Automaten. Berlin 1963, S. 9.

46) Einen Überblick über die unterschiedlichen Definitionen gibt McNaughton, Robert: The theory of automata . . ., a. a. O., S. 382 f.; ebenso Burks, A. W.: Computation, Behavior and Structure in Fixed and Growing Automata. In: Self-Organizing Systems. Proceedings of an Interdisciplinary Conference. Edited by Marshall C. Yovits and Scott Cameron. Oxford usw. 1960, S. 282—309.

47) Als Grundlage werden die Darstellungen bei Gluschkow und Händler benutzt. Vgl. Gluschkow, W. M.: Theorie der abstrakten Automaten, a. a. O., S. 9; ebenso Händler, W.: Digitale Universalrechenautomaten, a. a. O., S. 980.

Der endliche Automat $A = A(S, I, O, \delta, \lambda)$ ist festgelegt durch drei endliche Mengen S, I und O und zwei auf diesen Mengen definierten Funktionen δ und λ.

S = Zustände (states) von A
$$S: = \{ s_1, s_2, s_3, \ldots, s_l \}$$

I = Menge der Eingabe — Signale (inputs) für A
$$I: = \{ i_1, i_2, i_3, \ldots, i_m \}$$

O = Menge der Ausgabe — Signale (outputs) von A
$$O: = \{ o_1, o_2, o_3, \ldots, o_n \}$$

δ = Überführungsfunktion von A. Sie ist eine eindeutige Abbildung des Mengenproduktes von S und I in die Menge S.
$$\delta: S \times I \to S$$

λ = Ergebnisfunktion von A. Sie ist eine eindeutige Abbildung des Mengenproduktes von S und I in die Menge O.
$$\delta: S \times I \to O$$

Die Überführungsfunktion δ und die Ergebnisfunktion λ repräsentieren die Arbeitsvorschrift, den „Rechenplan", nach der der Automat arbeitet. Die Arbeitsvorschrift kann sehr einfach, sie kann aber auch außerordentlich kompliziert sein. Über die Art der technischen Realisierung sagt der abstrakte automatentheoretische Ansatz nichts aus.

Grundsätzlich können sowohl einzelne Schaltwerke bzw. die Gesamtheit der Schaltwerke eines ADV-Systems als auch einzelne gespeicherte Programme bzw. die Gesamtheit der gespeicherten Programme eines ADV-Systems als endliche Automaten betrachtet werden. Mithin trifft die oben genannte formale Beschreibung sowohl auf die Hardware- als auch auf die Software-Lösungen von logisch genau definierten Informationsverarbeitungsaufgaben zu. Für die Benutzung der Definition eines endlichen Automaten zur Analyse und (theoretischen) Synthese von Schaltwerk-Systemen gibt es viele Beispiele[48]. Heistand weist nach, daß dieser abstrakte Ansatz auch zur Organisation von Programmen durchaus erfolgversprechend angewendet werden kann[49].

c) Maschine und Programm aus der Sicht der Systemtheorie

Die auf Grundgedanken von Bertalanffys[50] aufbauende Systemtheorie bemüht sich um einen allgemeinen theoretischen Ansatz zur Analyse und Synthese von Systemen aller Art. Dabei geht sie von der Annahme aus, daß

---

48) Vgl. z. B. Moore, Edward F.: Gedanken-Experiments on sequential Machines. In: Automata Studies, a. a. O., S. 129—153. Einen Überblick über unendliche Automaten gibt Fischer, Patrick C.: Multi-tape and infinite-state automata — a survey. In: Comm. of the ACM, Vol. 8 / No. 12 / Dez. 1965, S. 799—805.

49) Vgl. Heistand, Roy E.: An executive system implemented as a finite-state automaton. In: Comm. of the ACM, Vol. 7 / No. 11 / Nov. 1964, S. 669—677.

50) Vgl. Bertalanffy, L. von: Zu einer allgemeinen Systemlehre. In: Biologia Generalis, Band XIX, Heft 1/1949, S. 114—129.

unterschiedliche Systeme isomorphe oder homomorphe Strukturen[51]) aufweisen und den gleichen Systemgesetzen unterworfen sind[52]). Der Begriff „System"[53]) ist bereits im Zusammenhang mit den organisatorischen Gebilden „Informationssystem" und „ADV-System" verwendet worden. Gleichzeitig wurden die Komponenten eines ADV-Systems als Systeme bzw. Subsysteme bezeichnet (vgl. Abschnitte B I und B II). Im folgenden werden Maschinen und Programme als die wesentlichen Elemente von Hardware-Systemen und Software-Systemen unter systemtheoretischen Aspekten verglichen.

Ashby bezeichnet als „determinierte Maschine" ein System, das sich wie eine geschlossene einwertige Transformation verhält[54]). Unter einer Transformation wird dabei eine Menge von Veränderungen (transitions) einer Menge von Operanden verstanden[55]). Die jeweiligen Ausprägungen der Operanden der Transformation stimmen mit den Zuständen des Systems überein[56]). Sie sind nur von der einen fest vorgegebenen Transformation abhängig. Werden zwei verschiedene Transformationen nacheinander durchgeführt, kann das Ergebnis als Produkt der Transformation bezeichnet werden[57]). Ein derartiges determiniertes System ist isoliert gegenüber systemfremden Einflüssen. Ashby verwendet dafür an anderer Stelle den Begriff „absolutes System"[58]).

Bei einem Vergleich dieser abstrakten Maschinen-Definition mit den realen (Teil-)Maschinen eines Hardware-Systems wird deutlich, daß die Prämisse der Isoliertheit gegenüber der Umwelt nicht gegeben ist. Die bisherige abstrakte Betrachtungsweise wird auch von Ashby in einem zweiten Schritt dahingehend erweitert, daß nicht nur die Übergänge eines Systems von einem Zustand in einen anderen, d. h. sein internes Verhalten, sondern auch

---

51) Zu den Begriffen „isomorph" und „homomorph" vgl. Ashby, W. Ross: An Introduction to Cybernetics. London 1961, S. 94 und 102 f.

52) Vgl. Fuchs, Herbert: Systemtheorie. In: HWO, a. a. O., Sp. 1618.

53) Fuchs faßt die in der Literatur gebräuchlichen Systemdefinitionen folgendermaßen zusammen: „Ein System besteht aus Elementen (Dingen, Objekten, Sachen, Komponenten, Teilen, Bausteinen, Gliedern) mit Eigenschaften (Attributen), wobei die Elemente durch Beziehungen (Zusammenhänge, Relationen, Kopplungen, Bindungen) verknüpft sind." Fuchs, Herbert: Systemtheorie, a. a. O., Sp. 1620.

54) Vgl. Ashby, W. Ross: An Introduction to Cybernetics, a. a. O., S. 24.

55) Vgl. Ashby, W. Ross: An Introduction to Cybernetics, a. a. O., S. 10. Die Transformationen müssen geschlossen sein, weil sonst irgendwo eine Stufe der Transformation geben könnte, deren Resultat nicht definiert ist, wodurch dann das System als undeterminiert gelten müßte. Der Eindruck, daß die Transformationen der meisten Maschinen in diskreten Sprüngen stattfinden, widerspricht nicht dem Tatbestand einer geschlossenen Transformation. Natürliche Systeme können z. B. nur zu diskreten Zeitpunkten betrachtet werden; die Beobachtungsergebnisse brauchen daher nicht mit den realen Transformationen übereinzustimmen.

56) Vgl. Ashby, W. Ross: An Introduction to Cybernetics, a. a. O., S. 25.

57) Vgl. Schillen, Erhard: Die Analyse der Ansätze bei Ashby zur Kybernetik und zur Allgemeinen Systemtheorie. Diplomarbeit, Köln 1968/69, S. 9.

58) Vgl. Ashby, W. Ross: Principles of the self-organizing dynamic system. In: Journal of General Psychology. Vol. 37, (Princeton/Mass.) 1947, S. 126.

die extern induzierten Verhaltensänderungen mit einbezogen werden[59]). Diese Art von Maschine wird von Ashby als „Maschine mit Input" bzw. als „Überführer" (transducer) bezeichnet[60]). Dieser Begriff entspricht dem in der Elektrotechnik üblichen Begriff des „Wandlers", der auf eine Vielzahl von Elementen des Hardware-System angewendet werden kann[61]).

Die Tatsache, daß es sich dabei um Informationswandler handelt, findet in der Allgemeinen Systemtheorie insofern Berücksichtigung, als neben dem Stoff- und Energieaustausch von Systemen auch der Austausch von Informationen zwischen Systemen untersucht wird[62]).

Entscheidendes Kennzeichen der Definition des Begriffes „Maschine mit Input" ist der Verzicht auf die Einbeziehung von Materialität und Energie-Transformationen als ausdrücklichen Bestandteilen einer Maschine. Wesentlich für die Frage, ob ein System eine „Maschine mit Input" ist, ist die Regelmäßigkeit seines Verhaltens[63]).

Mit Hilfe von Ashbys Definition gelingt es, sowohl kontinuierliche als auch diskontinuierliche Systeme in die Betrachtung einzuschließen. Die „Maschine mit Input" wird definiert durch eine Menge S von internen Zuständen, eine Menge I von Eingabe- bzw. Umgebungszuständen und eine Abbildung f der Produktmenge I x S in S[64]).

Hier ergibt sich eine Identität mit der Definition des endlichen Automaten (vgl. Abschnitt C I b), auf die Ashby auch selbst hinweist[65]). Bei der Untersuchung, inwieweit eine „Maschine mit Input" selbstorganisierend sein kann, wird deutlich, daß f die Veränderungen von S bewirkt[66]). Daraus folgt aber,

---

59) Vgl. Schillen, Erhard: Die Analyse . . ., a. a. O., S. 12.

60) Vgl. Ashby, W. Ross: An Introduction . . ., a. a. O., S. 44.

61) Vgl. Kazmierczak, H.: Wandler. In: Taschenbuch der Nachrichtenverarbeitung, a. a. O., S. 325 ff., ebenso Beer, Stafford: Kybernetik und Management, a. a. O., S. 59.

62) Vgl. z. B. Johnson, Richard A.; Kast, Fremont E.; Rosenzweig, James E.: The theory and management of systems, a. a. O., S. 77 ff. Hinsichtlich des Verhältnisses von Information und Energie gibt es zwei system-theoretische Denkansätze. Der eine betrachtet Energie-Fluß und Signal-Fluß als festverbundene „single-channel" Phänomene. Signal und Energie sind synonym.) Der andere Denkansatz trennt die beiden Phänomene, obwohl ebenfalls von einer signifikanten Interdependenz zwischen Signal-Fluß und Energie-Verfügbarkeit ausgegangen wird. Vgl. Foerster, H. von: On self-organizing system and their environments. In: Self-organizing systems, a. a. O., S. 33 f.

63) Vgl. Ashby, W. Ross: Principles of the self-organizing system. In: Principles of Self-Organization. Transactions of the university of Illinois, Symposium on self-organization. Edited by Heinz von Foerster and George W. Zopf, Jr., Oxford usw. 1962, S. 255—278, vor allem S. 261.

64) Vgl. Ashby, W. Ross: Principles . . ., a. a. O., S. 261 f.

65) Vgl. Ashby, W. Ross: Principles . . ., a. a. O., S. 261. Die in Abschnitt C I b zusätzlich bei der Definition eines endlichen Automaten verwendeten Elemente O und λ sind nur dann relevant, wenn man die Menge der Outputs explizit von der Menge der Zustandsveränderungen zu trennen wünscht, in denen sie eigentlich logisch enthalten sind.

66) Vgl. Ashby, W. Ross: Principles . . ., a. a. O., S. 267 f. Ashby beweist dies mit Hilfe des Gravitätsgesetzes.

daß f niemals eine Funktion von S sein kann. f ist unabhängig von den Zuständen der Maschine. f kann nur dann einen anderen Wert einnehmen, wenn es von außen verändert wird[67]. f kann als das der Maschine eingegebene Programm angesehen werden[68]. Dies entspricht der Definition des Begriffes Programm als Arbeits- bzw. Ablaufvorschrift[69].

Daneben ergibt sich aber eine weitere Möglichkeit, das Phänomen „Programm" so, wie es im Rahmen der Speicherprogrammierung von ADV-Systemen erscheint, systemtheoretisch zu deuten. Wenn von der Voraussetzung ausgegangen wird, daß zur Existenz von Maschinen — genauer von „Maschinen mit Input" — weder die Materialität noch der Bezug zu irgendeiner Art von Energie-Transformation notwendig sind, können Programme selbst als Maschinen mit Input betrachtet werden. Ein in der Zentraleinheit eines ADV-Systems gespeichertes Programm realisiert zur Laufzeit eine Folge von Zustandsveränderungen, die sich gleichzeitig als Output auf andere, es umgebende System auswirken[70]. Dabei kann es sich sowohl um physikalische als auch um informationelle Wirkungen auf andere Systeme handeln. Gleichzeitig erfährt das Programm selbst Einwirkungen von anderen Systemen, die seine Struktur und damit auch sekundär sein Verhalten verändern können. — Die beiden unterschiedlichen Begriffs-Deutungen sind logisch kompatibel, weil f als Abbildung des Mengenproduktes S x I in die Menge der S, d. h. als Arbeitsvorschrift oder Ablaufplan, sowohl für eine Hardware- als auch für eine Software-Lösung gegeben sein muß. Genausowenig wie aber die Abbildung f als gedankliche Konzeption ausreicht, um eine Hardware-Maschine (z. B. ein Schaltwerk) zu erzeugen, genausowenig reicht sie aus, um eine Software-Maschine (z. B. ein gespeichertes Programm) zu erzeugen.

Man wird dem Phänomen Software nur dann gerecht, wenn man — genau wie bei der Hardware — stets zwischen Konzeption und Realisation (in Form der verfahrenstechnischen Realisierung) unterscheidet. Ein Programm wird erst dann zu einem realen arbeitsfähigen Funktionsträger, wenn es (nachdem es fehlerfei gemacht worden ist) in das ADV-System eingegeben, übersetzt und geladen worden ist und wenn ihm die notwendigen System-Ressourcen zugeteilt sind. Ein Programm auf Codierblättern, ja selbst ein Programm, das auf Lochkarten oder Magnetband zwischengespeichert ist, entspricht in seiner Bedeutung den Konstruktionszeichnungen, Blaupausen bzw.

---

67) Derartige externe Veränderungen können von menschlichen Operatoren aber auch von anderen Maschinen vorgenommen werden.

68) Ashby bezeichnet f als die „Organisation" des Systems. Vgl. Ashby, W. Ross: Principles . . ., a. a. O., S. 262.

69) In Abschnitt C I a wurde bereits darauf hingewiesen, daß der Begriff „Programm" in dieser Deutung nicht speziell an die Software-Realisierung von Informationsverarbeitungsaufgaben gebunden ist.

70) Die gleichen Gedanken entwickelt Amosov bei der Betrachtung der im menschlichen Gehirn aktiven Programme. Vgl. Amosov, N. M.: Modelling of thinking and the mind. New York/London (1967), S. 13 ff.

den Gußformen oder Fabrikationsmasken zu druckender Hardware-Schaltungen. Der formale Unterschied besteht darin, daß es sich einmal um eine Prozeß-Beschreibung (bei der Software), das andere Mal um eine Zustands-Beschreibung (bei der Hardware) des gleichen Systems handelt[71]). Die erstere charakterisiert die Art und Weise, wie auf das System eingewirkt wird, die letztere liefert die Kriterien zur Identifikation der Elemente des Systems, indem sie diese Elemente modellartig nachbildet[72]).

Die Unterscheidung zwischen der gemessenen bzw. mit Hilfe der Sinnesorgane erfaßten Umwelt und der beeinflußten veränderten Umwelt konstituiert die Grundbedingung für die Entwicklung adaptiver Systeme[73]). Diese Systeme müssen die Differenzen zwischen gewünschten und tatsächlichen Zuständen feststellen, und anschließend die entsprechenden Prozesse finden und realisieren, durch die die Differenzen beseitigt werden[74]). Die herkömmlichen ADV-Systeme weisen diese Fähigkeit adaptiver Systeme noch nicht auf. Es ist jedoch bereits abzusehen, daß diese Fähigkeit sowohl hardwaremäßig als auch softwaremäßig in Automaten realisiert werden kann[75]).

Abschließend werden die wichtigsten Ergebnisse der Untersuchung der Beziehungen zwischen Software und Hardware noch einmal zusammengefaßt:

(1) Hardware-Lösungen und Software-Lösungen sind logisch äquivalente Realisationsmöglichkeiten für die gleichen Problemstellungen. Bei der Realisation selbst wird aus technischen oder aus wirtschaftlichen Gründen entweder die eine oder die andere Lösung vorgezogen.

(2) Es ist zu unterscheiden zwischen einem „Programm als Arbeitsvorschrift bzw. als Konzeption einer Problemlösung" und einem „Programm als realer aktiver Funktionsträger in einem operierenden ADV-System". Programme als Konzeptionen werden sowohl zur Produktion von Software als aurch zur Produktion von Hardware gebraucht. Nichtverdrahtete, gespeicherte Programme als Funktionsträger — als Submaschinen — sind die aktiven Elemente der hier untersuchten Software.

(3) Dies führt zu der Konsequenz, daß einem ADV-System in Form von speicherbarer Software immer neue Submaschinen zugeführt werden können, Submaschinen, die ohne Veränderung materieller Elemente

---

71) Vgl. Simon, Herbert A.: The architecture of complexity. In: General Systems. Yearbook of the Society for General Systems Research, Vol. X/1965, S. 63—76.

72) Vgl. Simon, Herbert A.: The architecture . . ., S. 74.

73) Vgl. Simon, Herbert A.: The architecture . . ., S. 74.

74) Vgl. Simon, Herbert A.: Newell, A.: Simulation of human thinking. In: Management and the Computer of the Future, edited by M. Greenberger. New York 1962, S. 110 ff.

75) Vgl. Newell, A.; Shaw, J. C. and Simon, H. A.: A Variety of Intelligent Learning in a General Problem Solver. In: Self-Organizing Systems . . ., a. a. O., S. 153—189; ebenso Steinbuch, Karl: Die informierte Gesellschaft. Geschichte und Zukunft der Nachrichtentechnik. (Stuttgart) (1968), S. 199 ff.

ständig modifizierbar und austauschbar sind. Hier wird ein wesentlicher Unterschied zwischen ADV-Systemen als den „Maschinen zur Verarbeitung von Informationen" und Maschinen-Systemen zur Verarbeitung von materiellen Objekten deutlich.

II. Zusammenhänge zwischen Software und Sprachen

In diesem Abschnitt werden die Beziehungen zwischen Programmiersprachen und Programmen als den Ergebnissen der Anwendung von Programmiersprachen zunächst unter semiotischen Aspekten analysiert. Es folgt eine Untersuchung der Prozesse, die der eigentlichen Programmierung vorausgehen. Dabei stellt sich heraus, daß mit Hilfe der herkömmlichen Programmiersprachen nur ein Ausschnitt aus dem Komplex der zur Lösung eines Problems gehörenden Aktivitäten automatisiert werden kann. — Den Abschluß bildet eine Betrachtung der Funktionen von Übersetzungsprogrammen, die als „Maschinen zur Übersetzung von Ursprungprogrammen in Zielprogramme" bezeichnet werden können.

a) Beziehungen zwischen Programmiersprachen und Programmen aus semiotischer Sicht

Zur Erstellung von Programmen sind Programmiersprachen erforderlich. Programmiersprachen sind aber anwendbar, wenn gleichzeitig Programme existieren, durch die die in ihnen formulierten Informationsverarbeitungsaufgaben in die dem jeweiligen ADV-System direkt verständliche Maschinensprache übersetzt werden. Daraus folgt, daß Programmiersprachen auf zweifache Weise mit den als Software gekennzeichneten Programmen eines ADV-Systems verkettet sind. Diese doppelgleisigen Beziehungen werden im folgenden durch eine Analyse aus dem Blickwinkel der Semiotik untersucht[76]. Prinzipiell kann eine solche Untersuchung alle drei semiotischen Dimensionen umfassen[77]. Im Zusammenhang mit Programmiersprachen für ADV-Systeme sind jedoch im allgemeinen nur syntaktische und semantische Analysen üblich[78].

---

76) Vgl. Morris, C.: Foundations of the theory of signs. In: International Encyclopedia of Unified Science. Vol. 1 / No. 2, Chicago 1938. Morris bezeichnet die Semiotik als die Lehre von den Zeichen („science of signs").

77) Diese Dimensionen sind Syntax, Semantik und Pragmatik. Syntax ist die Lehre von den Beziehungen zwischen den Zeichen einer Sprache. Semantik ist die Lehre von den Beziehungen zwischen den Zeichen und den Dingen, für die die Zeichen angewendet werden. Pragmatik ist die Lehre von den Beziehungen zwischen den Zeichen und den Anwendern der Zeichen. Die gleichen formalen Dimensionen werden auch im Rahmen der Linguistik verwendet. Die Linguistik als die Lehre von den Sprachen stellt allerdings mehr die Eigenarten und Strukturen natürlicher Sprachen in den Mittelpunkt ihrer Forschung. Der mehr von der formalen Logik beeinflußte Ansatz der Semiotik scheint den als Zeichenketten interpretierbaren Ausdrücken in Programmiersprachen angemessener.

78) Vgl. Zemanek, H.: Semiotics and Programming Languages. In: Communications of the ACM, Vol. 9 / No. 3 / März 1966, S. 139—143.

Die syntaktische Formalisierung einer Programmiersprache setzt voraus, daß ein „Alphabet", d. h. eine endliche Menge von Symbolen bzw. Zeichen gegeben ist[79]). Die Syntax besteht aus einer Menge von Regeln, durch die definiert wird, aus welchen Folgen von Symbolen dieses Alphabets ein Programm in der betreffenden Sprache bestehen kann[80]). Die semantische Formalisierung entspricht der Einführung eines formalen Systems, durch das die Bedeutung eines (syntaktisch korrekten) Programmes definiert wird[81]).

Während es eine Reihe von praktischen Lösungen zur Formalisierung der Syntax[82]) und Ansätze zur Formalisierung der Semantik[83]) von Programmiersprachen gibt, ist die Formalisierung der Pragmatik bisher nicht gelungen. Schwierigkeiten entstehen einerseits durch die Tatsache, daß man nicht nur den programmierenden Menschen, sondern auch das die Sprachelemente übersetzende bzw. interpretierende Programm als „Anwender" betrachten kann. Auf diese Weise würden sowohl die durch die Eigenarten der in den Übersetzer-Programmen fixierten Algorithmen als auch die indirekt durch das jeweilige Hardware/Software-System ausgeübten Einflüsse auf die Programmiersprachen als pragmatische Beziehungen zu definieren sein[84]). Die Konsequenz daraus wäre die Ableitung unterschiedlicher Pragmatiken, z. B. einer auf den Programmierer bezogenen Pragmatik, einer auf das Übersetzungsprogramm bezogenen Pragmatik, einer auf das Hardware-System und/oder auf das Software-System bezogenen Pragmatik usw. Probleme entstehen aber auch, sofern man sich nur auf den programmierenden Menschen als Anwender beschränkt. Es bestehen begründete Zweifel, ob es für eine bestimmte Programmiersprache eine bestimmte Anwendungsweise gibt, die man als die optimale bezeichnen kann[85]).

Im Grunde genommen beinhaltet dies die Erkenntnis, daß es absolute Maßstäbe bzw. Kriterien zur Anwendung einer Programmiersprache nicht gibt, sondern daß die ausgewählten Beurteilungskriterien bereits auf subjektiven

---

79) Vgl. Davis, Ruth M.: Programming Language Processors, a. a. O., S. 130 ff.

80) Vgl. Bakker, J. W. de: Formal Definition of Programming Languages. With an Application to the Definition of ALGOL 60. Amsterdam 1967, S. 1.

81) Vgl. Bakker, J. W. de: Formal Definition . . ., a. a. O., S. 1.

82) Vgl. Backus, J. W.: The Syntax and Semantics of the Proposed International Algebraic Language of the Zürich ACM — GAMM Conference. London 1960, S. 125—132; ebenso Chomsky, N.: On Certain Formal Properties of Grammars. In: Information and Control, Vol. 2 / 1959, S. 137—167.

83) Vgl. Landin, P. J.: The Mechanical Evaluation of Expressions. In: The Computer Journal, Vol. 6 / 1964, S. 308—320; ebenso Strachey, C.: Towards a Formal Semantics. In: Formal Language Description Languages for Computer Programming. Proceedings of IFIP Working Conference. Amsterdam 1966, S. 198—220; ebenso Bakker, J. W. de: Formal Definition . . ., a. a. O., S. 10 ff.; ebenso Feldman, Jerome A.: A Formal Semantics for Programming Languages. In: Proceedings of IFIP Congress 65, S. 435—436.

84) Vgl. Zemanek, H.: Semiotics . . ., a. a. O., S. 140 ff.

85) Vgl. Warshall, Stephen: On Computational Cost. In: Annual Review in Automatic Programming, a. a. O., Vol. 5 / 1969, S. 309 ff.

Entscheidungen beruhen. Kein Zweifel besteht jedoch daran, daß Untersuchungen der pragmatischen Aspekte, im besonderen der Effektivität von Programmiersprachen aus der Sicht der menschlichen Anwender, trotz der zu erwartenden Komplexität der Beziehungen außerordentlich notwendig sind, z. B. um das Feld der subjektiv sinnvollen Beurteilungskriterien einzugrenzen und in Relation zu typischen Anwendungssituationen zu setzen[86]). Im folgenden wird die Syntax von Programmiersprachen im Hinblick auf ihre Bedeutung bei der Erstellung und Übersetzung von Programmen untersucht[87]).

Das Vokabular einer Programmiersprache wird durch die Spezifikation eines Alphabetes und durch die Spezifikation von Regeln zur Konstruktion von Wörtern festgelegt[88]). Das Alphabet besteht normalerweise aus Buchstaben, Zahlen und Sonderzeichen (= Operationszeichen). Das bei der Erstellung eines Programmes verwendete Alphabet stimmt in vielen Fällen nicht mit dem im ADV-System verwendeten überein. Daraus resultiert die Unterscheidung zwischen Ursprungssprache (source language) und Zielsprache (target language)[89]). Entsprechend unterscheidet man zwischen Ursprungsprogramm und Zielprogramm. Bei einem Ursprungsprogramm handelt es sich um die Fixierung des Lösungsweges bzw. der Arbeitsvorschrift in der meist die Bedürfnisse der menschlichen Anwender angepaßten Ursprungssprache. Als Zielprogramm wird das in die dem ADV-System direkt verständliche Zielsprache (= Maschinensprache) übersetzte Ursprungsprogramm bezeichnet. Die Zielsprache wird meist durch bestimmte Struktureigenschaften der Hardware eingeschränkt. Ein Teil des Übersetzungsprozesses besteht daher in der Umwandlung der bei der Programmierung erlaubten Symbole in die viel kleinere Menge der in der Hardware-Sprache erlaubten Symbole[90]). Die Regeln zur Konstruktion von Wörtern beinhalten gewöhnlich Begrenzungen der Anzahl von Symbolen pro Wort, Beschränkungen der als erstes oder letztes Zeichen in einem Wort verwendeten Symbole und Restriktionen hinsichtlich der Symbol-Arten, auf denen Wörter bestehen dürfen[91]).

---

86) Vgl. Schmitz, Paul: Problematik der Auswahl einer Programmiersprache. In: Studienkreis Paul Schmitz: Die Wirksamkeit von Programmiersprachen. Wiesbaden 1972.

87) Vgl. dazu Chomsky, Noam: Syntactic Structures. The Hague — Paris 1966, S. 21. Nach Chomsky ist eine Sprache definiert durch ein Alphabet und durch „grammatische" Sätze, d. h. durch Sätze, die nach den Regeln einer Grammatik gebildet werden.

88) Wörter sind diejenigen Zeichenketten aus der Menge der kombinatorisch möglichen Zeichenketten, die nach den Konstruktionsregeln als erlaubte Einheiten benutzt werden dürfen.

89) Vgl. dazu die Definitionen des Fachnormenausschusses Informationsverarbeitung in Entwurf DIN 44300, a. a. O.

90) Die Hardware-Sprache wird meist als Maschinensprache bezeichnet. Vgl. Entwurf DIN 44300, a. a. O.

91) Vgl. Davis, Ruth M.: Programming Language Processors, a. a. O., S. 130.

Die Struktur einer Sprache wird durch ihre Grammatik bestimmt, die die Regeln zur Spezifizierung der Sätze in dieser Sprache enthält[92]. Die Grammatik als wesentlicher Teil der Syntax einer Programmiersprache kann gleichzeitig als eine Menge von Regeln zur Analyse und Synthese von (erlaubten) Zeichenketten in dieser Programmiersprache betrachtet werden[93]. Bei der sprachtheoretischen Einordnung von Grammatiken für Programmiersprachen[94] ergibt sich daß eine vollständige Spezifikation einer Programmiersprache per definitionem die Spezifikation des Übersetzers einschließen muß[95]. Hierbei geht es um die Übersetzer-Konzeption, d. h. um das Modell des Übersetzungsprozesses, so wie er auf einem bestimmten ADV-System abläuft. Daraus folgt, daß jede Definition einer Programmiersprache mit dem Ziel, sie auf einem bestimmten ADV-System zu implementieren, die Kenntnis der Struktur dieses ADV-Systems voraussetzt, auf dem die Elemente der Programmiersprache später verarbeitet werden sollen. Für diese Struktur gibt es eine einheitliche Darstellungsform, die für alle Programmiersprachen gültig ist. Das bedeutet, daß Beschreibungen des gleichen Algorithmus in unterschiedlichen Programmiersprachen mit Hilfe der Terminologie eines generellen „Prozessor"-Modells untersucht werden können[96]. Der Prozessor wird charakterisiert durch seine eigene Sprache (= Maschinensprache). Sowohl für die Programmiersprache L als auch für die Maschinensprache C gilt das Konzept der Äquivalenz zwischen einem Verarbeitungsschritt in L und dem entsprechenden Verarbeitungsschritt in C[97]. Ein Übersetzer T (L, C) ist ein endlicher Automat, der die Input-Spezifikationen für Verarbeitungsschritte, die in L formuliert sind, in Input-Spezifikation in der Maschinensprache C umwandelt, die äquivalente Verarbeitungsschritte realisieren[98].

Auf die Möglichkeit der Interpretation eines Programmes (hier: Übersetzers) als endlicher Automat war bereits in Abschnitt C I hingewiesen worden. Darüber hinaus wird in einer Reihe von Theoremen über die Bezie-

---

92) Vgl. Chomsky, Noam: On certain formal properties of grammars, a. a. O., S. 137 bis 167.

93) Vgl. Chomsky, Noam: Syntactic Structures, a. a. O.

94) Dabei handelt es sich um Grammatiken, die in der bereits erwähnten, von Bakkus entwickelten Form definiert sind. Vgl. Bar-Hillel, Y.: Perlis, M.; Shamir, E.: On formal properties of simple phrase structure grammars. In: Zeitschrift Phonetik, Sprachwissenschaftliche Kommunikationsforschung, 14. Jg. (1961), S. 143—173; ebenso Gorn, S.: Detection of generative ambiguities in context-free mechanical languages. In: Journal of ACM, Vol. 10 / 1963, S. 196—208.

95) Vgl. Gorn, S.: Summary Remarks. In: Comm. of the ACM, Vol. 7/1964, S. 133—134; ebenso Dijkstra, E. W.: An attempt to unify the constituent concepts of serial program execution. In: Symbolic languages in data processing. New York 1962, S. 237—251; ebenso Samelson, K.: Programming languages and their processing. In: Proceedings of IFIP Congress Munich 1962, Amsterdam (1963), S. 487—492.

96) Vgl. Narasimhan, R.: Programming Languages and Computers: A unified metatheory. In: Advances in Computers, a. a. O., Vol. 8/1967, S. 194.

97) Vgl. Narasimhan, R.: Programming Languages . . ., a. a. O., S. 195.

98) Vgl. Narasimhan, R.: Programming Languages . . ., a. a. O., S. 195.

hungen zwischen Maschinen und den Sprachen, die von diesen Maschinen erzeugt oder erkannt werden[99]), auf die Äquivalenz von endlichen Automaten und einer bestimmten Klasse von Grammatiken, nämlich den sogenannten FS-Grammatiken (finite state grammars) hingewiesen[100]).

b) Programmiersprachen, Automatensprachen und die ihnen entsprechenden Programme

Für das Verhältnis von Programmen und Programmiersprachen unter dem Aspekt des für beide als Bezugspunkt notwendigen Automaten ergeben sich die folgenden Konsequenzen:

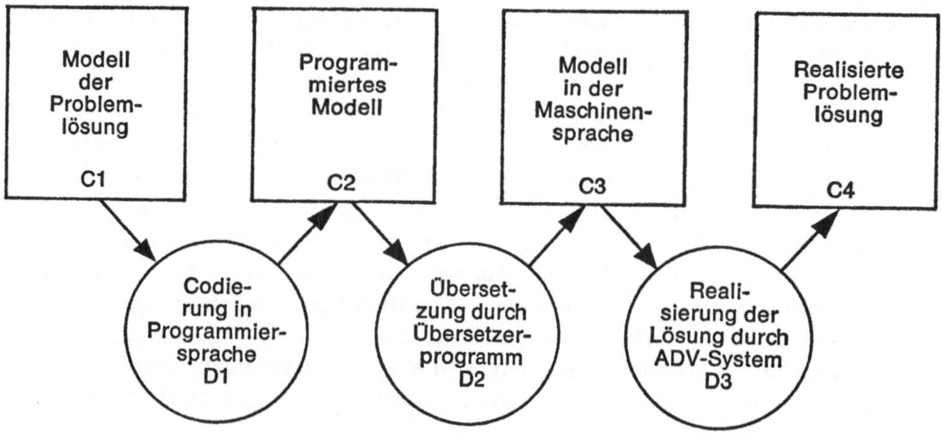

Abb. 8 Programme als Zwischenglieder im Problemlösungsprozeß

Programme sind die notwendigen Zwischenglieder zwischen Programmiersprachen und Automaten, unabhängig davon, daß zwischen Programmiersprachen und Automaten eine logische Äquivalenz vorliegt. Stärker wiegt die funktionale Äquivalenz zwischen Programmiersprachen und Progammen, die insofern besteht, als beide bestimmte Darstellungsformen von Modellen bestimmter Problemlösungen in neue, dem Automaten „nähere" Darstellungsformen umwandeln können.

---

99) Vgl. Chomsky, Noam: Formal properties of grammars. In: Handbook of Mathematical Psychology (edited by R. R. Bush, E. H. Galanter, R. D. Luce), Vol. 2, New York (1963), S. 323—415; ebenso Bar-Hillel, Y.: Languages and Information. Reading/Mass. (1964); ebenso Oettinger, A. G.: Automatische Verarbeitung natürlicher und formaler Sprachen. In: Taschenbuch der Nachrichtenverarbeitung, a. a. O., S. 1269—1282.

100) Analog können die Sprachen, die durch Grammatiken mit uneingeschränkten Produktionen (= Ausdrücken in der Backus Normal Form) beschrieben werden, durch uneingeschränkte Turing-Maschinen erzeugt werden. Vgl. Oettinger, A. G.: Automatische Verarbeitung..., a. a. O., S. 1270. Die FS-Grammatiken sind eine spezielle Teilklasse der sogenannten CF-Grammatiken, d. h. der Grammatiken der kontextfreien Sprachen. Vgl. Ginsburg, S.: The mathematical theory of context free languages. New York 1966.

Bis zu diesem Augenblick ist vom programmierenden und Probleme lösenden Menschen abstrahiert worden. Durch explizite Einbeziehung des Menschen in das Beziehungsgefüge zwischen Programmiersprachen, Programmen und Problemen ergeben sich notwendige Ergänzungen und Präzisierungen. Zunächst fällt auf, daß im obigen Schema der auf die spätere automatische Problemlösung ausgerichtete Einsatz von Programmiersprachen erst beginnt, wenn ein Modell der Problemlösung vorhanden ist. Die zur Modell-Bildung gehörenden und ihr vorausgehenden Aktivitäten werden bisher primär von Menschen ausgeführt.

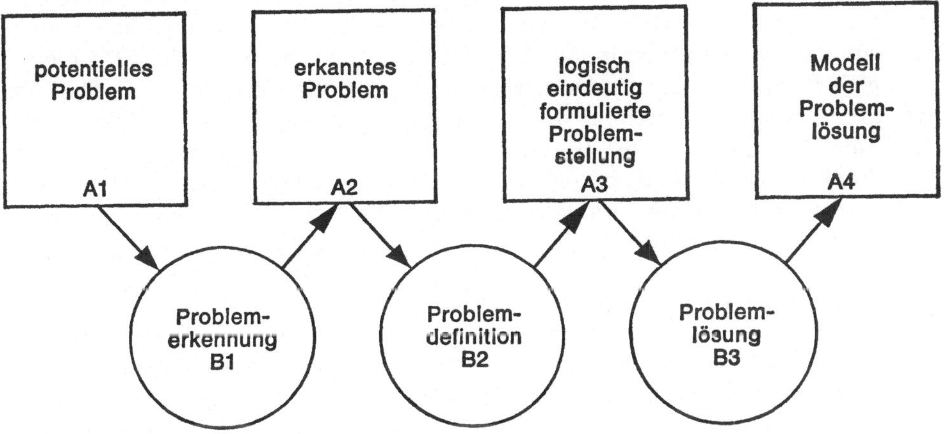

Abb. 9 Phasen bei Entwicklung eines Problemlösungsmodells

Alle Phasen des Prozesses der Entwicklung eines Problemlösungsmodells sind gekennzeichnet durch den Einsatz sprachlicher Ausdrucksmittel. Die Verwendung dieser auf unterschiedlichen Sprachebenen einzuordnenden Ausdrucksmittel bedingt ihrerseits wiederum unterschiedliche syntaktische, semantische und pragmatische Überlegungen. Die zur Problemerkennung verwendeten sprachlichen Ausdrücke werden noch ungenau und an der Umgangssprache orientiert sein. Spätestens bei der logisch eindeutigen Formulierung d. h. bei der Definition der Problemstellung, die als Grundlage für die Modell-Entwicklung dient, müssen die verwendeten sprachlichen Ausdrucksmittel jedoch einen Genauigkeitsgrad erreicht haben, der der gewünschten Präzision der Problemlösungs-Resultate entspricht. Gleichzeitig müssen sie der Art der Problemstellung angepaßt sein. Die Formulierung von Problemen der numerischen Informationsverarbeitung erfordert z. B. andere sprachliche Ausdrucksmittel als die Formulierung von Problemen der nichtnumerischen Informationsverarbeitung[101]).

---

101) Zur Abgrenzung zwischen numerischer und nicht-numerischer Informationsverarbeitung vgl. Gunzenhäuser, R. und Knödel, W.: Einführung. In: Nicht-numerische Informationsverarbeitung, hrsg. von Rul Gunzenhäuser. Wien/New York 1968, S. 4 ff.

Aus der prinzipiellen Identität der syntaktischen, semantischen und pragmatischen Fragestellungen bei Programmiersprachen und bei den zur Problem-Erkennung, Problem-Definition und zur Entwicklung von Problemlösungsmodellen verwendeten natürlichen und künstlischen Sprachen ergibt sich die Konsequenz, daß unter Umständen zwar erhebliche praktische aber keine theoretischen Schwierigkeiten entstehen werden, wenn man den Anwendungsbereich von Programmiersprachen — besser von Automatensprachen — auch in das Gebiet der Problem-Erkennung, Problem-Definition und Entwicklung von Problemlösungsmodellen ausdehnt. Als ein erster Schritt auf diesem Wege wäre die „Automatisierung" der Programmierung denkbar. Dies würde bedeuten, daß die bisher vom Programmierer vorgenommene Übertragung des Modells der Problemlösung[102] in eine Programmiersprache (D 1) — üblicherweise als Codierung bezeichnet — automatisch, z. B. durch ein Programm durchgeführt wird. Derartige Programme, die in Abbildung 10 als „Codierungsprogramme" bezeichnet werden, sind bereits für unterschiedliche Anwendungsgebiete realisiert worden. Einerseits können mit Hilfe von sogenannten „Präprozessoren" aus Problemlösungen, die in Form von Entscheidungstabellen vorliegen, Anweisungen in den Programmiersprachen COBOL[103] und FORTRAN[104] erzeugt werden[105].

Andererseits können Flußdiagramme, die in einem Graphencode verschlüsselt sind, direkt mit Hilfe spezieller Übersetzungsprogramme eingelesen und in ein aus Sprungbefehlen und Unterprogrammaufrufen bestehendes Maschinenprogramm umgewandelt werden[106].

Wesentlich ist, daß genau auseinander gehalten wird, welche Sprachen und Programme an einem solchen Vorgang beteiligt sind. Die Anweisungen in einer Programmiersprache sind der Output, der bei Anwendung derartiger Codierungsprogramme bzw. „Präprozessoren" entsteht. Input für diese Programme sind Anweisungen in einer Sprache, die die Lösungsmethode beschreibt. In Abbildung 10 wird sie kurz als „Lösungsbeschreibungssprache" bezeichnet. Sowohl Flußdiagramme (= Programmablaufpläne) als auch

---

102) Das Modell der Problemlösung ist üblicherweise in Form eines Flußdiagrammes (Unterfälle: Datenflußplan und Programmablaufplan) fixiert. Andere Darstellungsformen, z. B. in Form von Entscheidungstabellen, gewinnen jedoch mehr und mehr an Bedeutung. Vgl. Shober, John A. H.: Decision Tables for Better Management Systems. In: Systems and Procedures Journal, Vol. 17/1966 / No. 2, 28—32.

103) Vgl. Callahan, Michael D.: Chapman, Anson E.: Description of Basic Algorithm in DETAB/65 Preprocessor. In: Comm. of the ACM, Vol. 10 / No. 7, Juli 1967, S. 441—446.

104) Vgl. IBM Corp. (Hrsg.): System 360 Decision Logic Translator. Application Description Manual. IBM-Form H 20-0492-1. White Plains/N. Y. 1968.

105) Präprozessoren werden auch zur Erzeugung von Befehlen in Programmiersprachen für die Werkzeugmaschinen-Steuerung verwendet. Beispiele für dieses Anwendungsgebiet sind Sprachen wie APT, ADAPT und AUTOSPOT. Vgl. Sammet, Jean E.: Programming Languages: History and Fundamentals. Englewood Cliffs/N. J. (1969), S. 605 ff.

106) Vgl. Klemm, U.: Der Flußdiagrammübersetzer Strukturella. In: Elektronische Datenverarbeitung. Band 7 (1965), Heft 2, S. 60—64.

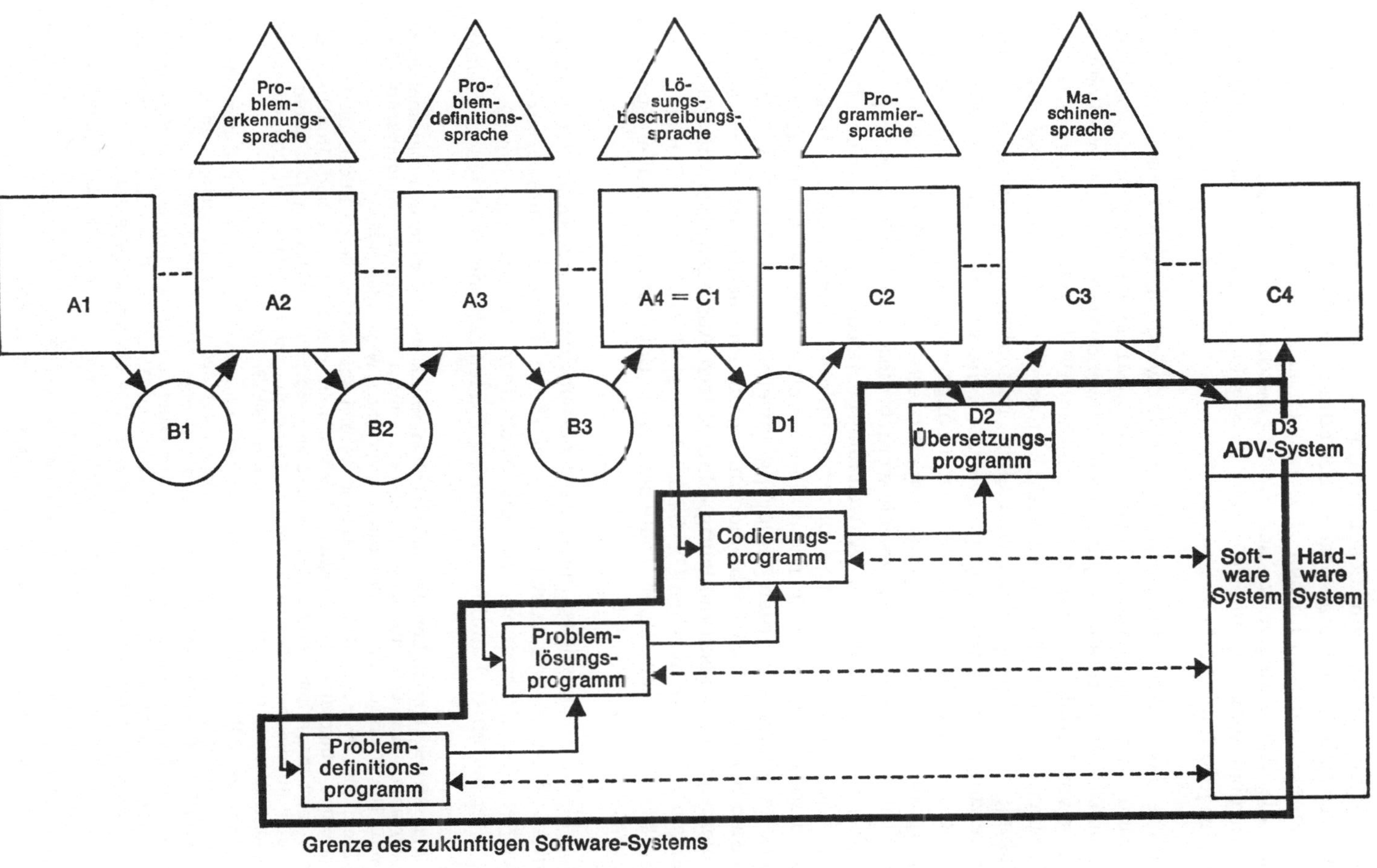

Abb. 10 Sprachen und Software für Problemlösungsprozesse

Entscheidungstabellen zur Lösung bestimmter Probleme können als derartige Lösungsbeschreibungssprache betrachtet werden[107]. (Unabhängig von den aufgezeigten sprachlichen Beziehungen entstehen technische Probleme, wenn die Anweisungen in der Lösungsbeschreibungssprache dem ADV-System über seine Peripherie direkt eingegeben werden sollen. Diese können hier jedoch nicht erörtert werden.)

Ähnliche Lösungen sind auch für die Entwicklung von Problemlösungsprogrammen (B 3) denkbar. Bisher sind zwar keine Programme bekannt, die dem Menschen aus irgendeinem Anwendungsgebiet die methodische Lösung von Problemen vollständig abnehmen[108]. Dennoch existieren bereits Programme, die dem Menschen recht umfassende Hilfestellung bei der Entwicklung von Problemlösungsmodellen leisten[109]. Im Gegensatz zu den Übersetzungs- und Codierungsprogrammen, die von vorgegebenen Algorithmen ausgehen, enthalten die Problemlösungsprogramme Routinen und Unterprogramme, die für genau spezifizierte Teilprobleme automatisch Algorithmen erzeugen. Tendenziell werden diese Problemlösungsprogramme allerdings auf sehr engen Anwendungsgebieten einsetzbar sein. Daraus folgt, daß eine große Menge unterschiedlicher Problemlösungsprogramme und entsprechender Sprachen entwickelt werden müßte. Als Input für derartige Programme werden Ursprungsanweisungen in Problemdefinitionssprachen benötigt. Eine Problemdefinitionssprache beschreibt die zu lösende Problemstellung logisch eindeutig, ohne jedoch Aussagen über die Problemlösungsmethode zu machen[110]. Sammet weist darauf hin, daß man bisher noch sehr weit von einer systematischen Entwicklung solcher Sprachen entfernt ist[111].

Offen bleibt bei möglichen derartigen Entwicklungen die Frage der Kompatibilität. Werden beispielsweise die von den Problemlösungsprogrammen erzeugten Algorithmen nur von einem einzigen ADV-System (im Grenzfall von allen zu einer Familie gehörenden Systemen) oder von einer Vielzahl

---

107) Vgl. Strunz, Horst: Entscheidungstabellentechnik und Normierte Programmierung als Verfahren der computer-gestützten Programmerstellung. In: Studienkreis Paul Schmitz: Die Wirksamkeit von Programmiersprachen. Wiesbaden 1972.

108) Simulationssprachen und -programme werden auf einer anderen Ebene als der hier betrachteten eingesetzt. Sie dienen zur Simulation von Systemen und Modellen, die vom Menschen vorher vorgegeben werden müssen. Vgl. Teichroew, D.; Lubin, J. F.: Computer Simulation — Discussion of the Technique and Comparison of Languages. In: Communications of the ACM, Vol. 9/No. 10/Okt. 1966,S. 723—741.

109) Hierunter fallen z. B. die am M. I. T. entwickelten Programme zur Unterstützung von Konstruktions-Entwicklungen auf dem Gebiet des Civil Engineering und die Programme für Automatic bzw. Computer-Aided Design. Vgl. Staff of the Civil Enginneering Systems Laboratory (M. I. T.): Computers and the Design Process. In: Progress in Operations Research, Vol. III. Relationship between Operations Research and Computers. Ed. by J. S. Aronofsky. New York usw. (1969), S. 415—472, vor allem S. 436 ff.

110) Vgl. Teichroew, Daniel: Problem Statement Languages in MIS. In: Management-Informationssysteme — Eine Herausforderung an Forschung und Entwicklung. Hrsg. von Erwin Grochla und Norbert Szyperski. Wiesbaden 1971.

111) Vgl. Sammet, Jean: Programming Languages ..., a. a. O., S. 22.

unterschiedlicher ADV-Systeme ohne vorherige Konversion verarbeitet werden können? Zwei Extremfälle sind denkbar:

(1) Das Problemlösungsprogramm kann in der Lage sein, sofort ein Zielprogramm in der Maschinensprache (C 3) zu erzeugen. Dies würde bedeuten, daß das automatische Codieren und Übersetzen entweder überhaupt nicht notwendig ist oder integriert mit der Entwicklung des Algorithmus durchgeführt wird. Ein solches außerordentlich mächtiges Problemlösungsprogramm, das eine Vielzahl von Funktionen einschließt, müßte relativ stark auf das jeweilige ADV-System ausgerichtet werden[112]).

(2) Das Problemlösungsprogramm ist lediglich in der Lage, eine Lösungsmethode zu entwickeln. Als Output entstehen Anweisungen in einer (neutralen) Lösungsbeschreibungssprache. Diese Anweisungen sind Input für ein Codierungsprogramm, das als Output Anweisungen in einer maschinenunabhängigen prozedurorientierten Programmiersprache erzeugt. Diese müssen erst von einem Übersetzungsprogramm (D 2) in die Maschinensprache übersetzt werden, ehe das Zielprogramm entsteht, das die Resultate der Problemlösung liefert. Die bei dieser schrittweisen Problemlösung benutzten Programme sind maschinenorientiert[113]). Die als Zwischenergebnisse anfallenden Anweisungen in der Lösungsbeschreibungssprache und in der Programmiersprache können jedoch maschinenunabhängig sein. Auf diese Weise wird Kompatibilität zu anderen ADV-Systemen erzeugt[114]).

Noch schwieriger dürfte die Entwicklung von Problemerkennungssprachen bzw. Analyse-Verfahren sein, mit deren Hilfe es gelingen könnte, aus der Vielzahl der potentiellen Probleme nach bestimmten Kriterien die wichtigsten auszuwählen und die Problem-Komponenten zu analysieren. Die Anweisungen in diesen Sprachen könnten als Input für ebenfalls zu entwickelnde Problemdefinitionsprogramme dienen, die wiederum als Output Anweisungen in den bereits gekennzeichneten Problemdefinitionssprachen generieren würden.

Grundsätzlich könnten Problemerkennungssprachen und Problemdefinitionsprogramme natürlich auch dann sinnvoll eingesetzt werden, wenn es noch nicht gelungen wäre, die als Zwischenglieder zu den Codierungs- und Übersetzungsprogrammen notwendigen Problemlösungsprogramme zu entwickeln. Die einzelnen Schritte des Problemlösungsprozesses sind prinzipiell unabhängig voneinander. In jedem Fall würden jedoch die Grenzen des bisherigen Software-Systems funktional erheblich weiter hinausgeschoben.

---

112) Diese Konsequenz hätte Vor- und Nachteile. Ein Vorteil wäre der zu erwartende relativ geringe Zeitbedarf für die Realisierung der Gesamtaufgabe. Ein Nachteil wäre die wahrscheinlich nicht vorhandene Kompatibilität zu anderen ADV-Systemen.

113) Bei ihrer Implementierung für ein bestimmtes ADV-System verlieren sie die u. U. vorher konzeptionell gegebene Maschinen-Unabhängigkeit.

114) Neben diesem sehr wesentlichen Vorteil entstehen aber Nachteile durch den zu erwartenden höheren Maschinenaufwand für die getrennt zu realisierenden Codierungs- und Übersetzungsfunktionen.

c) Programme als Maschinen zur Übersetzung von Programmiersprachen

Nachdem im vorigen Abschnitt die Gesamtheit der aus den Phasen eines Problemlösungsprozesses ableitbaren Sprachen und die zu ihrer Anwendung auf einem ADV-System notwendigen Programme untersucht worden ist, soll die Diskussion im folgenden auf die Problematik der zur Übersetzung von Ursprungsanweisungen in den eigentlichen Programmiersprachen benutzten Programme konzentriert werden.

Entsprechend den unterschiedlichen Programmiersprachen sind unterschiedliche Übersetzungsprogramme notwendig, um den Inhalt eines Ursprungsprogramms in die dem ADV-System direkt verständliche Maschinensprache umzuwandeln. Grundsätzlich könnten Übersetzungsprogramme auch in Form von Hardware realisiert werden[115]). In Kombination mit der im Abschnitt C I nachgewiesenen logischen Äquivalenz zwischen Hardware und Software berechtigt die Existenz derartiger verfahrenstechnischer Alternativen dazu, Übersetzungsprogramme von Programmiersprachen anzusehen[116]).

Jedes Übersetzungsprogramm hat die folgenden Grundfunktionen auszuführen[117]):

1) Erkennen der in den Ursprungssprachen-Anweisungen enthaltenen Symbole.

2) Bestimmen der syntaktischen Strukturen durch Isolierung der erkannten syntaktischen Typen aufgrund der vorgegebenen syntaktischen Spezifikation.

3) Aufdecken aller syntaktisch nicht eindeutigen Ausdrücke und aller fehlerhaften Verwendungen des Vokabulars oder der grammatischen Regeln.

4) Übersetzen aller Anweisungen aus der Ursprungssprache in die Zielsprache mit Hilfe der vorhandenen syntaktischen und semantischen Spezifikationen in beiden Sprachen.

5) Anpassen der Problemlösungsvorschrift an die jeweilige reale ADV-System-Konfiguration.

---

115) Beispiel ist ein Interpreter funktionierender verdrahteter FORTRAN-Übersetzer. Vgl. Bashkow, Theodore R.; Sasson, Azra; Kronfeld, Arnold: System Design of a FORTRAN Machine. In: IEEE Transactions on Electronic Computers. Vol. EC-16, No. 4, S. 485—499.

116) Im gleichen Zusammenhang können die für die Gruppe der Generierungssprachen notwendigen Generatorprogramme als Maschinen zur Generierung von Problemlösungen betrachtet werden.

117) Vgl. Davis, Ruth M.: Programming Language Processors, a. a. O., S. 147. — Chorafas unterscheidet 5 Hauptfunktionen: Scanner, Recognizer, Meaner, Synthesizer und Language I/0. Vgl. Chorafas, Dimitris N.: Programmiersysteme für elektronische Rechenanlagen. München/Wien 1967, S. 181.

6) Produzieren des Zielprogrammes in der Zielsprache[118]), das hinsichtlich seiner Ergebnisse dem in der Ursprungssprache abgefaßten Ursprungsprogramm äquivalent sein muß.

Die bei der Entwicklung von Übersetzungsprogrammen anwendbaren Konstruktionskonzeptionen sollen hier nicht erläutert werden[119]). Hier werden lediglich die von den realisierten Übersetzungsprogrammen benutzten Techniken analysiert. Die Analyse kann unter zwei Gesichtspunkten erfolgen. Einerseits unterscheidet man zwischen Assemblieren, Kompilieren und Interpretieren[120]), andererseits zwischen unterschiedlichen Phasen-Einteilungen des Übersetzungsvorganges[121]). Hier sollen lediglich die vom Sprachtyp abhängigen Übersetzungstechniken und ihre Realisierung in Form von Übersetzungsprogrammen untersucht werden, weil diese Übersetzungsprogramme Elemente des Software-Systems sind.

Die Technik des Assemblierens wird bei der Übersetzung aus maschinenorientierten symbolischen Programmiersprachen in die Maschinensprache eines ADV-Systems angewendet. Wesentlich ist beim Assemblieren, daß sich die Befehle in der Ursprungssprache und die Befehle in der Zielsprache zahlenmäßig wie 1:1 ensprechen[122]). Das als Assembler bezeichnete Übersetzungsprogramm wandelt jeden einzelnen symbolischen Befehl in einen entsprechenden (meist binären) Operationscode um und ordnet den verwendeten symbolischen Variablennamen und symbolischen Adressen des Ursprungsprogrammes relative oder absolute Speicheradressen zu[123]).

---

118) In den meisten Fällen ist die Zielsprache gleichzeitig auch die Maschinensprache. Prinzipiell sind aber auch „horizontale" Übersetzungen z. B. zwischen Assembler-Sprachen oder zwischen Compiler-Sprachen denkbar. Vgl. Burkhardt, Walter H.: Universal Programming Languages and Processors: A Brief Survey and New Concepts. In: AFIPS Conference Proceedings, Vol. 27 / Part 1 / FJCC 1965, S. 3 f.

119) Man unterscheidet im allgemeinen zwischen:
a) dem konventionellen Übersetzer-Entwurf,
b) dem Syntax-orientierten Übersetzer-Entwurf,
c) dem Listen-Prozessor-Entwurf und
d) dem Zwischensprachen-Übersetzer-Entwurf.
Vgl. Davis, Ruth M.: Programming Language Processors, a. a. O., S. 148 ff. Zum Problem des Syntax-orientierten Übersetzer-Entwurfs vgl. z. B. Irons, E. T.: The Structure and Use of the Syntax Directed Compiler. In: Annual Review in Automatic Programming, a. a. O., Vol. 3/1963, S. 207 ff.

120) Chorafas, Dimitris N.: Programmiersysteme für elektronische Rechenanlagen, a. a. O., S. 38 ff., ebenso Schmitz, Paul: Programmiersprachen. In: HWO, a. a. O., Sp. 1352 ff.

121) Man unterscheidet u. a. zwischen load- and go-translators (compilers), meta-translators (compilers) und n-pass-translators (compilers). Diese Gestaltungsmöglichkeiten bestehen prinzipiell bei allen Übersetzern, unabhängig vom Sprachtyp. Vgl. Davis, Ruth M.: Programming Language Processors, a. a. O., S. 153.

122) Häufig werden auch Übersetzer für Makro-Assembler-Sprachen als sogenannte „Makro-Assembler" bezeichnet. Von diesen Spezial-Entwicklungen soll hier jedoch abgesehen werden.

123) Bei der Zuordnung absoluter Adressen kann das Zielprogramm sofort nach Abschluß der Übersetzung ausgeführt werden. Bei der Zuordnung relativer Adressen muß vor der Ausführung des Zielprogrammes noch ein Ladevorgang mit Hilfe eines Lade- oder Allokationsprogrammes durchgeführt werden. Vgl. Schmitz, Paul: Programmiersprachen, a. a. O., Sp. 1353.

Die Technik des Kompilierens wird bei der Übersetzung von maschinenunabhängigen prozedurorientierten Programmiersprachen angewendet[124]). Bei diesen Sprachen können sich die Anweisungen entweder an der Struktur der zu lösenden Probleme oder an der Struktur von Ausdrücken in natürlichen Sprachen orientieren. Da diese Anweisungen — funktional betrachtet — sehr mächtig sein können, wird aus ihnen meist eine größere Zahl von Grundoperationen im Maschinencode oder in einer Zwischensprache erzeugt. Damit realisiert ein Compiler als Übersetzungsprogramm neben der Lade- bzw. Konversionsphase und den Phasen der syntaktischen Analyse eine Generator-Phase, in der jeder maschinenunabhängigen Anweisung eine variable Folge von Maschinenbefehlen zugeordnet wird. Die Generator-Komponente benutzt dazu dem Compiler immanente Tabellen, die die meisten der zur Kennzeichnung eines speziellen ADV-Systems notwendigen Informationen repräsentieren[125]). Es gibt zwei unterschiedliche Verfahren, um die Output-Befehle in der Zielsprache zu generieren[126]):

(1) Die Generator-Komponente greift auf Tabellen zu, die die Menge aller möglichen Output-Befehle enthalten. In diesem Falle muß zwar für jede Ursprungs-Anweisung die gesamte Menge der Output-Befehle durchsucht werden. Dieser Suchvorgang läuft jedoch in den meisten ADV-Systemen außerordentlich schnell ab. Nachteilig ist der hohe Hauptspeicher-Bedarf für die umfangreichen Tabellen.

(2) Die Zielsprachenbefehle werden individuell nach Bedarf konstruiert. Dieses Verfahren benötigt relativ kleine Tabellen, daher weniger Hauptspeicherplatz, aber dafür um so mehr Zeit für die Generierung. Meist existieren generalisierte Algorithmen, durch die spezielle Eigenschaften des Hardware/Software-Systems effektvoll ausgenutz werden[127]).

Assemblern und Compilern als Übersetzern von Programmiersprachen ist gemeinsam, daß sie alle im Ursprungsprogramm enthaltenen Anweisungen zusammenhängend umwandeln. Die Ausführung dieser Anweisungen kann erst erfolgen, nachdem der Übersetzungsvorgang abgeschlossen ist und das

---

124) Vgl. Burkhardt, Walter H.: Universal Programming Languages and Processors, a. a. O., S. 2 ff.; ebenso Schmitz, Paul: Programmiersprachen, a. a. O., Sp. 1352 ff.; ebenso Chorafas, Dimitris N.: Programmiersysteme . . ., a. a. O., S. 181 f.

125) Vgl. Davis, Ruth M.: Programming Language Processors, a. a. O., S. 161.

126) Es handelt sich bei diesen Verfahren um solche, die primär beim „conventional programming language processor approach" angewendet werden. Vgl. Davis, Ruth M.: Programming Language Processors, a. a. O., S. 159 ff. Zu Verfahren der Generator-Komponente in Syntax-orientierten Übersetzern vgl. Cheatham, T. E. Jr.; Sattley, K.: Syntax-directed compiling. In: AFIPS-Conference-Proceedings, Vol. 25/1964, S. 31—57.

127) So können z. B. für ein Hardware-System mit n Registern Algorithmen existieren, die die zu lösenden Formeln solange durch Scanning behandeln, bis ein Ausdruck entsteht, der mit n Registern berechnet werden kann. Erst dann beginnt die Generator-Komponente mit der Produktion von Output in der Zielsprache. Auf diese Weise kann z. B. der Hauptspeicherbedarf minimiert werden. Hierbei handelt es sich um die bereits erwähnten n-pass-compilers. Vgl. Davis, Ruth M.: Programming Language Processors, a. a. O., S. 161; ebenso Opler, Ascher: New Directions in Software, a. a. O., S. 1761.

Übersetzungsprogramm die Steuerung bzw. Kontrolle an andere Programme des Software-Systems weitergegeben hat[128]). Neben Assemblern und Compilern gibt es spezielle Übersetzungsprogramme, die Interpreter, die die Anweisungen eines Ursprungsprogrammes einzeln in die Maschinensprache übersetzen und anschließend sofort auf dem entsprechenden ADV-System ausführen[129]). Interpreter traten zunächst als Übersetzer für maschinenorientierte symbolische Programmiersprachen in Erscheinung[130]). In diesem Zusammenhang verloren sie aber schon bald wieder an Bedeutung, weil die fehlende Produktion eines Zielprogrammes in der Maschinensprache nach Abschluß des Übersetzungs- und Ausführungsprozeßes meist als Nachteil empfunden wurde[131]).

Neuerdings erfährt das Interpretier-Prinzip eine Neubelebung bei der Entwicklung von Listen-Verarbeitungssprachen. Diese bilden eine spezielle Gruppe problemorientierter Programmiersprachen[132]). Sie werden z. B. im Zusammenhang mit Compiler-Entwicklung, Manipulation von formalen algebraischen Ausdrücken, Verarbeitung zweidimensionaler Bilder, einigen Arten der linguistischen Informationsverarbeitung und den meisten Untersuchungen auf dem Gebiet der „artificial intelligence" angewendet[133]).

Es besteht die Tendenz, diese Anwendungen unter dem Begriff „Symbol-Manipulation" zusammenzufassen[134]). Allerdings muß darauf hingewiesen werden, daß die Symbol-Manipulationssprachen neben den Listen-Verarbeitungssprachen[135]) auch die Zeichenketten-Verarbeitungssprachen[136]) (string processing languages) umfassen[137]). Zeichenketten und Listen sind weder

---

128) Hier wird vorausgesetzt, daß mit Abschluß des Übersetzungsvorganges ein fehlerfreies Programm entstanden ist. Die Kontrolle wird zum Beispiel an ein Lade- bzw. Allokationsprogramm weitergegeben, sofern während des Übersetzens nur relative Adressen zugeordnet worden sind und das Zielprogramm anschließend ausgeführt werden soll.

129) Vgl. Schmitz, Paul: Programmiersprachen, a. a. O., Sp. 1353 f.; ebenso Chorafas, Dimitris N.: Programmiersysteme ..., a. a. O., S. 38 ff.

130) Vgl. Davis, Ruth M.: Programming Language Processors, a. a. O., S. 142.

131) Der Interpretationsprozeß muß immer von vorne wiederholt werden, wenn das Problem erneut gelöst werden soll. Daraus folgt, daß sich die Formulierung in einer Interpreter-Sprache im Grunde nur für Probleme eignet, die in unveränderter Form nur einmal oder nur wenige Male gelöst werden müssen.

132) Vgl. Davis, Ruth M.: Programming Language Processors, a. a. O., S. 167 ff.

133) Vgl. Sammet, Jean E.: Programming Languages ..., a. a. O., S. 383.

134) Vgl. Abrahams, Paul W.: Symbol Manipulation Languages. In: Advances in Computers, a. a. O., Vol. 9/1968, S. 51—111.

135) Zu den bekanntesten Listen-Verarbeitungssprachen gehören die Sprachen der IPL-Familie (= Information Processing Language I — VI) und die verschiedenen Entwicklungen von LISP (=List Processing).

136) Zu den bekanntesten Zeichenketten-Verarbeitungssprachen gehören die Sprache COMIT (sie wurde am COmputation Centre des M. I. T. entwickelt) und die Sprache SNOBOL. (Das Acrynom ist nach Meinung von Abrahams nie öffentlich erklärt worden.)

137) Vgl. Madnick, S. E.: String Processing Techniques. In: Comm. of the ACM, Vol. 10/1967 / No. 7, S. 420—424.

Gegensätze noch Synonyma. Eine Liste ist eine spezielle Methode zur Darstellung von Informationen in einem Computer. Eine Zeichenkette ist eine der Informationsarten, die auf diese Weise repräsentiert werden können. Die Notwendigkeit, Zeichenketten zu verarbeiten, entsteht in großem Umfang bei der Text-Verarbeitung. Die Texte können z. B. in natürlichen Sprachen abgefaßt sein, es kann sich aber auch um eine Kette von Zeichen eines Programmes in irgendeiner Programmiersprache oder eine beliebige Folge von Zeichen aus einem bestimmten Informationsbereich handeln[138]). Die engen Beziehungen, die zwischen allen Symbol-Manipulationssprachen vorhanden sind, werden offensichtlich, wenn man die sich überlappenden Anwendungsgebiete untersucht[139]).

Im Hinblick auf die Problematik der Übersetzungsprogramme fällt auf, daß eine Reihe von Hilfsmitteln zur Listen- und Zeichenketten-Verarbeitung manchmal als selbständige Sprachen bezeichnet werden, obwohl es sich de facto nicht um Sprachen (mit Syntax, Semantik und Pragmatik), sondern nur um einzelne Befehle handelt, durch die die in Paketen von Subroutinen fixierten Manipulationsfunktionen aufgerufen werden[140]). Diese Pakete von Subroutinen sind meist in die Übersetzungsprogramme anderer Programmiersprachen eingebettet. Ein Beispiel ist das System SLIP (= Symmetric List Processor). SLIP[141]) besteht aus einer Sammlung von Routinen, die in einem FORTRAN-Programm benutzt werden können. Die meisten dieser Routinen sind ebenfalls in FORTRAN geschrieben und daher maschinenunabhängig[142]). Sie werden zusammen mit den Ursprungsanweisungen des FORTRAN-Programmes durch den FORTRAN-Compiler in die jeweilige Maschinensprache übersetzt[143]).

Bei den von vornherein als Sprachen konzipierten Symbol-Manipulations-Hilfsmitteln, z. B. LISP und SNOBOL, geht die Entwicklung offensichtlich in umgekehrter Richtung vor sich[144]). Hier werden die ursprünglichen Spezial-

---

138) Vgl. Sammet, Jean E.: Programming Languages..., a. a. O., S. 385.

139) Vgl. Bobrow, Daniel G.: Raphael, Bertram: A Comparison of List Processing Computer Languages. In: Rosen, Saul (Editor), Programming Systems and Languages, a. a. O., S. 490—511; ebenso Raphael, B. et. al.: A Brief Survey of Computer Languages for Symbolic and Algebraic Manipulation. In: Proceedings of the IFIP Working Conference on Symbol Manipulation Languages. Amsterdam 1968, S. 1—54.

140) Auf diesen Umstand weist Sammet hin. Vgl. Sammet, Jean E.: Programming Languages..., a. a. O., S. 387.

141) Das System SLIP wurde 1963 von Weizenbaum entwickelt. Vgl. Smith, D. K.: An introduction to the list processing language SLIP. In: Programming Systems and Languages, a. a. O., S. 393—418.

142) Vgl. Abrahams, Paul W.: Symbol Manipulation Languages, a. a. O., S. 84 f.

143) Vgl. Abrahams, Paul W.: Symbol Manipulation Languages, a. a. O., S. 84. Die gleiche Konstellation liegt beim System DYSTAL (= Dynamic Storage Allocation Language) vor, das ebenfalls in Kombination mit FORTRAN implementiert wurde. Vgl. Sammet, Jean E.: Programming Languages..., a. a. O., S. 388.

144) Vgl. Abrahams, Paul W.: Symbol Manipulation Languages, a. a. O., S. 56 f.

fähigkeiten der Sprache durch eine größere Zahl der üblicherweise in Programmiersprachen enthaltenen sprachlichen Möglichkeiten ergänzt, so daß außerordentlich potente Sprachgebilde entstehen[145]). Die Implementierung der entsprechenden Übersetzerprogramme für unterschiedliche ADV-Systeme ist meist sehr aufwendig und kann unter Umständen nicht unbeträchtliche technische Schwierigkeiten bereiten[146]).

Auf die Forderung, daß die vollständige Spezifikation einer Programmiersprache für ein bestimmtes ADV-System die Spezifikation der Übersetzer-Konzeption mit einschließen sollte, ist bereits hingewiesen worden (vgl. Abschnitt C II a). Dies bedeutet jedoch nicht, daß der Compiler in der gleichen Sprache geschrieben werden muß, die er übersetzen soll. Wenn dieser Weg dennoch beschritten wird, so können zwar unter Umständen Vorteile beim Testen realisiert werden[147]). Es erscheint jedoch abwegig, von Sprachen, die z. B. zur Formulierung betriebswirtschaftlicher oder technischer Anwendungen oder zur Simulation kontinuierlicher Systeme geeignet sind, zu erwarten, daß sie gleichzeitig zur Erstellung ihrer Übersetzerprogramme geeignet sein könnten[148]). Selbst wenn dies logisch bzw. sprach-theoretisch zu fordern ist, wird eine solche Vorgehensweise wahrscheinlich zu einem sehr wenig wirtschaftlichen Zielprogramm führen. Die Berücksichtigung aller zur Wirksamkeit eines Compilers beitragenden Faktoren führt somit zwangsläufig zur Entwicklung von Spezialsprachen, die auf die besonderen Merkmale der Compiler-Erzeugung ausgerichtet sind[149]). Aus dem Blickwinkel dieser Spezialsprachen können die aktiven, zusammen mit den entsprechenden Hardware-Elementen als *„Produktoren"* auftretenden Übersetzungsprogramme selbst als „Produkte" der Anwendung von Sprachen betrachtet werden. Das gleiche gilt prinzipiell für die Erzeugung aller zu einem Software-System gehörenden Systemprogramme, z. B. der Steuerungsprogramme. Für diesen

---

145) In diese Richtung geht auch die Entwicklung der Programmiersprache PL/1, die neben den Listen-Verarbeitungsfähigkeiten viele Eigenschaften der Programmiersprachen ALGOL, COBOL und FORTRAN enthält.

146) Vgl. Abrahams, Paul W.: Symbol Manipulation Languages, a. a. O., S. 57.

147) Auf diesen Tatbestand weist Sammet hin. Vgl. Sammet, Jean E.: Programming Languages . . ., a. a. O., S. 122.

148) Sammet, Jean E.: Programming Languages . . ., a. a. O., S. 122.

149) Vgl. Gilbert, Philip; McLellan, William G.: Compiler generation using formal specification of procedure-oriented and machine languages. In: AFIPS-Conference Proceedings, Vol. 30 / SJCC 1967, S. 447—455; ebenso O'Neil, John T. Jr.; META PI — An on-line interactive compiler-compiler. In: AFIPS-Conference Proceedings, Vol. 33/ /Part 1 / FJCC 1968, S. 201—214; ebenso Dove, Richard K.: Design highlights of CABAL — a compiler-compiler. In: AFIPS-Conference Proceedings, Vol. 33 / Part 2 / FJCC 1968, S. 1321 bis 1328; ebenso Pankhurst, R. J.: GULP — A compiler-compiler for verbal and graphic languages. In: Proceedings of 23rd ACM National Conference. Princeton, N. J. — London 1968, S. 405—421; ebenso Schneider, Victor: A system for designing fast programming language translators. In: AFIPS-Conference Proceedings, Vol. 34 / SJCC 1969, S. 777 bis 792; ebenso Sammet, Jean E.: Programming Languages . . ., a. a. O., S. 633 ff. und die dort angegebene Literatur.

Zweck wurden ebenfalls bereits erste Ansätze zu Spezialsprachen entwickelt[150]).

Als Ergebnisse der Betrachtung der Zusammenhänge zwischen Software und Sprachen sollen noch einmal die folgenden wesentlichen Punkte herausgestellt werden:

(1) Die Interpretation von Programmen als Submaschinen von ADV-Systemen kann ergänzt werden durch die komplementäre Interpretation von Programmiersprachen als endlichen Automaten.

(2) Neben den heute bekannten Programmiersprachen sind eine Reihe zusätzlicher Klassen von Automatensprachen erforderlich, wenn das Feld der Aktivitäten zwischen Problemerkennung und Problemlösung in Zukunft stärker automatisiert werden soll.

(3) Übersetzungsprogramme können als Maschinen betrachtet werden, die Konversionen zwischen unterschiedlichen Programmiersprachen — genauer gesagt zwischen den in unterschiedlichen Programmiersprachen geschriebenen Programmen — ermöglichen. Da Ursprungsprogramme im allgemeinen in Sprachen formuliert sind, die von einem ADV-System nicht „verstanden" werden, sind es die Übersetzungsprogramme, die die als Submaschinen funktionierenden Zielprogramme erzeugen.

III. Zusammenhänge zwischen Software und Aufgaben

Im Hauptteil D wird vorausgesetzt, daß es sich bei der Software-Gestaltung um Aktivitäten handelt, die den Tatbestand des Organisierens, d. h. des Strukturierens nach organisatorischen Prinzipien erfüllen. Diese Voraussetzung erscheint berechtigt, wenn im folgenden Abschnitt nachgewiesen werden kann, daß Elemente und Strukturen von Software-Systemen mit dem Begriffs-Apparat der betriebswirtschaftlichen Organisationslehre beschrieben werden können, daß die von der betriebswirtschaftlichen Organisationslehre herausgestellten Prinzipien bei der Gesaltung von Software-Systemen sinnvoll angewendet werden können und daß bei der Gestaltung von Programmsystemen für die automatische Informationsverarbeitung menschliche Aufgabenträger durch Programme abgelöst werden, d. h. daß Programme zu Trägern von Informationsverarbeitungsaufgaben werden.

---

150) Vgl. Parnas, David L. and Darringer, John A.: SODAS and a methodology for system design. In: AFIPS-Conference Proceedings, Vol. 31 / FJCC 1967, S. 449—474; ebenso Parnas, David L.: More on simulation languages and design methodology for computer systems. In: AFIPS Conference Proceedings, Vol. 34 / SJCC 1969, S. 739—743; ebenso Corbato, F. J.: PL / 1 as a tool for system programming. In: DATAMATION, Mai 1969, S. 68—76.

a) Die Bedeutung von Programmen aus der Sicht der betriebswirtschaftlichen Organisationslehre

Es wurde bereits mehrfach darauf hingewiesen (vgl. Abschnitt C I a), daß Programme je nach Standpunkt des Betrachters in umfassendem Sinne als Arbeitsvorschriften (Problemlösungspläne) oder aber in engerem Sinne als aktive Subsysteme im Rahmen von Software-Systemen gesehen werden können. Aus der ersten Betrachtungsweise läßt sich eine Analogie zu Aufgaben, aus der zweiten eine Analogie zu Aufgabenträgern in organisatorischen Systemen ableiten.

Der Begriff der Aufgabe wird in der betriebswirtschaftlichen Organisationslehre unterschiedlich definiert. Zum einen wird unter einer Aufgabe die „Zielsetzung für zweckbezogene menschliche Handlungen — Handlungsziele"[151]) verstanden. Träger einer Aufgabe und damit gleichzeitig Träger der Verantwortung für die Erfüllung der Aufgabe kann ex definitione nur der Mensch sein. Sachmittel, sofern sie an der Aufgabenerfüllung beteiligt werden, können daher bei dieser Definition niemals Aufgabenträger, sondern nur Arbeitsträger sein[152]).

Dem Aspekt der Verantwortung im Zusammenhang mit der Erfüllung von Aufgaben kommt zwar eine erhebliche Bedeutung vor allem bei der Aufspaltung der Gesamtaufgabe einer Unternehmung in viele Teilaufgaben zum Zwecke der Verteilung auf unterschiedliche Stellen und Abteilungen zu. Von diesem Aspekt kann jedoch abstrahiert werden, wenn die Aufgabenerfüllung unter Betonung des dynamischen Gesichtspunktes als Prozeß zur Erreichung betrieblicher Ziele betrachtet wird[153]). Aus diesem veränderten Blickwinkel ist eine zweite Definition des Aufgabenbegriffes ableitbar. Eine Aufgabe ist dann „die geplante Überführung eines Gegenstandes, aus einem Anfangs- in einen erstrebten Zustand in einer bestimmten Zeit..."[154]). Überführender Aktor kann sowohl ein Mensch als auch ein Sachmittel sein[155]).

---

151) Vgl. Kosiol, Erich: Organisation der Unternehmung, a. a. O., S. 43. Da die Aufgabe der Zentralbegriff der betriebswirtschaftlichen Organisationslehre ist, impliziert eine mensch-bezogene Definition des Aufgabenbegriffes gleichzeitig eine mensch-bezogene Definition des Begriffes Organisation und eine starke Orientierung an den Problemen der Aufbaustrukturen von Organisationen.

152) Nach Kosiol beruht der Einsatz von Maschinen und Automaten auf der ständig zunehmenden Trennung von Aufgaben- und Arbeitsträgern. Vgl. Kosiol, Erich: Organisation der Unternehmung, a. a. O., S. 44. Da der zunehmende Einsatz z. B. von ADV-Systemen jedoch in viel stärkerem Maße von anderen Ursachen abhängt, soll hier wahrscheinlich lediglich zum Ausdruck gebracht werden, daß die menschlichen Aufgabenträger die für den Sachmittel-Einsatz notwendigen Entscheidungen treffen müssen.

153) Auf die Austauschbarkeit von Zustands- und Prozeßbeschreibungen der gleichen Aktion, z. B. der Aktion, ein Problem X zu lösen, bzw. das Ziel Y zu erreichen, ist bereits hingewiesen worden. Vgl. Simon, Herbert A.: The architecture of complexity, a. a. O., S. 74.

154) Langen, Heinz: Bemerkungen zur betriebswirtschaftlichen Organisationslehre. In: Betriebswirtschaftliche Forschung und Praxis. 5. Jg. 1953, S. 461.

155) Vgl. Langen, Heinz: Bemerkungen . . . , a. a. O., S. 461; ebenso Nordsieck, Fritz; Nordsieck-Schröer, Hildegard: Aufgabe. In: HWO, a. a. O., Sp. 191 f.

In jedem Falle wird die Aufgabe jedoch zum Ausgangspunkt der Prozeß-
bzw. Ablaufgestaltung, die sowohl ausschließlich Menschen, als auch Menschen und Maschinen oder ausschließlich Maschinen zum Vollzug der notwendigen Zielerreichungsaktionen einsetzen kann[156]).

Die zunehmende Verwendung von Maschinen und Automaten zur Aufgabenerfüllung bewirkt eine außerordentlich starke Zergliederung der Aufgaben
bis in kleinste Teiloperationen[157]). Diese Teiloperationen können eine Vielzahl von unterschiedlichen aktiven Elementen (Operatoren) im Rahmen
einer Maschine bzw. eines Automaten umfassen, durch die die jeweilige
Aufgabe schrittweise realisiert wird.

Aus den gleichen Gründen, aus denen es notwendig ist, die Einzel- bzw.
Teilhandlungen, die ein Mensch im Rahmen einer Organisation ausführen
soll[158]), in Form einer „Aufgabe" zusammenzufassen, ist es notwendig, die
einzelnen Operationen z. B. eines ADV-Systems in einer Arbeitsvorschrift
zusammenzufassen und als „Rechenplan", d. h. als Programm, vorzugeben[159]).
Wenn unter einer Aufgabe die Zielsetzung für zweckbezogene menschliche
und/oder maschinelle Aktivitäten verstanden wird, so folgt aus dieser Sicht-
weise, daß jedes Programm zwar eine Aufgabe repräsentiert, daß es aber
mehr enthält, als nur die Zielsetzung für einen automatisch zu realisierenden Verarbeitungskomplex. Ein Programm ist gleichzeitig die Beschreibung
der Aufgabenerfüllung. Anders ausgedrückt: Ein Programm für ein ADV-
System spezifiziert sowohl eine Zielsetzung — eine Teilaufgabe der Informationsverarbeitung — als auch den Weg, die einzelnen Schritte, die zur
Erreichung der Zielsetzung erforderlich sind. Je nach Bedürfnissen der organisatorischen Gestaltung kann der Gesamtkomplex „Informationsverarbeitung" in unterschiedliche Arten und Mengen von Teilaufgaben bzw. Unterprogramme zerlegt werden. Bei dieser Vorgehensweise wird allerdings irgendwann einmal eine Grenze erreicht, ab der man nicht mehr von Unterprogrammen bzw. Teilaufgaben, sondern z. B. von Anweisungen, Instruktionen,
Befehlen bzw. von Verrichtungen und Teilverrichtungen spricht[160]).

Ebenso, wie hier von einem Aufgaben-Begriff ausgegangen wird, der nicht
notwendigerweise nur auf den Inhalt „Zielsetzung für *menschliche* Hand-

---

156) Vgl. Grochla, Erwin: Automation und Organisation, a. a. O., S. 110 ff.

157) Vgl. Grochla, Erwin: Automation und Organisation, a. a. O., S. 111.

158) Jede Aufgabe, selbst eine Planungs-, Kontroll-, Entscheidungs- und Leitungsauf-
gabe besitzt zumindest teilweise ausführenden Charakter. Wenn hier von „auszufüh-
renden" Handlungen gesprochen wird, so sind damit nicht die im Rahmen der Rang-
bzw. Phasen-Gliederung von Kosiol definierten Begriffe „Ausführung" und „Durchführung" gemeint. Vgl. Kosiol, Erich: Organisation der Unternehmung, a. a. O., S. 53 ff.

159) Der Ausdruck „Rechenplan" wird von Rutishauser in einer seiner frühen Arbeiten
auf dem Gebiet der Entwicklung programmgesteuerter Universalrechenautomaten verwendet. Vgl. Rutishauser, Heinz: Automatische Rechenplanfertigung bei programmgesteuerten Rechenmaschinen. Mitteilung Nr. 3 aus dem Institut für angewandte Mathematik an der Eidgenöss. Technischen Hochschule in Zürich. Basel/Stuttgart 1961, S. 2 ff.

160) Vgl. Kosiol, Erich: Organisation der Unternehmung, a. a. O., S. 48 ff.

lungen" festgelegt ist, ist die hier verwendete Definition für den Begriff „Programm" nicht nur auf den Bereich *maschineller* Aktivitäten beschränkt. Programme dienen nicht nur als Arbeitsvorschriften für Maschinen, sondern auch als Handlungspläne für Menschen. Allgemein kann man sie als die für eine Erfüllungsvorgabe geeignete Formulierung eines Zweckkomplexes bzw. als die Formulierung des Verfahrens der Zweckerreichung — in allen Bereichen menschlicher und maschineller Aktionen — betrachten[161]).

Aufgaben als Zielvorstellungen und Programmen als Beschreibungen der Aufgabenerfüllung ist gemeinsam, daß sie zunächst einmal Gedankenprodukte, d. h. abstrakte Vorstellungen in menschlichen Gehirnen sind. Es handelt sich um Gebilde der Konzeptions-Ebene[162]). In der automatisierten Informationsverarbeitung mit Hilfe von ADV-Systemen sind Programme aber gleichzeitig reale Handlungssubjekte. Der Begriff „Programm" bezeichnet mithin gleichzeitig ein aktives Element eines operierenden ADV-Systems, d. h. eine reale Maschine bzw. Submaschine (vgl. die Ausführungen in Abschnitt C I b und C I c) auf der Phänomen-Ebene. Aus dieser Doppeldeutigkeit des Begriffes „Programm" sind schon viele Mißverständnisse entstanden. Im folgenden wird auf die organisatorische Bedeutung des Programmes als Handlungssubjekt eingegangen.

Während im Zusammenhang mit der Aufgabenerfüllung vom Aufgabenträger als dem Vollzieher bzw. Aktor im Prozeß der Zielerreichung gesprochen wird, fehlt der analoge Begriff des „Programmträgers" im Zusammenhang mit der Ausführung von Programmen bzw. hat einen anderen Sinn[163]). Aufgabenträger können bei der Betrachtung der Kriterien „Verantwortung" und „Erfüllungsanspruch" nur Menschen sein. Diese Betrachtungsweise hat dazu geführt, daß der Begriff der „Stelle" als Ausdruck für einen versachlichten Aufgabenkomplex ebenfalls personenbezogen definiert worden ist. Die Stelle gilt in der betriebswirtschaftlichen Organisationslehre traditionell als Zusammenfassung von Aufgaben zum Aufgabenbereich einer einzigen gedachten Person[164]).

Im Rahmen der realtechnischen Entwicklung wird die menschliche Komponente in immer umfassenderen Aufgabenkomplexen durch Maschinen als

---

161) Vgl. Schmidt, Ernst: Die Automation in organisationstheoretischer Betrachtung. (Berlin) (1966), S. 69.

162) Zum Unterschied zwischen Konzeptionsebene und Phänomenebene vgl. Grochla, Erwin; Szyperski, Norbert; Seibt, Dietrich: Ausbildung und Fortbildung auf dem Gebiet der automatisierten Datenverarbeitung . . . , a. a. O., S. 19.

163) Wenn von „Programmträgern" gesprochen wird, so meint man ein passives Trägermedium, das nicht als Aktor bzw. Vollzieher, sondern lediglich als Speicher für Programme dient. In gleicher Weise wird der Begriff „Datenträger" verwendet. Vgl. Sieber, Edgar: Datenträger. In: HWO, a. a. O., Sp. 371—378, vor allem 372.

164) Vgl. Acker, Heinrich B.: Stelle. In: HWO, a. a. O., Sp. 1577—1582, vor allem Sp. 1577. Im gleichen Sinne auch Kosiol, Erich: Organisation der Unternehmung, a. a. O., S. 89, der unter einer Stelle den personenbezogenen Aufgabenkomplex versteht, der vom Personenwechsel unabhängig ist.

Aufgabenträger ersetzt[165]). Damit erhält auch der Stellenbegriff eine umfassendere Bedeutung. Grochla weist mit Recht darauf hin, daß die Stellenaufgaben in Mensch-Maschine-Systemen teilweise — in reinen Maschinen-Systemen ausschließlich — auf Maschinen zu beziehen sind[166]). Dies bedeutet, daß einzelne Maschinen — ebenso wie einzelne Menschen — Stelleninhaber in Mensch-Maschine-Systemen sein können. Während beim Menschen als Stelleninhaber aber noch ausdrücklich darauf hinzuweisen ist, daß es sich nicht um eine bestimmte Person, sondern um einen neutralen, jederzeit auswechselbaren Aktor handelt — auswechselbar gegen einen beliebigen anderen Menschen, der die gleichen Stellenaufgaben erfüllt — besitzen Maschinen von vornherein die Neutralität, die von ihnen als „Stelleninhaber" verlangt wird[167]).

Im Zentrum der vorliegenden Untersuchung stehen Software-Systeme. Elemente der Software-Systeme sind Programme. Hier ist als „Programm" das in das ADV-System eingegebene, mit Ressourcen ausgestattete operierende Programm gemeint, das andere Subsysteme beeinflußt bzw. von diesen beeinflußt wird[168]). Programme als aktive Elemente des Software-Systems sind Aufgabenträger[169]). Es erscheit daher gerechtfertigt, die Programme als „Stelleninhaber" in Software-Systemen zu betrachten. Eine „Stelle" kann dabei durch ein einziges oder durch eine Mehrheit von Programmen repräsentiert werden[170]).

Die von Grochla vorgenommene Erweiterung des Stellenbegriffes in zwei Richtungen[171]) erweist sich auch für Software-Systeme als zutreffend: (1) Stellen sind nicht nur Aufgabenbereiche von Menschen, sondern auch Aufgabenbereiche von Maschinen bzw. Programmen. (2) Die Aufgaben einer

---

165) Vgl. Grochla, Erwin: Automation und Organisation, a. a. O., S. 93 ff. Damit wird jedoch keineswegs eine Abnahme, sondern lediglich eine Zentralisation und temporale Verschiebung der mit der Aufgabenerfüllung verbundenen Verantwortung induziert. Auch in den am weitesten vorangetriebenen Automatisierungsprojekten bleiben weiterhin Menschen für die organisatorischen Regelungen verantwortlich, durch die Menschen durch Sachmittel ersetzt werden.

166) Reine Maschine-Systeme kommen in der Realität gegenwärtig noch sehr selten vor. Vgl. Grochla, Erwin: Automation und Organisation, a. a. O., S. 94.

167) Darüber hinaus dürfen die Stellenaufgaben nicht nur von einmaliger oder vorübergehender Art sein. Sie müssen sich ohne erkennbare zeitliche Begrenzung wiederholen oder doch zumindest für längere Zeit bestehen. Vgl. Acker, Heinrich B.: Stelle, a. a. O., Sp. 1577. Auch dieses Kriterium ist bei den Stellenaufgaben, für die Maschinen als Aufgabenträger eingesetzt werden, in der Mehrzahl der Fälle erfüllt.

168) Ein Programm besitzt zur Laufzeit, d. h. zum Zeitpunkt seiner produktiven Wirksamkeit durchaus auch eine materielle bzw. energetische Erscheinungsform, d. h. es ist nicht nur ein aus Informationen bestehendes, sondern ein Informationen generierendes und verarbeitendes System.

169) Die gleiche Aussage gilt auch für die Programme des Systems der Benutzerprogramme.

170) Wenn Programme aus Unterprogrammen bestehen, liegt kein Grund vor, diese nicht ebenfalls als Aufgabenträger anzusehen.

171) Vgl. Grochla, Erwin: Automation und Organisation, a. a. O., S. 94.

Stelle können mehr als einem Aufgabenträger zugeordnet werden, z. B. mehreren Programmen.

Durch den Vergleich des Begriffes „Programm" mit Begriffen der betriebswirtschaftlichen Organisationslehre konnte nachgewiesen werden, daß:

(a) die weite Fassung des Begriffes „Programm" (d. h. Programm = Arbeitsvorschrift, Handlungsplan) gleichzusetzen ist mit „Beschreibung der Aufgabenerfüllung" (= Begriffe der Konzeptionsebene).

(b) die speziell im Bereich der Software von ADV-Systemen gültige Fassung des Begriffes „Programm" (d. h. Programm als aktives Element bzw. Subsystem eines Software-Systems oder eines Systems von Benutzerprogrammen) sich mit der Definition des Begriffes „Aufgabenträger" deckt (Vergleich von Begriffen der Phänomenebene).

Um dennoch Mißverständnisse zu vermeiden, die sich aus der Personen- und Verantwortungsbezogenheit des Begriffes „Aufgabenträger" im Rahmen der traditionellen Terminologie der betriebswirtschaftlichen Organisationslehre ergeben könnten, sollen in den folgenden Abschnitten die Programme des Software-Systems als „Funktionsträger" bezeichnet werden[172]).

Das Software-System als „Organisation der Systemprogramme" ist in gleichem Maße ein organisatorisches Abstraktum wie die Unternehmungsorganisation. Ebenso wie letztere durch die Beziehungen zwischen den Aufgabenträgern und den durch diese zu erfüllenden Aufgaben charakterisierbar ist, kann das Software-System durch die Beziehungen zwischen den Programmen als Funktionsträgern und den durch sie zu realisierenden Funktionen gekennzeichnet werden.

b) Anwendung organisatorischer Prinzipien bei der Gestaltung von Programm-Systemen

Unabhängig von den im vorigen Abschnitt nachgewiesenen begrifflich- formalen Analogien zwischen Programmen und Aufgabenträgern ist festzustellen, daß Programme sowohl als Elemente von Software-Systemen als

---

172) Die sehr unterschiedliche Verwendung des Begriffes Funktion im Rahmen der Organisationslehre kommt z. B. beim Vergleich der Definitionen von Nordsieck und Stefanić-Allmayer zum Ausdruck. Vgl. Nordsieck, Fritz: Funktion. In: HWO, a. a. O., Sp. 602—616; ebenso Stefanić-Allmayer, Karl: Organismus. In: HWO, a. a. O., Sp. 1280—1284. Bei Stefanić-Allmayer wird der Begriff „Funktion" in ähnlicher Weise wie in der Organisationssoziologie und in der Systemtheorie verwendet. Vgl. Mayntz, Renate: Organisationsziel. In: HWO. a. a. O., Sp. 1255—1262; vor allem Sp. 1262. Mayntz weist darauf hin, daß man den Begriff „Funktion" in der soziologischen Organisationstheorie als „reale Wirkung" bzw. als den „faktischen ‚Output' einer Organisation" interpretiert. — In der systemtheoretischen Betrachtung findet eine gedankliche Trennung zwischen Struktur (Aufbau) und Funktion (Ablauf, Dynamik, Prozeß) statt, wobei die größere Bedeutung der funktionalen Interpretation von Systemen zugemessen zu werden scheint. Vgl. Fuchs, Herbert: Systemtheorie, a. a. O., Sp. 1622. Identisch mit dem Inhalt des hier verwendeten Begriffes „Funktionsträger" ist der Inhalt des von Wegner verwendeten Begriffes „Aktionsträger". Vgl. Wegner, Gertrud: Systemanalyse und Sachmitteleinsatz . . . , a. a. O., S. 49 f.

auch als Elemente in Systemen von Benutzerprogrammen reale Informationsverarbeitungsaufgaben lösen, die in betrieblichen Informationssystemen anfallen und andernfalls von menschlichen Aufgabenträgern erfüllt werden müßten.

Solange Organisationen ausschließlich als Mensch-Systeme verstanden werden, bleiben die in diesem Bereich abgeleiteten organisatorischen Prinzipien meist für andere Gestaltungsbereiche, z. B. für die Gestaltung von Maschinensystemen unfruchtbar. Das gleiche gilt auch umgekehrt, d. h. die Erkenntnisse der Gestaltung technischer Systeme finden nur selten analoge Anwendung bei der Gestaltung von Mensch-Systemen. Erst wenn neben **Mensch-Systemen** auch **Mensch-Maschine-Systeme** und reine **Maschine-Systeme** als Gegenstände organisatorischen Gestaltens begriffen werden[173]), erkennt man die Relevanz scheinbar bereichsfremder Prinzipien für die jeweiligen Gestaltungsaufgaben. Als Beispiel kann hier nur ein Ausschnitt aus der Gesamtproblematik behandelt werden, nämlich derjenige, der sich bei der Gestaltung von Programm-Systemen[174]) ergibt. Im Rahmen eines Software-Systems oder eines Systems von Benutzerprogrammen ist prinzipiell die gleiche organisatorische Gestaltungsproblematik anzutreffen, wie sie — im großen Maßstab — im Rahmen einer rein menschbezogenen Betriebsorganisation existiert[175]). Die Gültigkeit einer Reihe von organisatorischen Prinzipien bei der Gestaltung von Programm-Systemen soll im folgenden untersucht werden.

---

173) Szyperski weist darauf hin, daß im Hinblick auf die Frage, ob ein System organisatorisch zu strukturieren ist, zwei Begrenzungsmöglichkeiten denkbar sind: a) die betriebswirtschaftlich disziplinäre Einengung: b) die Beschränkung auf bestimmte Realsysteme unabhängig von disziplinären Aspekten.

174) Aus betriebswirtschaftlicher Sicht ist es notwendig, alle im wirtschaftlichen Bereich arbeitenden Systeme auf Wirtschaftlichkeit zu untersuchen, unabhängig davon, ob es sich beispielsweise um ingenieurtechnische, sozio- oder psychotechnische Systeme handelt. Entscheidend ist lediglich, daß strukturelle Veränderungen dieser Systeme sich auf das ökonomische Ziel der betrachteten wirtschaftlichen Einheiten auswirken. Vgl. Szyperski, Norbert: Organisationsspielraum. In: HWO, Sp. 1232 f.

175) Parallel zu der organisatorischen — strukturtechnischen — Gestaltungsproblematik besteht eine realtechnische Gestaltungsproblematik. Beide werden kompatibel durch das für alle verfahrenstechnischen Gestaltungshandlungen gültige Prinzip der technischen Zweckmäßigkeit. Zum Verhältnis von Struktur- und Realtechnik vgl. Kosiol, Erich: Organisation der Unternehmung, a. a. O., S. 23 f.; ebenso Grochla, Erwin: Technische Entwicklung und Unternehmungsorganisation, a. a. O., S. 57—80.

176) An den traditionellen organisatorischen Prinzipien wird in der neueren Organisationstheorie mehr und mehr Kritik geübt. Diese Kritik geht in zwei Richtungen. Einerseits wird darauf hingewiesen, daß einige Prinzipien so allgemein formuliert sind, daß sie lediglich Leerformeln sein können, die ohne individuelle Konkretisierung niemals beim praktischen Organisieren helfen können. Andererseits wird bemängelt, daß einige Prinzipien unzulässige Verallgemeinerungen sind. Ihre Richtigkeit ist noch niemals durch systematische Untersuchungen empirisch nachgewiesen worden. Zur Kritik vgl. z. B. Frese, Erich: Zur Gestaltung organisatorischer Systeme, a. a. O., S. 19 ff. und die dort genannte Literatur. Entscheidend in diesem Zusammenhang erscheint die Tatsache, daß sich die Kritik nicht grundsätzlich gegen die Suche und Anwendung organisatorischer Prinzipien beim organisatorischen Gestalten, sondern nur gegen den Inhalt der traditionellen Gestaltungskonzepte wendet.

Die organisatorischen Gestaltungsprinzipien[176]) können in analytische und synthetische Prinzipien unterteilt werden[177]). Analytische Prinzipien sind Grundsätze bzw. Gliederungsansätze, die bei der Analyse organisatorischer Strukturen angewendet werden. Resultat ihrer Anwendung sind nach unterschiedlichen Dimensionen zu bewertende Elemente, die das Ausgangsmaterial bzw. die „Bausteine" für die Synthese liefern.

Die synthetischen Prinzipien werden von Ruffner in drei Gruppen eingeteilt[178]):

(1) Prinzipien, die Definitionen bzw. Erläuterungen von organisatorischen Gestaltungszielen darstellen;

(2) Prinzipien, die als Nebenbedingungen organisatorischer Gestaltungshandlungen zu beachten sind;

(3) Prinzipien, die Aussagen über organisatorische Gestaltungshandlungen, d. h. Gestaltungsregeln sind.

Zur ersten Gruppe gehören die Definitionen genereller Ziele, wie z. B.:

● Zweckmäßigkeit (Funktionsfähigkeit),

● mengenmäßige Ergiebigkeit (Technizität),

● wertmäßige Ergiebigkeit (Ökonomität),

● Gleichgewicht usw.

Hinzu treten die Definitionen spezieller Ziele, wie z. B.:

● Fixierung bzw. Minimierung des Zeitbedarfs für Gestaltungshandlungen,
● Fixierung bzw. Minimierung des Zeitbedarfs für Verarbeitungsoperationen an Arbeitsobjekten,
● Fixierung bzw. Minimierung des Durchlaufweges von Arbeitsobjekten,
● Minimierung der Kosten,
● Maximierung der Leistungen usw.[179]).

Die Definition genereller Gestaltungsziele sind im allgemeinen so pauschal, daß sie bei der Gestaltung organisatorischer Systeme keine konstruktive Verwendung finden, es sei denn, daß sie im Rahmen von Zielfunktionen bzw. Entscheidungsmodellen eine Konkretisierung und Anpassung an individuelle Gestaltungsaufgaben erfahren. Die Definitionen der speziellen Gestaltungsziele stellen einen ersten Schritt auf dem Wege zur Konkretisierung und Individualisierung dar, denn sie bilden bereits Effizienzkriterien,

---

177) In diesem Sinne gliedern z. B. Kosiol und Bleicher die organisatorischen Prinzipien. Vgl. Kosiol, Erich: Organisation der Unternehmung, a. a. O., S. 67 ff. und S. 81 ff.; ebenso Bleicher, K.: Zentralisation und Dezentralisation von Aufgaben in der Organisation der Unternehmung. Berlin 1966.

178) Vgl. Ruffner, Armin: Prinzipien der Organisation. In: HWO, a. a. O., Sp. 1332.

179) Vgl. Ruffner, Armin: Prinzipien der Organisation, a. a. O., Sp. 1332 ff.

die bei der Strukturierung als Beurteilungsmaßstäbe verwendet werden können.

Das organisatorische Prinzip, den Zeitbedarf für die Gestaltungshandlungen zu fixieren bzw. zu minimieren, kann bei der Gestaltung von Software-Systemen in folgender Weise angewendet werden:

(1) Einteilung des gesamten Gestaltungsprojektes in mehrere zeitlich nacheinander ablaufende Phasen[180]).

(2) Vorgabe von Zeiten für jede einzelne Phase.

(3) Vorgabe von Zeiten für jedes in einer Phase zu gestaltende Subsystem[181]).

(4) Systematische Kontrolle der vorgegebenen und der tatsächlich für die Gestaltungsabschnitte benötigten Zeiten[182]).

(5) Einsatz von „Gestalter-Reserven", sofern offensichtlich wird, daß die Nichteinhaltung der Zeitvorgabe für eine bestimmte Phase bzw. ein bestimmtes Subsystem innerhalb einer Phase den gesamten Zeitplan in Frage stellt[183]).

Das Gestaltungskriterium[184]) „Minimierung" kann ebenso wie das Gestaltungskriterium „Maximierung" unter dem Gestaltungskriterium „Fixierung" subsummiert werden, weil beide Extrema subjektiv interpretiert werden müssen. Bei den Synthese-Entscheidungen gibt es nur die Wahl zwischen subjektiv bekannten Alternativen, wobei das Gestaltungssubjekt sich schließlich mit einer subjektiv befriedigenden Lösung identifiziert[185]).

---

180) Derartige Phasen sind z. B. die Konzeptionsphase, die Programmierungsphase und die Integrationsphase (vgl. Abschnitt D I d).

181) Subsysteme können Programme oder Teile von Programmen (= Unterprogramme) sein. U. U. ist es sinnvoll, diese objektbezogenen Vorgabe-Zeiten noch einmal durch verrichtungsbezogene Vorgaben (z. B. Zeitvorgaben für die zur Programmierung gehörende Erstellung von Programmablaufplänen, für die Codierung und für das Testen) zu ergänzen.

182) Derartige Kontrollen können z. B. mit Hilfe der Netzplantechnik durchgeführt werden.

183) Die Bereitstellung von „Gestalter-Reserven" bedeutet u. U. den Verstoß gegen andere organisatorische Prinzipien, z. B. gegen das Prinzip der Kostenminimierung bzw. gegen das Prinzip der Minimierung organisatorischer Läger, das hier nicht explizit aufgeführt wird, weil es unter dem Prinzip der Minimierung der Durchlaufzeit subsummiert werden kann. Die Entscheidung darüber, welchem Prinzip man im konkreten Falle Dominanz einräumen soll, kann nur aus der Sicht eines übergeordneten Zieles, z. B. der mengen- oder wertmäßigen Ergiebigkeit getroffen werden.

184) Entsprechend den Begriffen „Entscheidungsziel" und „Entscheidungskriterium" wird hier zwischen „Gestaltungsziel" und „Gestaltungskriterium" unterschieden. Vgl. Kosiol, Erich: Die Unternehmung als wirtschaftliches Aktionszentrum, a. a. O., S. 45 f., 201 ff.; ebenso Chmielewicz, Klaus: Grundlagen der industriellen Produktgestaltung. Berlin (1968), S. 31.

185) Vgl. z. B. Simon, Herbert A.: Administrative Behavior. A Study of Decision-Making Processes in Administrative Organizations. 2. Aufl., New York 1961, S. 79 ff.; ebenso Gäfgen, Gérard: Theorie der wirtschaftlichen Entscheidung. Untersuchung zur Logik und ökonomischen Bedeutung des rationalen Handelns. 2. Aufl., Tübingen 1968, S. 243 ff.

Diese pragmatische Vorgehensweise trifft auch auf das organisatorische Prinzip der Minimierung des Zeitbedarfs für Operationen an Arbeitsobjekten zu. Im Zusammenhang mit der Gestaltung von Software-Systemen sind als Arbeitsobjekte die von den einzelnen Programmen zu verarbeitenden Informationen zu verstehen. Die Verarbeitung selbst geschieht durch eine Vielzahl unterschiedlicher Verarbeitungsschritte, z. B. auf der untersten Stufe durch arithmetische, logische, Eingabe-/Ausgabe-Operationen usw., auf mittlerer Stufe durch standardisierte Unterprogramme, die bereits zusammengesetzte Funktionen realisieren, und auf der obersten Stufe durch Programme, die komplexe Verarbeitungsabschnitte erfüllen. Die Operationen werden — wenn sie selbst nicht softwaremäßig realisiert werden — zumindest durch Programme ausgelöst. Minimierung des Zeitbedarfs für die Operationen bedeutet, daß die Ausführungszeiten für die einzelnen Operationen (Befehle, Instruktionen, Anweisungen) durch entsprechende gestalterische Maßnahmen minimiert werden[186]).

Das organisatorische Prinzip der Minimierung des Durchlaufweges von Arbeitsobjekten kann im Zusammenhang mit der Gestaltung von Software-Systemen[187]) folgendermaßen interpretiert werden:

(1) Die zu einem Verarbeitungskomplex gehörenden Programme bzw. Programmteile sollten so organisiert sein, daß vor, während und nach der Verarbeitung in der Zentraleinheit sowohl von den Programmen selbst als auch von den zu verarbeitenden Informationen, möglichst kurze Wege zurückzulegen sind. Im allgemeinen wird allerdings diese „Wege-Problematik" von der Problematik der Zeit-Minimierung verdeckt. Sie wird jedoch deutlich sichtbar, wenn z. B. die Verbindungswege zwischen Zentraleinheit und peripheren Einheiten, d. h. die Kanäle, kapazitätsmäßig zu eng ausgelegt sind. Unabhängig von einer Hardware-Veränderung besteht die Möglichkeit, die Programm-Organisation entsprechend zu verändern[188]).

---

186) Die Tatsache, daß die Ausführungszeiten selbst von Befehlen auf der untersten Stufe sowohl eine Hardware-bedingte als auch eine Software-bedingte Komponente haben, wurde von Wichmann am Beispiel der Ausführungszeiten für ALGOL-Anweisungen systematisch untersucht. Wichmann weist auf die Möglichkeiten zur Verbesserung der Ausführungszeiten durch entsprechende Maßnahmen zur Verbesserung des Objektcodes der generierten Zielprogramme hin. Unabhängig davon besteht natürlich auch die Möglichkeit, die Ausführungszeiten durch Verbesserung von Hardware-Eigenschaften zu verkürzen. Vgl. Wichmann, B. A.: A Comparison of ALGOL 60 Execution Speeds. National Physical Laboratory. Teddington/Middlesex (o. Jg.).

187) Hier soll noch einmal daran erinnert werden, daß die in bezug auf Software-Systeme gemachten Aussagen auch auf Systeme von Benutzerprogrammen zutreffen.

188) Diese Aussagen gelten natürlich nur unter der Voraussetzung, daß der entsprechende Spielraum für alternative Lösungen, z. B. in Form von entsprechend großen Hauptspeichern, auch wirklich gegeben ist und daß nicht andere organisatorische Prinzipien aufgrund ihrer stärkeren Auswirkungen auf die Wirtschaftlichkeit dominieren.

(2) Zur Wege-Minimierung soll hier auch die Minimierung von Zwischen-speicherungen (= Minimierung von organisatorischen Lagern) gezählt werden. Zwischenspeicherungen von Informationen als den Arbeitsob-jekten sind zumindest teilweise von der Organisation der sie verarbei-tenden Programme abhängig. Eine Minimierung der Zahl der Zwischen-speicherungen kann jedoch ebenfalls nur unter Berücksichtigung aller übrigen organisatorischen Prinzipien erfolgen.

Die organisatorischen Prinzipien der Kosten-Minimierung und Leistungs-maximierung stellen zwar bereits eine Spezifizierung des generellen Prin-zips der wertmäßigen Ergiebigkeit dar; sie müssen jedoch, bezogen auf ihre Anwendung bei der Gestaltung von Software-Systemen, noch konkretisiert werden. Dabei kann in der folgenden Weise vorgegangen werden:

(1) Feststellung der die Kosten und Leistungen verursachenden Faktoren bzw. Komponenten bei der Gestaltung von Software-Systemen.

(2) Bestimmung der Maßstäbe, durch die die jeweiligen Ausprägungen dieser Faktoren bzw. Komponenten gemessen werden können (quantitative Maßstäbe).

(3) Abgrenzung der Bewertungsmöglichkeiten und Ableitung von Regeln, unter welchen Bedingungen welche Bewertungsverfahren anzuwenden sind.

(4) Entscheidung für ein bestimmtes Bewertungsverfahren, Errechnung der Kosten- und Leistungswerte einer Reihe von Software-System-Alter-nativen.

(5) Entscheidung für

a) das Kosten-minimale Software-System, sofern nur die Kosten, aber nicht die Leistungen errechnet werden können;

b) das Leistungs-maximale Software-System, sofern nur die Leistungen, aber nicht die Kosten errechnet werden können;

c) das „optimale"[189]) Software-System, sofern sowohl Kosten als auch Leistungen errechnet werden können.

Dieser Ansatz zur Gestaltung eines Software-Systems aus organisatorischer Sicht wird im Hauptteil D dieser Arbeit systematisch verfolgt, wobei der Gesamtkomplex der Software-Systemgestaltung in die drei Phasen System-Entwicklung, System-Konfigurierung und System-Anwendung aufgespalten wird.

---

189) „Optimal" ist hier nicht in absolutem, sondern in relativem Sinne gemeint, d. h. das beste aus der Menge der bekannten und befriedigenden Systeme. Vgl. Simon, Herbert A.: A Behavioral Model of Rational Choice. In: Herbert A. Simon (Hrsg.): Models of Man. New York/London 1967, S. 241—260.

Zur zweiten Gruppe synthetischer Prinzipien gehören die Nebenbedingungen organisatorischer Gestaltungshandlungen. Nebenbedingungen müssen ebenfalls bei der Strukturierung von Software-Systemen beachtet werden. Nebenbedingungen werden meist vor oder während der Gestaltungshandlungen von „außen" gesetzt, d. h. die Gestalter bzw. Organisatoren müssen derartige Nebenbedingungen im allgemeinen akzeptieren, ohne sie direkt beeinflussen zu können[190]). Nebenbedingungen sind damit Einflußgrößen, die den Organisationsspielraum einschränken[191]). Szyperski sieht den Organisationsspielraum begrenzt durch:

(1) die schon fixierten Strukturen, (2) die nicht oder noch nicht zu fixierenden Strukturen und (3) die Freiheitsgrade der verbleibenden zu fixierenden Strukturen[192]). Diese drei Typen von Begrenzungen sind Nebenbedingungen in dem hier gemeinten Sinne.

Als Nebenbedingung bei der Gestalung von Software-Systemen sind z. B. Untergrenzen oder Obergrenzen für alle Faktoren bzw. Komponenten denkbar, die Kosten oder Leistungen verursachen. Wichtige Nebenbedingungen entstehen durch die jeweilige Struktur der übrigen Subsysteme eines ADV-Systems, z. B. das zu ergänzende Hardware-System, das bereits vorhandene System von Benutzerprogrammen und das vorgegebene Sprachen-System. Als Nebenbedingungen können Konstellationen von Umweltfaktoren betrachtet werden, z. B. der gegenwärtige Wissensstand auf dem Gebiet der Software-System-Entwicklung oder die momentanen oder zukünftig zu erwartenden Verhältnisse auf dem Markt für Software-Systeme[193]) usw. Von wesentlicher Bedeutung als Nebenbedingung ist vor allem der finanzielle Rahmen, der den Gestaltern von Software-Systemen von ihrer Unternehmungsführung vorgegeben wird, den sie unter Umständen auch dann nicht überschreiten können, wenn sie nachweisen, daß auf diese Weise nicht das beste der zur Klasse der befriedigenden gehörenden Software-Systeme geschaffen werden kann. Schließlich können eine Reihe von Nebenbedingungen durch die für die Gesaltung verantwortlichen Menschen hinzutreten. So können z. B. die Ausbildung der Systemplaner und Systemprogrammierer, das Maß ihrer Erfahrungen aus der Gestaltung früherer Software-Systeme, die interne Organisation der für die System-Gestaltung verantwortlichen Grup-

---

190) Im allgemeinen werden sich indirekte Einflußmöglichkeiten ergeben, weil das Subsystem zur Gestaltung des Software-Systems durch Rückkopplungsprozesse mit dem Subsystem für die Setzung der Nebenbedingungen (meist ist dies die Unternehmungsführung) verbunden ist.

191) Vgl. Ruffner, Armin: Prinzipien der Organisation, a. a. O., Sp. 1334.

192) Vgl. Szyperski, Norbert: Organisationsspielraum, a. a. O., Sp. 1230.

193) Gegenwärtig sind Software-Systeme zwar als Produkte für den Anwender noch weitgehend an den Vertrieb der als „Träger" dienenden Hardware-Systeme gebunden. Die Hersteller gehen jedoch von sich aus dazu über, die Software-System-Entwicklung oder zumindest Teile davon an spezielle Software-Firmen zu übertragen. Darüber hinaus werden sich für den Anwender durch die „unbundling policy" des weltgrößten Herstellers von ADV-Systemen neue Aspekte ergeben. Vgl. dazu die Ausführungen in Abschnitt D I c und D II.

pen und die Qualität und Quantität ihrer Kommunikationsbeziehungen mit den parallel tätigen Entwicklern der anderen Subsysteme eines ADV-Systems zu entscheidenden Einflußfaktoren für den Gestaltungsprozeß und seine Resultate werden[194].

In den pragmatisch orientierten organisationstheoretischen Aussagesystemen werden diejenigen Prinzipien, die Aussagen über die Art und Weise des organisatorischen Gestaltens machen, als die eigentlichen Organisationsprinzipien betrachtet[195]. Zu diesen Prinzipien gehören u. a. die folgenden, den Managementlehren zugrunde liegenden Hauptregeln[196]:

(1) Spezialisierungsprinzip

(2) Definitionsprinzip

(3) Hierarchie-Prinzip

(4) Prinzip der Leitungsspanne

(5) Prinzip der Korrespondenz zwischen Autorität und Verantwortung.

Unabhängig von der Tatsache, daß für die meisten dieser Prinzipien das Ausmaß ihrer Gültigkeit für reine Mensch-Systeme noch nicht empirisch nachgewiesen worden ist[197], soll im folgenden untersucht werden, inwieweit sich die in ihnen enthaltenen Gestaltungsansätze auch bei der Gestaltung von Software-Systemen nachweisen lassen.

Das Spezialisierungsprinzip fordert eine Art der synthetischen Aufgabenverteilung, bei der gleichartige Teilaufgaben spezialisierten Aufgabenträgern zugeordnet werden[198]. Dieser Tatbestand ist bei Software-Systemen insofern deutlich nachweisbar, als die Fülle der von einem Software-System zu lösenden Aufgaben auf eine Vielzahl von funktional spezialisierten Programmen bzw. Unterprogrammen aufgeteilt wird. Ebenso wie die Zielerreichung bzw. Erfüllung der Gesamtaufgabe einer Unternehmung nur durch die Kooperation aller spezialisierten Aufgabenträger möglich ist, können die komplexen Funktionen eines Software-Systems nur durch das Zusammenspiel vieler spezialisierter Programme realisiert werden. Jedes dieser Spezialprogramme besitzt zwar nur Zugriff zu einem kleinen Teil der Informationen im Gesamt-

---

194) Eine detaillierte Spezifikation vieler der hier als Nebenbedingungen genannten Faktoren findet sich bei Bemer, R. W.: Checklist for Planning Software System Production. In: Software — Engineering, a. a. O., S. 165—180.

195) Dies gilt z. B. für die amerikanische Managementlehre und die betriebswirtschaftliche Organisationslehre in Deutschland. Vgl. Grochla, Erwin: Organisationstheorie. In: HWO, Sp. 1240 ff.

196) Vgl. z. B. Frese, Erich, Zur Gestaltung organisatorischer Systeme, a. a. O., S. 19 ff. und die dort angegebene Literatur.

197) Vgl. Ruffner, Armin: Prinzipien der Organisation, a. a. O., Sp. 1335 f.

198) Hier sind als Unterfälle die „sachlichen Zentralisationsformen", d. h. die Zentralisation bzw. Spezialisierung nach gleichartigen Verrichtungen und die Zentralisation bzw. Spezialisierung nach gleichartigen Objekten zu nennen. Vgl. Kosiol, Erich: Organisation der Unternehmung, a. a. O., S. 84 f.

system. Es kann auch nur mit einem Teil der übrigen Programme und Hardware-System-Elemente kommunizieren. Dies genügt jedoch, um die ihm im Rahmen des Gesamtsystems zugeordnete Spezialaufgaben zu erfüllen.

In diesem Zusammenhang läß sich auch die Anwendung des Definitionsprinzips nachweisen. Der Bereich der Programmierung setzt nicht nur die Definition und schriftliche Fixierung jeder Aufgabenstellung, sondern einen genauen Ablaufplan bzw. eine Lösungsvorschrift voraus, ohne die ein Programm meist nicht erstellt werden kann[199]). Diese genaue Definition jeder einzelnen Verrichtung und darüber hinaus jedes Teils eines Arbeitsganges[200]) ist im Bereich der rein menschlichen Aufgabenerfüllung relativ seltener anzutreffen, als im Bereich der maschinellen bzw. kombinierten (Mensch-Maschine-)Aufgabenerfüllung.

Das hierarchische Prinzip fordert klare Über-, Gleich- und Unterordnungsbeziehungen zwischen den spezialisierten Aufgabenträgern einer Organisation. Ebenso wie es in Mensch-Systemen zur Herausbildung von Ober- und Unteraufgaben und zur Schaffung von Stellen kommt, deren primäre Aufgabe die Koordination, Steuerung und Überwachung vieler spezialisierter Aufgabenträger ist, werden bei der Gestaltung von Software-Systemen Programme entwickelt, deren primäre Aufgabe die Steuerung und Koordination von Spezialprogrammen ist (vgl. dazu im einzelnen die Ausführungen in Abschnitt C III c). Strukturen und Funktionen dieser Steuerprogramme[201]) variieren sehr stark. Teilweise handelt es sich lediglich um einfache in Tabellenform gespeicherte Folgen von Aktionen, die nacheinander von einzelnen Spezialprogrammen auszuführen sind. Teilweise verkörpern die Steuerprogramme eine Menge von außerordentlich komplexen Bedingungsprüfungen und simultanen Operationen. Sie können einerseits aus nur wenigen Aktivitäts-Schichten, andererseits aus vielstufigen Befehlshierarchien bestehen[202]). Aus der Menge der von Steuerprogrammen erfüllten Funktionen seien ohne Bezugnahme auf die dazu notwendigen konkreten Programm-Module eines bestimmten ADV-Systems die folgenden Aktivitäten als Beispiele genannt:

---

199) Diese Aussage gilt zumindest bei der Verwendung von maschinenorientierten Programmiersprachen. Bei der Verwendung prozedurorientierter Programmiersprachen kommt es auf die Komplexität der Problemstellung an. In jedem Falle wird der Vorgang des Programmierens (Codierens) erheblich vereinfacht und beschleunigt, sofern ein detaillierter Programmablaufplan zugrunde gelegt werden kann.

200) Zu den Möglichkeiten der prozessualen Einteilung von Verrichtungen vgl. Schweitzer, Marcell: Probleme der Ablauforganisation in Untersuchungen. Berlin 1964.

201) Die Terminologie im Bereich der automatisierten Informationsverarbeitung zur Kennzeichnung dieser Programme ist nicht eindeutig. Teilweise wird der Kontroll- und Überwachungsaspekt hervorgehoben, z. B. in den Bezeichnungen Supervisor, Monitor und Kontrollprogramm, manchmal der Steuerungs- und Koordinationsaspekt, z. B. in den Bezeichnungen Executive Routine und Steuerprogramm.

202) Vgl. Klahr, David and Leavitt, Harold J.: Tasks, Organization Structures, and Computer Programs. In: The Impact of Computers on Management, hrsg. v. Charles A. Myers. Cambridge/Mass. (1967), S. 107—129, vor allem S. 114.

(1) Überwachung und Steuerung der Benutzerprogramme und der Programme des Software-Systems[203]).

(2) Planung der zeitlichen Abfolge von Verarbeitungsabschnitten.

(3) Zusammenstellung und Koordination paralleler Aktivitäten.

(4) Verwaltung von Arbeitsbereichen für Zwischenergebnisse, Buchführung über die Benutzung von System-Elementen.

(5) Kommunikation mit der „Umwelt" außerhalb des ADV-Systems, z. B. mit dem Operateur.

Teilweise dem Hierarchie-Prinzip, teilweise dem Spezialisierungsprinzip kann die Bildung von Stabsstellen zugeordnet werden. Stabsstellen sind Hilfsstellen von Leitungsstellen[204]). Auf sie werden bestimmte, eigentlich von den Leitungsstellen zu erfüllende Teilaufgaben übertragen[205]), ohne daß die Leitungsstellen dadurch an Kompetenz verlieren. In Mensch-Systemen tritt lediglich eine „Persönlichkeitserweiterung" der leitenden Aufgabenträger ein[206]). Etwas Ähnliches kann auch bei denjenigen Programmen des Software-Systems konstatiert werden, die nicht zum Bereich der eigentlichen Steuerungs-, Überwachungs- und Koordinationsprogramme gehören. Diese Programme üben im weitesten Sinne Unterstützungs- und Dienstleistungsfunktionen aus[207]). Allerdings sind sie weniger als Erweiterung des Funktionsbereiches der Steuerungs- und Koordinationsprogramme zu verstehen, sondern sie sind durch Zentralisation derjenigen Funktionsteile jedes einzelnen Verarbeitungskomplexes entstanden, die bei allen oder zumindest bei mehreren der Anwendungsprogramme in gleicher Form benutzt werden, um die jeweiligen Informationsverarbeitungsaufgaben zu realisieren. Es handelt sich also mehr um einen „Pool von Dienstleistungen"[208]) über den die in der Hierarchie am höchsten stehenden Steuerungs- und Überwachungsprogramme verfügen. Diese ordnen die Dienstleistungen den Anwendungsprogrammen als Ressourcen zu.

---

203) Zur Menge der sich hinter dieser zusammenfassenden Überschrift verbergenden Teilfunktionen vgl. die Ausführungen im nächsten Abschnitt.

204) Vgl. Staerkle, Robert: Stabstellen in der industriellen Unternehmung. Bern (1961), S. 34 ff.; ebenso Mooney, James D.: The Principles of Organization. New York/London (1947), S. 35.

205) Dabei geht es in Mensch-Systemen primär um die Teilaufgabe Entscheidungsvorbereitung. Simon spricht in diesem Zusammenhang von „horizontal specialization". Vgl. Simon, Herbert A.: Administrative Behavior, a. a. O., S. 9.

206) Vgl. Mooney, James: The Principles . . . , a. a. O., S. 41.

207) Am Anfang der Programmierungs-Entwicklung und teilweise noch heute werden alle Programm (auch solche mit Steuerungsfunktionen), die nicht als Anwendungsprogramme direkt an der Lösung von Problemen beteiligt sind, als „Programmierhilfen" bezeichnet. Vgl. Schmitz, Paul: Programmierung, a. a. O., Sp. 1362.

208) Bei einem Teil der zu diesem Pool gehörenden Programme kommt die Dienstleistungs-Funktion bereits in der Bezeichnung zum Ausdruck: Durch sogen. „Dienstprogramme" (service programs, utilities) geschieht z. B. die Eingabe/Ausgabe und Übertragung von Informationen zwischen peripheren Hardware-Einheiten. „Hilfsprogramme" erleichtern das Testen, Fehlersuchen und die Wartung von Anwendungsprogrammen.

Das Prinzip der Leitungsspanne bzw. Kontrollspanne[209]) macht Aussagen darüber, wieviele Stellen unter einheitlicher Leitung zusammengefaßt werden können[210]). Das Problem, die Leitungsspanne für Aufgabenträger zu bestimmen, stellt sich in jeder menschlichen Organisation. Allgemeine Regeln, die man anfangs glaubte aufstelllen zu können, erwiesen sich schon bald als falsch, d. h. es konnte nachgewiesen werden, daß die Leitungsspanne von sehr vielen Bedingungen abhängig ist, deren jeweilige Ausprägung im Einzelfall zunächst festgestellt werden muß[211]).

Der Grundsatz begrenzter Leitungs-, Überwachungs- und Koordinationskapazität gilt auch für die Steuerungsprogramme von Software-Systemen. Bei der folgenden Klassifikation von Software-Systemen können die Unterschiede als Folge unterschiedlicher „Leitungspannen" interpretiert werden:

(1) Systeme für Einprogrammbetrieb;

(2) Systeme für Mehrprogrammbetrieb mit einer festen Anzahl von Programmen;

(3) Systeme für Mehrprogrammbetrieb mit einer variablen Anzahl von Programmen.

Das Steuerungsprogramm[212]) eines Systems für Einprogrammbetrieb hat die geringste „Leitungsspanne". Es kann jeweils nur ein einziges Programm aus einem Stapel von Anwendungsprogrammen beaufsichtigen. Dieses eine Programm wird vollständig ausgeführt, bevor sich das Steuerungsprogramm dem nächsten Programm zuwendet[213]). Ein Steuerungsprogramm für Mehrprogrammbetrieb mit einer festen Anzahl von Programmen kann bereits eine erhebliche „Leitungsspanne" haben[214]). Diese „Leitungsspanne" gestattet ihm, die konkurrierenden Anforderungen einer festen Anzahl von

---

209) Lyndall F. Urwick war einer der ersten, der dieses Prinzip hervorhob und den Tatbestand als „span of control" bezeichnete. Vgl. Urwick, Lyndall F.; Gulick, Luther: Papers on the Science of Administration. New York 1937.

210) Vgl. Bleicher, Knut: Span of Control. In: HWO, a. a. O., Sp. 1531—1536.

211) Vgl. Simon, Herbert A.: Administrative Behavior, a. a. O., S. 26 ff.; ebenso Bleicher, Knut: Span of Control, a. a. O., Sp. 1531 ff.

212) Meist handelt es sich nicht um ein einziges, sondern um mehrere Programme, weil die Steuerungsfunktion in Teilfunktionen aufgespalten und auf verschiedene Funktionsmoduln verteilt wird. Diese Funktionsmoduln könnten mit den Vorstandsressorts auf der obersten Ebene der Unternehmungshierarchie verglichen werden.

213) Ein Beispiel ist das Primary Control Program für das System IBM / 360. Die Programme werden dort als Job Steps bezeichnet und als Teil des als einzigem Task vorhandenen Job Scheduler Program ausgeführt. Vgl. IBM Corp. (Hrsg.): IBM System / 360 Operating System Concepts and Facilities, a. a. O., S. 46.

214) Ein Beispiel ist das Multitask Control Program für MFT (= Multiprogramming with a fixed number of tasks) für das System IBM / 360. Dieses Steuerungsprogramm ist in der Lage, bis zu 52 Programme = tasks) gleichzeitig zu überwachen. Dies bedeutet nicht, daß diese 52 Programme gleichzeitig ablaufen können (— dies können nur maximal 15 Benutzer-Tasks —), sondern daß das Steuerungsprogramm diese Programme jederzeit zur Ausführung einplanen (scheduling) und initialisieren kann. Vgl. IBM Corp. (Hrsg.): IBM System / 360 Operating System: Planning for Multiprogramming with a Fixed Number of Tasks (MFT) Form C 27-6939-4 (Poughkeepsie / N. Y. 1968).

Anwendungsprogrammen gleichzeitig zu koordinieren, so daß diese Programme entsprechend ihrer Priorität ausgeführt werden können[215]). Eine außerordentlich große „Leitungspanne" wird vom Steuerungsprogramm der dritten Klasse von Software-Systemen realisiert[216]). Bei derartigen Steuerprogrammen sind dann meist auch spezielle Einrichtungen (in Form von Hardware oder Software) vorgesehen, die die zur Konfigurationszeit (vgl. Abschnitt D II) für jedes Programm (job) fixierte Hauptspeicher-Region flexibel gestalten[217]). Durch derartige Hilfsfunktionen, z. B. das „Rollin/ Rollout" von Programmen in bzw. aus dem Hauptspeicher, entsteht meist ein erheblicher Verwaltungs- und Kommunikationsaufwand, der den Gesamtprozeß der automatischen Erfüllung von Informationsverarbeitungsaufgaben erheblich verzögern kann. Empirische Untersuchungen über die Zusammenhänge zwischen der funktionalen Potenz (im Hinblick auf die Leitungsspanne) von Steuerungsprogrammen und dem entsprechenden „Output" an ausgeführten Programmen haben zwar bereits stattgefunden[218]), die Ergebnisse lassen sich jedoch bisher noch nicht zu einem für die Synthese von Software-Systemen anwendbaren, allgemeingültigen Ansatz verdichten.

Der in diesem Abschnitt unternommene Versuch, am Beispiel von Programm-Systemen Analogien zwischen strukturtechnischen (organisatori-

---

215) Es gibt nicht irgendein festes Schema der simultanen oder überlappten Ausführung. Das Programm B erhält „control", wenn das Programm A auf die Beendigung irgendeines Ereignisses, z. B. eine Input/Output-Operation warten muß. Nur in solchen Fällen kann das Programm B (mit einer geringeren Priorität als die von A) fortfahren.

216) Das Multitask Control Program für MVT (= multiprogramming with a variable number of tasks) des Systems IBM / 360 kann zwar ebenfalls nur maximal 52 Programme gleichzeitig überwachen. Diese Programme (job steps) können jedoch mehrere Unterprogramme (subtasks) haben. Die Deklaration, was ein Programm und was ein Unterprogramm ist, obliegt dem Benutzer, so daß hier die Möglichkeit zu einer sehr starken Ausweitung der Anzahl gleichzeitig überwachter Funktionen besteht. Vgl. IBM Corp. (Hrsg.): IBM System / 360 Operating System. Concepts and Facilities, a. a. O., S. 48.

217) Die Funktion des Rollin/Rollout erlaubt die temporäre dynamische Expansion der für einen bestimmten Job vorgesehenen Hauptspeicher-Region. Dabei wird zunächst versucht, Speicherplätze, die noch keinem Programm zugeteilt sind, zur Expansion der Region zu benutzen. Wenn derartige Speicherplätze nicht mehr vorhanden sind, werden Programme, die schon im Hauptspeicher stehen, wieder auf Sekundärspeicher zurückgespeichert. Ist das Programm, für das mehr Hauptspeicherplätze benötigt wurden, ausgeführt, erfolgt ein automatisches „roll in" der temporär transferierten Programme. Vgl. IBM Corp. (Hrsg.): IBM System / 360 Operating System. Concepts and Facilities, a. a. O., S. 48.

218) Vgl. Calingaert, Peter: Systems Performance Evaluation. In: Communications of the ACM, Vol. 10 / No. 1 / Jan. 1967, S. 12—18; ebenso Fine, G. H.; Jackson, C. W.; McIsaac, P. V.: Dynamic Program Behavior Under Paging. System Development Corporation SP-2397. Santa Monica/Calif. 1966, Cheek, R. C.: Concurrent Processing and Program Priorities. In: Proceedings of IFIP Congress 1965, Vol. 2. Washington/London (1966), S. 541—542; ebenso Coffman, E. G.: Studying Multiprogramming Systems. In: DATAMATION, Juni 1967, S. 47—54; ebenso Chang, Wei and Wong, Donald J.: Analysis of Real Time Multiprogramming. In: Journal of the ACM, Vol. 12 / No. 4 - Oktober 1965, S. 581—588; ebenso Belady, L. A.; Kuehner, C. J.: Dynamic Space Sharing in Computer Systems. In: Comm. of the ACM, Vol. 12 / No. 5 / Mai 1969, S. 282—288; ebenso Jenkins, Clifford H.: Dynamic Multiprogramming at Douglas. In: DATAMATION, November 1968, S. 52—54 und S. 59.

schen) und realtechnischen Gestaltungsprinzipien aufzuzeigen, erscheint aus zwei Gründen gerechtfertigt. Einerseits eröffnet er die Perspektive, daß wesentliche Unterschiede eigentlich nur zwischen den Gestaltungsobjekten, nicht jedoch hinsichtlich der Gestaltungsmethoden vorhanden sind. Andererseits hilft er, die Kluft zu überwinden, die sich zwischen Organisatoren und Technikern auftut, wenn die einen nur das Mensch-System, d. h. die Verantwortung tragenden und mit Erfüllungsansprüchen belegbaren Menschen, die anderen nur das Maschinen-System sehen. Die technischen Strukturen zeitigen heute ebenso wesentliche Rückwirkungen auf die menschlichen Aufgabenträger wir umgekehrt. Jegliches Gestalten einer der beiden Strukturelemente muß daher das andere mitberücksichtigen. Gleichzeitig erscheint eine Integration der Gestaltungsprinzipien im Rahmen eines gemeinsamen theoretischen Ansatzes unbedingt notwendig.

c) Überführung von Aufgaben-Systemen in Programm-Systeme

Nachdem Analogien zwischen Aufgabenträgern und Programmen von Software-Systemen aufgezeigt und die Verwendbarkeit organisatorischer Prinzipien bei der Gestaltung von Programm-Systemen untersucht worden sind, sollen nunmehr die organisatorisch relevanten Tatbestände betrachtet werden, die sich bei der Automatisierung von Informationsverarbeitungsaufgaben mit Hilfe von Programmen für ADV-Systeme ergeben.

Ausgangspunkt ist die Verteilung der Informationsverarbeitungsaufgaben in der Hierarchie der Stellen bzw. Abteilungen einer Unternehmung. Bei jeder Stelle sind Informationsverarbeitungsaufgaben entweder als alleiniger Aufgaben-Inhalt oder als Teil der Stellenaufgabe vorhanden[219]). Diese Aufgaben können nicht in der Form, wie sie für die menschlichen Aufgabenträger vorgegeben sind, programmiert und einem ADV-System zur automatischen Erfüllung übertragen werden. Wesentliche Entscheidungen, die bereits zum Prozeß der Gestaltung eines automatisierten Informationssystems gehören, sind erforderlich, um aus der Gesamtheit der existierenden Aufgaben diejenigen auszuwählen, die zu einem bestimmten Zeitpunkt automatisiert werden können und sollen. Durch Anwendung des Kriteriums „Programmierbarkeit" werden zunächst diejenigen Informationsverarbeitungsaufgaben ausgewählt, für die Lösungswege bzw. Arbeitsvorschriften angegeben werden können, die mit Hilfe von Programmiersprachen formulierbar sind. Die Grenze zwischen programmierbaren und nicht programmierbaren Aufgaben verschiebt sich wahrscheinlich ständig zugunsten der programmierbaren Aufgaben. — Aus den programmierbaren Aufgaben sind dann diejenigen

---

219) Informationsverarbeitungsaufgaben treten einerseits in Form von Abrechnungs-, Planungs-, Entscheidungsvorbereitungs- und Kontrollaufgaben in Erscheinung; andererseits kann jede Verarbeitung von materiellen Objekten Quelle für Informationen und damit auch für Informationsverarbeitungsaufgaben sein. Neben Informationsverarbeitungsaufgaben können die Stellen natürlich auch andere Aufgaben, z. B. Verrichtungen an materiellen Objekten zu erfüllen haben.

auszuwählen, bei denen gewährleistet ist (bzw. die Wahrscheinlichkeit besteht), daß die Gesamtkosten der Programmierung[220] und der kontinuierlichen automatischen Erfüllung geringer sind als die Kosten einer personell-manuellen Erfüllung[221]). Als Maßstäbe für die Programmierungskosten verursachenden Faktoren können die folgenden Zeitskalen verwendet werden:

a) Geschätzte Zeiten für die Arbeit von Analytikern und Programmierern (Meßeinheiten = 1-Mann-Tag, 1-Mann-Monat, 1-Mann-Jahr)[222].

- Zeit für Erstellung eines Programmablaufplans
- Codierungszeit
- Testzeit
- Sonstige Zeiten (z. B. Dokumentation usw.)

b) Geschätzte Zeiten für die Arbeit des zur Programm-Erstellung verwendeten ADV-Systems
(Meßeinheit = 1 Sekunde Zeit der Zentraleinheit[223])

- Übersetzungszeiten (einschließlich Laden, Linken usw.)
- Testzeiten
- Sonstige Zeiten (z. B. Rüstzeiten).

Als Maßstäbe für die Faktoren, die die Kosten der automatischen Erfüllung eines Programmes verursachen, kommen unterschiedliche Skalen in Betracht, die verschiedene Aspekte eines „operienden" ADV-Systems abbilden.

a) Anzahl der Läufe des Programmes pro Tag, Woche, Monat, Jahr usw.

b) Laufzeiten der Zentraleinheit und der beteiligten peripheren Geräte bezogen auf unterschiedliche interne Konstellationen[224])
(Meßeinheit = 1 Sekunde Zeit der Zentraleinheit bzw. peripherer Einheiten)

---

220) Die Kosten der Programmierung setzen sich meist zusammen aus den Kosten für die Entwicklung einer automatisierbaren Arbeitsvorschrift — fixiert z. B. in Form eines Programmablaufplans —, den Kosten für die Codierung, für das Testen, für die Dokumentation und für evtl. notwendige Modifikationen.

221) Als Vorstufen der automatischen Erfüllung mit Hilfe von Software-Programmen sind teilweise automatisierte Erfüllungsarten, z. B. mit Hilfe von Maschinen der sogen. „konventionellen Datenverarbeitung" denkbar.

222) Im Grunde gelten bei diesen Meßeinheiten, sofern man sie pauschal auf alle Programmierer- und Problemanalytiker-Zeiten anwendet, die gleichen Bedenken, die in Abschnitt D I c (2) erörtert werden und dort zur Differenzierung zwischen unterschiedlichen Qualitäten führen.

223) Die Zeit der Zentraleinheit ist sowohl bei Stapelprogrammbetrieb als auch bei Mehrprogrammbetrieb eine sinnvolle Meßgröße. Bei Mehrprogrammbetrieb ist sie jedoch meist schwieriger zu messen als bei Stapelprogrammbetrieb. Bei Mehrprogrammbetrieb erscheint es notwendig, neben der Zeit der Zentraleinheit zusätzlich auch die Zeiten der peripheren Einheiten zu berücksichtigen. Vgl. dazu auch Abschnitt D III c.

224) Hier ist z. B. an unterschiedliche Programm-Mixe beim Mehrprogrammbetrieb zu denken. Vgl. auch Abschnitt D III c.

c) Einzelfaktoren der innerhalb eines ADV-Systems durchgeführten Verarbeitung eines Programmes

- Zwischen Zentraleinheit und Sekundärspeichern transportierte Informationsmengen
  (gemessen z. B. in Bits, Bytes, Worten usw.)

- Transportzeiten für obige Informationsmengen
  (gemessen z. B. in Bit-Sekunden, Bytes-Sekunden, Wort-Sekunden, Page-Sekunden usw.)[225].

- Für Verarbeitung benötigter Hauptspeicherplatz und Sekundärspeicherplatz[226].
  (gemessen z. B. in Bytes, Worten usw.)

- Für Verarbeitung benötigte periphere Geräte[227]
  (gemessen z. B. Anzahl der Bandgeräte usw.)

Die genannten kostenverursachenden Faktoren ergänzen sich teilweise, teilweise überlappen sie sich. Entscheidend ist der Tatbestand, daß mit Angabe einheitlicher Maßstäbe für diese Faktoren nur der erste Schritt auf dem Wege zur Bestimmung der Kosten für die Programmierung und für eine laufende automatische Erfüllung von Informationsverarbeitungsaufgaben getan ist. Der zweite Schritt besteht in der Bewertung der gemessenen Größen. Für die Bewertung gibt es keine objektive Grundlage in dem Sinne, daß für jeden der genannten Faktoren ein einziger Multiplikator (in der Dimension Geld-Einheiten) existiert, mit dem die jeweilige Ausprägung des Faktors zu multiplizieren ist. Die Multiplikatoren sind subjektive Größen, die je nach den Nutzenvorstellungen jedes einzelnen Benutzers mehr oder weniger stark voneinander abweichen. Dies leitet über zu den bekanntermaßen sehr komplexen Problemen der ökonomischen Bewertung, die im Hauptteil D aus dem Blickwinkel der Gestaltungsentscheidungen weiter verfolgt werden.

Die Gesamteinheit der zum Zeitpunkt X programmierbaren und im Hinblick auf Wirtschaftlichkeitskriterien sinnvoll automatisierbaren Informationsverarbeitungsaufgaben ist schließlich der geplanten Kapazität des zukünftigen ADV-Systems gegenüberzustellen. Diese Kapazität wird sich in nicht unerheblichem Umfang an den jeweiligen durch die Unternehmungs-

---

225) Der Faktor Transport-Zeit ist von Langefors sehr ausführlich untersucht worden. Vgl. Langefors, Börje: Theoretical analysis of information systems. 2. Aufl., Lund (Schweden) 1968, Vol. 2, S. 285 ff.

226) Die gemessenen Größen sind nur aussagefähig, wenn gleichzeitig Angaben über die Organisation der verwendeten Dateien und Datensätze gemacht werden. ADV-Systeme unterscheiden sich u. U. erheblich hinsichtlich Menge und Art der mit ihrer Hilfe realisierbaren Datenorganisationsmöglichkeiten.

227) Diese Angaben müssen im Zusammenhang mit einigen der anderen bereits genannten Faktoren gesehen werden. Beispielsweise sind die Laufzeiten für Sortier- und Mischprogramme eine Funktion des Kehrwertes der Anzahl der zum Sortieren und Mischen benutzten peripheren Geräte.

politik und damit durch eine Vielzahl von „ADV-externen" Faktoren vorgegebenen finanziellen Rahmen halten müssen[228]).

Die hier nur grob skizzierten Entscheidungsprozesse führen zu einer unter Umständen sehr weitgehenden Veränderung der bisherigen organisatorischen Beziehungen zwischen den Informationsverarbeitungsaufgaben. Eine Aufspaltung in programmierbare und nicht programmierbare Teilaufgaben kann z. B. bewirken, daß alle nicht programmierbaren Aufgabenteile von vornherein aus den Gestaltungsüberlegungen ausgeklammert werden[229]). Aufgaben, die vorher unterschiedlichen Stellen bzw. Ebenen zugeordnet waren, können zu einer einzigen Aufgabe vereinigt werden. Wesentlich ist, daß diese ersten Gestaltungshandlungen im Rahmen der Synthese eines automatisierten Informationssystems den Aspekt der Bildung programmorientierter Verarbeitungskomplexe (abgekürzt POVK), d. h. von Aufgabenerfüllungsabschnitten, die betont auf eine spätere Realisierung durch Programme für ADV-Systeme ausgerichtet sind, in den Vordergrund stellen.

Dabei müssen bereits die Eigenschaften der als Ausführungssysteme in Betracht kommenden Hardware-, Software- und Sprachen-Systeme[230]) sowie die Fähigkeiten der als Kommunikationspartner auftretenden Menschen berücksichtigt werden. Diese das Aufgaben-System betreffenden Gestaltungshandlungen (in Abschnitt B II b als „Spezifizierung eines betriebsindividuellen ADV-Aufgaben-Systems" gekennzeichnet)[231]) sind in die Phase der Spezifizierung/Konfigurierung betriebsindividueller Subsysteme einzuord-

---

228) Dies kann dazu führen, daß weniger Aufgaben, als programmierbar und wirtschaftlich sinnvoll realisierbar sind, automatisiert werden, weil das ADV-System aus finanziellen Gründen zu klein dimensioniert wird. Umgekehrt setzt der Nachweis der Programmierbarkeit und der Wirtschaftlichkeit Rückkopplungsprozesse in Gang, die die finanziellen Rahmenentscheidungen revidieren können.

229) Wesentlich ist der nochmalige Hinweis auf die Zeitbezogenheit dieser Vorgehensweise, die durch die permanente Verschiebung der Grenze zwischen „schon programmierbaren" und „noch nicht programmierbaren" Aufgaben bedingt ist.

230) Wichtig sind zumindest die allen Programmiersprachen gemeinsamen Grundlagen der Formulierung von Informationsverarbeitungsaufgaben in einer für ihre Automatisierung geeigneten Form (Logik der Programmierung). Vgl. Thüring, B.: Einführung in die Methoden der Programmierung kaufmännischer und wissenschaftlicher Probleme für elektronische Rechenanlagen. I. Teil: Die Logik der Programmierung. 2. Aufl., Baden-Baden 1961, S. 61 ff.

231) Grochla bezeichnet das Resultat der hier gemeinten Gestaltungshandlungen als „Anwendungssystem für die automatisierte Datenverarbeitung". Vgl. Grochla, Erwin: Die Zukunft der automatisierten Datenverarbeitung..., a. a. O., S. 370 ff.
Bisher waren für diese Gestaltungshandlungen meist ADV-Fachleute verantwortlich, weil die größten Schwierigkeiten der automatischen Realisierung von Aufgaben bei der softwaremäßigen Implementierung auftraten. Je umfassender aber die zu gestaltenden Aufgabenkomplexe werden und je mehr sie Informationsverarbeitungsaufgaben einschließen, die auf den oberen Ebenen der Unternehmungshierarchie einzuordnen sind, umso mehr sind die ADV-Fachleute überfordert; umso mehr sind daher organisatorisch orientierte Informationsanalytiker und Systemplaner notwendig, die eine betriebsindividuelle Aufgaben-Konzeption aus der Sicht der Unternehmungsführung entwickeln. Vgl. ebenso Sidon, Günter W.: Die Aufbereitung und Anwendung des Kölner Integrationsmodells in der Praxis: In: BTA, 10. Jg., Nr. 11 (Nov. 1969), S. 650.

nen. Sie können nicht Gegenstand dieser Untersuchung sein[232]). Hier soll lediglich festgehalten werden, daß die Neuabgrenzung und Neugliederung der Informationsverarbeitungsaufgaben zum Zwecke ihrer Programmierung meist den bisherigen strukturellen Kontext dieser Aufgaben zerreißt und zu neuen Strukturen führt. Dies ist in Abbildung 11 schematisch als Überführung von Informationsverarbeitungsaufgaben (A_1 - A_{10}) in programmorientierte Verarbeitungskomplexe ($POVK_1$ - $POVK_6$) dargestellt. Im Hinblick auf die Beziehungen zwischen Aufgaben und Programmen sind die folgenden Alternativen denkbar:

(1) *Eine* Informationsverarbeitungsaufgabe kann *einem* programmorientierten Verarbeitungskomplex zugeordnet werden (z. B. $A_3 \longrightarrow POVK_2$);

(2) *Eine* Informationsverarbeitungsaufgabe kann *mehreren* programmorientierten Verarbeitungskomplexen zugeordnet werden (z. B. $A_7 \longrightarrow POVK_4, POVK_5$).

(3) *Mehrere* Informationsverarbeitungsaufgaben können *einem* programmorientierten Verarbeitungskomplex zugeordnet werden (z. B. A_8, A_9, $A_{10} \longrightarrow POVK_6$).

(4) *Mehrere* Informationsverarbeitungsaufgaben können *mehreren* programmorientierten Verarbeitungskomplexen überlappt zugeordnet werden (wobei die Anzahl der Aufgaben nicht mit der Anzahl der Verarbeitungskomplexe übereinstimmt).

Die Zwischenschaltung von „programmorientierten Verarbeitungskomplexen" erscheint notwendig aufgrund der Trennung des in Kombination mit dem Hardware-System beim Hersteller erstellten Software-Systems vom System der Benutzerprogramme, das der Anwender erzeugt. Die in der Trennung der beiden Systeme zum Ausdruck kommende Arbeitsteilung bewirkt, daß bei keinem der POVK alle zu seiner Realisierung notwendigen Teilaufgaben durch das entsprechende Benutzerprogramm erfüllt zu werden brauchen. Das Software-System stellt eine Reihe von Funktionen zentral zur Verfügung, die von allen Benutzerprogrammen (P_1 - P_6) nach Bedarf angewendet werden können. Die durch diese Funktionen realisierbaren Teilaufgaben brauchen nicht mehr vom Benutzer programmiert zu werden. Die Funktionen werden zur Erfüllzeit mit Hilfe bestimmter Instruktionen aufgerufen. — Eine Konsequenz der Arbeitsteilung zwischen den Benutzerprogrammen und den Programmen des Software-Systems besteht in der Tatsache, daß die Benutzerprogramme P_1 - P_6 die Verarbeitungskomplexe (POVK) nur noch „rumpf-artig" repräsentieren. In Abbildung 11 kommt dies dadurch zum Ausdruck, daß jeweils der schraffierte Teil eines POVK nicht mehr in das zu erstellende Benutzerprogramm eingeht.

---

232) Vgl. Wegner, Gertrud: Systemanalyse . . ., a. a. O., S. 103 ff.; ebenso Wegner, Gertrud: Sachmittel in der Organisation. In: HWO, a. a. O., Sp. 1471—1476.

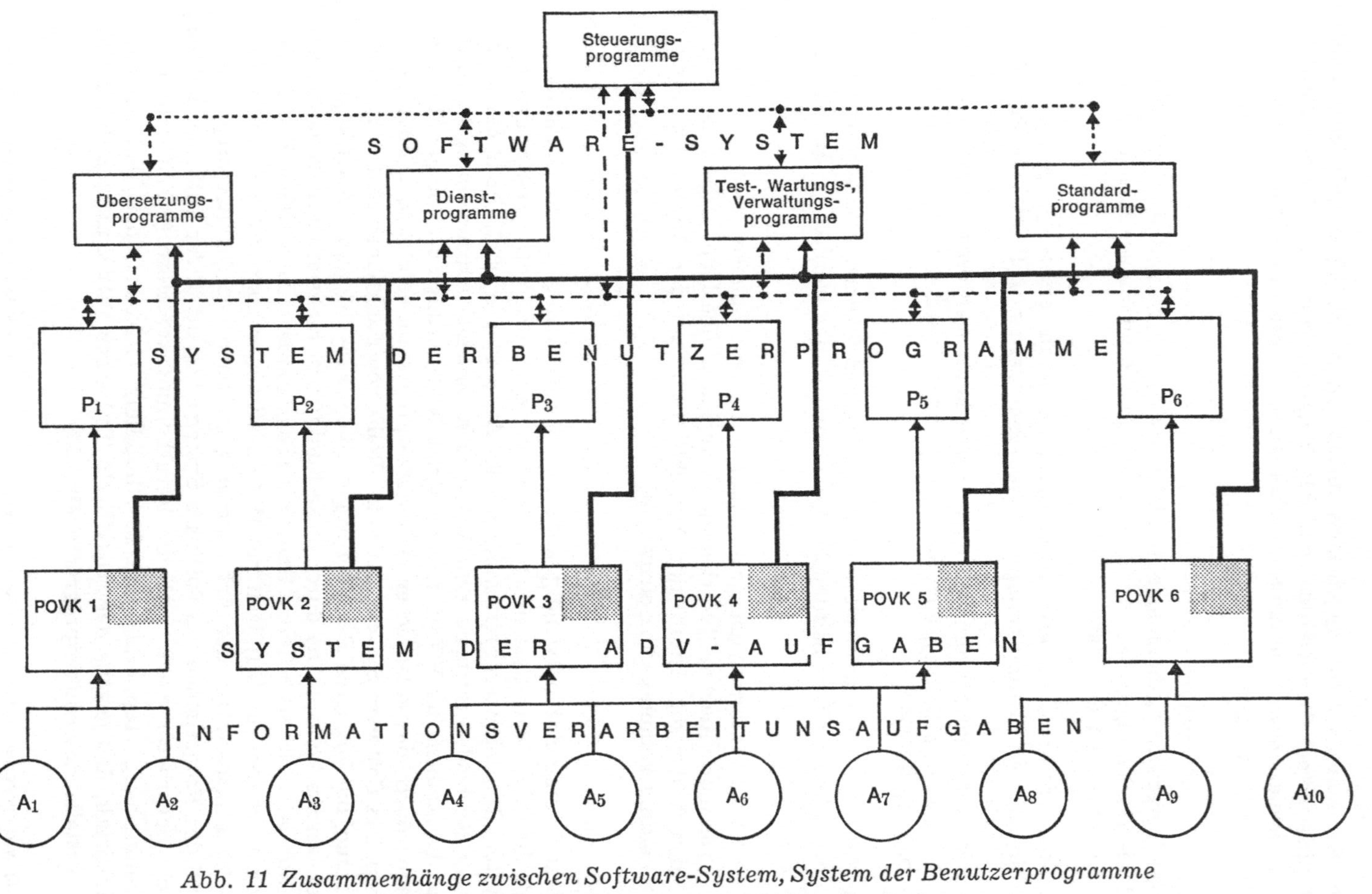

Abb. 11 Zusammenhänge zwischen Software-System, System der Benutzerprogramme und System der Informationsverarbeitungsaufgaben

Die im Software-System zentralisierten Teilaufgaben der POVK treten nicht nur in Form von stystemorientierten Standardprogrammen auf. Im Grunde sind alle Funktionen eines Software-Systems zumindest teilweise als Ersatz für Funktionen der einzelnen Benutzerprogramme interpretierbar. Darüber hinaus enthält das Software-System Funktionen, die

(1) als Folge der gleichzeitig oder nacheinander abzuwickelnden Teilaufgaben des Systems der Benutzerprogramme notwendig werden,

(2) eine Steuerung, Überwachung und Koordination von Teilaufgaben des Hardware-Systems bewirken,

(3) zur Verwaltung und Kontrolle und Koordination des Software-Systems selbst dienen.

Im folgenden werden nur diejenigen Teilaufgaben aus der Gesamtheit der Aufgaben eines automatisierten Informationssystems weiter untersucht, die vom Software-System erfüllt werden (vgl. dazu auch Abbildung 11).

Die Funktionen eines Software-Systems können unterschiedlich tief gegliedert werden.

Ebene 1: *Gliederung in Funktionskomplexe*[233])

Funktionskomplex   1: Überwachen, Steuern, Koordinieren[234])

                  2: Übersetzen[205])

                  3: Transformieren (Dienstleistungen)[236])

                  4: Testen, Warten, Verwalten[237])

                  5: Unterstützen[238])

---

233) Eine ähnliche Einteilung findet sich bei Tupac, J. D.: An approach to software evaluation. RAND-Paper P 3581. Santa Monica/Calif. 1967.

234) Die Programme des Funktionskomplexes 1 werden gewöhnlich unter den Bezeichnungen Monitor, Supervisor oder Exekutivprogramm zusammengefaßt. (Vgl. die Ausführungen auf den folgenden Seiten.)

235) Der Funktionskomplex Übersetzen wird durch Assembler-, Compiler- und Interpreterprogramme realisiert. Eine Sonderstellung nehmen die Emulatoren und Simulatoren ein. (Bei letzteren handelt es sich um die Simulation von ADV-Systemen und nicht um die Simulation von Modellen mit Hilfe von ADV-Systemen.) Vgl. dazu auch Abschnitt C II c.

236) Der Funktionskomplex Transformieren (Dienstleistungen) wird im wesentlichen von den sogen. Dienstprogrammen repräsentiert, die eine automatische Transformation von Informations-Formaten beim Informationstransport zwischen peripheren Geräten durchführen.

237) Dieser Funktionskomplex umfaßt Programme, die für eine Funktionsprüfung und Fehlerkorrektur während des Ablaufs der anderen Funktionen sorgen (= on-line-test-package), und Programme, die Buchführungsaufgaben hinsichtlich Art und Umfang der als Ressourcen eingesetzten Hardware- / Software-Funktionen erfüllen (= accounting routines).

238) Der Funktionskomplex Unterstützen umfaßt die mehr oder weniger große Zahl der systemorientierten Standardprogramme (vgl. dazu die Einteilung in Abschnitt B II a).

Diese Funktionskomplexe sind in allen großen Software-Systemen erkennbar. Auf den tiefer gegliederten Ebenen müssen die genannten Funktionsgruppen, Einzelfunktionen usw. als herstellerbezogene Beispiele betrachtet werden.

Ebene 2: *Gliederung jedes einzelnen Funktionskomplexes in Funktionsgruppen*

    Beispiel: Gliederung des Funktionskomplexes 1

    Funktionsgruppe   1.1 Job-Management[239]

                       1.2 Task-Management

                       1.3 Daten-Management

                       1.4 System-Management

    Beispiel: Gliederung des Funktionskomplexes 2

    Funktionsgruppe   2.1 Assemblieren

                       2.2 Compilieren

                       2.3 Interpretieren

Ebene 3: *Gliederung jeder Funktionsgruppe in Einzelfunktionen*[240]

    Beispiel: Gliederung der Funktionsgruppe 1.2

    Einzelfunktion   1.2.1 Überwachen/Steuern der Unterbrechungen

                       1.2.2 Überwachen/Steuern der Tasks

                       1.2.3 Überwachen/Steuern des Hauptspeichers

                       1.2.4 Überwachen/Steuern der Anforderungen an verschiedene Betriebsmittel[241]

                       1.2.5 Überwachen/Steuern der Überlappungen

                       1.2.6 Überwachen/Steuern des Timers

                       1.2.7 Verschieben und Laden

---

239) Hier wurde die Terminologie des größten Herstellers von ADV-Systemen verwendet, die bei ca. zwei Dritteln aller Benutzer-Unternehmungen im Gebrauch ist. Vgl. IBM Corp. (Hrsg.): IBM System/360 Operating System. Concepts and Facilities, a. a. O., S. 10 ff.

240) Die Einzelfunktion muß nicht identisch mit einem Programm sein. Es handelt sich hierbei oft um integrierte Programmgruppen, d. h. die Realisierung einer einzelnen Funktion ist u. U. noch eine so komplexe Aufgabe, daß sie häufig nicht durch ein einzelnes Programm bewältigt werden kann.

241) Als Betriebsmittel werden hier Elemente der Hardware und Software verstanden, die den Anwendungsprogrammen zur Ausführungszeit zugeteilt werden müssen, z. B. Kanäle, Steuereinheiten für periphere Geräte, Ein- und Ausgabegeräte usw. auf der Hardware-Seite, Unterstützungs- und Übersetzungsprogramme auf der Software-Seite.

Ebene 4: *Gliederung jeder Einzelfunktion in Routinen*[242])

    Beispiel: Gliederung der Einzelfunktionen 1.2.4.

Routine	1.2.4.1 Steuerroutine zur Verknüpfung des Ablaufs von Ausführungsroutinen (LINKEN)
	1.2.4.2 Steuerroutine zum Laden von auszuführenden Routinen (LADEN)
	1.2.4.3 Steuerroutine zur Zuteilung von Betriebsmitteln an ausführende Programme
	1.2.4.4 Steuerroutine zur Identifikation und Initialisierung von Betriebsmitteln
	1.2.4.5 Steuerroutine zum Löschen von Betriebsmittel-Anforderungen
	1.2.4.6 Steuerroutine zur Synchronisation konkurrierender Betriebsmittel-Anforderungen
	1.2.4.7 Steuerroutine zum Hereinholen von auszuführenden Routinen.

Ebene 5: *Gliederung jeder Routine in Instruktionen*

    Hierbei handelt es sich um Befehlsgruppen, z. B. Makros der Assemblersprachen bzw. Befehle der Compiler-Sprachen, die aus mehreren Befehlen des Maschinencodes (= Maschinenbefehle) bestehen.

---

242) Routinen können bereits Unterprogramme sein. Im allgemeinen sind sie jedoch selbständige Programme, die unter der Kontrolle von Routinen des Funktionskomplexes 1 stehen und mit anderen Routinen integriert zum Ablauf gebracht werden.

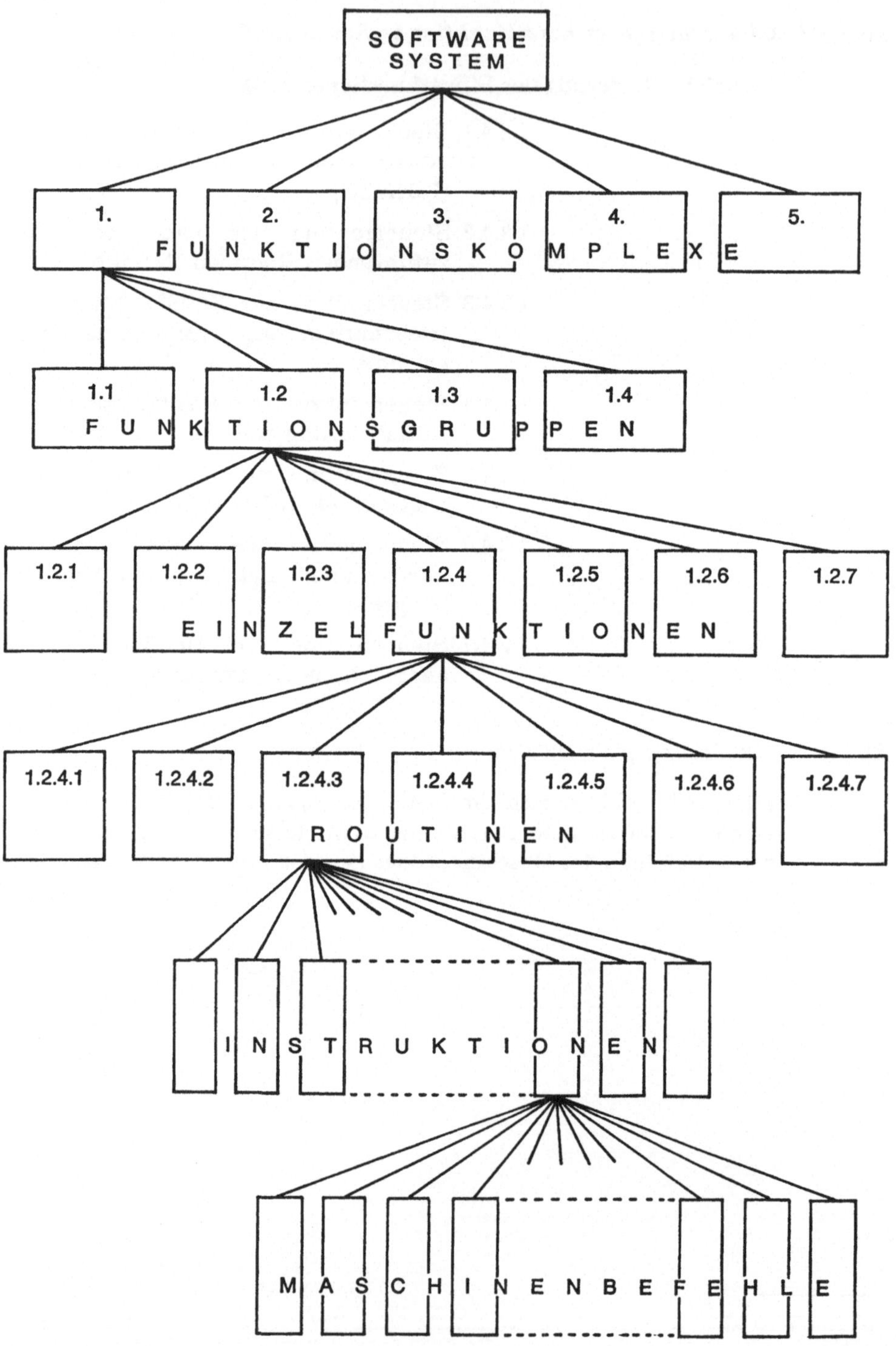

Abb. 12 Hierarchische Beziehungen im Software-System

Ebene 6: *Gliederung jeder Instruktion in Maschinenbefehle*

Unterhalb dieser Ebene ist eine weitere funktionale Differenzierung möglich, da sich die einzelnen Maschinenbefehle aus weiteren prorammierbaren Elementen zusammensetzen können[243]). Unterhalb dieser Ebene beginnt die Grenze zwischen Hardware und Software, d. h. zwischen verdrahteten und gespeicherten programmierten Funktionen, zu verschwimmen. So handelt es sich beispielsweise bei Pico- und Mikroprogrammen bereits um Phänomene, die weder eindeutig der Hardware noch der Software zugeordnet werden können[244]).

Die in Abbildung 12 dargestellten Beziehungen zwischen den Elementen eines Software-Systems können als „Aufgabenverteilungszusammenhang" interpretiert werden. Unabhängig davon bestehen Beziehungen einerseits zwischen Elementen der gleichen Ebene und andererseits zwischen Elementen des Software-Systems und Elementen des Systems der Benutzerprogramme. Diese Beziehungen sind in Abbildung 11 schematisch angedeutet. Sie können hier nicht näher untersucht werden, weil der Schwerpunkt dieser Arbeit nicht auf den Details der internen Strukturen von Software-Systemen, sondern auf den für die organisatorischen Gestaltungshandlungen notwendigen Entscheidungen liegt. Wesentliches Ergebnis der Überführung von einzelnen manuellen bzw. personalen Aufgaben oder Aufgaben-Systemen in Programme und/oder Programmsysteme ist das Zerreißen des ursprünglichen organisatorischen Kontextes dieser Aufgaben und eine Neu- bzw. Umstrukturierung mit Blick auf ihre Verarbeitung durch Programme. Dabei bildet das Software-System aufgrund der Tatsache, daß es meist bereits zeitlich vor den Systemen der Benutzerprogramme erstellt wurde, einen sehr einflußreichen Rahmen für die Benutzer-Entscheidungen. Richtung und Ausmaß der Einflüsse werden im Hauptteil D untersucht (vgl. vor allem D II und D III).

---

243) In der sogen. zweiten Computer-Generation entsprach im allgemeinen ein Befehl in der maschinenorientierten Assemblersprache einem Maschinenbefehl und wurde durch eine verdrahtete Schaltung realisiert. Insofern gehörte die Ebene 6 damals nicht mehr zur Software, sondern bereits zur Hardware. Heute (3. Computer-Generation), setzen sich Assembler-Befehle u. U. aus mehreren Maschinenbefehlen zusammen und sind vor allem mit Hilfe programmiertechnischer Hilfsmittel modifizierbar, so daß die Ebene 6 heute zur Software gerechnet werden muß. Vgl. Flores, Ivan: Software-Technik, Stuttgart 1969, S. 104 ff.

244) Vgl. Briley, R. E.: Picoprogramming: A new approach to internal computer control. In: AFIPS Conference Proceedings. Vol. 27 / Part 1 / FJCC 1965, S. 93—98; ebenso Scharbert, J.: Änderbare Mikroprogrammspeicher hoher Geschwindigkeit. In: Elektronische Rechenanlagen, Jg. 11 (1969), Heft 1, S. 16—20; ebenso McGee, W. C.; Petersen, H. E.: Microprogramming for data acquisition and control. In: AFIPS Conference Proceedings. Vol. 27 / Part 1/ FJCC 1965, S. 77—92.

D. Teilprozesse der Gestaltung von Software-Systemen

Bei der Untersuchung des Gesamtprozesses der Gestaltung automatisierter Informationssysteme hat sich ergeben, daß dieser Prozeß in drei deutlich unterscheidbare Phasen gegliedert werden kann (vgl. Abschnitt B II b). Diese Phasen-Einteilung ließ sich für jede einzelne Komponente eines automatisierten Informationssystems nachweisen. Im Hinblick auf die Gestaltung von Software-Systemen wurden die folgenden drei Phasen unterschieden:

(1) Entwicklung eines generellen Software-Systems,

(2) Konfigurierung eines speziellen Software-Systems,

(3) Gestaltung im Rahmen der Anwendung eines speziellen Software-Systems.

Eine deutliche Trennung der drei Phasen besteht z. B. hinsichtlich der üblicherweise für die Gestaltung verantwortlichen Aufgabenträger.

Die Entwicklung genereller Software-Systeme wird meist in enger Kombination mit der Entwicklung genereller Hardware-Systeme von den System-Entwicklern (software designers, software engineers, system programmers) der Hersteller von ADV-Systemen durchgeführt.

Bei der Konfigurierung spezieller, d. h. betriebsindividueller Software-Systeme ergibt sich die Notwendigkeit zu einer engen Zusammenarbeit zwischen den System-Spezialisten der Hersteller[1]) und den System-Spezialisten der Benutzer von ADV-Systemen. Die einen kennen das generelle System und seine Konfigurierungsmöglichkeiten genau, die anderen repräsentieren das Wissen über die betriebsindividuelle Aufgabenstruktur und die Umweltbedingungen, an die das zu konfigurierende System angepaßt werden muß.

---

1) Die zur Konfigurierung von betriebsindividuellen Software-Systemen eingesetzten System-Spezialisten eines Herstellers sind fast niemals identisch mit den System-Entwicklern. Aus dieser Tatsache ergeben sich eine Reihe von personellen und Kommunikationsproblemen. Die als Kundenberater auftretenden System-Spezialisten haben selbst am Entwicklungsprozeß nicht teilgenommen, sollen aber in der Lage sein, alle Intentionen der System-Entwickler zu verstehen und die Konfigurierungsmöglichkeiten optimal zu nutzen. Wenn ein System-Spezialist seine Aufgabe sehr gut erfüllt, besteht die Gefahr (für die Benutzer), daß der Hersteller ihn abzieht und im Rahmen der System-Entwicklung einsetzt. Hier deutet sich bereits an, daß die Konfigurierung spezieller Software-Systeme, die als Zwischenphase bei der Komplexität und Flexibilität dieser Produkte unvermeidbar ist, den Hersteller in einen Zielkonflikt manövriert hat. Dies wird in Abschnitt D II näher zu untersuchen sein. Die Situation scheint auf Dauer nur lösbar, wenn die Konfigurierung als Aufgabe in neutrale Hände, z. B. in die Verantwortung von Software-Firmen, übergeht. — Diese Zusammenhänge verdeutlichen gleichzeitig, welche entscheidende Bedeutung der Qualitätskomponente „Dokumentationsniveau" eines Software-Systems im Gestaltungsprozeß zukommt. (Vgl. dazu die Ausführungen in Abschnitt D I c).

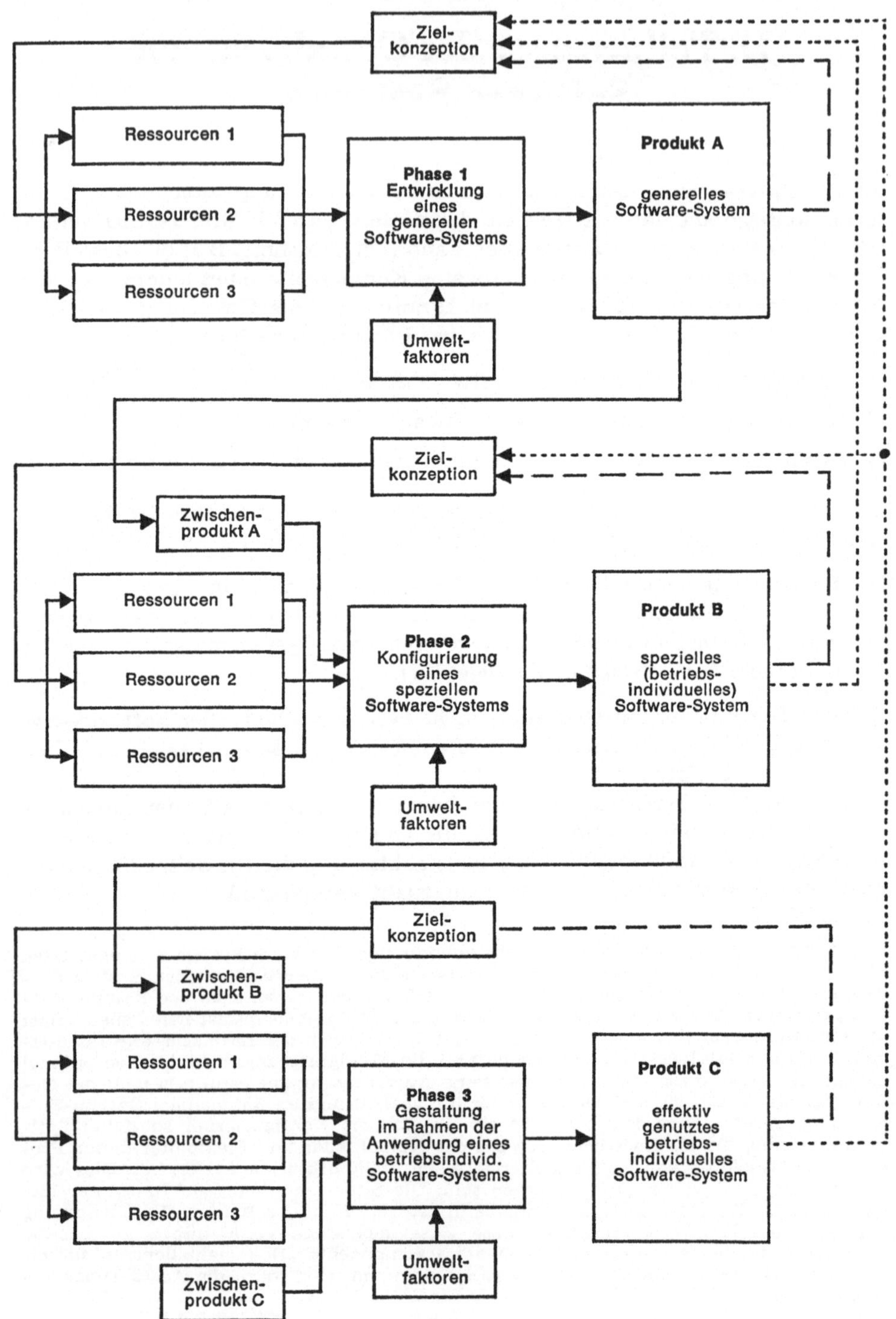

Abb. 13 Teilprozesse der Gestaltung von Software-Systemen

Für die Gestaltung im Rahmen der Anwendung betriebsindividueller Software-Systeme werden im allgemeinen die Benutzer voll verantwortlich sein[2]. Hinzu kommt, daß die Phase der Anwendungsgestaltung immer wieder von neuem durchlaufen werden muß, weil sie sich — mehr als die anderen Phasen — an dem in ständiger Veränderung begriffenen Aufgaben- bzw Anforderungsstrom zu orientieren hat (vgl. Abschnitt D III).

In Abbildung 13 werden die Zusammenhänge zwischen den drei Phasen schematisch dargestellt, wobei sowohl jede einzelne Phase als auch die Gesamtheit aller drei Phasen als Produktionsprozeß betrachtet werden kann. In jeder Phase werden bestimmte Ressourcen eingesetzt, um ein bestimmtes Produkt, gekennzeichnet durch eine Reihe von Qualitätsattributen, zu erzeugen. Das Produkt der Phase 1 ist Zwischenprodukt für die Phase 2, das Produkt der Phase 2 Zwischenprodukt für die Phase 3 und das Produkt der Phase 3 gilt permanent als Zwischenprodukt für immer neue Verbesserungs- bzw. Anpassungshandlungen in der Phase 3. In jeder Phase sind eine Reihe von Umweltfaktoren und eine Zielkonzeption wirksam. Die Rückkopplungsbeziehungen zwischen den Teilprozessen laufen hier generell über die Träger der Zielkonzeption. Dies scheint auch in der Realität der Fall zu sein. Mögliche Rückkopplungsbeziehungen über die Zwischenprodukte können unter den ersteren subsummiert werden[3]. (Stark ausgeprägte Rückkopplungsbeziehungen wurden gestrichelt, schwächer ausgeprägte punktiert eingezeichnet.) Das in Abbildung 13 wiedergegebene Modell der Beziehungen zwischen den Elementen der Gestaltung von Software-Systemen wird in den folgenden drei Abschnitten für jede einzelne Gestaltungsphase konkretisiert.

Die Phasen-Einteilung erscheint besonders bei der Gestaltung von Software-Systemen sinnvoll und notwendig, weil sie den äußerst komplexen Gesamtprozeß überschaubar und organisierbar macht. Zwei wesentliche Aspekte dürfen jedoch nicht vernachlässigt werden:

1. Die engen Rückkopplungsbeziehungen zwischen den als eine Art „Zwischenprodukt" anfallenden Software-Systemen und den am Gestaltungsprozeß beteiligten Aufgabenträgern — ihren Zielvorstellungen, Erfahrungen und Leistungen — müssen ständig beachtet und genutzt werden.

---

2) Dies schließt selbstverständlich die häufig auch in der Anwendungsgestaltung wirksame Beratung durch System-Spezialisten der Hersteller oder durch Spezialisten von Software-Produzenten mit ein. Gleichzeitig existieren eine Reihe von Benutzer-Organisationen (für Benutzer von ADV-Systemen der Firma IBM z. B. GUIDE und SHARE), in denen Erfahrungen ausgetauscht werden.

3) Die Problematik der Rückkopplungsbeziehungen vor allem zwischen Phase 2 und Phase 1 bzw. zwischen Phase 3 und Phase 1 kann in dieser Arbeit nicht untersucht werden. Hier ergeben sich jedoch ebenfalls außerordentlich wichtige Ansatzpunkte zu einer Verbesserung der Resultate des Software-Gestaltungsprozesses. Mündliche Informationen von Hersteller-Mitarbeitern und Benutzern lassen den Schluß zu, daß die Rückkopplungsprozesse gegenwärtig meist noch sehr schwerfällig ablaufen und sich primär auf das „Debugging" beziehen. Selten sind Fälle, in denen typische organisatorische Fehlleistungen oder auch besonders gute Leistungen in den Phasen 2 und 3 durch die System-Spezialisten der jeweils vorgelagerten Phase systematisiert, als Informationen zentralisiert und per Rückkopplung allen Benutzern zur Verfügung gestellt werden.

2. Nur bei gleichzeitiger Berücksichtigung der übrigen Komponenten bzw. Subsysteme, d. h. bei einer wirklich integrativen Gestaltung aller Komponenten, können optimale automatisierte Informationssysteme entstehen.

Die Realisierung der zweiten Bedingung setzt die Kenntnis der „Mechanik der Beziehungen" in den einzelnen Subsystemen und die Kenntnis aller für deren Gestaltung relevanten organisatorischen Besonderheiten voraus. Damit gehören die Aussagen über die in diesem Hauptteil untersuchten Zusammenhänge zum „Vorfeld" der Aussagen und Regeln zur Gestaltung optimaler automatisierter Informationssysteme.

I. Entwicklung eines generellen Software-Systems

Die Entwickler von Software-Systemen stehen grundsätzlich vor der Entscheidung, entweder hochspezialisierte Systeme mit geringer Anpassungsfähigkeit oder wenig spezialisierte Systeme mit hoher Anpassungsfähigkeit zu entwikkeln. Beide Alternativen haben Vor- und Nachteile[4]). Im Rahmen dieser Arbeit werden nur die wenig spezialisierten Software-Systeme mit hoher Anpassungsfähigkeit untersucht, die für eine Vielzahl unterschiedlichster Benutzerbedingungen geeignet sind. Diese werden im folgenden als „generelle" Software-Systeme bezeichnet.

Mit der Freigabe eines derartigen generellen Software-Systems[5]) ist zwar der Entwicklungsprozeß im engeren Sinne abgeschlossen. Entscheidend für den Erfolg des Systems ist jedoch seine ständige Korrektur und Verbesserung durch einen intensiven Wartungsprozeß, der im Grunde erst endet, wenn der letzte Benutzer die Anwendung des Systems einstellt.

a) Abgrenzung der Teilaufgaben im Prozeß der Entwicklung eines generellen Software-Systems

Die Entwicklung eines generellen Software-Systems ist ein außerordentlich komplexer Prozeß, der in mehreren, zeitlich hintereinander geschalteten Pha-

---

4) Die Vorteile eines hochspezialisierten Systems, das meist für die Bedürfnisse eines einzigen Benutzers, z. B. für eine militärische Organisation, entwickelt wird, bestehen u. a. darin, daß keine umfangreichen Konfigurierungs-Überlegungen stattzufinden brauchen (— Phase 3 bleibt auch hier relevant —) und daß von vornherein alle wesentlichen Wirksamkeitsfaktoren bekannt sind und entsprechend ihrer Priorität berücksichtigt werden können. Der Haupt-Nachteil eines hochspezialisierten Systems liegt in seinem Mangel an Anpassungsfähigkeit an eine veränderte Aufgabenstruktur. Dies gilt selbst für die umfassendsten und funktional potentesten Großsysteme. Vgl. z. B. Edwards, N. P.: On the evaluation of the cost-effectiveness of command and control systems. In: AFIPS Conference Proceedings, Vol. 25 / SJCC 1964, S. 211—218; ebenso Garrett, G. A.: Management problems of an aerospace computer center. In: AFIPS Conference Proceedings, Vol. 27 / Part I / FJCC 1965, S. 129—137; ebenso Barkley, Fritz W.: Computer change at the Westinghouse defense and space center. In: AFIPS Conference Proceedings, Vol. 31 / FJCC 1967, S. 581—586; ebenso Hirsch, Phil: WIMMIX: It's the biggest, but will it be the best? In: DATAMATION, Oct. 1969, S. 84—90.

5) Vgl. Genuys, F.: Diskussionsbeitrag zu „Initial System Release". In: Software Engineering, a. a. O., S. 103.

sen und innerhalb dieser wiederum in mehreren Dimensionen abläuft. Jede Phase ist durch einen Konzeptions- und durch einen Implementationsabschnitt gekennzeichnet[6]. Konzeption bedeutet Entwurf (design) und Planung, Implementation bedeutet Realisation in Form von einem oder mehreren Programmen oder Programmteilen. Jede Phase produziert ein Teilprodukt, das die Grundlage für den Entwurf weiterer Teilprodukte in nachfolgenden Phasen ist. Gleichzeitig müssen die fertiggestellten Teilprodukte aber durch die zusätzliche Berücksichtigung der nachfolgenden Teilprodukte meist so erheblich modifiziert werden, daß für den Modifikationszeitraum die bereits beendeten Phasen noch einmal oder mehrmals wieder aufzunehmen sind. Extrem starke Rückkopplungsprozesse zwischen den „Design-Phasen" einzelner Subsysteme sind Kennzeichen der Entwicklung genereller Software-Systeme. Die Subsysteme werden sukzessiv in anfangs als Sollgrößen fixierten System-Anforderungen angenähert. Wenn alle Subsysteme realisiert worden sind, werden sie zum geplanten Gesamtsystem zusammengefügt. Diese Koordination einer Vielzahl von Einzelprogrammen setzt im allgemeinen noch einmal einen mit umfangreichen Modifikationen verbundenen Koordinationsprozeß in Gang, durch den schließlich ein abgestimmtes, integriertes Gesamtsystem entsteht[7]. Parallel, aber in anderen Dimensionen als die Entwurfs- und Realisations-(Programmierungs-)Aufgaben werden von der (den) System-Entwicklungsgruppe(n) Dokumentation, Testen, Administration und andere Hilfsfunktionen durchgeführt. Ohne diese „Sekundäraufgaben" könnte der Prozeß der Entwicklung eines generellen Software-Systems nicht erfolgreich abgeschlossen werden[8].

b) Entscheidungsansatz für die Entwicklung eines generellen Software-Systems

Die Entwicklung eines generellen Software-Systems wird in diesem Abschnitt formalisiert anhand eines Entscheidungsansatzes dargestellt. Auf diese Weise können die entscheidungsrelevanten Komponenten dieses Entwicklungsprozesses und ihre wechselseitigen Beziehungen deutlich herausgearbeitet werden.

---

6) Vgl. dazu die Ausführungen bei Nash, J.: Some problems of management in production of large software systems. In: Software Engineering, a. a. O., S. 20; ebenso Fraser, A. G.: The nature of progress in software production. In: Software Engineering, a. a. O., S. 19, 22; ebenso Selig, Franz: Documentation for service and users. In: Software Engineering, a. a. O., S. 21.

7) Zum Problem der Organisation der Entwicklung von Software-Systemen vgl. Abschnitt D I d und die dort angegebene Literatur.

8) Im Gegensatz zu einigen Autoren wird hier die Meinung vertreten, daß die nach Freigabe eines ausgetesteten Software-Systems notwendigen Wartungsaufgaben nicht mehr zum Entwicklungsprozeß gehören. (Vgl. dagegen z. B. Nash, J.: Some problems of management in the production of large scale software systems, a. a. O., S. 20.) Diese Meinung wird gestützt durch die Tatsache, daß es sich bei der Wartung von Software-Systemen um einen Prozeß handelt, der kontinuierlich fortgesetzt werden muß, so lange das zugrunde liegende Hardware-System vom Hersteller vertrieben wird. Über diesen Zeitraum verteilt können Wartungskosten in einer Höhe entstehen, die den ursprünglichen Entwicklungskosten nahe kommen. Vgl. Gilette, H. R.: Aids in the production of maintainable software. In: Software Engineering, a. a. O., S. 111.

Im Verlaufe der Entwicklung von Software-Systemen ist eine Vielzahl von Entscheidungen notwendig, dier hier idealtypisch in einer einzigen komplexen Entscheidungssituation zusammengefaßt werden sollen.

Zur Kennzeichnung dieser Entscheidungssituation sind Aussagen über die folgenden Elemente notwendig[9]):

(1) das Entscheidungssubjekt,

(2) das Entscheidungsziel einschließlich Entscheidungskriterien,

(3) das Entscheidungsfeld.

Als Entscheidungssubjekt im Prozeß der Entwicklung eines generellen Software-Systems kommt zunächst die Unternehmungsführung der jeweiligen Hersteller-Unternehmung in Betracht[10]). Hierbei wird es sich in den meisten Fällen um eine Personenmehrheit handeln[11]). Es wird vorausgesetzt, daß das Entscheidungskollektiv sich wie eine Einheit verhält, d. h. daß bei seinen Mitgliedern Übereinstimmung der individuellen Wertvorstellungen mit dem Wertsystem der Unternehmung besteht.

Die gleiche Voraussetzung wird ausgedehnt auf den Kreis aller an der Entwicklung des generellen Software-Systems beteiligten Mitarbeiter, die nicht zur Unternehmensführung gerechnet werden können. Dies impliziert die Annahme, daß die Entscheidungen der eigentlichen Systementwickler zu jedem Zeitpunkt der Software-Entwicklung bewußt auf das Wertsystem der Unternehmensführung ausgerichtet sind.

Das Entscheidungsspiel als weitere Komponente eines Entscheidungsmodells kann einerseits auf das Wertsystem des oben abgegrenzten Entscheidungssubjektes bezogen werden[12]).

Andererseits wird als Entscheidungsziel häufig eine einzelne Handlungsalternative oder ein Handlungskonzept bezeichnet[13]). Hier soll davon ausgegangen

---

9) Vgl. Frese, Erich: Kontrolle und Unternehmungsführung, a. a. O., S. 23 und die dort angegebene umfangreiche Literatur zur Struktur von Entscheidungsmodellen.

10) Als Hersteller werden hier nicht nur die Produzenten von kompletten Hardware/ Software-Systemen, sondern auch Software-Firmen betrachtet, deren Entwicklungen meist auf bereits existierenden Hardware-Systemen aufbauen.

11) Auf die Besonderheiten des Verhaltens von Personenmehrheiten, beispielsweise dann, wenn ihre Mitglieder unterschiedliche Wertvorstellungen haben, kann hier nicht eingegangen werden. Vgl. z. B. Gäfgen, Gérard: Theorie der wirtschaftlichen Entscheidung, a. a. O., S. 179 ff.; ebenso Marschak, Jacob: Towards an Economic Theory of Organization and Information. In: Decision Processes, edited by R. M. Thrall; C. H. Coombs; R. L. Davis. New York-London (1957), S. 187—220, vor allem S. 188 ff.; ebenso Frese, Erich: Kontrolle und Unternehmungsführung, a. a. O., S. 24.

12) Vgl. Gäfgen, Gérard: Theorie der wirtschaftlichen Entscheidung, a. a. O., S. 243 f.

13) Vgl. Frese, Erich: Kontrolle und Unternehmensführung, a. a. O., S. 27. Die als Handlungsprogramm ausgewählte Teilmenge von Alternativen ist identisch mit Kosiols Begriff „Sachziel".

werden, daß die notwendige Auswahl von Handlungsalternativen durch das Entscheidungssubjekt ein Wertsystem z. B. in Form von Nutzenfunktionen[14]) voraussetzt, wie im einzelnen noch darzustellen sein wird. Dabei kann es sich um mehrdimensionale Nutzenfunktionen handeln[15]).

Das Entscheidungsfeld als dritte Komponente eines Entscheidungsmodells besteht aus zwei Gruppen von Variablen[16]). Die erste Gruppe umfaßt die vom Entscheidungssubjekt beeinflußbaren Variablen, d. h. die Aktionen des Entscheidungssubjektes und die durch diese Aktionen beeinflußbaren Objekte bzw. internen Zustände der Entscheidungssituation[17]). Im Falle der Entwicklung genereller Software-Systeme sind darunter die Software-System-Alternativen und die zu ihrer Realisierung notwendigen Ressourcen-Kombinationen zu verstehen. Die zweite Gruppe von Variablen umfaßt die vom Entscheidungssubjekt nicht beeinflußbaren Umweltfaktoren, die sich jedoch nicht unbeträchtlich auf die Entscheidung auswirken können[18]). Bei der Entwicklung genereller Software-Systeme stellen z. B. der jeweilige Stand der Software-Technologie und das Verhalten der Konkurrenten auf dem Markt für ADV-Systeme derartige nicht beeinflußbare Umweltfaktoren dar.

Schließlich kann aus dieser zweiten Gruppe von Variablen eine Untermenge aufgespalten werden, die nicht direkt von den Software-Systementwicklern gesteuert werden kann, weil für sie andere Entwicklungsgruppen aus dem Gesamtkomplex der Entwicklung eines automatisierten Informationssystems verantwortlich sind. (So hat die Software-Entwicklungsgruppe z. B. die Ergebnisse der Hardware-Entwicklung und der Sprachenentwicklung in einem gewissen noch abzugrenzenden Ausmaß als Datenkranz zu akzeptieren.) Andererseits bestehen „on-line"-Rückkopplungsbeziehungen zwischen den Teilprozessen der Entwicklung eines automatisierten Informationssystems, so daß sich indirekte Beeinflussungsmöglichkeiten der Software auf die Hardware, auf das Aufgaben-System und auf die Sprachen ergeben, die bereits im Hauptteil C aufgezeigt wurden.

---

14) Vgl. Fishburn, Peter C.: Decision and Value Theory. New York—London—Sydney (1964), S. 6 ff.

15) Zur grundsätzlichen Problematik mehrdimensionaler Nutzenfunktionen vgl. Fishburn, Peter C.: Utility Theory. In: Management Science. Vol. 14 / No. 5 / Januar 1968, S. 335—378; ebenso Eckenrode, Robert T.: Weighting Multiple Criteria. In: Management Science. Vol. 12 / No. 3, S. 180—192; ebenso Briskin, Lawrence E.: A Method of Unifying Multiple Objective Functions. In: Management Science. Vol. 12/ No. 10, S. B 406—B 416.

16) Vgl. Frese, Erich: Kontrolle und Unternehmensführung, a. a. O., S. 33 f.

17) Vgl. Grochla, Erwin: Betrieb und Wirtschaftsordnung, a. a. O., S. 78 f., der die vom Entscheidungssubjekt beeinflußbaren Variablen als „Plandaten zweiten Grades" bezeichnet. Im gleichen Sinne Wittmann, Waldemar: Unternehmung und unvollkommene Information, a. a. O., S. 146, der von einem „Operationsbereich" als „Freiheitsbereich" für die Aktionen der Unternehmung spricht.

18) Diese Faktoren werden von Grochla als „Plandaten ersten Grades" bezeichnet. Vgl. Grochla, Erwin: Betrieb und Wirtschaftsordnung, a. a. O., S. 78 f. Vgl. ebenso den Begriff der „Umwelt" bei Engels, Wolfram: Betriebswirtschaftliche Bewertungslehre im Lichte der Entscheidungstheorie. Köln-Opladen 1962, S. 94.

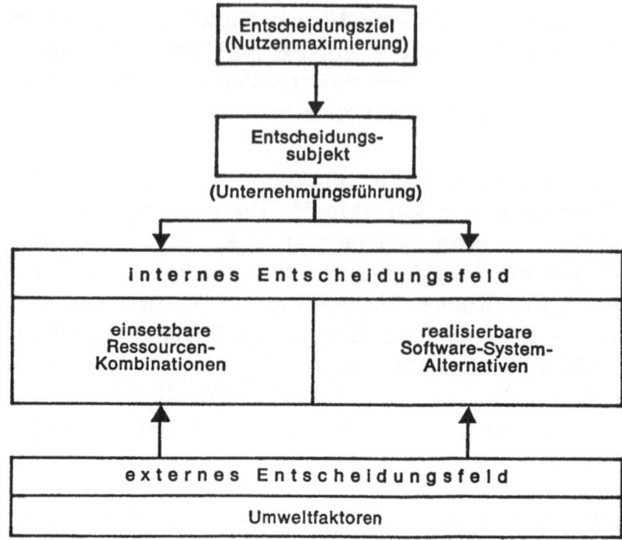

Abb. 14 Komponenten einer Entscheidungssituation

Bei der folgenden Formalisierung des Entwicklungsprozesses in Form eines Entscheidungsmodells sollen alle Faktoren, die nicht als „Mittel"[19], d. h. als Ressourcen, und nicht als Systemalternativen berücksichtigt werden (also auch die Untermenge der oben genannten zweiten Gruppe von Entscheidungsvariablen) zum „externen Bereich"[20] der nicht beeinflußbaren Faktoren gezählt werden. Obwohl diese Vereinfachung der Entscheidungssituation in der Realität meist nicht gegeben ist[21], ist sie gerechtfertigt, um die Auswirkungen der wesentlichen Aktionsvariablen systematisch untersuchen zu können.

Abbildung 14 zeigt die einzelnen Komponenten und Elemente der bei der Entwicklung eines generellen Software-Systems gegebenen Entscheidungssituation und die zwischen diesen Elementen bestehenden Beziehungen. Es handelt sich dabei gleichzeitig um ein kybernetisches Modell, auf das die Begriffe der Regelungstechnik angewendet werden können. In Abbildung 15 wird der Inhalt von Abbildung 14 in Form eines Regelkreissystems dargestellt[22].

---

19) Vgl. Churchman, C. West; Ackoff, Russell L.: An Experimental Measure of Personality. In: Philosophy of Science. Vol. 14 (1947), S. 311. Im gleichen Sinne Frese, Erich: Kontrolle und Unternehmungsführung, a. a. O., S. 32.

20) Vgl. Frese, Erich: Kontrolle und Unternehmungsführung, a. a. O., S. 34.

21) So werden hier z. B. Faktoren wie die Organisationsstruktur des Entwicklungsteams, die erheblichen Einfluß auf den Entscheidungsprozeß haben können (vgl. dazu die Ausführungen in Abschnitt D I d) und die ohne weiteres vom Entscheidungssubjekt verändert werden können, nicht als Aktionsvariable betrachtet.

22) Auf die Fülle der Literatur zum Thema Kybernetik und Regelkreis kann hier nicht eingegangen werden. Vgl. Kramer, Rolf: Information und Kommunikation, a. a. O., S. 165 ff.; ebenso Stichwort Regelkreis im Lexikon der Kybernetik. Hrsg. A. Müller Quickborn (1964), S. 132 ff.

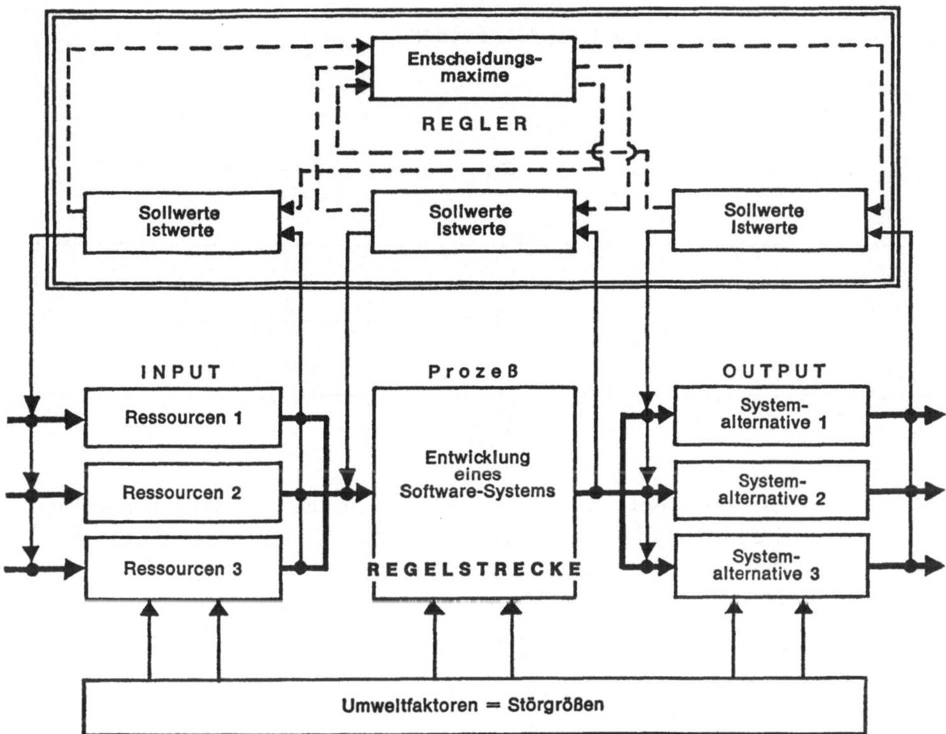

Abb. 15 Entscheidungsprozeß als Regelkreis-System

Der Prozeß der Entwicklung von Software-Systemen wird als Produktionsprozeß betrachtet[23]. Es handelt sich — wie bei allen Produktionsprozessen — um die Erzeugung von Gütern (Software-Systemen) bei Einsatz knapper Mittel (maschineller, menschlicher und sprachlicher Ressourcen-Kombinationen)[24].

Ressourcen-Kombinationen werden definiert als die während der Software-Entwicklung aktiven Kombinationen von Einzelressourcen.

Die Einzelressourcen $R_1 \dots R_n$ bleiben in der Realität nur im Grenzfall über den Gesamtzeitraum T der Systementwicklung wirksam (vgl. Abb. 16). Meist wird die Wirkungsdauer t_{Ri} einer beliebigen Einzelressource R_i kleiner als T sein. Dieser Tatbestand kann folgendermaßen schematisiert werden:

Zur Bestimmung der quantitativen Ausprägung einer Ressourcen-Kombination kann von der zeitlichen Verteilung der Einzelressourcen abstrahiert werden. R_i wird mit t_{Ri} multipliziert. Durch Addition der arithmetischen Produkte

---

23) In diesem Sinne siehe Opler, Ascher: New Directions in Software 1960—1966, a. a. O., S. 1757 ff.
24) Vgl. z. B. Kosiol, Erich: Die Unternehmung als wirtschaftliches Aktionszentrum, a. a. O., S. 17.

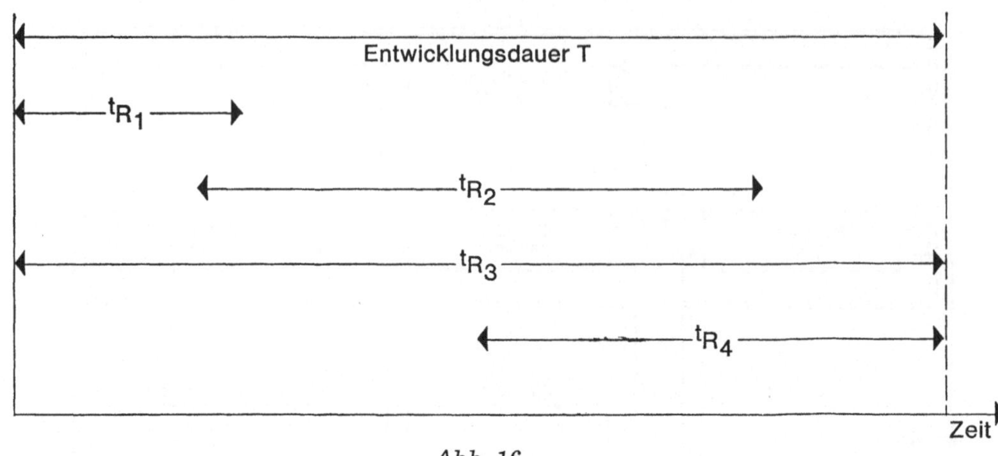

Abb. 16

$R_i \cdot t_{Ri}$ für die Einzelressourcen ergeben sich die zur Entwicklung genereller Software-Systeme notwendigen Ressourcen-Kombinationen, die drei verschiedene Arten von Einzelressourcen enthalten können:

        (1) maschinelle Ressourcen,

        (2) menschliche Ressourcen,

        (3) sprachliche Ressourcen.

Die Diskussion der Einzelressourcen einschließlich ihrer Meßproblematik erfolgt im nächsten Abschnitt. Einen ersten globalen Überblick über die zu den Kombinationen gehörenden Elemente vermittelt Abbildung 17, die gleichzeitig eine schematische Darstellung des „Produktionsprozesses" Software-Entwicklung ist.

In Abbildung 17 wird das generelle Software-System als Output des Entwicklungsprozesses durch seine Qualitätskomponenten charakterisiert. Diese Qualitätskomponenten sind in bestimmten Grenzen variierbar. Ihre jeweiligen Ausprägungen werden durch die Entscheidungen der Systementwickler bestimmt. Auf diese Weise entstehen unterschiedliche Software-Systemalternativen bzw. — anders ausgedrückt — unterschiedliche Kombinationen von Qualitätskomponenten-Ausprägungen. Die Untersuchung der Beziehungen zwischen den Qualitätskomponenten und der Möglichkeiten zu ihrer Messung sowie die Ableitung der Beziehungen zwischen Ressourcen-Einsatz und Qualitätskomponenten-Ausprägung bei generellen Software-Systemen erfolgt ebenfalls in Abschnitt D I c.

Das Gesamtproblem ist zunächst mengentheoretisch formuliert worden, weil diese Art der Formulierung besonders gut geeignet ist, um komplexe Zusammenhänge systematisch zu durchdringen. Die einzelnen Schritte der mengentheoretischen Untersuchung sind als Anhang beigefügt, da sie heuristischen Wert haben. Im folgenden werden die Ergebnisse dieser formalen Betrachtung zusammengefaßt.

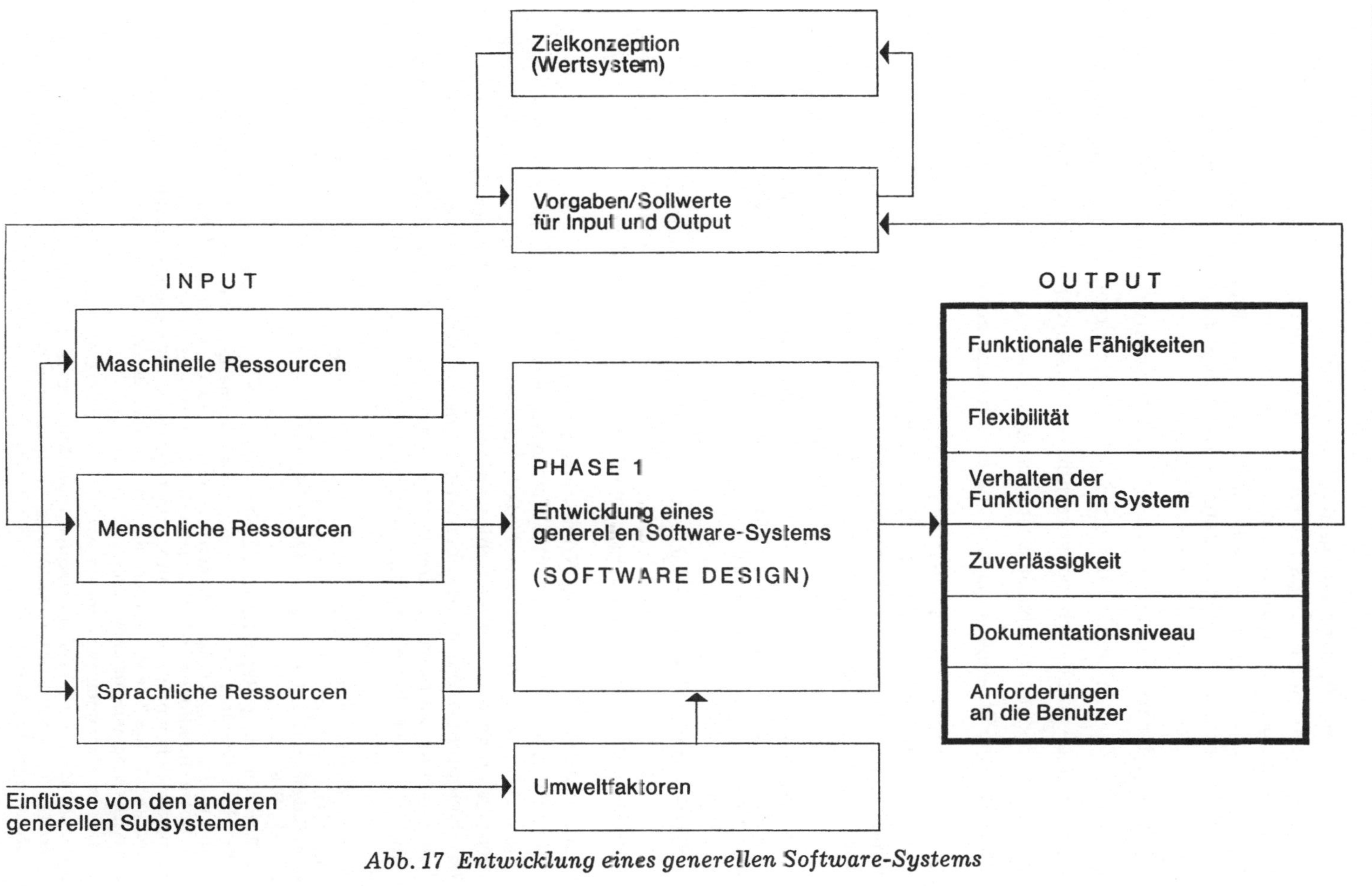

Abb. 17 Entwicklung eines generellen Software-Systems

Das Aktionsfeld[25]) des Systementwicklers wird umrissen durch die Menge der realisierbaren Gestaltungsstrategien und die Menge der zulässigen Nutzenfunktionen, mit denen die Strategien bewertet werden können. Das Kriterium für Zulässigkeit gilt als erfüllt, wenn Übereinstimmung mit dem Entscheidungsziel festgestellt werden kann[26]). Die Menge der Gestaltungsstrategien ist gleich dem Produkt der folgenden Mengen[27]):

(1) Menge der realisierbaren maschinellen Ressourcen-Kombinationen,

(2) Menge der realisierbaren menschlichen Ressourcen-Kombinationen,

(3) Menge der realisierbaren sprachlichen Ressourcen-Kombinationen und

(4) Menge der realisierbaren Software-System-Alternativen[28]).

Eine einzelne Strategie entspricht einem Element des Mengenproduktes.

Das Gestaltungsziel des Systementwicklers soll zunächst darin bestehen, die optimale Strategie auszuwählen. Es wird versucht, diesem Ziel schrittweise näherzukommen, indem einige einschränkende Bedingungen eingeführt werden. Der erste Schritt besteht darin, daß die Menge der realisierbaren Strategien mit nur einer bestimmten aus der Menge der zulässigen Nutzenfunktionen bewertet wird. Wenn als weitere Bedingung die Ausprägungen der oben genannten drei Ressourcen-Kombinationen fest vorgegeben werden, so besteht das Entscheidungsproblem in der Auswahl der am höchsten bewerteten Software-Systemalternative. Die Bewertung kann in der Realität nicht pauschal erfolgen, sondern setzt ihrerseits wiederum die Feststellung und Addition der Werte für die unterschiedlichen Qualitätskomponenten, die das Software-System kennzeichnen, voraus. (Vgl. im einzelnen Abschnitt D I c.)

Wenn statt der Ressourcen-Kombinationen eine bestimmte Software-Systemalternative, d. h. eine bestimmte Kombination von Qualitätskomponenten vorgegeben wird, so besteht das Entscheidungsproblem in der Auswahl der am niedrigsten bewerteten menschlichen, maschinellen und sprachlichen Ressourcen-Kombinationen, wobei ebenfalls keine pauschale Bewertung möglich ist. Die einzelnen zu bewertenden Elemente werden in Abschnitt D I c untersucht. Ähnlich diesen beiden Grundbeispielen ist eine Vielzahl von Möglichkeiten

---

25) Der Begriff „Aktionsfeld" deckt sich nicht mit dem Begriff „Entscheidungsfeld". Das Aktionsfeld enthält nur die vom Entscheidungssubjekt beeinflußbaren Teile des Entscheidungsfeldes. Vgl. Engels, Wolfram: Betriebswirtschaftliche Bewertungslehre..., a. a. O., S. 94.

26) Zur Ableitung dieser Zusammenhänge vgl. Gäfgen, Gérard: Theorie der wirtschaftlichen Entscheidung, a. a. O., S. 152 f.; ebenso Bohnert, Herbert G.: The logical structure of the utility concept. In: Decision Processes, a. a. O., S. 221—230. Zu den Eigenschaften von Nutzenfunktionen vgl. Neumann, J. von; Morgenstern, O.: Theory of Games and Economic Behavior (Second Edit.) Princeton / N. J. 1947; ebenso Fishburn, Peter C.: Decision and Value Theory, a. a. O., S. 7—9, der auch die Kritik an den von Neumann-Morgenstern-Axiomen zusammenfaßt.

27) Das im folgenden verwendete Attribut „realisierbar" bedeutet technisch realisierbar.

28) Jedes Element dieser unterschiedlichen Mengen ist selbst wieder eine zusammengesetzte Größe, die aus unterschiedlichen Komponenten besteht. Vgl. dazu im einzelnen die Ausführungen im Anhang.

denkbar, bei denen als Nebenbedingungen entweder Untergrenzen oder Obergrenzen für

(a) die zu verwendenden Ressourcen-Kombinationen oder

(b) die zu realisierenden Software-Systemalternativen vorgegeben werden.

Aus den herausgeschnittenen Teilfeldern des Aktionsfeldes ist jeweils die „optimale" Strategie auszuwählen. Dabei muß beachtet werden, daß die durch Unter- bzw. Obergrenzen entstehenden Teilbereiche des Gestaltungsspielraums nicht unbedingt optimal in bezug auf die eine vorgegebene Nutzenfunktion zu sein brauchen, so daß hier besser von suboptimalen Strategien gesprochen wird.

Während für die alternativen Ressourcen-Kombinationen zumindest theoretisch[29]) eine einheitliche Bewertung in Form von Kosten möglich erscheint[30]), werden zur Messung und Bewertung der Menge der Software-System-Alternativen (gekennzeichnet durch unterschiedliche Ausprägungen der Qualitätskomponenten) in der Praxis sowohl unterschiedliche Maßstäbe als auch unterschiedliche Nutzenfunktionen angewendet. Diese Tatsache übt einen wesentlichen Einfluß auf die Entscheidungen des Systementwicklers aus. Dies wird deutlich, wenn man sich vergegenwärtigt, daß ein generelles Software-System für eine Vielzahl von Benutzern mit sehr unterschiedlichen Bedürfnissen optimal sein soll[31]). Der Systementwickler sollte danach streben, ein generelles Software-System zu schaffen, das im Hinblick auf *alle* zulässigen Nutzenfunktionen optimal ist. Nur dann kann er das Entscheidungsziel „Nutzenmaximierung" realisieren. Aus diesem Grunde wird ein Ansatz, der von vornherein nur eine einzige Nutzenfunktion gelten läßt, niemals zu dem für den Systementwickler möglichen Nutzen-Maximum führen. Theoretisch wäre zu fordern, daß alle zur Menge der zulässigen gehörenden Nutzenfunktionen beim Entscheidungsprozeß berücksichtigt werden, damit die „universell" optimale Strategie

---

29) Es handelt sich um eine theoretische Möglichkeit, weil es zwar keine allzu großen Schwierigkeiten bereiten dürfte, eine einheitliche Kostenbewertung von quantitativ erfaßbaren Ressourcen-Kombinationen durchzuführen, weil aber gerade die Voraussetzung der Quantifizierbarkeit bei einem Teil der Ressourcen-Kombinationen nicht gegeben ist (vgl. dazu Abschnitt D I c).

30) Die Verwendung einheitlicher Maßstäbe zur Messung alternativer Tripel von Ressourcen-Kombinationen sowie die Angabe einer einzigen Bewertungsfunktion ist meist nur dann gesichert, wenn der Einsatz der Ressourcen von einem einzigen Produzenten durchgeführt wird und sich daher nur auf seine eigene Wirtschaftlichkeit auswirkt. Wenn mehrere Produzenten-Unternehmungen an der Erstellung eines generellen Software-Systems mitarbeiten, muß die Anwendung einheitlicher Maßstäbe und Bewertungsfunktionen durch spezielle organisatorische Maßnahmen gesichert werden. Dieser Fall tritt relativ häufig ein, z. B. dann, wenn die Hersteller von ADV-Systemen die Produktion der zu einem Software-System gehörenden Übersetzerprogramme an spezielle Software-Firmen delegieren. In beiden Fällen können die verwendeten Maßstäb und die Bewertungsfunktion selbstverständlich nur als subjektiv bezeichnet werden.

31) Hier soll optimal in dem Sinne verstanden werden, daß das Software-System entweder sofort nach seiner Entwicklung oder durch die zusätzlichen Gestaltungsprozesse der Software-Implementierung (vgl. Abschnitt D II) und während der Anwendung (vgl. Abschnitt D III) für den einzelnen Benutzer zum optimalen System wird.

ausgewählt werden kann. Um diese Forderung zu realisieren, müßten dem Entscheidenden jedoch alle zulässigen Nutzenfunktionen bekannt sein. Dies ist in der Realität nicht der Fall. Ebensowenig sind dem Entscheidenden alle (technisch) realisierbaren Software-System-Alternativen bekannt. Eine Einschränkung des Aktionsfeldes auf die Menge der zum Zeitpunkt der Systementwicklung subjektiv bekannten Nutzenfunktionen und Software-System-Alternativen trägt daher der Situation, vor der der Systementwickler in der Realität steht, besser Rechnung. Die unter Umständen mögliche Erkundung weiterer — im Grenzfall aller — zulässiger Nutzenfunktionen und/oder System-Alternativen würde einen erheblichen Aufwand erfordern. Zur Erreichung der optimalen Strategie müßten daher eigentlich auch die zur Verbesserung des jeweiligen Informationsstandes des Systementwicklers unternommenen Anstrengungen als Parameter in sein Aktionsfeld aufgenommen werden.

In der Realität tritt auch der Fall auf, daß zulässige Nutzenfunktionen und/oder Systemalternativen in Konkurrenz zueinander stehen. Diese Situation birgt eine Fülle von theoretischen Problemen in sich, die hier nicht behandelt werden können. Die praktischen Antworten auf diese Situation zu finden, überläßt der Systementwickler häufig dem „Konfigurator" in der Gestaltungsphase II (vgl. Abschnitt D II b).

Als weitere Annäherung an die reale Situation können die drei obengenannten Ressourcen-Kombinationen fest vorgegeben werden, so daß der Systementwickler bei der Auswahl der optimalen Strategie lediglich die ihm bekannten Nutzenfunktionen und System-Alternativen zu berücksichtigen braucht.

Schließlich kann auf die Feststellung der optimalen Strategie zugunsten einer zufriedenstellenden Strategie verzichtet werden. Der Verzicht auf Anwendung des Optimierungsprinzips als Entscheidungskriterium ist keineswegs ein Verzicht auf Rationalität beim Entscheiden[32]). Aus dem Produkt der Menge der subjektiv bekannten zulässigen Nutzenfunktionen und der Menge der subjektiv bekannten realisierbaren Gestaltungsstrategien wird ein Teilbereich herausgeschnitten, der als „Optimalitätsbereich" bezeichnet wird. Alle Strategien, die zu diesem Bereich gehören, erfüllen den Tatbestand, daß sie bewertungsmäßig über einer bestimmten Nutzenuntergrenze einzuordnen sind[33]). Das eigentliche Entscheidungsproblem besteht in diesem Falle in der Fixierung der Nutzenuntergrenze aufgrund der Kenntnis der zur Menge der subjektiv bekannten gehörenden Nutzenfunktionen. Die Fixierung der Nutzenuntergrenze bezieht sich auf alle Variablen des Aktionsfeldes. Aus diesem Grunde ist die oben eingeführte Beschränkung auf drei bestimmte Ressourcen-Kombinatio-

---

32) Vgl. z. B. Simon, Herbert A.: A. Behavioral Model of Rational Choice, a. a. O., S. 99—118; ebenso Chmielewicz, Klaus: Grundlagen der industriellen Produktgestaltung, a. a. O., S. 32 ff.

33) Vgl. Krelle, Wilhelm: Präferenz- und Entscheidungstheorie. Tübingen 1968, S. 192 f. Krelle führt aus, daß dieser Ansatz immer dann benutzt werden sollte, wenn die Feststellung der Strategien kostspielig ist.

nen zum Zeitpunkt der Entscheidung über die Nutzenuntergrenze aufzuheben. Sie kann später wieder eingeführt werden.

Die Ableitung eines Bereiches von Software-System-Alternativen, die für eine Vielzahl von Benutzern ein zufriedenstellendes Nutzenniveau ermöglichen, kann kombiniert werden mit dem technologischen Tatbestand, daß ein generelles Software-System in sich mehrere System-Alternativen enthält. (Dies wird in Abschnitt D I c näher erläutert.) Ein im echten Sinne generelles Software-System kann durch nachfolgende Gestaltungsprozesse so modifiziert werden, daß es im Zeitablauf beliebige Folgen von System-Alternativen realisiert. Allerdings sind für diese Gestaltungsprozesse weitere Entscheidungen notwendig, die in den Abschnitten D II und D III erläutert werden.

c) Diskussion der Beziehungen zwischen den Elementen des Entscheidungsfeldes

Die Diskussion wird sich im wesentlichen auf die vom Systementwickler als Entscheidungssubjekt beeinflußbaren Variablen des Entscheidungsfeldes konzentrieren. (Vgl. Abbildung 17.) Auf wesentliche Einflüsse von externen nicht oder nicht direkt kontrollierbaren Faktoren[34]), die den Entwicklungsprozeß sowohl fördern als auch hemmen können, wird hingewiesen; sie werden jedoch nicht im einzelnen erläutert.

Zunächst werden die beim Prozeß der Entwicklung eines generellen Software-Systems eingesetzten Ressourcen-Kombinationen untersucht.

(1) Maschinelle Ressourcen-Kombinationen

Einzelressourcen in maschinellen Ressourcen-Kombinationen sind vor allem die als „Produktionsmaschinen" zu kennzeichnenden ADV-Systeme, auf denen zunächst die Einzelprogramme, später umfangreiche Programmkomplexe und schließlich das gesamte Programmsystem zum Ablauf gebracht, getestet und fehlerfrei gemacht werden. Je umfangreicher[35]) das geplante generelle Software-System ist, um so mehr Produktionsmaschinen wird man einsetzen müssen[36]). Je umfangreicher die Zahl der unterschiedlichen Hardware-Konfigurationen ist, auf denen das Software-System angewendet werden soll, um so größer wird die Zahl der unterschiedlich konfigurierten Produktionsmaschinen sein. Dabei wird der überwiegende Teil der Einzelprogramme und Programm-

---

34) Der Begriff „Kontrolle" soll in dieser Arbeit im Sinne der amerikanischen Organisationstheorie verwendet werden, die darunter sowohl Überwachung als auch Steuerung von Vorgängen versteht. Vgl. Bleicher, Knut: Span of Control, a. a. O., Sp. 1531 ff.

35) Der Umfang kann z. B. durch die Gesamtzahl der funktionalen Fähigkeiten und durch die Höhe des Flexibilitätsgrades gemessen werden. Vgl. die Ausführungen zu diesen beiden Qualitätskomponenten in diesem Abschnitt.

36) Dies beruht zum Teil auch auf dem dann notwendigerweise größeren Einsatz an menschlichen Ressourcen, für die mehr Computerzeit zur Verfügung gestellt werden muß.

komplexe nacheinander auf mehreren Konfigurationen zum Ablauf gebracht, überprüft und korrigiert[37]). Da die Fertigstellungszeitpunkte der Programme und Programmkomplexe stark variieren, scheidet die Verwendung einer einzigen sehr großen Produktionsmaschine aus. Diese Maschine müßte entsprechend den unterschiedlichen Bedingungen, die zum Austesten unterschiedlicher Programme notwendig sind, ständig umkonfiguriert werden, so daß nur ein Bruchteil ihrer Zeit für Produktionsläufe zur Verfügung stünde. Andererseits scheidet die Bereitstellung von n Produktionsmaschinen, wobei n gleich der Anzahl der möglichen unterschiedlichen Hardware-Konfigurationen bei den zukünftigen Benutzern ist, ebenfalls als nicht realisierbar aus, weil die Zahl n meist sehr groß ist und zu einem unvertretbar hohen Ressourcen-Einsatz führen müßte[38]).

Die zur Entwicklung genereller Software-Systeme verwendeten ADV-Systeme bestehen ihrerseits aus Hardware und Software. Ein technisches Problem besonderer Art entsteht durch den Tatbestand, daß diese Produktionsmaschinen meist einer Generation von ADV-Systemen angehören, die durch die neue, zu produzierende Software und die ihr entsprechende Hardware ersetzt wird. Eine analoge Situation wäre z. B. in der Werkzeugmaschinen-Produktion gegeben, wenn eine Werkzeugmaschine des Types A dazu benutzt wird, um eine Werkzeugmaschine des Typs B zu erzeugen, wobei B alle Funktionen von A realisieren kann, zusätzlich aber noch eine mehr oder weniger große Zahl weiterer, bisher von A nicht wahrgenommener Funktionen.

Zur Messung des Einsatzes der durch die Produktionsmaschinen verkörperten maschinellen Ressourcen können die Maschinenzeiten benutzt werden. Dabei ist zu berücksichtigen, ob die Produktionsmaschine ausschließlich für die Entwicklung des einen Software-Systems oder auch für andere Aufgaben benutzt wird[39]). Die (Gesamt-)Zeiten für unterschiedlich konfigurierte Produktionsmaschinen können nicht miteinander verglichen werden. Derartige Vergleichsinformationen sind aber für die Entscheidungen der Systementwickler hinsichtlich der einzusetzenden maschinellen Ressourcen-Kombination erforderlich. Drei Schritte sind notwendig, um alternative Ressourcen-Kombinationen vergleichen zu können:

---

37) Das Problem wird von David im Grundsätzlichen angesprochen. Vgl. David, E. E. Jr.: Some thoughts about production of large software systems. In: Software Engineering, a. a. O., S. 69.

38) Die Konfiguration eines ADV-Systems umfaßt alle Hardware-Geräte, d. h. auch die peripheren Einheiten. Theoretisch entsteht bereits durch Modifikation eines einzigen peripheren Gerätes, z. B. eines Kanals, einer Steuereinheit oder eines Eingabe-/Ausgabegerätes eine neue Hardware-Konfiguration. Diese Unterschiede sind hier jedoch nicht gemeint. Hier sollen nur dann Hardware-Konfigurationen als unterschiedlich gelten, wenn sie zu einer Modifikation von Software-System-Parametern führen. Diese Modifikationen werden in den Abschnitten D II c und D III c untersucht.

39) Wenn die Konfiguration während der Zeitdauer T nicht ausschließlich für die Zwecke der Entwicklung eines einzigen Software-Systems, sondern auch für andere Aufgaben zur Verfügung steht (z. B. bei Mehrprogrammbetrieb), müssen u. U. spezielle Programme oder Zusatzgeräte zur Messung der jeweiligen Zeitanteile eingesetzt werden.

(a) Auflösung der Konfiguration in ihre Elemente und Messung der Element-Zeiten.

(b) Bestimmung des Wertes der alternativen Konfigurationen mit Hilfe der Produktionskosten für die einzelnen Elemente und für den Zusammenbau der Konfigurationen[40]).

(c) Division der errechneten (Gesamt-)Werte durch die jeweiligen gemessenen Zeitanteile von der (Gesamt-)Nutzungsdauer der Konfiguration.

Das Verfahren hat eine Reihe von Schwächen: Die Leistungen der Konfigurations-Elemente werden nicht berücksichtigt. Elemente mit gleichen Informationsverarbeitungsleistungen[41]) können durchaus unterschiedliche Produktionskosten verursachen und umgekehrt. Das Verfahren ist sehr aufwendig. Es lohnt sich wahrscheinlich nur, wenn die maschinellen Ressourcen-Kombinationen für mehrere Software-Systeme mit seiner Hilfe bestimmt werden. Dann erscheint allerdings eine herstellerinterne Standardisierung[42]) der gängigsten Konfigurationen sinvoll, bei der zwar ebenfalls eine Bewertung nach Produktionskosten zugrunde gelegt wird, bei der aber *eine* Konfiguration zur Basis erklärt und alle alternativen Konfigurationen auf diese Basis bezogen werden können.

Wenn eine solche Standardisierung von Konfigurationen zu Vergleichszwecken vorgenommen wird, werden wahrscheinlich zusätzlich zu den Standard-Konfigurationen einzelne nicht einordnungsfähige Hardware-Geräte und/oder Software-Pakete als maschinelle Ressourcen berücksichtigt werden müssen.

Unter diese Gruppe von Einzelressourcen fallen auch die (permanent oder nur zeitweise) verwendeten speziellen Meßgeräte und Diagnostik-Einrichtungen bzw. ihre softwaremäßigen Pendants[43]). Außerdem gehören zu dieser Gruppe von Einzelressourcen z. B. Programme zur Simulation unterschiedlicher Mixe von Informationsverarbeitungsaufgaben (job environments), wie sie bei den zukünftigen Benutzern zu erwarten sind bzw. wie sie (als Extrema) zum Aus-

---

40) In vielen Fällen wird es sich bei den zur Entwicklung von Software-Systemen eingesetzten ADV-Systemen um Spezial-Konfigurationen handeln, die für diesen Zweck erstellt wurden. Zusätzliche Kosten beim Zusammenbau dieser Konfigurationen entstehen z. B., wenn spezielle Interfaces für die „inter-computer-communications" notwendig sind.

41) Die Bestimmung der Informationsverarbeitungsleistungen von einzelnen Hardware-Geräten ist relativ einfach. Bei vollständigen Hardware-Konfigurationen könnte die Leistungsseite in ähnlicher Weise, wie dies in diesem Abschnitt für generelle Software-Systeme geschieht, mit Hilfe von Qualitätskomponenten abgebildet werden.

42) Es handelt sich hierbei um Standards, die für Zwecke der Entwicklung genereller Software-Systeme aufgestellt werden können. Diese brauchen nicht mit dem für die zukünftigen Benutzer entwickelten Standard-Konfigurationen übereinzustimmen. Das gleiche gilt für die separaten Software-Pakete.

43) In diesen Einrichtungen steckt meist ein erheblicher Entwicklungsaufwand. Sie werden durch vorgelagerte oder parallel zur Software-Entwicklung ablaufende Produktionsprozesse geschaffen und setzen wie diese den Einsatz maschineller und menschlicher Ressourcen voraus. Das gleiche gilt für die separaten Software-Pakete.

testen der Einzelprogramme und Programm-Komplexe des generellen Software-Systems benötigt werden[44]).

Die Messung und Bewertung des Einsatzes dieser beiden Arten von Einzelressourcen erfolgt genauso wie die Messung und Bewertung des Produktionsmaschineneinsatzes. Sofern die Einrichtungen bzw. Programme ausschließlich für die Entwicklung eines einzigen generellen Software-Systems verwendet werden, sind ihre Entwicklungs- und Betriebskosten vollständig als Ressourcen für dieses eine System zu betrachten. Wenn die Einrichtungen und/oder Programme für die Entwicklung mehrerer Software-Systeme oder für zusätzliche andere Aufgaben benutzt werden, sind die jeweiligen Zeitanteile an der Gesamtnutzungszeit festzustellen[45]).

Zusammenfassend kann festgehalten werden, daß die jeweiligen Ausprägungen der einzelnen Arten von maschinellen Einzelressourcen mit Hilfe metrischer Skalen (Zeitskalen) gemessen werden können und daß die Bewertung mit Hilfe von (subjektiv) einheitlichen Kostenfaktoren möglich ist.

(2) Menschliche Ressourcen-Kombinationen

Einzelressourcen in menschlichen Ressourcen-Kombinationen sind Produkte $E_i \cdot t_{Ei}$ wobei mit E_i die Leistungen von Systementwicklern unterschiedlicher Qualität (charakterisiert durch Variation des Index i) und mit t_{Ei} die Arbeitszeit der Systementwickler (gemessen in Tagen, Monaten, Jahren usw.) bezeichnet wird. Die menschliche Ressourcen-Kombination HRE ergibt sich aus der Summe der Produkte $E_i \cdot t_{E_i}$

$$HRE = \sum_{i=1}^{n} E_i \cdot t_{E_i}$$

$n =$ Anzahl der beim Entwicklungsprozeß zu berücksichtigenden unterschiedlichen Qualitäten.

Für t_{E_i} gelten die in Abschnitt D I b für t_{R_i} gemachten Ausführungen analog.

Die Notwendigkeit, qualitativ zu differenzieren, wird um so weniger bestehen, je weniger Personal am Entwicklungsprozeß beteiligt ist, d. h. je mehr Aufgaben in der Hand weniger Systementwickler vereinigt sind. Umgekehrt macht gerade das zahlenmäßig stark anwachsende Personal, das in der 3. Generation von ADV-Systemen mit der Entwicklung genereller Software-Sy-

---

44) Auf die Bedeutung der Simulation bei der Entwicklung von Software-Systemen weist Randell hin. Vgl. Randell, B.: Towards a methodology of computing system design. In: Software Engineering, a. a. O., S. 206 f.

45) Im allgemeinen wird ein zeitunabhängiger Materialverschleiß proportional zur Nutzungsintensität, der die Einbeziehung dieses Faktors in die hier vorgetragenen Überlegungen erforderlich machen würde, bei Programmen überhaupt nicht, bei Meßeinrichtungen nur selten zu beobachten sein.

steme beschäftigt ist[46]), eine unter Umständen recht weitgehende qualitative Differenzierung notwendig.

Eine mögliche Klassifizierung der Entwickler-Qualitäten könnte z. B. die folgenden (Abbildung 18) unterschiedlichen Leistungstypen zugrundelegen, die zu sechs unterschiedlichen Qualitätsstufen führen.

prozessualer Leistungs- typ	struktureller Leistungstyp		
		Koordinations-Leistungen	Ausführungs-Leistungen
	Konzeptions-Leistungen	Qualität 1	Qualität 4
	Flußdiagramm-Leistungen	Qualität 2	Qualität 5
	Programmier-Leistungen	Qualität 3	Qualität 6

Abb. 18 Klassifikation der Entwickler-Qualitäten

Die Qualität 1 wird im allgemeinen hinsichtlich der an die Träger der Qualität gezahlten Gehälter am höchsten, die Qualität 6 am niedrigsten bewertet. Jede einzelne Qualität muß jedoch in ausreichender Quantität vorhanden sein, um den Gesamtprozeß der Entwicklung eines Software-Systems durchführen zu können. Aus diesem Grunde erscheint es müßig, beispielsweise eine Gehaltsskala zur Messung der jeweiligen Qualitätsausprägungen innerhalb einer Qualitätsstufe zugrunde zu legen: Um die nicht vorhandene, aber zur Fortsetzung der Entwicklung notwendige Qualität zu gewinnen, müssen unter Umständen auf dem Personalmarkt Preise gezahlt werden, die nicht in das Schema hineinpassen. Andernfalls wird das gesamte Projekt gefährdet.

Durch die Ablehnung einer Gehaltsskala als Maßstab für die Entwickler-Qualität wird nicht das Klassifikationsschema an sich in Frage gestellt. Solange allerdings kein einheitlicher Maßstab existiert, auf dem alle Qualitätsstufen abgebildet werden können, d. h. solange kein objektives Präferenzkriterium existiert, stehen die Qualitätsstufen als unterschiedliche Klassen nebeneinan

---

46) Vgl. Agapeyeff, A. d': Reducing the cost of software. In: Software Engineering, a. a. O., S. 68; ebenso McClure, R. M.: Projektion versus performance in software production. In: Software Engineering, a. a. O., S. 65—66; ebenso Nash, J.: Some problems of management in the production of large scale software Systems, a. a. O., S. 75—82.

der[47]). Das Diversitätskriterium ist zwar erfüllt[48]). Von Messen im echten Sinne kann jedoch noch nicht gesprochen werden[49]).

Zusätzlich zu den beiden bisher verwendeten Klassifikationsmerkmalen „struktureller" und „prozessualer" Leistungstyp können weitere, die Qualität von Systementwicklern charakterisierende Faktoren, z. B. das Wissen und/oder die praktischen Erfahrungen der Systementwickler berücksichtigt werden. Der Zweck eines solchen Vorgehens besteht darin, die komplexe Größe „menschliche Ressourcen-Kombination" für die Entscheidung der Systementwickler in überschaubare Teilgrößen aufzuspalten.

Bisherige Untersuchungen des Einsatzes menschlicher Ressourcen zur Entwicklung genereller Software-Systeme haben meist keine qualitativen Differenzierungen hinsichtlich der System-Entwickler-Qualitäten vorgenommen[50]), obwohl im allgemeinen darauf hingewiesen wird, daß qualitativ erhebliche Leistungsunterschiede vorhanden sein können[51]), die dann für Zwecke der Entscheidungsfindung auch unterschiedlich bewertet werden müssen. In einer Reihe von Erfahrungsberichten werden globale Angaben darüber gemacht, wieviele Mann-Monate bzw. Mann-Jahre an menschlichen Ressourcen zur

---

47) Zur Problematik des Messens und der Bildung von Skalen vgl. Pfanzagl, J.: Die axiomatischen Grundlagen einer allgemeinen Theorie des Messens. Würzburg 1959; ebenso Adam, A.: Messen und Regeln in der Betriebswirtschaft. Einführung in die informationswissenschaftlichen Grundzüge der industriellen Unternehmensforschung. Würzburg 1959, S. 19 ff.; ebenso Szyperski, Norbert: Zur Problematik der quantitativen Terminologie . . ., a. a. O., S. 63 ff.

48) Vgl. Adam, A.: Messen und Regeln . . ., a. a. O., S. 19 ff.

49) Vgl. Szyperski, Norbert: Zur Problematik der quantitativen Terminologie . . ., a. a. O. Anderer Auffassung sind dagegen z. B. Stevens und Chmielewicz, die von „Nominalskalen" sprechen und damit den Tatbestand des Messens bereits dann gegeben sehen, wenn das Diversitätskriterium erfüllt ist. Vgl. Stevens, S. S.: Measurement, psychophysics, and utility. In: Measurement. Definitions and theories. Ed. by C. W. Churchman and Ph. Ratoosh. New York/London 1959, S. 18—63, vor allem S. 24 ff.; ebenso Chmielewicz, Klaus: Grundlagen der industriellen Produktgestaltung, a. a. O., S. 42 ff.

50) Vgl. David, E. E. Jr.: Some thoughts about production of large software systems, a. a. O., S. 83; ebenso Sackman, H.; Ericson, W. J.; Grant, E. E.: Exploratory experimental studies comparing on line and off line programming performance. In: Comm. of the ACM, Vol. 11/1968/Nr. 1, S. 3—11; ebenso Nanus, Burt; Farr, Leonard: Some cost contributers to large scale programs. In: AFIPS Conference Proceedings, Vol. 25 / SJCC 1964, S. 239—248; ebenso Licklider, J. C. R.: Underestimates and overexpectations. In: Computers and Automation, August 1969, S. 48—52.

51) Vgl. Babcock, J. D.: Variations on software available to the user. In: Software Engineering, a. a. O., S. 85; ebenso Farr, L. and Zagorski, H. J.: Quantitative analysis of computer programming cost factors: a progress report. Systems Development Corp. (Ed.) SP-2036, Santa Monica/Calif. 1965; ebenso Nelson, E. A.: Management handbook for the estimation of computer programming costs. Systems Development Corp. (Ed.) TM-3225/000/00 Santa Monica/Calif. 1966. Die beiden letztgenannten Autoren versuchen, alle Variablen, die den Leistungsoutput der menschlichen Ressourcen beeinflussen, in Form eines linearen Modells mit Hilfe von Regressionsgleichungen zusammenzufassen. Vgl. hierzu auch den Überblick bei Emde, Wilhelm; Seibt, Dietrich: Verfahren zur Schätzung des Aufwandes für die Programm-Erstellung. Arbeitsbericht 70/9 des Betriebswirtschaftlichen Instituts für Organisation und Automation an der Universität zu Köln. Köln 1970.

Realisierung bestimmter Software-Projekte benötigt wurden[52]). Diese bilden dann wiederum die Basis zur Abschätzung des Bedarfs an menschlichen Ressourcen für zukünftige Software-Systeme. Die erstaunlich häufigen und größenordnungsmäßig erheblichen Fehlschätzungen, von denen berichtet wird[53]), scheinen ein Indiz für die fehlende qualitative Differenzierung zu sein. Außerdem ist zu berücksichtigen, daß der Umfang des zu realisierenden technologischen Fortschrittes bei der Entwicklung eines neuen Software-Systems für eine neue Hardware-Generation bisher so groß war, daß alle bis dahin gemachten Erfahrungen — und dies gilt nicht nur für die Schätzung der einzusetzenden menschlichen Ressourcen-Kombinationen — fast nicht mehr verwendet werden konnten.

Ein indirekter Maßstab für die einzusetzende bzw. eingesetzte Menge an menschlichen Ressourcen könnte die Zahl der Instruktionen sein, aus denen das geplante bzw. realisierte Software-System besteht. Die Zahl dieser Instruktionen bzw. Befehlsworte[54]) und parallel dazu die Zahl der aus ihnen gebildeten Funktions-Moduln hat bisher bei jeder neuen System-Generation erheblich zugenommen (vgl. Abbildung 23)[55]). Es wurde bereits darauf hingewiesen, daß auch die Menge des zur Realisierung von immer komplexeren Software-Systemen eingesetzten Personals in außerordentlich schnellem Ansteigen begriffen ist. Die Zunahme des Einsatzes der menschlichen Ressourcen ist meist relativ größer, als die Zunahme der von ihnen zu produzierenden Instruktionen bzw. Moduln. Die Ursache dafür dürfte darin zu sehen sein, daß die Produktivität der zur Erzeugung von Software-Systemen eingesetzten menschlichen Ressourcen — gemessen durch die pro Zeiteinheit konzipierten und programmierten Instruktionen — um so geringer wird, je größer die Zahl der beteiligten Systementwickler bzw. je umfangreicher und komplexer das zu entwickelnde Software-System ist[56]). Bisher konnte noch nicht festgestellt werden, wie stark jeder einzelne der beiden genannten Faktoren zur Entstehung dieses Produktivitäts-Verlustes beiträgt[57]). Zur Untersuchung dieser

---

52) Vgl. David, E. E. Jr.: Some thoughts about production of large software systems, a. a. O., S. 67; ebenso McClure, R. M.: Projection versus performance in software production, a. a. O., S. 74. (Vgl. dazu die Ausführungen in Abschnitt D I d.)

53) Vgl. Nash, J.: Some problems of management in the production of large scale software systems, a. a. O., S. 75 f; ebenso McClure, R. M.: Projection versus performance in software production, a. a. O., S. 74.

54) Vgl. Harr, J. A.: The design and production of real-time software for electronic switching systems. In: Software Engineering, a. a. O., S. 28 f.

55) Vgl. McClure, R. M.: Projection versus performance in software production, a. a. O., S. 66.

56) Vgl. Schwab, Bernhard Joachim: Economic evaluation and selection of electronic data processing systems. Diss. University of Los Angeles/Calif. 1967, S. 71; ebenso Licklider, J. C. R.: Underestimates and overexpectations, a. a. O., S. 51.

57) Licklider schätzt, daß die absolute Obergrenze der Produktion von Instruktionen für komplexe Software-Systeme gegenwärtig zwischen 10 000 und 20 000 Instruktionen pro Monat liegt. Diese Grenze sei auch bei beliebiger Vergrößerung des personellen Einsatzes nicht mehr überschreitbar, solange keine anderen verbesserten Methoden zur Organisation der Software-Entwicklung gefunden würden. Vgl. Licklider, J. C. R.: Underestimates and overexpectations, a. a. O., S. 50 f. Im gleichen Sinne äußert sich Conway, Melvin E.: How do committees invent? In: DATAMATION, April 1968, S. 28—31.

Frage müßten außerordentlich kostspielige Versuchsanordnungen geschaffen werden[58]), die in der Praxis wahrscheinlich nicht realisierbar sind.

Auch ohne die Kenntnis der genauen Zusammenhänge müssen von den für die Software-Entwicklung Verantwortlichen Schätzungen vorgenommen und darauf aufbauend Entscheidungen gefällt werden. Ein Weg, um für diese Entscheidungen eine sicherere Basis zu schaffen, ist das systematische Experimentieren mit neuen organisatorischen Lösungen für den Prozeß der Software-Entwicklung. Über die Probleme, die sich dabei ergeben, wird in Abschnitt D I d berichtet.

Zusammenfassend kann festgehalten werden, daß die Menge der geplanten bzw. realisierten Instruktionen als indirekter Maßstab für die Menge der einzusetzenden bzw. eingesetzten menschlichen Ressourcen aus den gleichen Gründen wenig aussagefähig ist, die gegen die Verwendung von qualitativ undifferenzierten Mann-Monaten als Maßstab sprechen. Die Faktoren E_i und t_{Ei} des Produktes $E_i \cdot t_{Ei}$ sind nicht gegenseitig substituierbar, wie das beispielsweise bei einfachen mechanischen Arbeitsprozessen möglich ist[59]). Diese Tatsache muß bei den Entscheidungen über alternative Ausprägungen der Variablen „menschliche Ressourcen-Kombination" berücksichtigt werden.

Dennoch wird in der Praxis meist keine andere Wahl bleiben, als die Summe S der Teilprodukte $E_1 \cdot t_{E1} + E_2 \cdot t_{E2} + \ldots E_n \cdot t_{En}$ global mit Geldeinheiten zu bewerten und dadurch zu einer groben subjektiven Vorstellung über die durch den Einsatz der menschlichen Ressourcen verursachten Kosten zu gelangen. Diese Vorgehensweise wird jedoch nur dann einigermaßen realistische Resultate zeitigen, wenn die Qualitäten der eingesetzten Systementwickler irgendwie berücksichtigt werden.

(3) Sprachliche Ressourcen-Kombinationen

Einzelressourcen in sprachlichen Ressourcen-Kombinationen sind die zur Entwicklung des generellen Software-Systems notwendigen „Design-Sprachen"

---

58) Eine erste Versuchsanordnung könnte z. B. darin bestehen, daß das genau spezifizierte komplexe Software-System X einmal durch eine zahlenmäßig kleine Mannschaft A, ein anderes Mal durch eine zahlenmäßig große Mannschaft B von Systementwicklern realisiert wird. In einer zweiten Versuchsanordnung würden beide Mannschaften A und B unabhängig voneinander zunächst das große Software-System X und später ein kleines Software-System Y zu entwickeln haben. In allen Fällen könnte die durchschnittliche Effizienz eines Systementwicklers mit Hilfe der von ihm pro Zeiteinheit geschaffenen Instruktionen gemessen werden. Eine andere Vesuchsanordnung zieht Nash in Erwägung. Wenn 100 personell gleich ausgestattete Teams unter nahezu gleichartigen Umweltbedingungen das gleiche Software-System entwickeln würden, dann würden die von diesen Teams benötigten Entwicklungszeiten irgendeiner Wahrscheinlichkeitsverteilung entsprechen. Nash begründet, daß selbst wenn Informationen über diese Verteilung existierten, es keine leichte Aufgabe sein würde, für ein später eingesetztes Team, das die gleiche Aufgabe noch einmal bewältigen soll, die Entwicklungszeit zu schätzen. Vgl. Nash, J.: Some problems of management . . ., a. a. O., S. 75 ff. — Zur Problematik der Organisation von großen und kleinen System-Entwickler-Gruppen vgl. Abschnitt D I d.

59) Wenn z. B. 50 Systementwickler 1 Jahr arbeiten, ist nicht das gleiche Ergebnis zu erwarten, wie wenn 100 Systementwickler ein halbes Jahr arbeiten. Darüber hinaus wird hier von der Qualität des eingesetzten Personals abstrahiert.

und die als Teil des Produktes „generelles Software-System" zu betrachtenden „Produktsprachen".

Als Design-Sprachen werden im allgemeinen spezielle Programmiersprachen bezeichnet, die zur Entwicklung von Software-Systemen geeignet sind[60]). Als Produktsprachen sollen dagegen hier alle Programmiersprachen bezeichnet werden, die den zukünftigen Benutzern des generellen Software-Systems als Programmiersprachen für ihre Anwendungsprobleme zur Verfügung gestellt werden und auf diese Weise einen Teil der Qualitätskomponente „Funktionale Fähigkeiten" des Produktes „generelles Software-System" repräsentieren[61]). Die Struktur von Design-Sprachen spiegelt im allgemeinen die Struktur der Software-Systeme wider, die mit ihrer Hilfe entwickelt werden. Gegenwärtig steht ein breites Spektrum von Design-Sprachen für die Entwicklung von Übersetzern (vor allem Compilern) zur Verfügung[62]). Weniger umfangreich ist das Angebot an speziellen Sprachen zur Entwicklung von Steuerungsprogrammen und von sonstigen Programmen, die zu einem Software-System gehören[63]). Während im Hinblick auf die Design-Sprachen sowohl das Vorhandensein der Sprach-Syntax, als auch die Existenz eines entsprechenden Generatorprogrammes[64]) als selbständige sprachliche Ressourcen aufzufassen sind, kommt im Hinblick auf die Produktsprachen meist nur die Sprachsyntax als Ressource in Betracht. Die Entwicklung eines Übersetzers, der eine vorhandene Sprachsyntax auf einem bestimmten Hardware-System anwendbar macht, geschieht häufig im Rahmen der Schaffung des dazu gehörenden generellen Software-Systems[65]). Wenn das generelle Software-System bereits existiert, können durch nachträgliche Entwicklungsprozesse für zusätzliche Produktsprachen

---

60) Vgl. Parnas, David L.: More on simulation languages and design methodology for computer systems, a. a. O., S. 739—750; ebenso Gorman, Donald F.: Functional design and evaluation. In: AFIPS Conference Proceedings. Vol. 33 / Part 2 FJCC 1968, S. 1500 f.
61) Die Qualitätskomponente „Funktionale Fähigkeiten" wird anschließend als eines der „Output-Attribute" des Produktionsprozesses „Entwicklung eines generellen Software-Systems" untersucht.
62) Vgl. Richards. Martin: BCPL: A tool for compiler writing and system programming. In: AFIPS Conference Proceedings. Vol. 34 / SJCC 1969, S. 557—566; Presser und Melkanoff beschreiben in ihrem Beitrag im wesentlichen die bei SDC entwickelte META 5-Sprache. Vgl. Presser, L.; Melkanoff, M. A.: Software measurements and their influence upon machine language design. In: AFIPS Conference Proceedings. Vol. 34 / SJCC 1969, S. 733—737. Vgl. ebenso Schneider, Victor: A system for designing fast programming language translators, a. a. O., S. 777—792.
63) Vgl. Parnas, D. L.; Darringer, J. A.: SODAS and a methodology for system design, a. a. O., S. 449 ff.; ebenso Corbato, F. J.: PL / 1 as a tool for system programming, a. a. O., S. 68 ff.
64) Der Begriff „Generatorprogramm" ist in diesem Zusammenhang nicht allgemein gebräuchlich. Dennoch erscheint dieser Begriff hier sinnvoll verwendbar, weil es sich um ein Programm handelt, mit dessen Hilfe ein anderes Programm, nämlich ein Übersetzer, generiert wird.
65) Die Entwicklung eines Übersetzers kann personell durchaus von den übrigen Entwicklungsarbeiten getrennt durchgeführt werden (z. B. in Software-Häusern). Entscheidend ist der notwendigerweise sehr enge sachliche Kontakt zwischen den Entwicklungsgruppen.

Übersetzer geschaffen oder zusätzliche Varianten von schon vorhandenen Übersetzern entwickelt werden[66]).

Im Rahmen der Entwicklung von generellen Software-Systemen werden heute im allgemeinen Übersetzer für die prozedurorientierten maschinenunabhängigen Programmiersprachen ALGOL (= *ALGO*rithmic *L*anguage), COBOL (= *CO*mmon *B*usiness *O*riented *L*anguage) und FORTRAN (= *FOR*mula *TRAN*slator) geschaffen. Die Syntaxen für diese Sprachen sind in mehr oder weniger standardisierter Form[67]) als sprachliche Ressourcen vorhanden. Bei der Entwicklung von Sprachen, die zur Formulierung von speziellen Anwendungsproblemen geeignet sind, z. B. umfangreichen „mathematischen Programmiersystemen"[68]), sind meist die entsprechenden Syntaxen noch nicht als sprachliche Ressourcen vorhanden.

Das gleiche gilt im allgemeinen für die zur Ausnutzung der hardwaremäßig verdrahteten Maschinenbefehle zu entwickelnden symbolischen Assemblersprachen[69]) und für die zur Benutzung von Software-Systemen notwendigen Steuersprachen[70]), Operateur-Kommunikationssprachen[71]) und System-Generierungssprachen[72]). In allen Fällen, in denen die Sprachsyntax noch nicht vorhanden ist, ist zu ihrer Entwicklung ein erheblicher Aufwand notwendig. Die entsprechenden Entwicklungsprozesse liegen zeitlich meist vor der in Abbildung 17 dargestellten Entwicklung des Software-Systems, rein schematisch

---

66) Zusätzlich zu einem bereits vorhandenen „Speicher-sparsamen" Übersetzer kann ein „Zeit-sparsamer" Übersetzer entwickelt werden. Das „Zeit-Sparen" kann sich dabei auf die Übersetzungszeit und/oder auf die Laufzeit der Zielprogramme beziehen.

67) Standardisiert sind bisher die Programmiersprachen FORTRAN (vgl. American Standard Basis FORTRAN ASA X 3.10—1966 und American Standard FORTRAN ASA X 3.9—1966) und COBOL (vgl. American National Standard COBOL ANS X 3.4—1968). Für FORTRAN UND ALGOL sind inzwischen vorläufige ISO-Normenvorschläge erschienen (Draft recommendations), die bei FORTRAN bis auf geringfügige Detailänderungen den ASA-Normen entsprechen.
Entsprechende DIN-Normen liegen ebenfalls im Entwurf vor:
FORTRAN: ISO DR 1539—→ DIN 66027
ALGOL: ISO DR 1538—→ DIN 60026
Für die Programmiersprache ALGOL dienten bisher die noch nicht standardisierten Spezifikationen der Sprach-Entwicklungsgruppe als Grundlage für die Übersetzer-Entwicklungen. Vgl. Naur, P. (Ed. 7: Revised Report on the algorithmic language „ALGOL 60". In: Communications of the ACM, Vol. 6 / No. 1 / Jan. 1963.

68) Vgl. als Beispiel Buchet, Jacques de: The development of a large scale mathematical programming system. In: Proceedings of 23rd ACM National Conference 1968, S. 433—438; ebenso Orchard-Hays, W. M.: Structure of mathematical programming systems. In: Proceedings of 23rd ACM National Conference 1968, S. 439—458.

69) Zu den speziellen Problemen der Entwicklung einer symbolischen Assemblersprache vgl. Flores, Ivan: Software-Technik, a. a. O., S. 104 ff.; ebenso Buchholz, Werner: Instruction Formats. In: Planning a computer system-project Stretch. Edited by Werner Buchholz. New York-Toronto-London 1962, S. 122 ff.

70) Vgl. IBM Corp. (Ed.): IBM System/360 Operating System. Job Control Language. Form C 28-6539-4. (o. Ort 1967).

71) Vgl. IBM Corp. (Ed.): IBM System/360 Operating System. Operators Guide. Form C 28-6540-5 (o. Ort 1967).

72) Vgl. Sperry Rand Corp. (Ed.): UNIVAC 1108 — Multiprocessor System — Operating System EXEC 8 — Programmers Reference. (o. Ort) 1968, Section 18, S. 1—24.

verlaufen diese Prozesse aber in der gleichen Weise: Die Sprachsyntax kann ebenfalls durch eine Reihe von Qualitätskomponenten gekennzeichnet werden und benötigt zu ihrer Fertigstellung den Einsatz einer Reihe von Ressourcen — vor allem menschlicher Ressourcen[73]).

Die Bestimmung von vorhandenen bzw. noch nicht vorhandenen sprachlichen Ressourcen, für die im Rahmen der Entwicklung von generellen Software-Systemen die entsprechenden Übersetzer-, Interpreter- oder Generatorprogramme zu schaffen sind, läßt sich in der folgenden Form schrittweise vollziehen:

(a) Feststellung, welche Sprachen benötigt werden, um die mit dem generellen Software-System beabsichtigten Ziele zu erreichen.

(b) Feststellung, für welche von diesen Sprachen bereits die Syntax existiert bzw. inwieweit vorhandene Syntaxen modifiziert werden müssen.

(c) Schätzung des Aufwandes zur Entwicklung jeder einzelnen der noch nicht vorhandenen Syntaxen.

(d) Feststellung, für welche Sprachen (von denen, für die die Syntax existiert) bereits ein Generatorprogramm vorhanden ist, mit dessen Hilfe das zum geplanten Software-System gehörende Übersetzer-, Interpreter- oder Generatorprogramm erzeugt werden kann.

(e) Schätzung des Aufwandes zur Entwicklung eines bzw. mehrerer derartiger Generatorprogramme.

Hierbei ergeben sich mannigfaltige Meßprobleme. So tritt z. B. bei den Schritten (a) und (b) das Problem auf, den Umfang und die Leistungsfähigkeit[74]) einer Sprache quantitativ zu bestimmen, um Vergleiche zwischen unterschiedlichen Sprachalternativen anstellen zu können. Die Schätzung des Aufwandes bei den Schritten (c) und (e) impliziert die Einbeziehung sowohl menschlicher als auch maschineller Produktoren. Dies führt wiederum zu den Schwierigkeiten, auf die bereits im Zusammenhang mit der Bestimmung der menschlichen und maschinellen Ressourcen-Kombinationen zur Entwicklung genereller Software-Systeme hingewiesen worden ist.

Die Problematik der Messung von Sprachen, die als Produktoren Verwendung finden, kann hier nur angedeutet werden. Wesentlich im Hinblick auf die hier vorgenommene Aufgaben-Abgrenzung für die Phase 1 ist die Feststellung, daß die Entwicklung eines generellen Software-Systems erst beginnt, wenn die entsprechenden sprachlichen Ressourcen vorhanden sind.

---

73) Zu den Problemen der Syntax-Entwicklung vgl. als Beispiel die Geschichte der prozedurorientierten Programmiersprachen ALGOL, dargestellt bei Bemer, R. W.: A Politico-Social History of ALGOL. In: Annual Review in Automatic Programming 5, Oxford usw. (1969), S. 151 ff.

74) Zusammenstellungen von Parametern, die die Leistungsfähigkeit einer Programmiersprache charakterisieren, finden sich z. B. bei Davis, Ruth M.: Programming Language Processors, a. a. O., S. 173 ff. und bei Sammet, Jean E.: Programming Languages . . ., a. a. O., S. 31 ff.

Nach der Untersuchung des „Inputs" für den Entwicklungsprozeß erfolgt nun die Untersuchung des „Outputs", genauer gesagt seiner Qualitätskomponenten.

(4) Qualitätskomponenten des „Produktes" generelles Software-System

Ein generelles Software-System wird hier als Resultat (Output) des als Produktionsprozeß verstandenen Entwicklungsprozesses betrachtet. Wie jedes andere Produkt könnte auch ein generelles Software-System durch die Parameter

> Produktmenge,
>
> Produktpreis und
>
> Produktwert (= Kosten- oder Leistungswert)

charakterisiert werden[75]).

Die seit 1970 geübte Praxis des größten Herstellers von ADV-Systemen, bestimmte Teile der Software getrennt von der Hardware zu vermieten (= unbundeling policy), betrifft vorläufig nur einen Teil der Programme eines generellen Software-Systems[76]). Die übrigen Hersteller von ADV-Systemen greifen die Möglichkeit zur getrennten Berechnung von Software nur zögernd und für einige wenige spezielle Programme, meist Standardprogramme, auf.

Das Fehlen der Variablen „Produktpreise" wirkt sich für die Käufer (bzw. Mieter) eines generellen Software-Systems negativ aus. Bei einem Kuppelprodukt, wie es ein Hardware-/Software-System darstellt, braucht nur der Gesamtpreis marktgerecht zu sein, die Preise der einzelnen Komponenten des Kuppelproduktes jedoch nicht. Dem Käufer (Mieter) fehlt eine wesentliche Entscheidungsvariable beim Vergleich unterschiedlicher Systeme[77]). Die Möglichkeiten und Grenzen der Produktgestaltung in Form der Gestaltung der Qualitätskomponenten[78]) des Software-Systems erlangen andererseits um so größere Bedeutung, je weniger auf die üblichen Arten der Beeinflussung — wie Preisgestaltung, Gestaltung der Werbung usw. — zurückgegriffen werden kann.

Ein Software-System wird im wesentlichen durch die jeweilige Ausprägung der folgenden sechs Qualitätskomponenten gekennzeichnet:

(a) Funktionale Fähigkeiten

(b) Flexibilität

---

75) Vgl. Lehmann, M. R.: Allgemeine Betriebswirtschaftslehre. Allgemeine Theorie der Betriebswirtschaft. 3. Aufl., Wiesbaden 1956, S. S. 92 f. Wert = Menge X Preis.

76) Vgl. Pantages, Angeline: Industry reacts with approval and dismay as IBM goes separate ways. In: DATAMATION, August 1969, S. 105—111; ebenso Blau, Helmut: Der EDV-Kunde ab 1970. In: BTA, Heft 8, August 1969, S. 425.

77) Zur Diskussion der Aspekte einer getrennten Preis-Festsetzung für Hardware und Software vgl. Forest, R. B.: Separate Hardware/Software Pricing. In: DATAMATION, Juni 1968, S. 72—77; ebenso Laver, M.: Users' Influence on computer systems design. In: DATAMATION, Oktober 1969, S. 107—116, vor allem S. 109.

78) In diesem Sinne vgl. vor allem Chmielewicz, Klaus: Grundlagen der industriellen Produktgestaltung, a. a. O., S. 36 ff.

(c) Verhalten der Funktionen im Hardware-System

(d) Zuverlässigkeit

(e) Dokumentationsniveau

(f) Anforderungen an die zukünftigen Anwender

Die Qualitätskomponenten werden hier nicht induktiv abgeleitet. Ihre Relevanz kann aber empirisch nachgewiesen werden.

(5) Qualitätskomponente „Funktionale Fähigkeiten"

Hinsichtlich der Qualitätskomponente „Funktionale Fähigkeiten" wird auf die in Abschnitt C III c vorgenommene Gliederung der Software-System-Funktionen zurückgegriffen. In dieser Arbeit wird die Ebene 3, d. h. die Ebene der Einzelfunktionen als Basis aller weiteren Überlegungen benutzt[79]). Entscheidend für die Betrachtung von unterschiedlichen Software-Systemen ist die Forderung, stets Elemente derselben Ebene miteinander zu vergleichen und zu berücksichtigen, daß Funktionen, die in einem bestimmten ADV-System als Software vorhanden sind, in einem anderen System verdrahtet sein können[80]). Auf die Konsequenzen dieser Tatsache für die Messung und Bewertung von Software-Systemen wird später noch eingegangen.

Voraussetzung für Aussagen über die jeweilige Ausprägung der Qualitätskomponente „Funktionale Fähigkeiten" in unterschiedlichen Versionen des gleichen generellen Software-Systems ist die Angabe einer oder mehrerer Skalen, mit deren Hilfe unterschiedliche Ausprägungen dieser Komponente gemessen werden können.

Wesentlich sind in diesem Zusammenhang zwei Einschränkungen hinsichtlich des Gültigkeitsbereiches der folgenden Aussagen:

(a) Vergleiche der funktionalen Fähigkeiten von generellen Software-Systemen, die zu unterschiedlichen ADV-Systemen gehören, d. h. auf unterschiedlichen Hardware-Subsystemen aufbauen, sind nur dann sinnvoll, wenn die Menge der hardwaremäßig realisierten Funktionen konstant ist. Diese Voraussetzung erscheint notwendig, weil sich die Menge der softwaremäßig realisierbaren und die Menge der hardwaremäßig realisierbaren Funktionen überlappen und daher unterschiedliche Mengen von Funktionen bereits durch Hardware realisiert sein können. Da man bei der Entwicklung moderner ADV-Systeme jedoch immer mehr dazu übergeht, die Hardware-

---

79) Die Berücksichtigung tiefer gegliederter Elemente würde den Rahmen dieser Arbeit sprengen. Die Beschränkung auf Elemente der Ebenen 1 und 2 würde im Hinblick auf die Themenstellung zu wenig Aussagen ermöglichen.

80) Vgl. dazu die Ausführungen in Abschnitt C I a.

81) Vgl. Randell, B.: Toward A Methodology of Computing System Design, a. a. O., S. 204 ff.; ebenso Walter, Cloy J. et al.: Impact of fourth generation software on hardware design. In: Computer Group News, Juli 1968, S. 2 ff.

Konzeption gleichzeitig mit der Software-Konzeption festzulegen[81]), teilweise sogar die Hardware erst zu konzipieren, nachdem die Software-Struktur festgelegt worden ist[82]), ist es notwendig, die Qualitätskomponente „Funktionale Fähigkeiten" als Parameter des Software-Systems immer in ihrer sehr engen Beziehung zu den entsprechenden Parametern des Hardware-Systems zu sehen[83]).

(b) Die Qualitätskomponente „Funktionale Fähigkeiten" kann, obwohl sie in sich bereits mehrdimensional ist[84]), nur einen Ausschnitt der qualitativen Eigenschaften bzw. Fähigkeiten eines generellen Software-Systems abbilden. Einen zusammenfassenden Überblick über alle Qualitätskomponenten und die Möglichkeiten zu ihrer Messung enthält Abbildung 21.

Die Untersuchung der Einzelfunktionen eines generellen Software-Systems in Abschnitt C III c läßt erkennen, daß diese hinsichtlich ihres eigentlichen funktionalen Kerns nicht in ein Über-, Unter- oder Gleichordnungsverhältnis gebracht werden können. Das Diversitätskriterium[85]) ist zwar erfüllt, die Bildung einer objektiven, d. h. für alle zukünftigen Benutzer geltenden Präferenzskala ist jedoch nicht möglich. Sie scheitert, weil es keine objektive Nutzenfunktion für die Bewertung der Funktionen durch die Benutzer gibt[86]). Präferenzskalen können lediglich für unterschiedliche technische Ausführungen einer Einzelfunktion gebildet werden, sofern derartige Alternativen existieren. Selbst wenn dies möglich ist, bleibt offen, ob der mit der Entwicklung solcher Präferenzskalen verbundene Aufwand gerechtfertigt ist. Die Entscheidung der System-Entwickler für bestimmte Einzelfunktionen[87]) wird einen Teil der Benutzer befriedigen, einen anderen Teil nicht. Dies gilt vor allem für Funktionen, die bisher noch nicht softwaremäßig implementiert waren.

---

82) Vgl. Gill, Stanley: Thoughts on the Sequence of Writing Software, a. a. O., S. 186 ff.; ebenso Rosen, Saul: Hardware Design Reflecting Software Requirements, a. a. O., S. 1443 f.

83) Hier kann der Einwand erhoben werden, daß damit die Abgrenzung der in D I b festgelegten Entscheidungsvariablen teilweise aufgegeben wird. Dieser Einwand besteht zu Recht, solange Hardware- und Software-Konzeption in der Entwicklungsphase tatsächlich nicht getrennt werden. In der Praxis läßt sich aber dennoch zu jedem Zeitpunkt der Entwicklung ein Überwiegen entweder der einen oder der anderen Seite feststellen. Vgl. Clippinger, R. F.: Systems Implications of Hardware Trends. In: Systems and Procedures Journal, Vol. 18 (1967), No. 3 (Mai/Juni), S. 10—17.

84) Zur mehrdimensionalen Qualitätsmessung vgl. Chmielewicz, Klaus: Grundlagen der industriellen Produktgestaltung, a. a. O., S. 39 ff.

85) Vgl. Adam, A.: Messen und Regeln ..., a. a. O., S. 19 ff.

86) Subjektiv besitzt jeder Benutzer jedoch durchaus Vorstellungen vom Wert der einzelnen Funktionen, so daß er in der Lage ist, die angebotenen Funktionen auf einer speziell für seine Verhältnisse geltenden Präferenzskala einzuordnen. Dieser Tatbestand wird in den Abschnitten D II c und D III c weiter verfolgt.

87) Im Prozeß der System-Entwicklung werden umfangreiche Listen verwendet, in denen jede Einzelfunktion mit allen ihren Elementen (vgl. Abschnitt C III c) genau dokumentiert ist. Derartige Listen bilden die Grundlage für System-Vergleiche und für die Planung der Ressourcen-Kombinationen. Vgl. Campbell, D. H.; Heffner, W. J.: Measurement and analysis of large operating systems during system development. In: AFIPS Conference Proceedings. Vol. 33 / Part 1/ FJCC 1968, S. 906 ff.

Hier wird deutlich, welches Gewicht den Rückkopplungsprozessen zwischen den Phasen 2 und 1 bzw. 3 und 1 zukommt. Nur durch einen systematischen Erfahrungsaustausch zwischen Benutzern und Entwicklern kann sichergestellt werden, daß das generelle Software-System die Funktionen enthält, die die Mehrzahl der Benutzer befriedigen.

Folgende Rückwirkungen der Komponenten „Funktionale Fähigkeiten" auf die anderen Faktoren des Entscheidungsfeldes können nachgewiesen werden:

Je umfangreicher die Menge der zu entwickelnden Funktionen, um so mehr Ressourcen — vor allem menschliche Ressourcen — müssen eingesetzt werden, d. h. um so mehr Kosten verursacht die Entwicklung des Systems. Je umfangreicher die Funktionen-Menge, um so höher ist der Bedarf an Speicherplatz, den die Funktionen entweder zur Laufzeit im Hauptspeicher oder im unbenutzten Zustand im Sekundärspeicher benötigen[88]), um so höher ist die Wahrscheinlichkeit, daß ein standardmäßig konfiguriertes Hardware-System zu klein für das Software-System ist. Die Kapazität der Hardware reicht dann vielleicht gerade aus, um die Programme des Software-Systems zu speichern, nicht jedoch, um die eigentlichen Anwendungsprobleme zu lösen.

Je umfangreicher die Funktionenmenge, um so höher ist die Wahrscheinlichkeit, daß das Software-System Fehler enthält[89]), um so höher daher auch der Wartungsaufwand der nach Abschluß des Entwicklungsprozesses (System-Freigabe) für den System-Entwickler entsteht[90]).

Je umfangreicher die Funktionenmenge, um so größer ist im allgemeinen die Anzahl der Möglichkeiten zum Herausschneiden individueller Teilmengen aus der Gesamtmenge, d. h. um so größer ist die Flexibilität des Software-Systems[91]), um so höher allerdings auch der Aufwand für das Herausschneiden der Teilmengen[92]).

Je umfangreicher die Funktionenmenge, um so höher wahrscheinlich auch die Komplexität des Software-Systems, um so höher daher die Anforderungen an die Benutzer in Form von einmaligem und kontinuierlichem Lernaufwand[93]).

---

88) Vgl. dazu die Diskussion der Qualitätskomponente „Verhalten der Funktionen im Hardware-System".

89) Vgl. dazu die Diskussion der Qualitätskomponente „Zuverlässigkeit".

90) Eine Unterscheidung zwischen „debugging" und „maintenance" scheint in der Praxis aufgrund der fließenden Grenzen zwischen beiden Aktivitäten nicht durchführbar.

91) Vgl. dazu die Diskussion der Qualitätskomponente „Flexibilität".

92) Das Herausschneiden von Teilmengen aus der Gesamtmenge der Funktionen gehört zur Phase der Implementierung eines speziellen, z B. betriebsindividuellen Software-Systems (vgl. Abschnitt D II) und wird im allgemeinen als system-generation bezeichnet. Vgl. IBM Corporation (Hrsg.): IBM System/360 Operating System. System Generation. Form C 28-6554-6 (Poughkeepsie/N. Y. 1969).

93) Vgl. dazu die Diskussion der Qualitätskomponente „Anforderungen an die zukünftigen Anwender".

(6) Qualitätskomponente „Flexibilität"

Als weitere Qualitätskomponente der Entscheidungsvariablen „generelles Software-System" wird der Faktor „Flexibilität" betrachtet. Die Flexibilität eines Software-Systems setzt sich aus drei unterschiedlichen Eigenschaften bzw. Fähigkeiten zusammen:

(a) der Eigenschaft, *ohne Veränderungen* von Funktionen zur Erfüllung einer mehr oder weniger großen Menge unterschiedlicher Informationsverarbeitungsprozesse geeignet zu sein (= Eignungsbreite)[94],

(b) der Eigenschaft, *durch Herausschneiden* von Funktionen an spezielle Aufgabenstellungen angepaßt werden zu können (= selektive Anpassungsfähigkeit)[95],

(c) der Eigenschaft, *durch Hinzufügen* von Funktionen an spezielle Aufgabenstellungen angepaßt werden zu können (= additive Anpassungsfähigkeit)[96].

Beim Vergleich alternativer Ausprägungen der Qualitätskomponente „Funktionale Fähigkeiten" stehen alle Funktionen gleichberechtigt nebeneinander. Eine Bewertung der einzelnen Funktionen kann nur subjektiv erfolgen. Aus diesem Grunde ist auch keine objektive Skalierung bzw. Rangordnung von objektiv abgrenzbaren Klassen funktionaler Fähigkeiten durchführbar[97]. Eine derartige Skalierung erscheint jedoch bei der Teilkomponente „Eignungsbreite" möglich. Zu diesem Zweck wird die Gesamtmenge der gegenwärtig mit Hilfe von Software-Systemen durchführbaren Informationsverarbeitungsprozesse[98] durch Anwendung von drei Kriterien in Teilklassen unterteilt. Je mehr Teilklassen ein Software-System erfüllen kann, um so größer ist seine Eignungsbreite.

---

94) Vgl. Sackman, H.: Time-sharing versus batch processing: the experimental evidence. In: AFIPS Conference Proceedings, Vol. 32/ SJCC 1968, S. 1—10.

95) Diese Eigenschaft könnte auch als „Fähigkeit zu schrumpfen" bezeichnet werden. Vgl. z. B. Dijkstra, Edsger W.: Complexity controlled by hierarchical ordering of function and variability. In: Software Engineering, a. a. O., S. 181—185.

96) Diese Eigenschaft könnte auch als „Erweiterungsfähigkeit" bzw. als „Fähigkeit zu wachsen" bezeichnet werden. Vgl. Scharf, Tom: Management and the new software. In: DATAMATION, April 1968, S. 52, 57, 59.

97) Eine Teilklassen-Bildung ist nur möglich, wenn jede Einzelfunktion eine eigene Teilklasse darstellt, die dann nur jeweils ein oder kein Element enthält, je nachdem, ob die Funktion vorhanden ist oder nicht. Eine solche Vorgehensweise führt aber keineswegs zu einer Lösung der Bewertungsproblematik.

98) Wesentlich ist der Hinweis auf die Zeitbezogenheit dieser Aussagen. Die Gesamtmenge hat bisher als Folge der permanenten Fortentwicklung der Hardware- und Software-Systeme ständig zugenommen, so daß erwartet werden muß, daß auch in Zukunft neue, bisher noch nicht erfüllbare Teilklassen von Informationsverarbeitungsprozessen hinzukommen werden. — Von der Tatsache, daß zur Erfüllung von Informationsverarbeitungsprozessen nicht nur Software sondern auch Hardware erforderlich ist, wird hier mit der gleichen Berechtigung abstrahiert, mit der dies in analogen primär Hardware-orientierten Untersuchungen hinsichtlich des Software-Systems geschieht.

Zur Teilklassenbildung bzw. zur Bildung von „Eignungsbereichen" werden die folgenden drei Kriterien benutzt:

(α) Einteilung der Informationsverarbeitungsprozesse nach der Relevanz ihrer Zwischenergebnisse für die Steuerung von zeitlich parallelen Prozessen, die u. U. außerhalb des ADV-Systems ablaufen. Wesentlich ist, ob Zwischenergebnisse der Informationsverarbeitung im gleichen Prozeß, durch den sie (als Output) verursacht werden, auch wieder als Steuerungsinformationen verwendet werden[99]), oder ob die Zwischenergebnisse gespeichert und erst später in einem anderen, unabhängigen Prozeß weiterverwendet werden[100]).

(β) Einteilung der Informationsverarbeitungsprozesse nach der Art ihres Anfalls. Wesentlich ist, ob die Prozesse zu vorgeplanten, z. B. periodischen Zeitpunkten anfallen, oder ob sie ungeplant, z. B. in Abhängigkeit von zufälligen externen Ereignissen auftreten können.

(γ) Einteilung der Informationsverarbeitungsprozesse nach der Art ihres Ablaufs, d. h. ob sie einzeln, nacheinander oder gleichzeitig zusammen mit anderen Informationsverarbeitungsaufgaben realisiert werden können. Der Begriff „gleichzeitig" wird hier im gleichen Sinne verwendet, in dem beim Mehrprogrammbetrieb mit Prioritäten-Steuerung und beim Mehrprogrammbetrieb nach dem Zeitteilverfahren von einer „gleichzeitigen" Abwicklung mehrerer Informationsverarbeitungsprozesse gesprochen wird.

Im Grunde handelt es sich sowohl im ersten Fall, der gewöhnlich als „Multiprogramming" bezeichnet wird, als auch im zweiten Fall, für den die Begriffe „Time sharing" bzw. „Time Slicing" häufig benutzt werden, nicht um eine wirklich gleichzeitige Abwicklung, sondern um eine abwechselnde Bearbeitung mehrerer Aufgaben, die in gleich oder unterschiedlich langen Zeitabschnitten *verzahnt* stattfindet. Dafür wird zusammenfassend der Begriff „Multiplexbetrieb" verwendet[101]).

Bei Prozessen, deren Zwischenergebnisse gespeichert und erst nach Prozeßabschluß weiterverwendet werden, ist es unerheblich, ob sie zu vorgeplanten oder unbestimmten Zeitpunkten auftreten. Das Attribut „Weiterverwendung erst nach Prozeßabschluß" ist so zu interpretieren, daß der Zeitpunkt des Endes solcher Prozesse in solch einem Fall nicht „kritisch" werden darf. Andernfalls fallen sie eben nicht unter diese Teilklasse von Informationsverarbeitungsprozessen.

---

99) Hier ist eine Analogie zu einem Regelkreis sehr naheliegend. Am typischsten tritt dieser Fall bei den Prozeßsteuerungssystemen in Erscheinung. Andere Beispiele sind (Flug-)Überwachungssysteme und Dialog- bzw. Abfrage-Systeme.
Die Definition dessen, was als „Zwischenergebnis" zu bezeichnen ist, ist von Prozeß zu Prozeß unterschiedlich. Entscheidend ist, daß in jedem Falle Rückkoppelungsbeziehungen zwischen den Ergebnissen und den sie erzeugenden Prozessen bestehen.

100) Obwohl die Speicherung von Zwischenergebnissen als „Stapelung" bezeichnet werden kann, ist der Stapelbetrieb (batch processing) nicht das Gegenteil vom Realzeitbetrieb (real time processing). Vgl. dazu die Definitionen in Entwurf DIN 44300: Begriffe . . ., a. a. O.

101) Vgl. Entwurf DIN 44 300: Begriffe . . ., a. a. O.

Durch Kombination der drei Kriterien entsteht ein Klassifikationsschema, das in Abbildung 19 zweidimensional dargestellt wird.

Es ergeben sich sechs unterschiedliche Teilklassen von Informationsverarbeitungsprozessen, denen sechs unterschiedliche Betriebsarten von Software-Systemen zugeordnet werden können[102]).

Die Realisierung dieser Betriebsarten setzt nicht nur eine entsprechende Eignungsbreite der Software-Systeme, sondern auch spezielle Hardware-Charakteristika voraus. Diese Tatsache stört jedoch keineswegs bei der Bestimmung der Rangordnung, in die Software-Systeme mit unterschiedlichen Eignungsbreiten gebracht werden können. In Abbildung 19 werden als „Hauptgruppen" Software-Systeme für Nicht-Realzeit-Betrieb und Software-Systeme für Realzeit-Betrieb unterschieden[103]). Es wird eine Skala der Eignungsbreite von Software-Systemen vorgeschlagen, die vier Stufen umfaßt, die mit den Werten 1 bis 4 bezeichnet werden.

Auf der niedrigsten Stufe der Skala (Eignungsbreite 1) stehen Software-Systeme, die zur Realisierung einer einzigen Betriebsart geeignet sind. Theoretisch können sechs unterschiedliche Typen von Software-Systemen entsprechend der sechs unterschiedlichen Betriebsarten als Träger der Eignungsbreite 1 in Betracht kommen. In der Realität gibt es aber nur einen einzigen Typ von Software-Systemen, der nur eine einzige Betriebsart realisieren kann, nämlich den Typ 1, der durch die Betriebsart AI gekennzeichnet ist (vgl. Abbildung 19). Es handelt sich um Software-Systeme, die als „Basis-Systeme" für jedes Hardware-System der 3. Generation existieren und zur sequentiellen Durchführung von Prozessen dienen, deren Ergebnisse erst nach Prozeßschluß weiter verwendet werden. Zu einer Zeit wird immer nur ein Prozeß (= Programm) abgewickelt[104]).

---

102) Das Klassifikationsschema kann durch Anwendung anderer Kriterien verfeinert werden: Weitere objektive Kriterien wären z. B.:
a) Im Falle des gleichzeitigen Ablaufs mehrerer Informationsverarbeitungsprozesse:
(a1) gleichzeitiger Ablauf einer fixen Anzahl von Prozessen
(a2) gleichzeitiger Ablauf einer variablen Anzahl von Prozessen.
b) Verhältnis von Entstehungsort und Abwicklungsort für die Prozesse:
(b1) Datenfernverarbeitung
(b2) Nicht-Datenfernverarbeitung
c) Zweck der Verarbeitungsresultate:
(c1) Resultate dienen der Steuerung/Kontrolle
(c2) Resultate dienen zur Information/Entscheidungsvorbereitung
Auf diese Weise kann eine Vielzahl von unterschiedlichen Betriebsarten gebildet werden, die jeweils durch unterschiedliche Software- und Hardware-Strukturen gekennzeichnet sein können.

103) Vgl. z. B. die Definition von „Realzeitbetrieb" im Entwurf DIN 44300: Begriffe ..., a. a. O.; vgl. ebenso die sehr eingehende Erörterung der Real-time-Problematik bei Aron, J. D.: Real-time systems in perspective. In: IBM Systems Journal, Vol. 6 / No. 1 / 1967, S. 49—67.

104) Diese Software-Systeme werden relativ häufig als „Stapelverarbeitungssysteme" bezeichnet. Da bei einigen Herstellern (z. B. Sperry Rand/UNIVAC) der Begriff „Stapelverarbeitung" anders abgegrenzt wird, soll er hier nicht verwendet werden.

Prozesse, deren Zwischenergebnisse gespeichert und erst nach Prozeßabschluß weiterverwendet werden		Prozesse, deren Zwischenergebnisse zur Steuerung von zeitlich parallel ablaufenden Prozessen dienen			
		Prozesse, die zu vorgeplanten Zeitpunkten auftreten		Prozesse, die zu unbestimmten Zeitpunkten auftreten	
Prozesse, die einzeln nacheinander ausgeführt werden	Prozesse, die gleichzeitig (verzahnt) mit anderen ausgeführt werden	Prozesse, die einzeln nacheinander ausgeführt werden	Prozesse, die gleichzeitig (verzahnt) mit anderen ausgeführt werden	Prozesse, die einzeln nacheinander ausgeführt werden	Prozesse, die gleichzeitig (verzahnt) mit anderen ausgeführt werden
A I	A II	B I a	B I b	B II a	B II b
↓	↓	↓	↓	↓	↓
Nicht-Realzeit-Betrieb		Realzeit-Betrieb			
		»vorgeplanter« (z. B. periodischer) Realzeit-Betrieb		»ungeplanter« Realzeit-Betrieb	
Einprogramm-Betrieb	Mehrprogramm-Betrieb	Einprogramm-Betrieb	Mehrprogramm-Betrieb	Einprogramm-Betrieb	Mehrprogramm-Betrieb

Abb. 19 Teilklassen von Informationsverarbeitungsprozessen und ihnen entsprechende Betriebsarten von Software-Systemen

Die nächst höhere Stufe, d. h. die Eignungsbreite 2, haben Software-Systeme erreicht, sofern sie zwei der hier abgegrenzten Betriebsarten realisieren. Dies trifft theoretisch für (6 über 2) Typen von Software-Systemen, in der Realität aber nur für 2 Typen zu, nämlich (vgl. Abbildung 19):

Typ 2: Software-Systeme, die die Betriebsart AII und daher inklusive auch die Betriebsart AI realisieren. Es handelt sich um Software-Systeme, die als Multiprogramming-Systeme mehrere Prozesse verzahnt nebeneinander durchführen können, deren Ergebnisse erst nach Prozeßabschluß weiterverwendet werden.

Typ 3: Software-Systeme, die die Betriebsart BIa und daher inklusive auch die Betriebsart AI realisieren. Derartige Software-Systeme sind als Realzeit-Systeme sowohl zur Steuerung von Realzeit-Prozessen, sofern diese Prozesse zu vorgegebenen Zeitpunkten anfallen, als auch zur Verarbeitung von Nicht-Realzeit-Prozessen geeignet. In beiden Fällen handelt es sich um Einprogramm-Betrieb.

Die vorletzte Stufe dieser Rangordnung, d. h. die Eignungsbreite 3, erreichen Software-Systeme, die vier der hier abgegrenzten Betriebsarten realisieren. Dies trifft theoretisch für (6 über 4) Typen von Software-Systemen, in der Realität aber nur für einen Typ zu, nämlich (vgl. Abbildungen 19 und 20):

Typ 4: Software-Systeme, die die Betriebsart BIb und daher inklusive auch die Betriebsarten BIa, AI und AII realisieren.

Derartige Software-Systeme sind häufig als Time-Sharing-Systeme (= Mehrprogrammbetrieb nach dem Zeitteil-Verfahren) zur Realzeit-Steuerung und Nicht-Realzeit-Verarbeitung von Prozessen geeignet, die zu vorgeplanten Zeitpunkten anfallen.

Die höchste Stufe, d. h. die Eignungsbreite 4, erreichen Software-Systeme, die alle sechs Betriebsarten realisieren können — anders ausgedrückt: der Typ 5 von Software-Systemen, der zur Betriebsart BIIb geeignet ist, ist damit gleichzeitig auch zur Realisierung aller übrigen Betriebsarten geeignet.

Derartige Software-Systeme sind beispielsweise als Time-Sharing-Systeme zur Realzeit-Steuerung und zum Nicht-Realzeit-Betrieb aller abgegrenzten Teilklassen von Prozessen geeignet.

Mischformen der hier abgegrenzten Typen, z. B. Multiprogramming-Systeme, bei denen ein oder mehrere Bereiche des Hauptspeichers im Realzeit-Betrieb genutzt werden, während in den anderen Hauptspeicherbereichen im Nicht-Realzeit-Betrieb gearbeitet wird, gibt es ebenfalls. Sie könnten auf der Skala der Eignungsbreite jeweils eine Stufe höher eingeordnet werden, als der höchste in ihnen vertretene reine Typ.

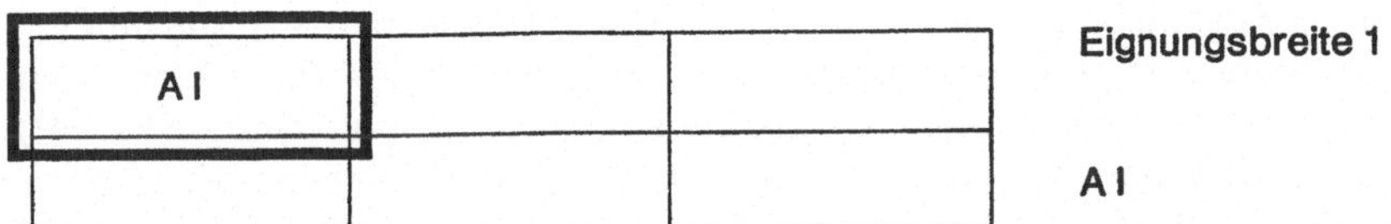

Typ 1: Software-Systeme für Nicht-Realzeit-Betrieb bei gleichzeitigem Einprogramm-Betrieb

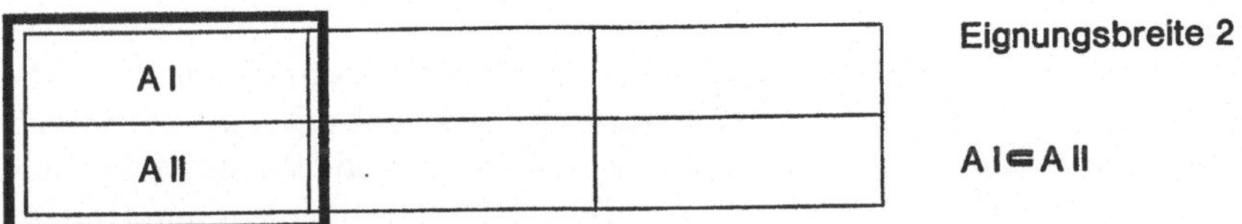

Typ 2: Software-Systeme für Nicht-Realzeit-Betrieb bei gleichzeitigem Mehrprogramm-Betrieb

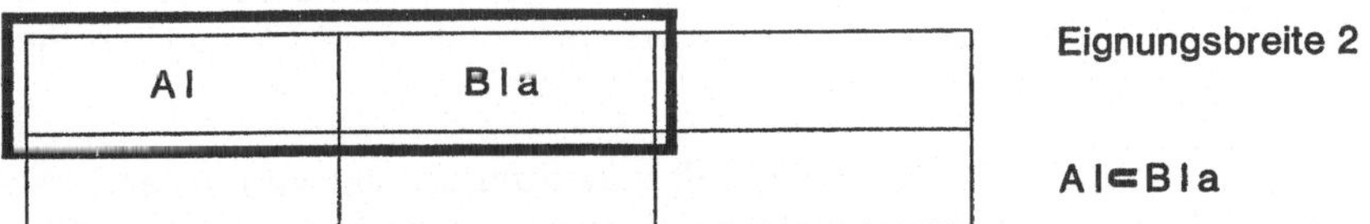

Typ 3: Software-Systeme für „vorgeplanten" Realzeit-Betrieb und Nicht-Realzeit-Betrieb bei gleichzeitigem Einprogramm-Betrieb

Typ 4: Software-Systeme für „vorgeplanten" Realzeit-Betrieb und Nicht-Realzeit-Betrieb bei gleichzeitigem Mehrprogramm-Betrieb

Typ 5: Software-Systeme für alle Arten von Realzeit-Betrieb und Nicht-Realzeit-Betrieb bei gleichzeitigem Mehrprogramm-Betrieb

Abb. 20 Typen von Software-Systemen, charakterisiert durch ihre Eignungsbreiten

Die formalen Zusammenhänge sind in Abbildung 20 schematisch zusammengefaßt. Die Skala für die Eignungsbreite mit dem minimalen Wert 1 und dem maximalen Wert 4 ist eine objektive Ordinalskala bzw. topologische Skala[105], für die das Indifferenz-Kriterium erfüllt ist[106]. Eine Skalierung, die für die unterschiedlichen Typen von Software-Systemen, denen die Skalenwerte 2 zugeordnet wurden, ebenfalls unterschiedliche Skalenwerte findet, ist zwar ohne weiteres möglich, müßte sich aber auf subjektive Bewertungskriterien stützen. Bei der hier vorgeschlagenen Skala werden bewußt nur objektive Kriterien benutzt.

Die Teilkomponente „selektive Anpassungsfähigkeit" beruht ebenso wie die Teilkomponente „additive Anpassungsfähigkeit" auf technischen Voraussetzungen, die bei allen Einzelfunktionen gegeben sein müssen, die entweder herausgeschnitten oder hinzugefügt werden sollen. Die Einzelfunktionen müssen so konstruiert sein, daß eine Anpassung im obigen Sinne möglich ist, ohne daß sich störende und/oder zerstörende Rückwirkungen auf andere Funktionen des Systems ergeben. Dies führt zur außerordentlich komplexen Problematik der Gestaltung von Programm-Interfaces, die im allgemeinen heute unter dem Begriff „Modularität" erörtert wird, hier aber nicht näher untersucht werden kann[107].

Eine objektive Messung der beiden Teilkomponenten „selektive und additive Anpassungsfähigkeit" ist nicht möglich, weil diese Eigenschaften an die Einzelfunktionen gebunden sind, die herausgeschnitten oder hinzugefügt werden sollen. Aus diesem Grunde ergeben sich die gleichen Meßprobleme wie bei den Funktionen selbst. (Vgl. dazu Punkt (6) Qualitätskomponente „Funktionale Fähigkeiten".) Möglich erscheint dagegen die Bildung subjektiver topologischer Skalen.

Beispiel:

Man bildet zwei getrennte Skalen mit den Werten

- ① unterdurchschnittlich (unbefriedigend) → unterer Wert
- ② durchschnittlich (befriedigend) → mittlerer Wert
- ③ überdurchschnittlich (gut bzw. sehr gut) → oberer Wert

für selektive und für additive Anpassungsfähigkeit. Die Merkmale dafür, wann ein Wert gegeben ist, werden subjektiv festgelegt. Dies kann z. B. folgendermaßen geschehen:

---

105) Vgl. Szyperski, Norbert: Zur Problematik der quantitativen Terminologie.., a. a. O., S. 65 f.

106) Vgl. Adam, A.: Messen und Regeln ..., a. a. O., S. 19 ff.

107) Vgl. Altman, Stanley M.; Lo, Arthur W.: Systematic design for modular realization of control functions. In: AFIPS Conference Proceedings, Vol. 34 / SJCC 1969, S. 587—595; ebenso Constantine, Larry: A modular approach to program optimization. In: Computers and Automation, März 1967, S. 35—37; ebenso Mc Ilroy, M. D.: Mass-produced software components. In: Software Engineering, a. a. O., S. 138—150.

(a) Jede Funktion, die herausgeschnitten oder ergänzt werden kann, wird —
unabhängig von ihrem Inhalt — mit einem Punkt bewertet. Beim Vergleich
der Ausprägungen für die beiden Teilkomponenten in verschiedenen Software-Systemen erhält man eine durchschnittliche Punktzahl. Alle um diese
Punktzahl oszillierenden Ausprägungen werden als durchschnittliche selektive bzw. additive Anpassungsfähigkeit interpretiert, alle darunter liegenden Ausprägungen als unterdurchschnittlich usw.

(b) Bevor die unter (a) beschriebene Punkt-Bewertung erfolgt, kann eine Gewichtung der Funktionen nach einer bestimmten subjektiven Nutzenfunktion (vgl. Abschnitt D I b) vorgenommen werden, so daß eine Reihe von
herausschneidbaren bzw. ergänzbaren Funktionen mit mehr als einem
Punkt bewertet wird.

Sowohl die Kombination der Schritte (a) und (b) als auch das Vorgehen nach
(a) beruht auf subjektiven Vorstellungen der Systementwickler und wird daher
zu Entscheidungen führen, die nur für einen Teil der zukünftigen Benutzer
akzeptabel sind. Die Beantwortung der Frage, ob es sich dabei (im Sinne der
Zielkonzeption der Entwickler) um den überwiegenden Teil der Benutzer handelt, setzt empirische Erhebungen beim Benutzer voraus. Bisher ist nicht bekannt geworden, daß derartige Erhebungen vor und/oder während der Entwicklung genereller Software-Systeme durchgeführt worden sind.

Die Qualitätskomponente „Flexibilität" zeigt wesentliche Rückwirkungen
auf andere Qualitätskomponenten und Variablen des Entscheidungsprozesses
zur Gestaltung genereller Software-Systeme. Am wichtigsten dürften die
Konsequenzen sein, die sich im Hinblick auf die einzusetzenden Ressourcen-
Kombinationen ergeben. Die Realisierung eines hohen Flexibilitätskoeffizien-
ten[108]) verursacht erhebliche Kosten, die vor allem aufgrund des Einsatzes von
zusätzlichen menschlichen und maschinellen Ressourcen zur Erhöhung der
Anzahl von Programm-Interfaces[109]) und zur Ausdehnung der Eignungsbreite
von bereits im Ansatz existierenden generellen Software-Systemen entstehen. Je höher die Flexibilität, um so mehr Ressourcen sind im allgemeinen einzusetzen, um eine befriedigende Zuverlässigkeit des Software-
Systems zu realisieren[110]), um so höher sind außerdem die Anforderungen an

---

108) Ein derartiger Flexibilitätskoeffizient könnte durch Kombination der untersuchten
drei Teilkomponenten gebildet werden.

109) Der Begriff „Interface" wird hier absichtlich nicht übersetzt, weil es in der
deutschen Sprache nach Meinung des Verfassers keinen entsprechenden Begriff gibt,
der die hier vorliegenden Sachverhalte „Anschlußstelle" und „Schnittstelle" zusammenfassend wiedergibt.

110) Beispiele für diesen Zusammenhang sind einige der in der oben entwickelten
Skala für die Eignungsbreite am höchsten bewerteten Time-Sharing-Systeme mit Real-
Time-Eigenschaften, die von ihren Herstellern fast vollständig wieder aus dem Markt
gezogen werden mußten, weil kein ausreichender Grad von Zuverlässigkeit garantiert
werden konnte. Vgl. Schuff, H. K.: Paging 67. In: Elektronische Datenverarbeitung,
Heft 6/1967, S. 237 f. Vgl. ebenso o. Verf.: IBM phases out work on showcase TSS effort.
In: DATAMATION, Sept. 1st, 1971, 58 f.

den Benutzer und um so höher ist der Aufwand, um in der Phase der System-Konfigurierung ein effektives, auf spezielle Bedürfnisse abgestimmtes Software-System zu erzeugen. Zusammenfassend kann festgehalten werden, daß die Qualitätskomponente „Flexibilität" keinen „Wert an sich" darstellt, der zu maximieren wäre, sondern daß sie immer in Relation zu einer Vielzahl anderer Faktoren gestaltet werden muß.

(7) Qualitätskomponente „Verhalten der Funktionen im Hardware-System"

Diese Komponente zerfällt in eine Reihe von Teilkomponenten, von denen hier die drei wesentlichsten erörtert werden:

(a) Verhalten in den Speichern

(b) Verhalten in der Zentraleinheit

(c) Verhalten in der Peripherie

Zu (a): Jede programmierte Funktion beansprucht Speicherplatz. Hierbei ist zu unterscheiden zwischen permanentem Sekundärspeicherbedarf und temporärem Hauptspeicherbedarf. Die Funktionen der Funktionsgruppe „Überwachen, Steuern, Koordinieren" sind im ständigen Einsatz. Da sie den Ablauf aller übrigen Funktionen regeln, residieren sie permanent im Hauptspeicher. Dies gilt auch für einige der zu anderen Funktionsgruppen gehörenden Funktionen. Alle übrigen Einzelfunktionen des Software-Systems benutzen eine fixe Partition[111] oder eine innerhalb bestimmter Grenzen variable Region[112] des Hauptspeichers, in die sie immer dann übertragen werden, wenn sie zur Ausführung benötigt werden.

Die in Speicherstellen (z. B. Bytes) oder Speicherworten gemessene Größe der für die Funktionen des Software-Systems benötigten Speicher-Bereiche kann zu jedem Zeitpunkt der Ausführung z. B. mit Hilfe von sogenannten accounting routines = „Buchhaltungsprogrammen" festgestellt werden[113]. Daraus er-

---

111) Software-Systeme mit fixer Partition-Größe sind im allgemeinen weniger komplex, aber auch weniger flexibel als Software-Systeme mit variabler Partition-Größe. Sie erlauben z. B. lediglich eine Multiprogrammierung mit fixer Anzahl von „gleichzeitig" ablaufenden Programmen. Beispiel: das „Operating System with a fixed number of tasks" für das IBM System/360. Vgl. IBM Corp. (Hrsg.): IBM System/360 Operating System. Concepts and Facilities, a. a. O., S. 47 f.

112) Software-Systeme mit variabler Region-Größe bieten den Vorteil einer flexiblen Anpassung an eine sich schnell verändernde Aufgaben-Situation. Da die zu ihrer Überwachung und Steuerung notwendigen Funktionen sehr komplex und umfangreich sind, stellen derartige Systeme außerordentlich hohe Ansprüche an die Kapazität des Hardware-Systems. Vgl. IBM Corp. (Hrsg.): IBM System/360 Operating System. Concepts and Facilities, a. a. O., S. 48 f.

113) Zu den Möglichkeiten der Messung von Speicheraufwand vgl. Campbell, D. J.: Heffner, W. J.: Measurement and analysis of large operating systems during system development, a. a. O., S. 903—914; ebenso Wilkens, M. V.: A model for core space allocation in a time-sharing system. In: AFIPS Conference Proceedings, Vol. 34 / SJCC 1969, S. 265 ff. Die Größe des Sekundärspeicher-Bedarfs entspricht der Summe der Bedarfe aller Einzelfunktionen. Diejenige Sekundärspeichereinheit, auf der die Funktionen des Software-Systems gespeichert sind, wird häufig als „System-Residenz" bezeichnet.

geben sich zahlreiche Moment-Aufnahmen des Speicherverhaltens der Funktionen. Aus den Einzelergebnissen läßt sich ein statistischer Durchschnitt bilden, der einerseits auf den mittleren Hauptspeicher-Bedarf, andererseits auf die mittlere Ausnutzung unterschiedlicher Sekundärspeichermedien (z. B. zur Speicherung von Zwischenergebnissen usw.) schließen läßt[114]).

Bei Messung des Speicher-Verhaltens der Funktionen mit Hilfe der hier genannten kardinalen Skalen (= Stückskalen)[115]) „Speicherstellen" bzw. „Speicherworte" werden gleichzeitig auch Aussagen über den Ausnutzungsgrad der verwendeten Speicher erzeugt, sofern man das Verhältnis des benutzten Speicherplatzes zum insgesamt verfügbaren bildet.

Der Systementwickler strebt tendenziell danach, Funktionen mit möglichst geringem Speicherbedarf zu entwickeln. Gleichzeitig bemüht er sich um einen möglichst hohen Speicher-Ausnutzungsgrad. Die Verträglichkeit zwischen diesen beiden an sich gegensätzlichen Forderungen wird erreicht durch das übergeordnete Streben nach Realisierung und Bereitstellung einer möglichst großen Funktionen-Menge.

Zu (b): Das Verhalten der Funktionen in der Zentraleinheit wird abgebildet durch die Zeitspannen, in denen die Zentraleinheit (= CPU) [116]) mit der Abwicklung der einzelnen Funktionen beschäftigt ist. Diese werden im folgenden kurz als CPU-Zeiten bezeichnet. Zur Messung der CPU-Zeit von Funktionen bzw. Routinen, die in einem bestimmten Hardware/Software-System zum Ablauf gebracht werden, sind eine Reihe von Meßgeräten und -routinen entwickelt worden[117]). Voraussetzung ist ein hardwaremäßig realisierter Zeitgeber (Timer), der von den Meßgeräten bzw. -routinen abgefragt wird, sobald eine Funktion oder eine Routine beendet ist.

Ein Meßprogramm arbeitet normalerweise nur für die Zentraleinheit, für die es geschrieben wurde, während ein Hardware-Meßmonitor so konstruiert wer-

---

114) Hierbei wäre zu unterscheiden zwischen dem Hauptspeicher-Ausnutzungsgrad und unterschiedlichen Sekundärspeicher-Ausnutzungsgraden in Abhängigkeit von Menge und Art der verwendeten Sekundärspeicher.
Entscheidende Bedeutung kommt diesen Parametern in Time-Sharing-Systemen zu. Vgl. Brawn, Barbara S.; Gustavson, Frances G.: Program behavior in a paging environment. In: AFIPS-Conference Proceedings. Vol. 33 / Part 2 / FJCC 1968, S. 1019—1032; ebenso Steel, Thomas B. Jr.: Multiprogramming — promise, performance and prospect. In: AFIPS-Conference Proceedings. Vol. 33 / Part 1 / FJCC 1968, S. 99—103. Vergl. dazu ebenfalls die Ausführungen in Abschnitt D III c.

115) Zu den Merkmalen von kardinalen Skalen und „Stückskalen" vgl. Szyperski, Norbert: Zur Problematik der quantitativen Terminologie..., a. a. O., S. 66; ebenso Pfanzagl, J.: Die axiomatischen Grundlagen einer allgemeinen Theorie des Messens, a. a. O., S. 21.

116) Abkürzung für central processing unit.

117) Vgl. Calingaert, Peter: System Performance Evaluation: Survey and Appraisal, a. a. O., S. 18; ebenso Boole & Babbage Inc. (Hrsg.): System-Measurement Software SMS/360. Problem Program Efficiency (PPE). Product Description. Palo Alto (Calif.) 1969; ebenso Cantrell, H. N.; Ellison, A. L.: Multiprogramming system performance measurement and analysis. In: AFIPS Conference Proceedings. Vol. 32 / SJCC 1968, S. 213—221.

den kann, daß er eine beliebige Zahl unterschiedlicher ADV-Systeme mißt. Ein Meßprogramm interferiert sowohl mit den Speicher-Anforderungen, als auch mit dem Zeitverhalten des gemessenen Benutzerprogrammes, während ein Hardware-Meßmonitor so angesetzt werden kann, daß er nicht interferiet. Ein Nachteil des Hardware-Meßmonitors besteht darin, daß er die CPU-Zeit pauschal mißt und nicht zwischen „produktiver" und „unproduktiver" Zeit trennen kann[118]). (Die Begriffe „produktiv" und „unproduktiv" werden weiter unten definiert.)

Prinzipiell sind die zur Messung des Zeitbedarfs von Benutzer-Programmen geschaffenen Hilfsmittel auch bei der Entwicklung von Software-Systemen anwendbar. Meist reichen sie jedoch für diesen Spezialzweck nicht aus[119]). Im allgemeinen werden Meßprogramme bzw. Meßgeräte so konstruiert, daß sie nicht nur einem einzigen Zweck, z. B. der Messung der CPU-Zeit dienen, sondern mehrere unterschiedliche Messungen vornehmen. So werden z. B. häufig gleichzeitig mit der CPU-Zeit die Zeiten für die Belegung der Kanäle (getrennt nach unterschiedlichen peripheren Geräten) gemessen[120]).

Entscheidend für die Phase der System-Entwicklung dürften diejenigen Meßverfahren sein, die es erlauben, zwischen den verschiedenen Arten produktiver und unproduktiver CPU-Zeit zu differenzieren[121]). Als produktive Zeit wird hier die CPU-Zeit bezeichnet, die zum kontinuierlichen (bzw. in Abschnitten kontinuierlichen) Ablauf aller Arten von in Software-Form existierenden Funktionen bzw. Routinen benötigt wird. Diese entspricht keineswegs der Gesamtzeit. Die Gesamtzeit t_G zerfällt zunächst in die Zeit t_A, in der die Zentraleinheit aktiv an irgendeiner Funktion arbeitet und in die Zeit t_W, in der die Zentraleinheit inaktiv ist, d. h. sich im Warte-Zustand befindet, z. B. weil sie auf die Beendigung irgendeines Ereignisses in der Peripherie wartet.

$$t_G = t_A + t_W$$

Die aktive Zeit t_A besteht aus der produktiven Zeit t_P und der Zeit t_H, in der die Zentraleinheit interne, meist hardwaremäßig fixierte Verarbeitungsschritte durchführt.

$$t_A = t_P + t_H$$

Die Zeitspanne t_H gliedert sich z. B. bei Multiprogramming- und Time-Sharing-Systemen in einen Anteil t_U — Zeit zur Verarbeitung von Unterbrechungen, in einen Anteil t_S — Zeit für den Austausch von Programmen zwischen Hauptspeicher und Sekundärspeicher (Rollin/Rollout/Swapping) und in einen Anteil

---

118) Vgl. Apple, C. T.: The program monitor, a device for program performance measurement. In: Proceedings of 20th ACM National Conference. Princeton (N. J.) 1965, S. 65—75; ebenso Calingaert, Peter: System Performance Evaluation..., a. a. O., S. 18.

119) Vgl. Campbell, D. J.; Heffner, W. J.: Measurement and analysis of large operating systems during system development, a. a. O., S. 903 ff.

120) Vgl. Cantrell, H. N.; Ellison, A. L.: Multiprogramming system performance measurement and analysis, a. a. O., S. 214 f.

121) Vgl. Campbell, D. J.; Heffner, W. J.: Measurement and analysis..., a. a. O., S. 905 f.

t_K — Zeit für das Komprimieren von Programmen, d. h. für ein internes Zusammenschieben von Programmen zur Optimierung der Hauptspeicherausnutzung.

$$t_H = t_U + t_S + t_K$$
$$t_P = t_G - t_W - (t_U + t_S + t_K)$$

Der Zeitanteil t_W ist im wesentlichen von einer sinnvollen Zusammensetzung der zu lösenden Benutzerprogramme abhängig. (Vgl. dazu die Ausführungen in Abschnitt D III c.) Der Zeitanteil t_H kann durch die Software-Entwicklung nur indirekt beeinflußt werden. Der Zeitanteil t_H ist um so größer, je komplexer das System ist, d. h. je mehr funktionale Fähigkeiten angeboten werden. Die Funktionen des Software-Systems laufen jedoch nicht in t_H, sondern in t_P ab, so daß t_P unterteilt werden kann in:

t_{PS} = Zeit für Ausführung von Funktionen des Software-Systems

t_{PB} = Zeit für Ausführung von Benutzerfunktionen.

$$t_P = t_{PS} + t_{PB}$$

Diese Einteilung der produktiven CPU-Zeit orientiert sich an den Aspekten der Software-System-Entwicklung. Unter diesem Gesichtspunkt ist es gerechtfertigt, die Zeit t_{PS} als produktive Zeit zu betrachten[122].

Die Messung und Bewertung von t_{PS} in der Entwicklung eines generellen Software-Systems setzt voraus, daß eine den späteren Benutzer-Verhältnissen entsprechende Aufgabenmenge und -verteilung zugrunde gelegt wird. Die Zeit-Messung einzelner Funktionen ist zwar möglich (z. B. nach Abschluß des Teststadiums), führt aber kaum zu entscheidungsrelevanten Erkenntnissen, da die Einzelfunktionen in der Realität meist nicht separat, sondern verzahnt mit anderen Funktionen (z. B. mit Benutzerprogrammen) ablaufen[123]. Daher sind die Meß-Ergebnisse für die in t_{PS} zusammengefaßten Software-Funktionen immer mit Blick auf die Erfordernisse der in t_{PB} zusammengefaßten Benutzerfunktionen zu interpretieren. Grundsätzlich gilt: Bei konstanten Benutzerfunktionen ist t_{PS} zu minimieren bzw. bei Zunahme der Benutzerfunktionen möglichst konstant zu halten[124].

---

122) Diesen Standpunkt werden *Benutzer* des Systems meist nicht einnehmen, d. h. sie werden im allgemeinen t_{PS} und t_H als „unproduktive" und nur t_{PB} als „produktive" Zeit betrachten.
Vgl. dazu im einzelnen die Überlegungen in Abschnitt D III c.

123) Eine andere Situation ergibt sich, wenn man die Ebene der Einzelfunktionen verläßt und die darunter liegenden Ebenen der Routinen oder Instruktionen untersucht. Dann lassen sich die zugehörigen Zeit-Abschnitte von t_{PS} wahrscheinlich unabhängig von den entsprechenden t_{PB}-Abschnitten untersuchen.

124) Wesentliche Beziehungen, die hier allerdings nicht näher erläutert werden können, bestehen zwischen dem Zeit-Verhalten und dem Speicher-Verhalten der Software-Funktionen. Ein Beispiel dafür sind die Übersetzerfunktionen. Übersetzerprogramme mit hohem Hauptspeicherbedarf realisieren Übersetzungen von Benutzerprogrammen mit relativ geringer CPU-Zeit-Belastung. Umgekehrt brauchen Übersetzer mit geringem Hauptspeicherbedarf relativ längere CPU-Zeit zur Übersetzung.

Zu (c): Das „Peripherie-Verhalten" ist durch die Anforderungen gekennzeichnet, die die Funktionen des generellen Software-Systems an die Peripherie des
ADV-Systems stellen. Diese Anforderungen können gegliedert werden in:

- Konfigurations-Anforderungen
- kapazitive Anforderungen
- zeitliche Anforderungen

Ein generelles Software-System setzt im allgemeinen eine bestimmte Minimal-
Konfiguration bezüglich der peripheren Geräte voraus, d. h. bestimmte Funktionen, z. B. Test- und Wartungsfunktionen, laufen nur dann fehlerfrei ab,
wenn einige genau spezifizierte periphere Geräte zur Konfiguration des jeweiligen ADV-Systems gehören. Selbst wenn Benutzer eins oder mehrere dieser
peripheren Geräte zur Erfüllung ihrer Informationsverarbeitungsaufgaben
nicht benötigen, sind sie gezwungen, die Forderungen hinsichtlich der minimalen peripheren Konfiguration zu erfüllen[125]). Welche Geräte zu dieser Mini-
malkonfiguration gehören, wird durch die Entscheidung der Software-System-
Entwickler festgelegt.

Unabhängig von den Minimalanforderungen, die erfüllt sein müssen, damit
bestimmte Software-Funktionen überhaupt ablaufen können, sind unter Umständen kapazitive Anforderungen an die Peripherie zu stellen, um das Poten-
tial einzelner Funktionen voll ausnutzen zu können. Als Beispiel mögen hier
die Funktionen Sortieren und Mischen dienen[126]). Der Systementwickler hat
bei seinen Entscheidungen zu berücksichtigen, daß eine maximale Auslegung
einzelner Funktionen unter Umständen nicht sinnvoll ist, weil ihre spätere
Ausnutzung außerordentlich hohe Anforderungen an die Kapazität der Hard-
ware-Peripherie stellt, Anforderungen, die vom „Normalbenutzer" nicht erfüllt
werden können.

Die Details des Peripherie-Verhaltens einzelner Funktionen können — genau
wie die Details des Speicher- und Zeit-Verhaltens — immer nur in Zusammenhang mit einer genau spezifizierten Menge von Informationsverarbeitungsaufgaben untersucht werden. Die zeitliche Beanspruchung einzelner peripherer
Geräte durch einzelne Software-Funktionen kann dabei meist ohne große
technische Schwierigkeiten mit Hilfe der bereits erwähnten Meßmonitoren
bzw. Meßprogramme gemessen werden. Fraglich bleibt jedoch, ob solche De-

---

125) Ein solcher Fall liegt beispielsweise bei einem Hersteller vor, der bei einem seiner
Betriebssysteme voraussetzt, daß jeder Benutzer mindestens ein Magnetbandgerät benutzt. Aus diesem Grunde gehört zumindest eine Magnetband-Steuereinheit zu den Minimalanforderungen des Betriebssystems an die Peripherie. Eine größere Anzahl von
Benutzern, die ausschließlich Magnetplatten-, Magnettrommel- oder Magnetstreifengeräte
verwendet, wird gezwungen, in ihrer Konfiguration eine (völlig unproduktive) Magnetband-Steuereinheit zu haben.

126) Diese Funktionen gehören üblicherweise zu den systeminduzierten Standardprogrammen und sind in einer großen Zahl von „Software-Systemen" vorhanden. Die hier
gemeinten „Auslegungs-Unterschiede" bestehen z. B. im Hinblick auf die Variationsbreite
der je nach Problemstellung auszufüllenden Parameter.

tails, deren Messung unter Umständen recht aufwendig ist, nachhaltig zur Optimierung der Software im Rahmen der System-Entwicklung beitragen. Im allgemeinen wird es genügen, die zeitliche Belastung von Kanälen und Steuereinheiten, die als Interfaces zwischen die eigentliche Peripherie und die Zentraleinheit geschaltet sind, zu messen. Prinzipiell besteht hier — wie auch beim Zeit- und Speicher-Verhalten — das Bestreben, die zeitliche Belastung dieser Interfaces zu minimieren.

Zusammenfassend kann festgestellt werden:

● Das Verhalten der Software-Funktionen im Hardware-System ist eine wesentliche Entscheidungsvariable bei der Entwicklung genereller Software-Systeme.

● Diese Komponente kann durch eine Reihe von metrischen (Zeit) bzw. kardinalen (Speicherplatz) Maßstäben gemessen werden.

● Voraussetzung für alle Entscheidungen sind genau spezifizierte Aufgaben-Konfigurationen.

● Bei unterschiedlichen Aufgaben-Konfigurationen streuen die gemessenen Resultate hinsichtlich der untersuchten drei Teilkomponenten unter Umständen erheblich. Hier hilft vielleicht die Abgrenzung bestimmter Bandbreiten.

(8) Qualitätskomponente „Zuverlässigkeit"

Diese Komponente kann auch als die „Eigenschaft, nicht fehlerhaft zu sein", bezeichnet werden. Damit wird gleichzeitig auf den kausalen Zusammenhang zwischen Software-System-Fehlern und Zuverlässigkeit hingewiesen.

Im Gegensatz zum Hardware-System, dessen materielle Elemente bei Benutzung einem natürlichen Verschleiß ausgesetzt sind, der Ursache für viele Fehler ist, unterliegt ein Software-System keinem materiellen Verschleiß. Software-System-Fehler sind von Anfang an im System, d. h. sie werden ohne Absicht „eingebaut". Zur Entdeckung dieser „eingebauten" Fehler dienen umfangreiche Testsysteme, die während der Entwicklung eines generellen Software-Systems benutzt werden[127]). Meist gelingt es jedoch nicht, ein vollständig fehlerfreies, d. h. völlig zuverlässiges System zu entwickeln. Fachleute der Entwicklung genereller Software-Systeme behaupten sogar, daß es bei Überschreiten einer bestimmten Menge von funktionalen Fähigkeiten (und der damit verbundenen Komplexität des Software-Systems) mit Hilfe der gegenwärtig bekannten organisatorischen Methoden nicht mehr möglich sei, die Ent-

---

127) Nash, J.: Lome problems of management in production of large scale software systems, a. a. O., S. 76; ebenso Trapnell, F. M.: A systematic approach to the development of system programs. In: AFIPS Conference Proceedings. Vol. 34 / SJCC 1969, S. 417 f.; ebenso Balzer, R. M.: EXDAMS — Extendable Debugging And Monitoring System. In: AFIPS Conference Proceedings. Vol. 34 / SJCC 1969, S. 567—580; ebenso Llewelyn, A. I. and Wickens, R. F.: The testing of computer software. In: Software Engineering, a. a. O., S. 189—197.

wicklungsphase mit der Freigabe eines fehlerfreien Systems abzuschließen[128]). Diese Behauptung wird einerseits gestützt durch umfangreiche praktische Erfahrungen, die in den vergangenen 5 Jahren von den Benutzern vieler genereller Software-Systeme gemacht worden sind. Andererseits liefert auch die Theorie genügend Beweise dafür, daß die Anwendung analytischer Methoden zum systematischen Austesten von Systemen hoher Komplexität aufgrund der riesigen Anzahl möglicher unterschiedlicher Kombinationen zwischen den System-Elementen zu einem so hohen Aufwand führt, daß er in praxi nicht mehr bewältigt werden kann. An Stelle von analytischen Methoden werden daher immer häufiger experimentelle Methoden verwendet[129]).

Aus diesen Tatsachen ist die Schlußfolgerung zu ziehen, daß der Prozeß des Fehler-Suchens und -Eliminierens (debugging) auch nach Abschluß der Software-Entwicklung fortgesetzt werden muß. Zu diesem Zweck unterhalten die Produzenten von Software-Systemen umfangreiche Wartungs- bzw. System-Pflege-Gruppen, durch die die bereits zur Benutzung freigegebenen Systeme ständig auf Fehler untersucht und verbessert werden[130]). Diese institutionalisierten Wartungsgruppen erhalten wertvolle Unterstützung durch die Benutzer, die eine große Zahl von Fehlern und Mängeln aufdecken.

Auf der Suche nach einem Maßstab für die Zuverlässigkeit eines generellen Software-Systems soll hier zunächst ein Ansatz von Schwab verfolgt werden[131]), der zur Bestimmung der „erwarteten Fehlerrate" eines Programmier-Systems[132]) entwickelt wurde. Dabei wird davon ausgegangen, daß durch jeden Fehler, der gefunden und korrigiert wird, die Zuverlässigkeit des Systems erhöht wird[133]). Da Schwab annimmt, daß die Zahl der entdeckten und korrigierten Fehler in etwa proportional mit der Testzeit zunimmt, findet gleichzeitig eine in etwa proportionale Erhöhung der Zuverlässigkeit statt.

---

128) Vgl. Licklider, J. C. R.: Underestimates and overexpectations, a. a. O., S. 48—52; ebenso Foy, Nancy S.: Systems and their computers. In: DATAMATION, Oktober 1967, S. 57—60.

129) Vgl. Llewelyn, A. I. and Wickens, R. F.: The Testing of Computer Software, a. a. O., S. 193.

130) Die Wartungsintensität des Software-Produzenten könnte u. U. als selbständige Qualitätskomponente genereller Software-Systeme betrachtet werden. Die Komponente „Zuverlässigkeit" repräsentiert immer nur den bis zum Zeitpunkt X erreichten status quo hinsichtlich der Fehlerfreiheit bzw. des Fehlerbehaftetseins eines Systems. Durch Einbeziehung der Wartungsintensität würde dem dynamischen Aspekt Rechnung getragen.

131) Vgl. Schwab, Bernhard Joachim: Economic evaluation and selection of electronic data processing systems. Working Paper No. 128, Western Management Science Institute. University of California, Los Angeles 1967, S. 55—58.

132) Schwab spricht nicht vom Software-System, sondern vom „programming system". Damit dürfte nicht das gesamte Betriebssystem gemeint sein, sondern nur derjenige Teil (z. B. Compiler einschließlich Input/Output-Control-System), der zum Programmieren eines bestimmten Problems mit Hilfe einer bestimmten Programmiersprache notwendig ist. Dennoch scheint sein Ansatz prinzipiell auch auf das Betriebssystem als Gesamtheit übertragbar.

133) Vgl. Schwab, Bernhard Joachim: Economic evaluation . . ., a. a. O., S. 55.

Zu einem bestimmten Zeitpunkt enthalte das hier untersuchte generelle Software-System j Fehler e_i : i = 1,2,3, . . . , j. Die Wahrscheinlichkeit, daß der i-te Fehler in der Testzeit Δt gefunden wird, sei α_i (α_i = Const. im Zeitraum Δt). Als zusammengesetzte Fehlerrate (composite failure rate) des Software-Systems im Zeitraum Δt ergibt sich somit:

$$\alpha = \sum_{i=1}^{j} \alpha_i \tag{1}$$

Der erwartete Zeitraum, in dem ein Fehler auftritt, beträgt:

$$\bar{t}_f = \frac{1}{\alpha} \tag{2}$$

Nachdem der erste Ausfall aufgetreten ist, nimmt α ab, wenn der Fehler, der den Ausfall verursacht hat, korrigiert wird.

$p(e_k)$ = Wahrscheinlichkeit, daß der erste Ausfall durch den Fehler e_k verursacht worden ist.

$$p(e_k) = \frac{\alpha_k}{\alpha} \tag{3}$$

Die zusammengesetzte Fehlerrate nach Korrektur von e_k beträgt:

$$\alpha' = \sum_{i=1}^{j} \alpha_i - \alpha_k \tag{4}$$

Die erwartete Fehlerrate nach Korrektur von e_k ist dann:

$$\bar{\alpha}' = \sum_{k=1}^{j} \left[p(e_k) \cdot \left(\sum_{i=1}^{j} \alpha_i - \alpha_k \right) \right] \tag{5}$$

$$\bar{\alpha}' = \frac{\sum_{k=1}^{j} \left[\alpha_k \cdot \left(\sum_{i=1}^{j} \alpha_i - \alpha_k \right) \right]}{\sum_{k=1}^{j} \alpha_k} \tag{6}$$

$$\bar{\alpha}' = \alpha \left[1 - \frac{\sum_{k=1}^{j} \alpha_k^2}{\alpha^2} \right] \tag{7}$$

Die erwartete Abnahme der Ausfallwahrscheinlichkeit nach dem durch e_k verursachten Ausfall beträgt somit [134]:

$$\alpha - \bar{\alpha}' = \frac{\sum_{k=1}^{j} \alpha_k^2}{\alpha} \tag{8}$$

Formal erscheint dieser Ansatz durchaus fruchtbar. Er ist aber praktisch nur dann zur Ableitung eines dynamisch (mit den Korrekturen) gleitenden Zuverlässigkeitskoeffizienten geeignet, wenn Anzahl und Art der in einem Software-System enthaltenen Fehler statistisch bestimmt werden können. Diese

---

134) Vgl. Schwab, Bernhard Joachim: Economic evaluation . . ., a. a. O., S. 57.

Voraussetzung ist nicht gegeben, weil fast jedes neu zu gestaltende Software-System die Systementwickler vor eine völlig neue Situation stellt. Selbst wenn man Anzahl und Art der Fehler vorausschätzen könnte, würde die notwendige Bestimmung der Wahrscheinlichkeiten, mit denen die einzelnen Fehler auftreten, die Systementwickler vor unlösbare Aufgaben stellen.

Wenn die Qualitätskomponente „Zuverlässigkeit" bei der System-Entwicklung variiert werden soll, so erscheint dies nur mit Hilfe von globalen Einflußgrößen möglich.

Derartige Einflußgrößen sind:

(1) Verhältnis der Testzeit t_T zur Implementierungs- ($=$ Programmierungs-)zeit t_I eines generellen Software-Systems. Die Zeiten können in Mann-Tagen, Mann-Wochen, Mann-Monaten gemessen werden, obwohl dies bei ausgeprägten qualitativen Unterschieden unter Umständen zu falschen Ergebnissen führen kann[135]). Zumindest muß sichergestellt sein, daß für die zu Testarbeiten eingesetzten menschlichen Ressourcen der gleiche Qualitätsmix gilt, wie für die zur eigentlichen Implementierung eingesetzten[136]). Bei konstanter t_I ist dasjenige System tendenziell am zuverlässigsten, für das die höchste Testzeit t_T aufgewendet wurde. Bei variablem t_I ist dasjenige System tendenziell am zuverlässigsten, für das Verhältnis $\dfrac{t_T}{t_I}$ den höchsten Wert ergibt.

(2) Verhältnis von $\dfrac{t_T}{t_I}$ (t_T und t_I gemessen in Mann-Jahren) zum Umfang des Software-Systems (gemessen durch Anzahl der Maschinen-Instruktionen)[137]) und zur Eignungsbreite[138]). Je höher die Anzahl der Maschinen-Instruktionen und je höher die Eignungsbreite, einen um so höheren Wert muß der Quotient haben, wenn ein gleichbleibender Zuverlässigkeitsgrad erreicht werden soll.

(3) Art der zukünftigen Benutzer des generellen Software-Systems. Sofern es sich primär um Benutzer mit ausgeprägter eigener Gestaltungskapazität handelt (z. B. Forschungszentren), kann das Risiko einer relativ frühzeitigen Freigabe (das für den Benutzer durchaus auch Vorteile bietet) eher eingegangen werden, als bei Benutzern, die das ADV-System ausschließlich unter Dienstleistungsgesichtspunkten betrachten[139]).

---

135) Im Grunde genommen ist eigentlich nicht die Testzeit, sondern die Testproduktivität das einzig aussagefähige Kriterium. Diese würde man besser mit Anzahl und Art der durchgeprüften Testfälle messen. Vgl. dazu Nash, J.: Some problems of management . . ., a. a. O., S. 76.

136) Wie stark die Qualität des Personals variieren kann, dazu vgl. David, E. E. Jr.: Some thoughts about production . . ., a. a. O., S. 83; vgl. ebenfalls die Ausführungen unter Punkt (2) dieses Abschnittes.

137) Harr mißt nicht die Anzahl der Maschineninstruktionen, sondern die Anzahl der Maschinenworte. Vgl. Harr, J. A.: The design and production of real time software . . ., a. a. O., S. 28—29. Beide Verfahren haben gewisse Vor- und Nachteile, die allerdings hier nicht näher erörtert werden können.

138) Vgl. dazu die Ausführungen zur Qualitätskomponente „Flexibilität".

Durch Kombination der drei genannten Einflußgrößen zu einem subjektiven[140]) Zuverlässigkeitskoeffizienten ergibt sich für den Systementwickler ein Maßstab (topologische Skala), mit dessen Hilfe er die Qualitätskomponente „Zuverlässigkeit" aufgrund von Entscheidungen über die jeweilige Ausprägung dieses Koeffizienten variieren kann[141]).

(9) Qualitätskomponente „Dokumentationsniveau"

Die Dokumentation eines generellen Software-Systems zerfällt in zwei unterschiedliche Teilkomponenten, die beide von erheblicher Bedeutung für die Bewertung eines generellen Software-Systems sein können. Einerseits handelt es sich um die Dokumentation des Entwicklungsprozesses, d. h. um die Dokumentation der Entwicklungs-Entscheidungen und ihrer systemtechnischen Konsequenzen[142]), andererseits geht es um die Dokumentation des fertigen, freigegebenen Systems für die zukünftigen Benutzer[143]). Beide Teilkomponenten haben mehrere Attribute, z. B.:

(1) Genauigkeit der Dokumentation

(2) Vollständigkeit der Dokumentation

(3) Übersichtlichkeit der Dokumentation

(4) Übereinstimmung der Dokumentation mit allgemein verwendeten Standards

(5) Aktualität der Dokumentation (Problem des „Updating")

Für jedes dieser Attribute können in Abhängigkeit von vorher definierten Voraussetzungen Kennziffern gebildet werden, die dann zu einer einzigen Kennziffer — dem Dokumentationsniveau — zusammengefügt werden[144]).

---

139) Damit soll nicht zum Ausdruck gebracht werden, daß Anwender mit hoher Gestaltungsqualifikation bevorzugte Abnehmer von tendenziell unzuverlässigen Software-Systemen seien. Einige Anwender, auf die die o. g. Voraussetzungen zutreffen, sind aber von sich aus daran interessiert, noch nicht fehlerfreie Vorab-Versionen eines neuen Software-Systems zu erhalten, um den Lernprozeß ihres eigenen Personals bereits beginnen lassen zu können. Vgl. Genuys, F.: Diskussionsbeitrag zu „Initial System Release". In: Software Engineering ..., a. a. O., S. 103.

140) Der Koeffizient muß als subjektiv bezeichnet werden, weil es keine objektiven Merkmale für die Kombination gibt.

141) Auf die spezielle Bedeutung, die dem Faktor Zuverlässigkeit in Realzeitsystemen zukommt, weisen Borsei und Bos hin. Vgl. Borsei, A. A.; Bos, A. C.: Real-Time Information Management Design Criteria for System Efficiency. In: Proceedings of IFIP Congress 68. Invited Papers, a. a. O., S. 40—58, vor allem S. 54 ff.

142) Vgl. Bemer, R. W.: Checklist for planning software system production, a. a. O., S. 172 f.; ebenso Fraser, A. G.: The nature of progress in software production, a. a. O., S. 87.

143) Vgl. Llewelyn, A. J. and Wickens, R. F.: The testing of computer software a. a. O., S. 194 f.; ebenso Bemer, R. W.: Checklist for planning software system production, a. a. O., S. 175 ff.; ebenso Selig, Franz: Documentation standards ..., a. a. O., S. 209—211.

144) Die Kombination kann mit oder ohne unterschiedliche Gewichtung der einzelnen Faktoren erfolgen. Da die Multiplikation einzelner Faktoren mit bestimmten Gewichtungszahlen ebenso willkürlich, d. h. von subjektiven Wertvorstellungen abhängig ist, wie ein Verzicht auf Gewichtung, stehen sich diese unterschiedlichen Verfahren zumindest theoretisch gleichberechtigt gegenüber.

Ein zweiter Weg zur Messung und Bewertung des Dokumentationsniveaus ist das folgende Verfahren: Es wird eine Prüfliste gebildet, die alle wesentlichen Forderungen enthält, die zur Dokumentation eines generellen Software-Systems erfüllt werden sollten, wobei eine Konzentration auf die Belange der zukünftigen Benutzer erfolgt[145]). Für jede Forderung in dieser Prüfliste, die während der System-Entwicklung realisiert wird, wird eine bestimmte Punktzahl vergeben[146]). Die Punkte werden addiert. Die Summe der Punkte repräsentiert die Höhe des Dokumentationsniveaus. Es folgt eine Liste der im Zusammenhang mit der Dokumentation von Software-Systemen für die zukünftigen Benutzer zu erfüllenden Forderungen[147]):

⊚ Der Benutzer-Dokumentation (B-D) ist eine hohe Priorität im Gesamtprozeß der Entwicklung einzuräumen.

⊚ Die B-D hat sich hinsichtlich Format und verwendeten Begriffen an die vorhandenen Standards zu halten (z. B. USASI-Standards, IFIP-ICC vocabulary).

⊚ Die B-D ist im Format einheitlich aufzubauen, so daß der Benutzer an entsprechenden Stellen auch analoge Informationen findet.

⊚ Ein in sich konsistentes System zur Numerierung der Einzeldokumente für unterschiedliche Systemelemente (z. B. Einzelfunktionen) ist zu verwenden.

⊚ In Anbetracht der unterschiedlichen Adressaten für die Dokumentation (z. B. Kunden, Verkaufsberater, Benutzer, Programmierer, Operateure, technische Kundenberater, Wartungsdienst usw.) sind die Dokumente auf spezielle Weise zu organisieren, z. B. als Loseblattsammlungen mit Freigabe-Datum usw.

⊚ Der Software-Produzent sollte zur Beschleunigung der Lernprozesse für jede dieser Gruppen „Fahrpläne" durch das Netzwerk der Dokumente aufstellen.

⊚ Jedes Dokument wird in einer Dokumentations-Datenbank gespeichert[148]).

⊚ Die System-Entwickler werden gezwungen, die B-D parallel zum Entwicklungsprozeß zu erstellen. Gleichzeitig dient die B-D als Instrument für den Soll-Ist-Vergleich von vorgegebenen Spezifikationen und Realisationswerten.

---

145) Für die Belange der Systementwickler kann mit dem gleichen methodischen Ansatz eine weitere Prüfliste gebildet werden, die sich jedoch inhaltlich u. U. erheblich von der Prüfliste für die Benutzer-Dokumentation unterscheiden wird.

146) Für die Bestimmung der Punktzahl gelten die gleichen Überlegungen wie zur Gewichtung der Faktoren „Genauigkeit" usw.

147) Vgl. Bemer, R. W.: Checklist for planning software system production, a. a. O., S. 175 ff.; ebenso Llewelyn, A. I. and Wickens, R. F.: The testing of computer software, a. a. O., S. 193 ff.

148) Diese Datenbank ermöglicht einen permanenten integrierten Update-Prozeß durch Vergleich mit den jeweils neuesten Copies der Software-System-Bestandteile. Vgl. als Beispiel zur praktischen Realisierung den Ansatz bei Trapnell, F. M.: A systematic approach to the development of system programs, a. a. O., S. 412 ff.

• Die Verantwortung für den Druck und für die drucktechnische Gestaltung der Dokumente ist den System-Entwicklern zu übertragen, um auch für diese Aktivitäten ein Höchstmaß an Kommunikation und Koordination zu gewährleisten. Bei der Freigabe von Dokumenten ist anhand von systematischen Prüflisten vorzugehen, die die formale und inhaltliche Vollständigkeit der Dokumente sicherstellen.

• Die Planung und Verteilung der Dokumente und die Kontrolle ihrer Lagerhaltung sind weitgehend zu automatisieren.

Die Höhe des Dokumentationsniveaus ist nicht ausschließlich von den genannten, primär organisatorisch orientierten Anforderungen abhängig. Die vollständige Realisation dieser Anforderungen bietet jedoch eine relativ hohe Gewähr für ein überdurchschnittliches Dokumentationsniveau. Dieses kann zu den schwerwiegenden Argumenten für die Kauf- bzw. Mietentscheidungen der zukünftigen Benutzer gezählt werden. Andererseits verursacht ein hohes Dokumentationsniveau dem Software-Produzenten erhebliche Kosten, so daß es im Hinblick auf eine sowohl die einzusetzenden Ressourcen als auch die alternativen Qualitätskomponenten-Ausprägungen berücksichtigende Entscheidungsfindung aus der Sicht des System-Entwicklers durchaus zielkonform sein kann, sich zunächst auf ein relativ niedriges Dokumentationsniveau zu beschränken, das dann später (wenn menschliche Arbeitskraft aus den primären Implementierungs-Aktivitäten freigesetzt worden ist) erhöht wird. Die Entscheidungsalternative mit der höchsten Punktzahl realisiert das höchste Dokumentationsniveau, diejenige mit der geringsten Punktzahl das niedrigste. Zwischen den Extremwerten können Bereiche gebildet werden, z. B. der Bereich eines befriedigenden und eines unbefriedigenden Dokumentationsniveaus. Es handelt sich hierbei also ebenfalls wieder um Messung alternativer Ausprägungen mit Hilfe einer auf subjektiven Kriterien aufbauenden topologischen Skala.

(10) Qualitätskomponente „Anforderungen an die zukünftigen Anwender"

Die Benutzung eines Software-Systems setzt voraus, daß es vorher „konfiguriert", d. h. an betriebsindividuelle Bedingungen angepaßt und nach bestimmten Anwendungskriterien optimal gestaltet worden ist. Die Anforderungen an die Anwender variieren inhaltlich entsprechend den unterschiedlichen Funktionen, die sie zu erfüllen haben. Zum Kreis der Anwender (im weitesten Sinne) gehören die folgenden drei Gruppen von ADV-Spezialisten:

(a) *„Software-Konfiguratoren"*. Sie gestalten das Software-System in der Konfigurierungsphase. Die Konfiguratoren rekrutieren sich aus der Gruppe der Software-Spezialisten und Systemprogrammierer bei den Benutzern (und Herstellern) von ADV-Systemen.

(b) *„Software-Disponenten"*. Sie gestalten (optimieren) das betriebsindividuelle Software-System in der Anwendungsphase. Die Aufgaben dieser Disponenten gehören zur Arbeitsvorbereitung für ein ADV-System. In Abschnitt D III wird die Arbeitsvorbereitung nur insoweit untersucht, als sie mit alternativer Software-Gestaltung befaßt ist. Bei den Software-Disponenten kann es sich sowohl um Systemprogrammierer als auch um besonders ausgebildete Operateure (= Systemoperateure) handeln.

(c) *„Software-Benutzer"*. Darunter fallen alle ADV-Spezialisten, die keine strukturellen Veränderungen an dem durch die Gestaltungshandlungen der zweiten und dritten Phase entstandenen Software-System vornehmen, sondern dieses — so wie es ist — direkt benutzen. Die Gruppe der Software-Benutzer kann sehr klein sein, z. B. dann, wenn ein strenger Closed-Shop-Betrieb gefahren wird, der nur den Konsoloperateuren die Möglichkeit gibt, mit dem ADV-System direkt zu kommunizieren und es zu kontrollieren[149]). Beim Open-Shop-Betrieb gehören alle oder einige Programmierer (z. B. die Chefprogrammierer) zu den Software-Benutzern, wenn ihnen die Job-Vorbereitung überlassen ist oder wenn sie — wie dies offensichtlich auch noch bei einigen ADV-Systemen der 3. Generation gehandhabt wird — ihre Programme selbst eingeben bzw. deren Ablauf kontrollieren können[150]).

Unabhängig von inhaltlich variierenden Anforderungen an die genannten drei Anwendergruppen, die eigentlich dazu führen müßten, diese Qualitätskomponente in drei Teilkomponenten aufzuspalten[151]), können diese Anforderungen formal durch die gleichen Attribute gekennzeichnet werden. Geringe Anforderungen stellt ein Software-System dann, wenn es leicht verständlich, leicht erlernbar und leicht anwendbar ist. Minimierung der Anforderungen ist bei isolierter Betrachtung dieser Qualitätskomponente das Gestaltungsziel im Rahmen der Entwicklung eines generellen Software-Systems. Minimiert werden die Anforderungen, wenn optimale Verständlichkeit, Erlernbarkeit und Anwendbarkeit als Qualitätsattribute geschaffen werden. Verständlichkeit, Erlernbarkeit und Anwendbarkeit sind Attribute, die formal für alle oben genannten Anwendergruppen gelten, die jedoch materiell je nach Anwendergruppe mit unterschiedlichem Inhalt auszufüllen sind. Alle drei Attribute sind komplexe Größen, die sich aus vielen Teilattributen zusammensetzen. Hinzu kommt, daß die jeweiligen Ausprägungen der Teilattribute nur mit Hilfe subjektiver Indizien festgestellt werden können. Dennoch erscheint eine Quantifizierung und Messung der Attribute Verständlichkeit, Erlernbarkeit und Anwendbarkeit mit Hilfe subjektiver topologischer Skalen methodisch durchaus realisierbar. Als „Beweis" dafür kann ein Ansatz dienen, der zur Messung

---

149) Dann gehören zu ihren Aufgaben auch die Job-Vorbereitung, z. B. Ausfüllen von Steuerkarten usw.

150) Diese Vorgehensweise widerspricht an sich den Eigenschaften der ADV-Systeme der 3. Generation. Beispielsweise erscheint deren hohe Verarbeitungsgeschwindigkeit nur optimal ausnutzbar, wenn die Arbeitsvorbereitung und Arbeitsüberwachung zentralisiert und bis in kleinste Details organisiert ist. Vgl. dazu auch Abschnitt D III.

151) — Teilkomponente „Anforderungen an die Software-Konfiguratoren"
— Teilkomponente „Anforderungen an die Software-Disponenten"
— Teilkomponente „Anforderungen an die Software-Benutzer".

der Erlernbarkeit und Anwendbarkeit von „space-borne software" für die Air Force Space and Missile Systems Organization der U. S. A. entwickelt worden ist[152]). Bei den verwendeten Merkmalen handelt es sich um Qualitätsattribute von Benutzerprogrammen, die zum größten Teil nicht auf die Programme von Software-Systemen zutreffen, weil der Anwender die Programme des Software-Systems im allgemeinen nicht verändert. (Die Qualitätsattribute konzentrieren sich besonders auf den Aspekt der Wartung und evtl. Modifikation.) Der Ansatz ist hier jedoch relevant, weil er genau die Methoden benutzt, die auch zur Messung der Erlernbarkeit und Anwendbarkeit von Software-Systemen eingesetzt werden müßten[153]).

Erlernbarkeit und Anwendbarkeit werden durch die folgenden Teilattribute charakterisiert[154]):

● Richtigkeit, klare und knappe Formulierung und gute Lesbarkeit der Programm-Dokumentation, so daß sie einen geeigneten Bezugsrahmen zum Erlernen, für das „Operating" und für das „Debugging" eines Programmes bildet.

● Angemessenheit intermediärer Instruktionslisten entsprechend den Anweisungen in prozedurorientierten Programmiersprachen.

● Explizite und konsistente Identifikation von Pogramm-Merkmalen (images) und Unterstützungsdaten.

● Meldung von Programm-Fehlern an die Benutzer unter Angabe der Art, wie darauf zu reagieren ist.

● Ausreichende Zeit für den Benutzer zum Verstehen und Beantworten von System- und Programm-Nachrichten.

● Minimaler Aufwand für die Benutzer-Antworten an das System bzw. an das Programm.

● Einfacher, verständlicher und leicht zu modifizierender Programm-Input.

Die von Rubey und Hartwick entwickelte Metrik für das Teilattribut „Richtigkeit, Formulierung und Lesbarkeit der Dokumentation" ist ein Beispiel dafür,

---

152) Vgl. Rubey, Raymond J.; Hartwick, R. Dean: Quantitative measurement of program quality. In: Proceedings of 23rd ACM National Conference, a. a. O., S. 671—677. Die Verfasser unterscheiden neben Erlernbarkeit und Anwendbarkeit (Attribut A_7) die folgenden Qualitätsattribute von Benutzerprogrammen:

A_1 — Korrekte Durchführung mathematischer Formelberechnungen.
A_2 — Logische Richtigkeit von Programmen
A_3 — Vermeidung von Interferenzen zwischen Programmen und Unterprogrammen
A_4 — Optimierung von Rechenzeit und Speicher-Benutzung
A_5 — Verständlichkeit.
A_6 — Leichte Modifizierbarkeit

153) Die Spezifizierung analoger Teilattribute für generelle Software-Systeme erscheint ohne größere praktische Schwierigkeiten durchführbar, kann hier jedoch aufgrund mangelnder empirisch fundierter Informationen nicht erfolgen.

154) Vgl. Rubey, Raymond J.; Hartwick, R. Dean: Quantitative measurement . . ., a. a. O., S. 675.

wie man die subjektiven Schätzungen quantitativ bewerten kann[155]). Die folgenden Fragen sind zu beantworten. Wenn eine Frage verneint werden muß, bekommt sie den Wert 0. Wenn eine Frage voll bejaht werden kann, bekommt sie den Wert 10. Zwischen 0 (niedrigster Skalenwert) und 10 (höchster Skalenwert) sind für jede Frage 10 Abstufungen möglich:

1. Sind die Programmablaufpläne (flow charts) ausführlich genug, um das Programm zu verstehen, ohne Kopien der Codierung zu sein?

2. Sind mehrere Levels von Ablaufplänen vorhanden, wenn dies zum Verständnis notwendig ist?

3. Können die Ablaufpläne schnell den entsprechenden codierten Instruktionen zugeordnet werden und umgekehrt?

4. Sind potentielle marginale Situationen (z. B. Overflow, kritisches Timing usw.) mit Hilfe der Dokumentation identifizierbar?

5. Reichen Benutzer-Instruktionen aus, ohne daß auf die detaillierte Programm-Dokumentation Bezug genommen werden muß?

6. Ist die Dokumentation zur Ausbildung und für „design reviews" geeignet?

7. Sind adäquate „cross-references" zwischen Programm-Fehler-Outputs, entsprechenden codierten Instruktionen und geeigneter Dokumentation vorgesehen?

8. Reflektiert die Dokumentation das tatsächliche Programm?

9. Ist die Dokumentation so organisiert, daß das Updating möglichst geringen Aufwand erfordert?

10. Wird in angemessenem Umfang auf Hilfsdokumente, z. B. Programmierungs-Spezifikationen und Manuals Bezug genommen?

Für die Metrik kann die folgende Formel angegeben werden:

$$M = \frac{10}{n} \cdot \sum_{i=1}^{n} Q_i$$

n = Anzahl der anwendbaren Fragen

Q_i = geschätzter Skalenwert für die i-te Frage

Bei den oben genannten Teilattributen für die Erlernbarkeit bleibt unberücksichtigt, wie der Lernprozeß organisiert ist. Es können drei wesentliche Arten des Lernens unterschieden werden[156]):

---

155) Vgl. Rubey, Raymond J.; Hartwick, R. Dean: Quantitative measurement..., a. a. O., S. 675.

156) Vgl. Foppa, Klaus: Lernen, Gedächtnis, Verhalten. Köln/Berlin (1965); ebenso Winnefeld, Friedrich: Psychologische Analyse des pädagogischen Lernvorganges. In: Handbuch der Psychologie, 10. Bd., Pädagogische Psychologie, hrsg. von H. Hetzler, Göttingen (1959), S. 93—108. Winnefeld unterscheidet in seiner „Typologie pädagogischer Felder" sechs Situationen, von denen hier nur drei als relevant in Betracht kommen.

(a) Lernen in Kursen mit Instruktoren
(Reine Lehrsituation)

(b) Lernen mit Hilfe von schriftlichen Instruktionen, Manuals usw.
(Pädagogisch gesteuerte Selbsttätigkeit)

(c) Lernen durch Anwenden
(Natürlicher Lernprozeß)

Auf das Lernen durch Anwenden kann in keinem Falle verzichtet werden. Diese Art des Lernens endet wahrscheinlich auch nicht, solange die genannten Gruppen ein System anwenden. Dennoch wird man davon ausgehen können, daß relativ schnell ein Zustand erreicht wird, in dem ausreichend viel Wissen über das System akkumuliert worden ist, um es sinnvoll anwenden zu können.

Die Systementwickler müssen die Lernprozesse der zukünftigen Anwender bei ihren Gestaltungsentscheidungen bewußt berücksichtigen. Dies kann durch Schaffung von Modellen für Ausbildungskurse[157]), durch Schaffung von didaktisch gut aufgebauten Manuals und/oder durch Entwicklung geeigneter Orientierungshilfen für die „Trial and Error"-Phase geschehen[158]).

Die Problematik des Lehrens und Lernens im Zusammenhang mit äußerst komplexen Software-Systemen, vor allem im Hinblick auf das sie kennzeichnende hohe Maß an Flexibilität, ist von außerordentlicher Bedeutung für die Anwendung. Diese Problematik ist jedoch bisher noch nicht systematisch untersucht worden. Beantwortet werden müßten beispielsweise die folgenden Fragen:

● Wie hoch ist der Aufwand an Instruktoren und materiellen Lernhilfen auf der Seite der Hersteller und wie hoch ist der Aufwand auf der Seite der auszubildenden Anwender bei konkreten generellen Software-Systemen (gemessen z. B. in Unterrichtsstunden und Mann-Wochen für die „Trial and Error"-Phase)?

● Welche wechselseitigen Beziehungen existieren zwischen Dokumentationsniveau und Anforderungen an den Lernaufwand der Anwender?

---

157) Die Bereitstellung von Ausbildungskursen zur Vermittlung eines ersten Überblicks über die Möglichkeiten moderner Software-Systeme ist bisher von allen Herstellern derartiger Systeme als unbedingt notwendig angesehen worden. Der Aufwand der Hersteller für diese neben dem eigentlichen Produkt gelieferte Dienstleistung hat teilweise einen beträchtlichen Umfang angenommen. Im allgemeinen wurde diese Dienstleistung — genau wie die Software-Systeme — scheinbar kostenlos angeboten. De facto waren ihre Kosten in den Hardware-Preisen berücksichtigt. Im Zusammenhang mit der „Unbundeling-policy" der größten Hersteller-Unternehmung auf dem Markt für ADV-Systeme ist für die Zukunft mit einer separaten Fakturierung der Ausbildungsleistungen des Herstellers zu rechnen.

158) Von der Möglichkeit, z. B. programmierte Unterweisungen zur Abkürzung der „Trial and Error"-Phase des einzelnen Lernenden einzusetzen, ist bisher nur selten Gebrauch gemacht worden.

● Gibt es eine „Schallmauer" der Komplexität und/oder der Flexibilität, von der an die Anforderungen an die Anwender so hoch werden, daß sie die Anwender objektiv überfordern?

● Wie kann man den Anwendern die Flexibilität zugänglich machen, ohne sie mit der Komplexität zu belasten bzw. durch sie zu überfordern?

(11) Umweltfaktoren und ihr Einfluß auf die Qualitätskomponenten

Die Umweltfaktoren können sowohl den Entscheidungsspielraum als auch die tatsächlichen Entscheidungen der Software-Systementwickler wesentlich beeinflussen, obwohl sie umgekehrt nicht vom Entscheidungssubjekt kontrolliert werden.

Bei der Ableitung des Entscheidungsansatzes zur Entwicklung eines generellen Software-Systems (vgl. Abschnitt D I b) wurde bereits auf eine Untermenge von Faktoren hingewiesen, die zum internen Entscheidungsfeld der Entwicklungsgruppen *anderer* Subsysteme eines generellen automatisierten Informationssystems gehören, z. B. des generellen Hardware-Systems und des Sprachen-Systems, der generellen Anwendungskonzeption und des Systems generell anwendbarer Problemlösungen (vgl. Abbildung 4). Zwischen den Entscheidungsprozessen zur Entwicklung dieser Subsysteme bestehen im allgemeinen sehr enge Rückkopplungsbeziehungen[159]). Zu jedem Zeitpunkt der Entwicklung eines generellen Software-Systems sind eine Reihe von Entscheidungsvariablen für die übrigen Subsysteme bereits fixiert worden, die dann für die Software-Entscheidungen „Plandaten ersten Grades"[160]) bilden. Umgekehrt gibt es beispielsweise zu jedem Zeitpunkt der Entwicklung genereller Hardware- oder Sprachen-Systeme vorher gefällte Software-Entscheidungen, die die „Organisationsspielräume" für diese Hardware- oder Sprachen-Systeme einschränken.

Die Einflüsse von Elementen anderer Subsysteme auf die Qualitätskomponenten eines generellen Software-Systems können hier nur grob durch einige Beispiele angedeutet werden. — Je umfassender die generelle Anwendungskonzeption für ein zu entwickelndes ADV-System ist, d. h. für je mehr unterschiedliche Anwendungsgebiete das System gleichzeitig geeignet sein soll, um so größer muß die Gesamtmenge der funktionalen Fähigkeiten und um so höher die Flexibilität des generellen Software-Systems sein. — Je mehr Funktionen durch Hardware realisiert werden, um so kleiner ist die Menge der im Software-System enthaltenen funktionalen Fähigkeiten, um so geringer sind im allgemeinen auch die Anforderungen (z. B. hinsichtlich Lernaufwand) an die

---

159) In vielen Fällen werden diese Rückkopplungsbeziehungen organisatorisch nicht sichtbar, weil die gleichen Personen mehrere generelle Subsysteme gleichzeitig entwickeln (z. B. das Software-System und das Sprachen-System). Eine derartige personelle Integration von Entwicklungsaufgaben erscheint optimal, läßt sich wahrscheinlich aber nur bei relativ kleinen Subsystemen durchführen.

160) Vgl. Grochla, Erwin: Betrieb und Wirtschaftsordnung, a. a. O., S. 78 f.

zukünftigen Anwender[161]). — Je kleiner das Sprachen-System konzipiert wird, d. h. je weniger Sprachen den Benutzern zur Formulierung ihrer Problemlösungen zur Verfügung stehen[162]), um so weniger funktionale Fähigkeiten hat das generelle Software-System und um so geringere Anforderungen stellt es an die Anwender[163]). — Je größer die Menge der den Systementwicklern zugänglichen, generell anwendbaren Problemlösungen, um so größer ist die Menge der Funktionen, die im generellen Software-System zentralisiert werden können[164]).

Ähnliche Einflüsse der übrigen Subsysteme eines automatisierten Informationssystems auf das Software-System wurden bereits in Abschnitt B III a angedeutet. Die Einflüsse können in einigen Fällen exakt quantifiziert, in anderen Fällen nur tendenziell nachgewiesen werden. Sie gelten im allgemeinen nur bei Ceteris-paribus-Annahme.

Neben den vorher oder gleichzeitig gestalteten generellen Subsystemen, die aus dem Blickwinkel der Entwickler genereller Software-Systeme als Umweltfaktoren betrachtet werden können[165]), gibt es eine Anzahl von Umweltfaktoren, die vollständig außerhalb des Entscheidungsbereiches der Entwickler genereller Subsysteme liegen. Dazu gehören z. B. die folgenden Einflußgrößen:

(a) Allgemeiner Wissensstand auf dem Gebiet der Entwicklung genereller Subsysteme für die automatisierte Informationsverarbeitung, z. B. im Hinblick auf die Entwicklung genereller Software-Systeme

    (aa) Wissen über die notwendigen Ressourcen,

    (ab) Wissen über die relevanten Qualitätskomponenten,

    (ac) Wissen über die Maßstäbe zur Messung von Ressourcen und Qualitätskomponenten,

    (ad) Wissen über die Organisation des Entwicklungsprozesses usw.

---

161) Letzteres trifft aber wahrscheinlich nur dann zu, wenn gleichzeitig auch die Flexibilität abnimmt. Wenn bei Verdrahtung einer Vielzahl von Funktionen die Flexibilität — z. B. in Form der selektiven Anpassungsfähigkeiten — erhalten bleiben soll, müssen die Anwender wahrscheinlich ähnlich lernaufwendige Anpassungsmaßnahmen durchführen wie die, wegen derer sie sich gegenwärtig über die Unübersichtlichkeit und Komplexität von Software-Systemen beklagen.

162) Hier ist zunächst nur an die gegenwärtigen Sprachen-Systeme gedacht, die im wesentlichen nur „Programmiersprachen", also Übersetzersprachen, enthalten. Die Sprachen-Systeme werden ein sehr viel höheres Maß an Komplexität gewinnen, wenn die in Abschnitt C II b abgeleiteten Automatensprachen ebenfalls entwickelt worden sind.

163) Die übrigen Qualitätskomponenten eines generellen Software-Systems sind nicht zwangsläufig von der Struktur des Sprachen-Systems abhängig, sie können jedoch sekundär durch dessen Struktur beeinflußt werden.

164) Dies wird umso wahrscheinlicher, wenn das Software-System oder Teile davon getrennt vom Hardware-System fakturiert werden.

165) Umgekehrt kann z. B. ein generelles Software-System als Umweltfaktor bei der Entwicklung eines generellen Hardware-Systems oder eines generellen Sprachen-Systems betrachtet werden. In der Konfigurierungsphase wird dieser Entscheidungsmodell-Ansatz aufgegeben. Dort werden die übrigen Subsysteme eines betriebsindividuellen ADV-Systems als „Quasi"-Entscheidungsvariablen betrachtet, weil die Konfigurierungsentscheidungen sehr viel stärker integriert werden müssen als die Entwicklungsentscheidungen.

(b) Wirksamer Trend hinsichtlich der „design philosophy" für generelle Subsysteme[166]).

(c) Ausbildungsstand und Erfahrungsreichtum der zur Verfügung stehenden System-Entwickler.

(d) Organisatorische Struktur der die Entwicklung tragenden Unternehmung(en).

(e) Organisatorische Einordnung der entwickelnden Stellen, Abteilungen bzw. Teams[167]).

(f) Vorgabe-Bedingungen, beispielsweise zeitliche, finanzielle, personelle Limitierungen[168]).

(g) Konkurrenzsituation auf dem Markt für generelle Subsysteme.

Diese Liste von Faktoren kann noch fortgesetzt und vor allem wesentlich detailliert werden. Die Umweltfaktoren üben einen mitunter sehr erheblichen Einfluß auf die Qualitätskomponenten genereller Software-Systeme aus. Das Entscheidungsziel, durch die Gestaltung optimale Werte[169]) für die einzelnen Komponenten zu erreichen, ist daher folgendermaßen zu interpretieren: „Realisiere die höchstmögliche Qualität (gemessen durch die Komponenten) bei Wirksamkeit einer bestimmten Kombination von Umweltfaktoren!" Eine konkrete Umgebung läßt theoretisch für jede isoliert betrachtete Komponente einen maximalen und einen minimalen Wert auf den abgeleiteten Skalen zu. Die Maxima und Minima können nur dann bestimmt werden, wenn die Einflüsse der externen Faktoren meßbar sind. Zur Messung können — genau wie bei den Qualitätskomponenten — sowohl objektive als auch subjektive Skalen benutzt werden. Zu berücksichtigen ist, daß eine Erhöhung bzw. Verminderung der Ausprägungen bei einigen Komponenten nicht kontinuierlich, sondern nur sprungweise durchgeführt werden kann. Hinzu kommen die wechselseitigen Abhängigkeiten zwischen den einzelnen Komponenten. Dies führt dazu, daß aus der Gesamtmenge der bei isolierter Betrachtung möglich erscheinenden Ausprägungen der Qualitätskomponenten wahrscheinlich nur eine relativ kleine Anzahl von realisierbaren Komponenten-Kombinationen als Alternativen für die Entscheidungen der Systementwickler übrig bleibt. Es ist notwendig, die Signifikanz der Einflüsse von Umweltfaktoren schon vor der Zielfindung festzustellen und sie permanent zu überprüfen, da sie dem gleichen schnellen Wandel unterliegt, dem die Umweltfaktoren unterworfen sind.

---

166) Derartige Trends wechseln u. U. mit jeder Generation von ADV-Systemen. Es kann von „modischen" Erscheinungen gesprochen werden. Ein Beispiel dafür wurde in Abschnitt C I a gegeben.

167) Vgl. dazu die Ausführungen in Abschnitt D I d.

168) Diese Einflußfaktoren gehören aus dem Blickwinkel der Unternehmungsführung zu den in Abschnitt C III b untersuchten Nebenzielen.

169) Die Werte der Qualitätskomponenten sind — isoliert betrachtet — teilweise zu maximieren (z. B. Flexibilität) und teilweise zu minimieren (z. B. Anforderungen).

	Merkmale für die Skalen-Konstruktion (x = vorhanden, – = nicht vorhanden)						Skalenart
	Diversität	Indifferenz	Präferenz		metrischer Abstand	natürlicher Nullpunkt	
			ob-jektiv	su-jektiv			
(1) Fuktionale Fähigkeiten	x	x	–	x	–	–	subjektive topologische Skala
(2) Flexibilität							
(a) Eignungsbreite	x	x	x	–	–	–	objektive topologische Skala
(b) selektive Anpassungsfähigkeit	x	x	–	x	–	–	subjektive topologische Skala
(c) additive Anpassungsfähigkeit	x	x	–	x	–	–	subjektive topologische Skala
(3) Verhalten der Funktionen im System							
(a) Speicher-Verhalten	x	x	x	–	x	x	objektive metrische Skala
(b) CPU-Verhalten	x	x	x	–	x	x	objektive metrische Skala
(c) Peripherie-Verhalten	x	x	x	–	x	x	objektive metrische Skala
(4) Zuverlässigkeit	x	x	–	x	–	–	subjektive topologische Skala
(5) Dokumentationsniveau							
(a) Hersteller-Dokumentation	x	x	–	x	–	–	subjektive topologische Skala
(b) Benutzer-Dokumentation	x	x	–	x	–	–	subjektive topologische Skala
(6) Anforderungen an die zukünftigen Benutzer	x	x	–	x	–	–	subjektive topologische Skala

Abb. 21 Skalen für die Qualitätskomponenten

(12) Synthese der Qualitätskomponenten

Sechs wichtige Qualitätskomponenten eines generellen Software-Systems sind untersucht worden. Bei diesen Komponenten handelt es sich um komplexe Größen, die sich aus einer Vielzahl von Attributen zusammensetzen. In einigen Fällen war es notwendig, für einzelne Attribute eigene Skalen zu entwickeln. Die Ergebnisse der Skalenbildung sind in Abbildung 21 zusammengefaßt. Die meisten der zur Messung der Qualitätskomponenten bzw. -attribute verwendbaren Skalen sind subjektive topologische Skalen, subjektiv deshalb, weil für die Rangordnung der gemessenen Werte auf diesen Skalen keine objektiven, d. h. von allen Systementwicklern im gleichen Sinne bewerteten Kriterien existieren. Aus diesem Grunde sind die hier vorgetragenen Überlegungen z. B. für Vergleiche von Systemalternativen unterschiedlicher Produzenten von Software-Systemen wahrscheinlich wenig relevant. Dies war aber auch gar nicht zu erwarten. Hier sollte lediglich die Vielzahl der Entscheidungsalternativen deutlich gemacht werden, vor denen die Entwickler eines „bestimmten" generellen Software-Systems stehen. Die Unternehmungsführung der Hersteller-Unternehmung, die die Ziele für die System-Entwicklung setzt (d. h. das System „bestimmt"), wird hinsichtlich der meisten der hier genannten Qualitätskomponenten bisher keine Vorgaben gemacht haben, weil kaum Informationen über die Zusammenhänge gesammelt worden sind.

Im folgenden wird versucht, die sechs untersuchten Qualitätskomponenten zusammenzufassen. Dabei wird ein formaler Ansatz benutzt, der von Rubey und Hartwick zur Synthese der Qualitätsattribute von Benutzerprogrammen entwickelt worden ist[170]). Rubey und Hartwick unterscheiden für jedes Qualitätsattribut Q_i, für das eine eigene Skala konstruiert worden ist, drei unterschiedliche Arten von Meßwerten[171]).

M_i = absoluter Meßwert für Q_i

M'_i = normalisierter Meßwert für Q_i

M''_i = normalisierter und gewichteter Meßwert für Q_i

M_i ist der Wert, den man erhält, wenn man die für Q_i entwickelte Skala absolut anwendet, d. h. ohne Berücksichtigung des Gewichtes, das dem Qualitätsattribut (bzw. der Qualitätskomponente) Q_i im Vergleich mit den anderen Attributen (bzw. Komponenten) eines generellen Software-Systems zukommt, und ohne Berücksichtigung der Einflüsse, die von Umweltfaktoren auf dieses Qualitätsattribut Q_i ausgeübt werden.

M'_i als der normalisierte Meßwert für Q_i kann mit Hilfe der folgenden Formel errechnet werden:

$$M'_i = 100 \cdot \left(\frac{M_i - M_i\,min}{M_i\,max - M_i\,min} \right)$$

---

170) Vgl. Rubey, Raymond J.; Hartwick, R. Dean: Quantitative measurement of program quality, a. a. O., S. 671—677.

171) Vgl. Rubey, Raymond J.; Hartwick, R. Dean: Quantitative measurement of program quality, a. a. O., S. 676 f.

M_i min und M_i max definieren die reale Bandbreite, die bei einer bestimmten Konstellation von Umweltfaktoren möglich ist. M_i min und M_i max werden bestimmt, indem man für jedes Q_i die relevanten Umweltfaktoren betrachtet und ihren relativen Einfluß auf die minimal und maximal möglichen Meßwerte feststellt. Diese Werte müssen die folgenden Bedingungen erfüllen:

$$0 \leq M_i \text{ min} \leq M_i \text{ max} \leq 100$$
$$M_i \text{ min} \leq M'_i \leq M_i \text{ max}$$

Der normalisierte und gewichtete Meßwert M''_i wird mit Hilfe der folgenden Formel errechnet:

$$M''_i = \frac{k_i \cdot M'_i}{100}$$

k_i ist das (subjektive) Gewicht, das der System-Entwickler dem einzelnen Q_i zuordnet.

k_i kann die Werte zwischen 0 (kein Gewicht) und 100 (maximales Gewicht) einnehmen. Durch diese Art der Gewichtung erhält der Systementwickler die Möglichkeit, die relative Wichtigkeit der Qualitätskomponenten und damit den Charakter eines Software-Systems auch dann noch zu variieren, wenn die Meßwerte bereits feststehen (also nicht nur durch Variation bei der Bildung subjektiver Skalen).

Um einen globalen Eindruck von der Qualität eines generellen Software-Systems zu erhalten, können die Meßwerte für n Qualitätskomponenten (bzw. -attribute) in folgender Weise zu Kennziffern zusammengefaßt werden:

Kennziffer I:
$$Q' = \sum_{i=1}^{n} \frac{M_i}{n}$$

Kennziffer II:
$$Q'' = \sum_{i=1}^{n} \frac{100}{n} \left(\frac{M_i - M_i \text{min}}{M_i \text{max} - M_i \text{min}} \right)$$

Kennziffer III:
$$Q''' = \frac{100 \sum\limits_{i=1}^{n} M''_i}{\sum\limits_{i=1}^{n} k_i}$$

Kennziffer I orientiert sich an den absoluten,
Kennziffer II an den normalisierten und
Kennziffer III an den normalisierten, gewichteten Meßwerten.
Welche Kennziffer benutzt wird, ist von Fall zu Fall zu entscheiden.

Die Qualitäts-Kennziffern berücksichtigen keine Verknüpfungs-Effekte zwischen den Qualitätskomponenten, obwohl derartige Effekte in der Realität zu erwarten sind. Man kann derartigen Effekten jedoch durch Auswahl der M_i min und M_i max Rechnung tragen.

Ein wesentlicher Vorteil der Anwendung der hier vorgeschlagenen Meß- und Bewertungsverfahren für die Qualität von Software-Systemen besteht darin, daß sie die bewußte Aufstellung von quantitativ formulierten Zielen ermöglichen. Die Existenz sinnvoller Skalen führt dazu, daß sich die Systementwickler um die Erreichung optimaler Meßwerte bemühen. Man wird außerdem danach streben, die zu erwartenden Auswirkungen der Umweltfaktoren und die Reaktionen auf Modifikationen dieser Umweltfaktoren möglichst genau abzuschätzen. Entwicklungs-„feindliche" Konstellationen können aufgrund des Wissens um ihre Auswirkungen von vornherein verhindert werden, wenn ihre Modifikation zum Gestaltungsbereich der die Entwicklungsziele setzenden Unternehmungsführung gehört, z. B. dann, wenn es sich bei den Umweltfaktoren um das parallel zu entwickelnde Hardware-System oder um organisatorische Voraussetzungen handelt.

Entwicklung und Anwendung der hier vorgeschlagenen Verfahren führen zu einer Erhöhung der Entwicklungskosten. Dies ist jedoch typisch für Qualitätssicherungsverfahren. Es existiert ein wechselseitiges Abhängigkeitsverhältnis (trade-off) zwischen Ausgaben, die man vor oder während der Entwicklung eines hochwertigen Produktes macht, um eine hohe und vor allem artmäßig von den zukünftigen Benutzern gewünschte Qualität zu erzielen, und den Ausgaben, die andernfalls entstehen, weil die Qualität nicht hoch genug war bzw. weil man nicht die gewünschte Qualität produziert hat.

Neben den genannten sechs Qualitätskomponenten gibt es unter Umständen eine Anzahl weiterer Qualitätsattribute, die hier nicht berücksichtigt sind. Es ist jedoch wahrscheinlich, daß für sie ähnliche Skalen entwickelt werden können.

Außerdem ist zu vermuten, daß das Bild der Qualitätskomponenten nicht unbeträchtliche Veränderungen erfährt (z. B. hinsichtlich der relativen Bedeutung der einzelnen Komponenten), wenn in einem zweiten synthetischen Schritt die Ergebnisse analoger systematischer Untersuchungen der Qualitätskomponenten der übrigen zur Entwicklung eines generellen Gesamtsystems notwendigen Subsysteme hinzugefügt werden.

Die Komplexität der meisten Qualitätskomponenten und der zu ihrer Messung und Bewertung notwendigen Verfahren lassen es als sinnvoll erscheinen, möglichst viele der Verfahren zu programmieren und auf ADV-Systeme zu übertragen. Dies würde bedeuten, daß die Maßstäbe, Meß- und Bewertungsregeln rigoros definiert werden müßten. Diese Konsequenz wäre der Anwendung der Verfahren sicher außerordentlich förderlich, selbst wenn sich anfangs sehr große Schwierigkeiten und viele Fehler ergeben würden. Es erscheint jedoch möglich, die Schwierigkeiten und Fehler durch systematisches Experimentieren zu überwinden.

d) Organisation der Entwicklung eines generellen Software-Systems

Im Vergleich mit den ersten um 1960 entwickelten generellen Software-Systemen handelt es sich gegenwärtig um Systeme, die im Hinblick auf ihren Umfang um den Faktor 100 angewachsen sind. Dies wird deutlich in einem Diagramm von McClure (vgl. Abbildung 22), das mit Hilfe einer logarithmischen

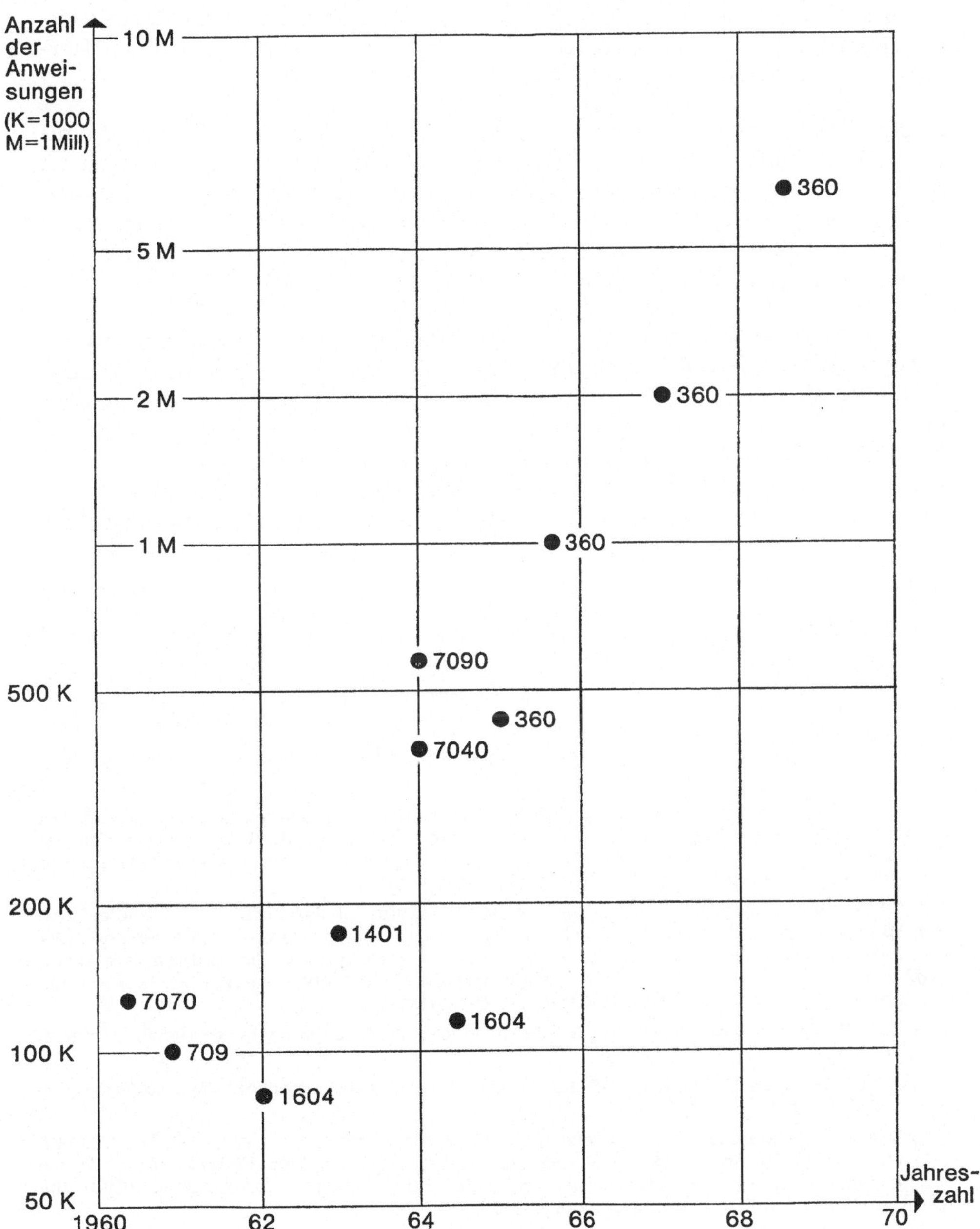

Abb. 22 Wachstum der Software-Systeme für ADV-Systeme der Firma IBM Corp. (1960—1970)

Skala die Menge der Anweisungen in Ursprungssprachen (meist Assembler-
sprachen) zeigt, aus denen verschiedene Software-Systeme des größten Herstellers von ADV-Systemen bestehen[172]).

Diese Abbildung wird ergänzt durch Informationen von Nash (vgl. Abbildung 23) über die Anzahl und Größe von Programm-Moduln (gemessen durch
Anzahl der Anweisungen) einer frühen Version des OS[173]) für das IBM-Sy-
stem/360, die im ersten Quartal 1966 freigegeben wurde[174]). T. J. Watson schätzt
den Aufwand an menschlichen Ressourcen für die Gesamt-Entwicklung des OS
für das IBM System/360 auf mindestens 5000 Mann-Jahre[175]).

Diese Zahlen machen deutlich, daß die Entwicklungen genereller Software-
Systeme außerordentlich komplexe Organisationsprobleme induzieren. Einige
Fachleute, die an der Entwicklung derartiger Systeme teilgenommen haben,
vertreten die Ansicht, daß nur relativ kleine Gruppen von hochqualifizierten
Entwicklern qualitativ gute Software-Systeme produzieren können[176]). Diese
Ansicht wird gestützt durch die enttäuschenden Erfahrungen, die viele Benut-
zer mit den ersten Versionen der „1-Million-Anweisungen"-Klasse von Soft-
ware-Systemen gemacht haben[177]). Diese Systeme wurden von sehr großen
Entwicklungsteams produziert[178]).

Die Ansicht erweist sich jedoch als falsch, wenn man von den Erfahrungen mit
den ersten Versionen abstrahiert und den gegenwärtigen Grad der Benutzer-
Zufriedenheit mit den vielfach korrigierten und in erheblichem Umfang er-
gänzten bzw. verbesserten Versionen der großen Software-Systeme feststellt[179]). Im Grunde sind die beiden unterschiedlichen organisatorischen An-

---

172) Diese Darstellung ist ein Auszug aus einer Abbildung im Beitrag von McClure, R. M.:
Projection versus performance in software production, a. a. O., S. 66. Es handelt sich bei
diesen Software-Systemen um „standard programming support" (= Typ-1-Programme in
der IBM-Terminologie). Vgl. McClure, S. 65.

173) OS = Abkürzung für „Operating System". Gemeint ist das größte der für die Serie
der IBM / 360-Computer angebotenen Software-Systeme, das für die mittleren und großen Modelle dieser Serie entwickelt wurde. Daneben wurden 4 kleinere Software-Systeme
(z. B. das BOS — Basic Operating System und das DOS Disk Operating System) für
die kleinen und mittleren Modelle der Serie entwickelt.

174) Vgl. Nash, J.: Some problems in the production of large scale software systems,
a. a. O., S. 67.

175) Zitiert nach David, E. E. Jr.: Some thoughts about production of large software systems, a. a. O., S. 67.

176) Vgl. Michaelson: How to succeed in software. In: Proceedings of IFIP-Congress 68,
a. a. O., Invited Papers. S. 184 f.; ebenso Buxton, J. N.: Diskussionsbeitrag. In: Software
Engineering, a. a. O., S. 68; ebenso Babcock, J. D.: Variations on software available to the
user. In: Software Engineering, a. a. O., S. 85.

177) Vgl. Opler, Ascher: New Directions in Software 1960—1966, a. a. O., S. 1757; ebenso
Campise, James A.: The Software Dilemma. In: Journal of Data Management, November
1967, S. 16 ff.; ebenso o. Verf.: Software delivery delays on IBM's System 360. In: Computers and Automation, August 1966, S. 14.

178) Genaue Zahlen über die Größe der Entwicklungsteams sind bisher noch nicht veröffentlicht worden. Man schätzt, daß an den großen Software-Systemen der 3. Generation
zwischen 250—1250 Programmierer und Systemplaner mitgearbeitet haben.

	Anzahl der Programm-Moduln	Anzahl der Anweisungen (in 1000)
Daten-Management	195	58,6
Scheduler	222	45,0
Supervisor	76	26,0
Dienstprogramme	86	53,0
Linkage Editor	24	12,3
Testran	74	20,4
System Generation	32	4,4
Assembler	32	43,0
COBOL-Compiler (E)	77	50,6
FORTRAN-Compiler (E)	50	28,7
SORT-Programm	175	56,5
Gesamt	1043	398,5

Umfang eines der ersten Releases des Operating System (OS) für das IBM System/360 (Freigabe 1. Quartal 1966)

Abb. 23

(nach Nash, J.: Some problems in the production of large scale software systems, a, a. O., S. 67)

sätze gar keine Entscheidungsalternativen, sondern finden notwendigerweise bei unterschiedlichen Entwicklungszielen Verwendung[180]):

(1) Eine relativ kleine Gruppe von Experten und ausgewähltem Unterstützungspersonal wird dann die beste Lösung finden, wenn ein relativ kleines System entwickelt werden soll (z. B. ein Compiler bzw. ein Supervisor für Spezialzwecke). Dabei kann es sich um außerordentlich komplexe Systeme handeln. Je größer die Notwendigkeit für technische Innovationen, um so stärker ist die Präferenz für die kleine Gruppe[181]). Dieser Ansatz ist typisch für Software-Projekte, die an Universitäten für wissenschaftliche Spezialzwecke realisiert werden.

(2) Große Entwicklungsteams sind notwendig, um große generelle Software-Systeme zu produzieren und um die permanenten Wartungs- und Verbes-

---

179) Vgl. Marshall, Bruce S.: Dynamic calculation of dispatching priorities under OS / 360 MVT. In: DATAMATION, August 1969, S. 93—97; ebenso Rosenberg, Arthur M.: The brave new world of time-sharing operating systems. In: DATAMATION, August 1969, S. 42—47.

180) Vgl. zu den beiden hier unterschiedenen Ansätzen die Ansicht von Kay, Ronald H.: The management and organization of large scale software development projects. In: AFIPS-Conference Proceedings, Vol. 34 / SJCC 1969, S. 425—432, vor allem S. 427; ebenso Session on „Managing the economics of computer programming". In: Procedings of 23 rd ACM National Conference 1968, S. 329 ff.; ebenso Perlis, A. J.: Diskussionsbeitrag. In: Software Engineering a. a. O., S. 68.

181) Vgl. Kay, Ronald H.: The management . . ., a. a. O., S. 427 f.

serungsaufgaben für derartige Systeme zu erfüllen. Dieser Ansatz ist typisch für die „industriemäßige" Produktion von Software-Systemen. Der Anteil der hochqualifizierten Fachspezialisten wird zu Beginn der Großprojekte relativ klein sein. Diese werden daher primär als Berater und „Monitoren" gegenüber dem Management der Entwicklungsorganisation fungieren, in der unterschiedliche Teams für die unterschiedlichen Phasen des Gesamtprojektes, z. B. Analyse, Konzeption, Implementation, Integration, Testen und Wartung verantwortlich sein können[182]). Während der gesamten Entwicklungszeit macht sich meist ein Multiplikator-Effekt hinsichtlich des Wissens über das zu gestaltende System bemerkbar, der dazu führt, daß sich gegen Ende dieser Zeitspanne die Anzahl der wirklich hochqualifizierten Spezialisten verdoppelt oder sogar verdreifacht.

Da die organisatorischen Probleme der Entwicklung von generellen Software-Systemen bisher noch nicht von Organisationsforschern systematisch untersucht worden sind, können hier nur einige interessante Ergebnisse wiedergegeben werden, die von den an derartigen Projekten Beteiligten berichtet worden sind.

Conway macht aufmerksam auf die Kongruenz zwischen der organisatorischen Struktur von Entwicklungsgruppen und der Struktur der entwickelten Software-Systeme, unabhängig davon, ob diese Kongruenz gewollt ist oder nicht[183]). Software-Systeme bestehen im allgemeinen aus mehreren Subsystemen (vgl. dazu die Ausführungen in Abschnitt C III c und die Abbildungen 11 und 12). In dem nicht ungewöhnlichen Falle, in dem für jedes Subsystem eine mehr oder weniger große separate Entwicklungsgruppe existiert, kann nachgewiesen werden, daß die Strukturen der „design group" und des Systems identisch sind[184]). Wenn eine „design group" mehr als ein Subsystem entwickelt, ist die Struktur der Entwicklungs-Organisation eine „collapsed version" der Struktur des Systems[185]). Conway verallgemeinert seine Erkenntnisse in folgender

---

182) Vgl. Kay, Ronald H.: The management . . ., a. a. O., S. 427.

183) Vgl. Conway, Melvin E.: How do committees invent? In: DATAMATION, April 1968, S. 28—31, vor allem S. 29 f.

184) Conway „beweist" diese Behauptung mit Hilfe mehrerer Beispiele. In einem dieser Beispiele standen in einem Forschungsunternehmen acht Spezialisten zur Verfügung, die gleichzeitig einen COBOL- und einen ALGOL-Compiler entwickeln sollten. Nach einigen Analysen und Schätzungen wurden fünf Spezialisten für den COBOL-Compiler und drei für den ALGOL/Compiler eingesetzt. Der entwickelte COBOL-Compiler war ein „Fünf-Phasen-Compiler" der ALGOL-Compiler ein „Drei-Phasen-Compiler". In keinem Falle kann nachgewiesen werden, daß die gewählte Phasen-Anzahl optimal ist. Vgl. Conway, Melvin E.: How do committees invent, a. a. O., S. 30.

185) Conway erklärt diesen Sachverhalt mathematisch als einen Homomorphismus zwischen den linearen Graphen eines Systems und dem linearen Graphen seiner Entwicklungsorganisation. Vgl. Conway, Melvin E.: How do committees invent, a. a. O., S. 30.

186) Vgl. Conway, Melvin E.: How do committees invent, a. a. O., S. 30.

187) Vgl. Kay, Ronald H.: The management and organization . . ., a. a. O., S. 431 f.; ebenso Trapnell, F. M.: A systematic approach to the development of system programs, a. a. O., S. 411 ff.; ebenso Kolence, K.: On the interactions between software design techniques and software management problems. In: Software Engineering, a. a. O., S. 59 f. und die folgenden Diskussionsbeiträge.

Weise: „To the extent that an organization is not completely flexible in its communication structure, that organization will stamp out an image of itself in every design it produces. The larger an organization is, the less flexibility it has and the more pronounced is the phenomenon"[186]. Hier wird ein wesentlicher Wirkfaktor für die oben beschriebenen Zusammenhänge deutlich; die Kommunikationsbeziehungen zwischen den Systementwicklern. Die Wichtigkeit dieses Faktors wird an vielen Stellen betont[187]. Pinkerton ist überzeugt, daß die Entwicklung von Software-Systemen eine bestimmte Kommunikationsstruktur und eine bestimmte Struktur der Entscheidungsprozesse voraussetzt[188]. Dies erscheint als eine nicht unwahrscheinliche Hypothese, die durch systematische Untersuchungen überprüft werden müßte. — Randell macht den Vorschlag, die Struktur von Entwicklungsgruppen entsprechend den von Conway aufgezeigten Gesetzmäßigkeiten so zu gestalten, daß die gewünschte System-Struktur erreicht wird[189]. Gerade dies erscheint aber nicht realisierbar, solange nicht mehr Wissen über die Beziehungen zwischen den genannten Faktoren existiert.

Für das organisatorisch relevante Problem der Reihenfolge der Gestaltungsentscheidungen gibt es bisher kein allgemeingültiges Rezept. Im allgemeinen werden der „top-down approach" und der „bottom-up approach" gegenübergestellt[190]. Beim „top-down approach" beginnt man an den äußeren Grenzen des geplanten Systems und schreitet von Stufe zu Stufe nach innen fort, wobei primär auf jeder Stufe zu definieren versucht wird, welche Funktionen die einzelnen Komponenten ausüben sollen und — sekundär — wie die Komponenten diese Funktionen realisieren[191]. Umgekehrt werden beim „bottom-up approach" zunächst Bausteine entwickelt, die dann anschließend zu immer komplexeren Kombinationen zusammengefügt werden[192].

Gill vertritt die Ansicht, daß der „top-down approach" geeignet ist, wenn das Software-Zielsystem bereits genau definiert, die Hardware oder die maschinenorientierte (= low level) Sprache aber noch nicht präzisiert sind[193]. Umgekehrt ist der „bottom-up approach" angemessen, wenn die Hardware bereits existiert, das Software-Zielsystem aber (bisher) nur in allgemeiner Form definiert wurde[194]. Allgemein wird betont, daß keiner der beiden Ansätze je-

---

188) Vgl. Pinkerton, T. B.: Diskussionsbeitrag. In: Software Engineering, a. a. O., S. 63.

189) Vgl. Randell, B.: Diskussionsbeitrag. In: Software Engineering, a. a. O., S. 63.

190) Vgl. Dijkstra, E. W.: The Structure of the T. H. E. Multiprogramming System. In: Comm. of the ACM. Vol. 11 / No. 5 / Mai 1968, S. 341—346; ebenso Randell, B.: Towards a methodology of computing system design, a. a. O., S. 204—208; ebenso Gill, Stanley: Thoughts on the sequence of writing software, a. a. O., S. 186—188.

191) Vgl. Randell, B.: Towards a methodology of computing system design, a. a. O., S. 205.

192) Vgl. Randell, B.: Towards a methodology of computing system design, a. a. O., S. 205 f.

193) Vgl. Gill, Stanley: Thoughts on the sequence of writing software, a. a. O., S. 186.

194) Vgl. Gill, Stanley: Thoughts on the sequence of writing software, a. a. O., S. 186.

mals ausschließlich angewendet werden sollte[195]). Beispielsweise sind bei Entwicklungen, die einen extremen „bottom-up approach" benutzen, die entstehenden Pakete von individuell optimierten Komponenten häufig sehr weit davon entfernt, ein optimales System zu ergeben[196]). Hier fehlt meist eine systematische Integration, die bevorzugt mit Hilfe des „top-down approach" realisierbar erscheint.

Die Integration der Entwicklungsphasen und damit gleichzeitig die Integration der zu entwickelnden System-Elemente bzw. -Komponenten ist ein Merkmal, dessen Bedeutung ebenfalls bereits klar erkannt worden ist. Zimmermann berichtet von den Vorteilen, die die Bildung einer speziellen Integrationsgruppe bei derartigen Entwicklungsprojekten mit sich bringt[197]). Er grenzt den Aufgabenbereich der „system integration" deutlich von den Aufgabenbereichen „design", „program development" (= Implementierung) und „regression testing" ab[198]). Die an einem praktischen Beispiel erläuterten Erfahrungen von Zimmermann gelten vor allem für sehr große Entwicklungsprojekte, in denen die Gesamtaufgabe auf sehr viele Systementwickler und Systemprogrammierer verteilt ist. Das Problem der zur Fertigstellung des Gesamtsystems notwendigen Kommunikation zwischen den einzelnen Mitarbeitern[199]) und den einzelnen Entwicklungsgruppen[200]), das durch ständige Modifikationen der Ausgangsbedingungen (Definitionen und Spezifikationen) kompliziert wird, scheint ohne eine oder mehrere Gruppen mit dem speziellen Auftrag, Integration herbeizuführen, nicht lösbar. Wesentliche Konsequenz der bisherigen Erfahrungen ist die Erkenntnis, daß bei Großprojekten die Kapazität der zur Koordination der Stelleninhaber in den Entwicklungsgruppen eingesetzten Führungskräfte nicht ausreicht, um die Komplexheit dieser Systeme zu überschauen und die Integration der Komponenten und Subsysteme herbeizufüh-

---

195) Vgl. Diskussionsbeiträge von Barton, Fraser, Perlis und McIlroy. In: Software Engineering, a. a. O., S. 48 ff.; ebenso Randell, B.: Towards a methodology ..., a. a. O., S. 206; ebenso Gill, Stanley: Thoughts on the sequence of writing software, a. a. O., S. 186 ff. Letzterer betont, daß die Programmierung niemals als deduktiver Prozeß angesehen werden kann. Die Tiefe der erforderlichen Induktion variiert sehr stark. Die einfachste Situation ist dann gegeben, wenn ein einzelnes primitives System bereits zur Verfügung steht und ein einziges klar definiertes Zielsystem implementiert werden soll, wobei nur eine schmale konzeptionelle Lücke von wenigen zu produzierenden Software-Schichten (= Software-Funktionsebenen) überbrückt werden muß. Derartige Situationen waren üblich in den frühen Tagen der Programmierung. Heute treten sie lediglich als kleine Bestandteile von größeren Aufgaben in Erscheinung. Vgl. Gill, Stanley: Thoughts ..., a. a. O., S. 188.

196) Vgl. Randell, B.: Towards a methodology ..., a. a. O., S. 206.

197) Vgl. Zimmerman, Norman A.: System integration as a programming function. In: Proceedings of 24th ACM National Conference. New York 1969, S. 459 ff.

198) Vgl. Zimmerman, Norman A.: System integration as a programming function, a. a. O., S. 459. Andere Autoren weisen ebenfalls auf die Wichtigkeit der „system integration" hin. Vgl. Trapnell, F. M.: A systematic approach to the development of system programs, a. a. O., S. 415 ff.; ebenso Conway, Melvin E.: How do committees invent, a. a. O., S. 31. Letzterer weist auf die Zusammenhänge mit der Kommunikationsstruktur hin.

199) Jeder Mitarbeiter entwickelt meist selbständig ein oder mehrere Programm-Moduln.

200) Jede Entwicklungsgruppe ist meist für ein oder mehrere Subsysteme, die aus einer Vielzahl von Programm-Moduln bestehen können, verantwortlich.

ren. Abbildung 24 zeigt die Management-Hierarchie zur Entwicklung eines großen generellen Software-Systems, wobei der Funktionskomplex „System-Integration" aufbauorganisatorisch gesondert berücksichtigt worden ist[201]).

Für die Strukturierung des Entwicklungsprozesses als ablauforganisatorisches Problem sind eine Reihe unterschiedlicher Phaseneinteilungen entwickelt worden[202]). Abbildung 25 faßt die wesentlichen, in den meisten dieser Einteilungen enthaltenen Gesichtspunkte zusammen, wobei sowohl der „main stream" der Entwicklungsaktivitäten (verbunden durch stark ausgezeichnete Pfeile) als auch die von vielen Aktivitäten ausgehenden Rückkopplungs-Beziehungen (= schwache Pfeile) dargestellt sind. Eine Reihe von Aktivitäten wird dabei gleichzeitig bzw. überlappt mit anderen ausgeführt. Der Gesamtprozeß ist in drei Teilprozesse aufgeteilt:

(1) die Entwicklung der Einzelprogramme,

(2) die Entwicklung der System-Komponenten,

(3) die Entwicklung des Gesamtsystems.

Dies gilt nur als ein Beispiel für den Fall, daß drei hierarchisch geordnete Funktionsebenen vorhanden sind. Wenn zwischen die Komponenten und die Einzelprogramme komplexe Subkomponenten und zwischen das Gesamtsystem und seine Komponenten noch weitere Subsysteme treten, müßten beispielsweise fünf derartige Teilprozesse nebeneinander verfolgt werden[203]).

Die Abbildungen 24 und 25 enthalten keinen Hinweis auf die Vielzahl von unterstützenden verwaltenden, kontrollierenden und zur Erstellung von „komplementären" Leistungen[204]) für ein generelles Software-System notwendigen Aktivitäten. Durch diese Aktivitäten wird der Gesamtprozeß einer-

---

201) Die Abbildung lehnt sich an eine Darstellung bei Zimmerman an. Vgl. Zimmerman, Norman A.: System integration as a programming function, a. a. O., S. 467.

202) Vgl. Wilson, Ira G.; Wilson, Marthan E.: Information, Computers, and System Design. New York, London, Sydney 1967 (3. Aufl.), S. 137 ff.; ebenso Nadler, Gerald: An investigation of design methodology. In: Management Science, Vol. 13 / No. 10 / Juni 1967, S. B 642—B 655; ebenso Zimmerman, Norman A.: System integration as a programming function, a. a. O., S. 459 ff.; ebenso Nash, J.: Some problems of management in the production of large scale software systems, a. a. O., S. 20; ebenso Selig, F.: Documentation for service and users, a. a. O., S. 21.

203) Entsprechend wären dann wahrscheinlich mindestens vier Management-Ebenen notwendig (vgl. Abbildung 24), um die Entwicklungsprozesse zu koordinieren.

204) Als Endprodukt der System-Entwicklung wird im allgemeinen eine Menge integrierter Programme betrachtet. Die Programme sind aber nur ein Teil des verkaufbaren generellen Software-Systems. Hinzukommen müssen zahlreiche Handbücher, Spezifikationen, Programmablaufpläne, Listen, Bedienungsanweisungen und andere Dokumente, ohne die das System nicht angewendet und an spezielle Benutzerbedingungen angepaßt werden kann. Vgl. Pietrasanta, Alfred M. et al.: Managing the Economics of Computer Programming. Current Methodological Research. In: Proceedings of 23rd ACM National Conference, a. a. O., S. 342.

205) Vgl. Nash, J.: Some problems of management . . ., a. a. O., S. 19 f.

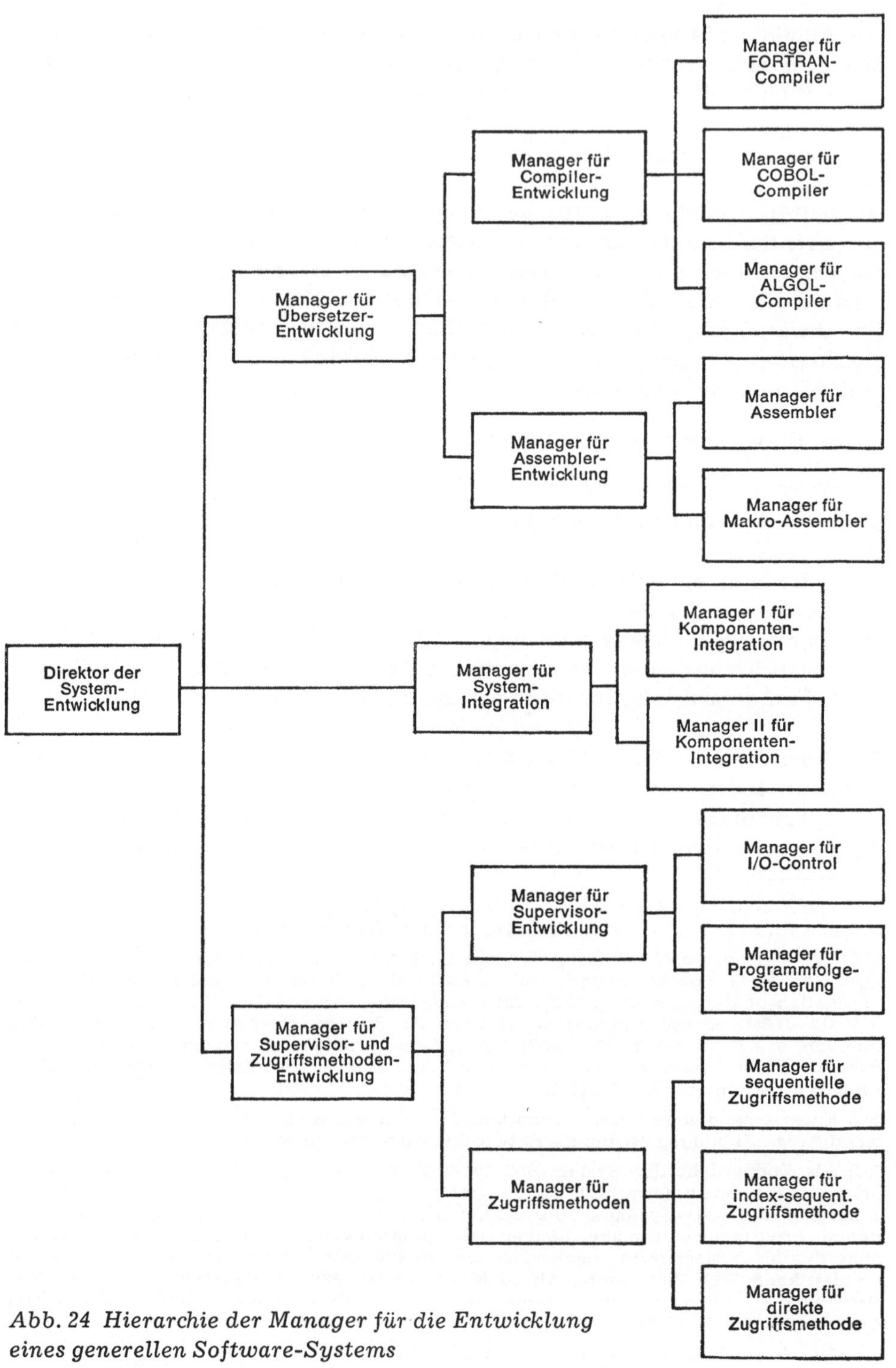

Abb. 24 Hierarchie der Manager für die Entwicklung eines generellen Software-Systems

seits überhaupt erst durchführbar[205]), andererseits im Hinblick auf seine organisatorische Gestaltung noch sehr viel komplexer und schwieriger. Auf die Problematik dieser „Sekundär-Aktivitäten" kann hier nicht eingegangen werden[206]).

Nach den bisherigen Ausführungen zeichnet sich ab, inwieweit der organisatorische Ansatz des Projekt-Managements bei der Entwicklung von generellen Software-Systemen verwendet werden kann. Ein wesentliches Merkmal des Projekt-Managements, nämlich die Zusammenfassung von Mitarbeitern aus verschiedenen Abteilungen und von verschiedenen Ebenen der Unternehmungshierarchie in einem Team zur Realisierung einer Spezialaufgabe[207]), scheint bei der Entwicklung von generellen Software-Systemen, zumindest in der industriellen Größenordnung, nicht gegeben zu sein. Hier werden meist spezielle Produktionsabteilungen geschaffen, deren Aufgabe primär in der Erzeugung von Software-Systemen besteht. Wenn die Entwicklung eines bestimmten Software-Systems im wesentlichen abgeschlossen ist, übernimmt ein Teil der Systementwickler die Aufgaben der Wartung, d. h. der ständigen Korrektur und Verbesserung bzw. Ergänzung, ein anderer Teil wird mit der Entwicklung neuer Software-Systeme beauftragt.

Ein anderes Merkmal des Projekt-Managements, nämlich die außerordentlich weitgehende Selbständigkeit hinsichtlich dessen, was der einzelne Systementwickler bzw. Systemprogrammierer zur Erfüllung der ihm übertragenen Detailaufgaben tut[208]), scheint bei der Entwicklung genereller Software-Systeme verwirklicht zu sein. Im allgemeinen können für ein Einzelprogramm nur das Funktionsziel und die Interfaces zu den übrigen Programmen vorgegeben werden. Die methodische Lösung obliegt meist dem einzelnen Systemprogrammierer. Kompatibilität zwischen den individuellen Lösungen wird durch iterative Prozesse erreicht.

Eine sehr viel größere Bedeutung als bei der Entwicklung von generellen Software-Systemen besitzt die Organisationsform des Projekt-Management im Gestaltungsbereich der Benutzer von ADV-Systemen bei der Konfigurierung betriebsindividueller Systeme von Benutzerprogrammen[209]). Es ist dar-

---

206) Ein interessanter Bericht über die Kontroll-Möglichkeiten bei der Entwicklung von Software-Systemen stammt von Hill, Peter B.: The control of large — scale software projects. Working Paper for Workshop of IFIP-ADP-Group. Freiburg/Schweiz 1969 (unveröffentlicht). Ebenfalls zu diesem Thema äußert sich Fraser, A. G.: The nature of progress in software production, a. a. O., S. 86 f.

207) Vgl. Orlicky, Joseph: The sucessful computer system. Its planning, development, and management in a business enterprise. New York usw. (1969), S. 126—133.

208) Vgl. die Ansicht von Trapnell, der davon ausgeht, daß ein Programm-Modul so groß sein soll, daß ein Mann es während eines Entwicklungszyklus programmieren und testen kann. Vgl. Trapnell, F. M.: A systematic approach . . ., a. a. O., S. 411.

209) Vgl. zu diesem Thema die beiden Erfahrungsberichte von Stuart, Walter J. Jr.: An experiment in data processing management. In: DATAMATION, Juni 1968, S. 64—65; ebenso Stuart, Walter J. Jr.: An Experiment in DP Management-Revisited. In: DATAMATION, November 1969, S. 149—157.

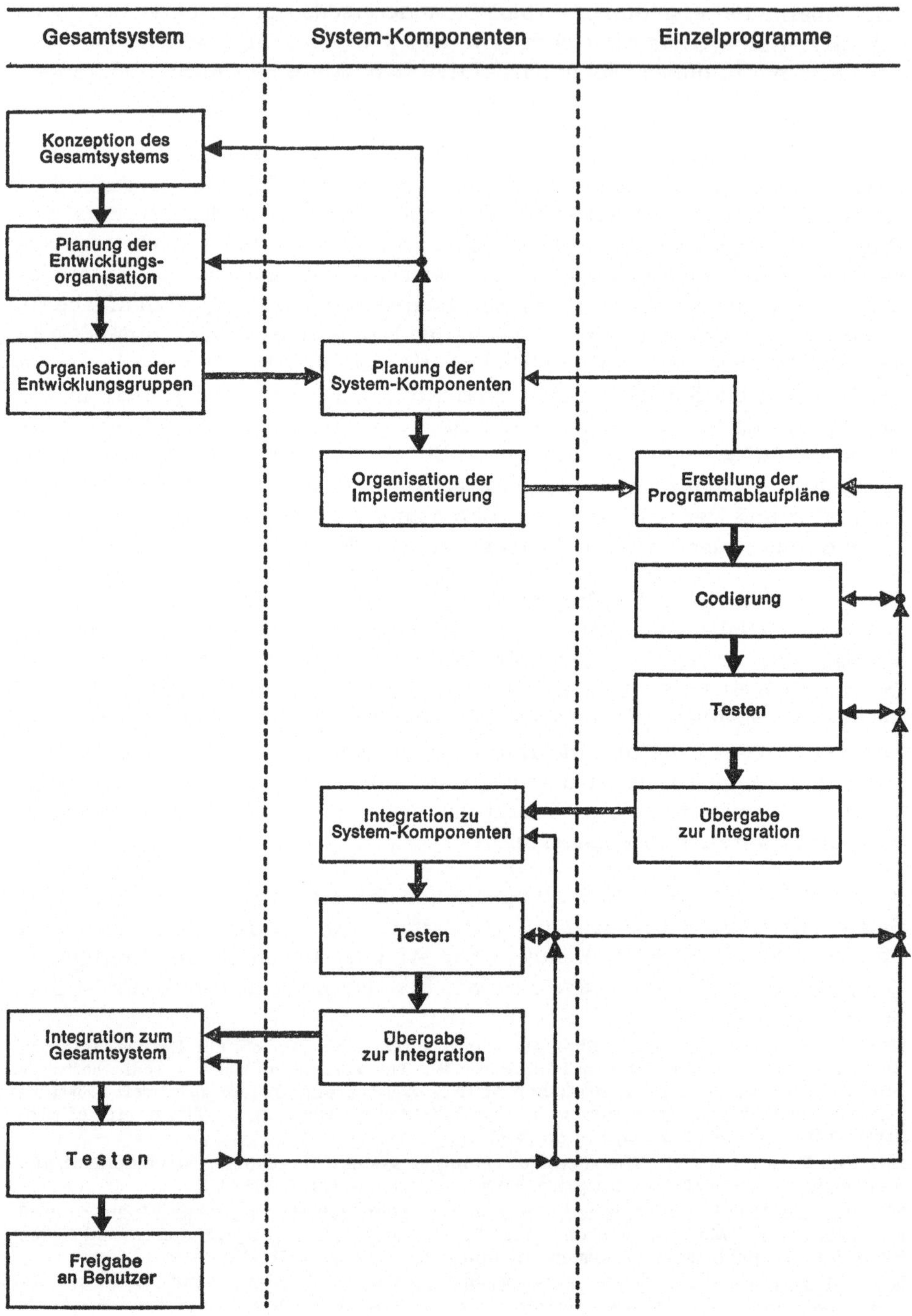

Abb. 25 Phasen der Entwicklung eines generellen Software-Systems

auf hinzuweisen, daß das Konzept des Projekt-Managements historisch gesehen gerade in diesem Gestaltungsbereich seine ersten großen Erfolge verzeichnen konnte.

Bisher sind keine systematischen organisatorischen Untersuchungen des Ablaufs der Zusammenarbeit zwischen den einzelnen Systemplaner- und Programmiergruppen bzw. zwischen ihren jeweiligen Managern bekannt geworden. Dies ist um so bedauerlicher, als gerade die Komplexität der zu gestaltenden Systeme die Vermutung induziert, daß die Effizienz des Gestaltungsprozesses in viel größerem Umfang durch ablauforganisatorische als durch aufbauorganisatorische Maßnahmen beeinflußt wird. Formal können zwar eine Reihe von möglichen Zusammenhängen abgeleitet werden (beispielsweise zwischen den in Abbildung 24 und den in Abbildung 25 dargestellten Beziehungen). Für die reale Existenz der Zusammenhänge sprechen jedoch nur gewisse Wahrscheinlichkeiten, die mit Analogien zu anderen Gestaltungsprozessen begründet werden können. Die Wahrscheilichkeitswerte können nicht bestimmt werden. Aus diesem Grunde wird hier auf eine formale Betrachtung der ablauforganisatorischen Probleme verzichtet. Als Resultat ist die Forderung festzuhalten, daß bei notwendigen zukünftigen Untersuchungen der Organisation des Entwicklungsprozesses für Software-Systeme den ablauforganisatorischen Aspekten besondere Beachtung geschenkt werden muß.

II. Konfigurierung eines speziellen, betriebsindividuellen Software-Systems

Die Konfigurierung eines speziellen Software-Systems wird definiert als der Prozeß, durch den ein generelles Software-System auf die betriebsindividuellen Bedingungen eines Benutzers (bzw. einer Benutzergruppe) zugeschnitten wird[210]).

Zuschneiden bedeutet Anpassen an:

(1) ein spezielles Hardware-System,

(2) ein spezielles Aufgaben-System,

(3) ein spezielles Sprachen-System,

(4) ein spezielles System von Benutzer-Programmen.

Die Anpassung findet in unterschiedlichen Formen statt. Die Gestaltung der genannten Subsysteme (Systemkomponenten) von ADV-Systemen kann bereits abgeschlossen sein, so daß die übrigen Subsysteme für die Entscheidungen zur Konfigurierung des Software-Systems fixe Daten sind. Andererseits

---

210) Wenn im folgenden von einem „Benutzer" gesprochen wird, so ist immer eine Institution z. B. eine Unternehmung oder ein Verwaltungsbetrieb gemeint, auf deren Zwecke das jeweilige Software-Sytesm ausgerichtet wird. Dies schließt die Tatsache ein, daß die Institution selbst aus vielen, das ADV-System benutzenden Abteilungen bzw. Stellen bestehen kann.

kann eine schrittweise Anpassung im Rahmen eines Gestaltungsprozesses erfolgen, in dem alle fünf Systemkomponenten zeitweise variabel sind. Die Konfigurierung eines Software-Systems ist eine Aufgabe, die sich temporär immer wieder neu stellt, sobald z. B. eines der genannten Subsysteme oder das generelle Software-System selbst verändert (z. B. weiterentwickelt) wird[211].

a) Charakterisierung der Gestaltungsaufgaben in der Konfigurierungsphase

Die Anpassung eines generellen Software-Systems an individuelle Benutzer-Bedingungen kann sowohl in einem Herausschneiden von vorhandenen, aber nicht benötigten Software-Fähigkeiten (Selektion) als auch in einem Hinzufügen von bisher noch nicht vorhandenen aber notwendigen Software-Fähigkeiten (Addition) bestehen. In jedem Falle handelt es sich um echte Gestaltungshandlungen. Der Schwerpunkt der hier vorgenommenen Untersuchung liegt auf der selektiven Anpassung.

Durch den Prozeß der selektiven Anpassung verliert das Software-System einen Teil seiner funktionellen Redundanz und Flexibilität und gewinnt an „operationaler Wirksamkeit", d. h. mit Hilfe der vom Benutzer herausgeschnittenen individuellen Untermenge funktionaler Fähigkeiten können die individuellen Aufgabenstellungen wirksamer realisiert werden, als mit Hilfe der Gesamtmenge von Funktionen des generellen Systems. Wirksamer bedeutet:

a) mit weniger Input, z. B. in Form von maschinellen Ressourcen;

b) mit höherem Output in Form von Qualitätskomponenten.

Die selektive Anpassung setzt sich genau wie die ihr vorgeschaltete Entwicklung genereller Software-Systeme aus einer Konzeptions- und einer Implementationsphase zusammen. In beiden Phasen sind Entscheidungen zu fällen und Gestaltungshandlungen zu realisieren. Während die Implementationsphase bereits weitgehend automatisiert ist, d. h. mit Hilfe von Programmen durchgeführt werden kann, besteht ein Mangel an Wissen und Erfahrungen über die System-Zusammenhänge, die bei der Konzeption optimaler betriebsindividueller Software-Systeme beachtet werden müssen. Dieser Mangel, seine Ursachen und sein Einfluß auf die Entscheidungsprozesse der Konfiguratoren werden im folgenden näher untersucht.

Die hier nicht untersuchte Addition von Funktionen im Rahmen der Konfigurierung eines betriebsindividuellen Software-Systems unterscheidet sich

---

211) Auf diese Zusammenhänge wurde bereits in Abschnitt B III a und in der Einleitung zu D hingewiesen. Von wesentlicher Bedeutung sind dabei vor allem die Rückkopplungsbeziehungen, die sich aufgrund der Anwendung eines betriebsindividuellen konfigurierten Software-Systems ergeben (vgl. Abschnitt D III). Sie sind der eigentliche Motor für die Dynamik des Prozesses der Software-System-Gestaltung.

deutlich von den Gestaltungsaufgaben im Rahmen der Entwicklung eines generellen Software-Systems, beispielweise durch das Merkmal der unterschiedlichen Gestaltungssubjekte (Aufgabenträger[212]). Von den Gestaltungsaufgaben im Rahmen der Konfigurierung eines betriebsindividuellen Systems von *Benutzerprogrammen* unterscheidet sich die Addition von Software-System-Funktionen durch das Merkmal unterschiedlicher Gestaltungsobjekte[213]).

b) Systematik der Konfigurierungshandlungen im Hinblick auf die in ihnen enthaltenen Gestaltungsentscheidungen

Der Konfigurierungsprozeß wird hier als eine Einheit betrachtet, d. h. es wird nicht zwischen Konzeptions- und Implementierungsphase unterscheiden. Außerdem wird nur der selektive Aspekt der Anpassung an betriebsindividuelle Bedingungen untersucht.

Die Gestaltungshandlungen zur Konfigurierung betriebsindividueller Software-Systeme können in vier Gruppen eingeteilt werden:

(1) Konfigurierungshandlungen, die unmittelbare Folge von vorher fixierten Strukturen anderer Subsysteme sind.

(2) Konfigurierungshandlungen, die zwar durch vorher fixierte Strukturen anderer Subsysteme induziert werden, für die aber Entscheidungen zwischen mehreren Alternativen notwendig sind.

(3) Konfigurierungshandlungen, die zu unmittelbaren Konsequenzen für die Strukturen anderer Subsysteme führen.

(4) Konfigurierungshandlungen, die sich zwar auf die Strukturen anderer Subsysteme auswirken, die aber Entscheidungen zwischen mehreren Alternativen auslösen.

Die Analyse der in den einzelnen Gruppen von Konfigurierungshandlungen enthaltenen Gestaltungsentscheidungen erfolgt an praktischen Problemstellungen, die in einem realen Software-System-Konfigurierungsprozeß zu lösen sind[214]).

---

212) Gestaltungssubjekte der Entwicklung genereller Software-Systeme sind primär die Systementwickler/Systemprogrammierer der Hersteller von ADV-Systemen. Gestaltungssubjekte betriebsindividueller, im generellen System nicht enthaltener Software-System-Funktionen sind primär die Systemprogrammierer der Benutzer von ADV-Systemen.

213) Gestaltungsobjekte der Konfigurierung von Software-Systemen sind Systemprogramme und systeminduzierte Standardprogramme (vgl. Abschnitt C III c). Gestaltungsobjekte der Konfigurierung von Benutzerprogramm-Systemen sind Benutzerprogramme und benutzerinduzierte Standardprogramme (vgl. Abbildung 2).

214) Diese Beispiele beziehen sich auf die Konfigurierung eines bestimmten Software-Systems eines bestimmten Herstellers, nämlich des Operating-Systems für die ADV-Systeme der Serie IBM/360. Die selektive Anpassung wird bei der Konfigurierung dieses Software-Systems als „System Generation" bezeichnet. Vgl. IBM Corp. (Hrsg.): IBM System/360 Operating System — System Generation. Form C 28-6554-5. (Poughkeepsie, N. Y. 1968).

Zu (1): Für Konfigurierungshandlungen, die unmittelbare Folge von vorher fixierten Strukturen anderer Subsysteme sind, sind keine Entscheidungen erforderlich. Die Gestaltungshandlungen müssen sich zwangsläufig nach den bereits vorher getroffenen Entscheidungen bei der Konfigurierung der anderen Subsysteme richten. So sind beispielsweise im Rahmen der System-Generierungsphase für das IBM/360 Operating System die folgenden Software-System-Parameter entsprechend den fixierten Strukturen des Hardware-Systems festzulegen[215]):

- Modell der Zentraleinheit (z. B. Modell 30, 40, 50, 65, 75)

- Größe des Hauptspeichers (z. B. in Bytes)

- Vorhandensein/Fehlen eines Multiplex-Kanals
  Anzahl und Art der Steuereinheiten für die Peripherie
  Anzahl und Art der an jede Steuereinheit angeschlossenen peripheren Geräte

- Vorhandensein/Fehlen von einem oder mehreren Selektorkanälen
  Anzahl und Art der an jeden Selektorkanal angeschlossenen Steuereinheiten
  Anzahl und Art der an jede Steuereinheit angeschlossenen peripheren Geräte.

Das gleiche gilt auch hinsichtlich der durch die Entscheidungen über das Sprachen-System festgelegten Parameter[216]).

- Übersetzer für maschinenorientierte Assemblersprache:
  Assembler E
  Assembler F

- Übersetzer für prozedurorientierte Compilersprachen:
  ALGOL-Compiler
  COBOL-E-Compiler
  COBOL-F-Compiler
  FORTRAN-E-Compiler
  FORTRAN-G-Compiler
  FORTRAN-H-Compiler
  PL/1-Combiler

---

215) Vgl. IBM Corp. (Hrsg.): IBM System/360 Operating, System: System Generation Configurator. Form C 20-1660-1. (White Plains, N. Y. 1967), S. 1—22; ebenso IBM Corp. (Hrsg.): Form C 28—6554-5, a. a. O., S. 41—48 und die Beispiele auf S. 219 ff.
Ähnliche Spezifikationen sind auch bei den Software-Systemen anderer Hersteller festgelegt worden. Vgl. Sperry Rand Corp. (Hrsg.): UNIVAC 1108 Multiprocessing System. Operating System EXEC 8 Programmers Reference. UP-4144 Rev. 1 (o. Ort 1968), Section 18, S. 1—24; ebenso Sperry Rand Corp. (Hrsg.): UNIVAC 1100 Series. Systems Memorandum. System 1108 OS, Revision 9, Ident. 3.4, Part I, S. 1—15.

216) Vgl. IBM Corp. (Hrsg.): Form C 20—1660-1, a. a. O., S. 32—42, ebenso IBM Corp. (Hrsg.): Form C 28-6554-5, a. a. O., S. 45 ff.

Die Konfigurierung des betriebsindividuellen Aufgaben-Systems[217]) kann ebenfalls zu zwangsläufigen Konsequenzen für die Struktur des Software-Systems führen. Ein solcher Fall ist beispielweise gegeben, wenn aufgrund der Aufgabenstruktur die in den folgenden Bibliotheken[218]) enthaltenen Funktionen benutzt werden können:

- Generierung der ALGOL-Bibliothek
- Generierung der (Assembler-)Makro-Bibliothek
- Generierung der COBOL-Bibliothek
- Generierung der FORTRAN-Bibliothek
- Generierung der Parameter-Bibliothek
- Generierung der PL/1-Bibliothek
- Generierung der Prozedur-Bibliothek
- Generierung der Sortier- und Misch-Routinen-Bibliothek

Ein ähnliches Beispiel ist die Spezifizierung bestimmter Dienstprogramme (utilities)[219]), die zur Lösung von häufig wiederkehrenden betriebsindividuellen Aufgabenstellungen benutzt werden.

Datei-Utilities (datenbestand-bezogen)

- Kopieren von sequentiellen oder untergliederten Dateien
- Umwandeln einer sequentiellen in eine gegliederte Datei
- Vergrößern einer gegliederten Datei
- Aufbereiten von Datensätzen
- Konvertieren von Feldern auf einem Datenträger (z. B. Band) in Felder auf einem anderen Datenträger (z. B. Platte)
- Kopieren oder Mischen von untergliederten Dateien
- Vergleichen der Sätze zweier Dateien
- Drucken oder Stanzen der Sätze einer Datei
- Pflegen von „symbolischen Bibliotheken"

System-Utilities (datenträger-bezogen)

- Modifizieren von System-Steuerdaten, z. B. durch Erstellen und Pflegen eines Katalogs
- Drucken von Katalogen oder Verzeichnissen
- Initialisieren von Random-Speichern und Datensicherung
- Kennzeichnen von Datenträgern mit Standard-Kennsätzen

Zu (2): Konfigurierungshandlungen, die mittelbar durch vorher fixierte Strukturen anderer Subsysteme ausgelöst werden, sind gekennzeichnet durch

---

217) Gemeint ist das System der automatisch zu lösenden Informationsverarbeitungsaufgaben. (Vgl. vor allem Abschnitt B III a).

218) Vgl. IBM Corp. (Hrsg.): Form C 28-6554-5, a. a. O., S. 47; ebenso IBM Corp. (Hrsg.): Form C 20-1660-1, S. 32 ff.

219) Vgl. IBM Corp. (Hrsg.): IBM System/360 Operating System. Utilities. Form C 28-6586; ebenso IBM Schule für Datenverarbeitung (Hrsg.): Betriebssystem/360. OS-Utilities. Lehrgangsunterlagen, Form 81786-1 (o. Ort) 1969.

Entscheidungsprozesse. Der Entscheidungsspielraum ist zwar im allgemeinen durch die vorher ausgeführten Gestaltungsakte relativ gering. Im Gegensatz zur ersten Gruppe von Konfigurierungsverhandlungen kann jedoch zwischen einer mehr oder weniger großen Zahl von Alternativen gewählt werden. Beispiele für diese Gruppe sind im Rahmen der System-Generierungsphase für das IBM/360 Operating System die folgenden Parameter:

Parameter des Job Management[220])

⊙ Design Level für das Job-Scheduler-Programm
⊙ Anzahl der Pufferbereiche für WTO-Routinen[221])
⊙ Anzahl der (Antwort-)Warteschlangen für die WTO-Routinen

Parameter des System-Management[222])

⊙ Anzahl der gleichzeitig zu verarbeitenden I/O-Operationen
⊙ Art des Mehrprogrammbetriebes
⊙ Verwendung programmgesteuerter Unterbrechungen während des Hereinholens eines Programmes in den Hauptspeicher

Parameter des Data Management[223])

Spezifikation optionaler Zugriffsmethoden
⊙ Basic direct access method (BDAM)
⊙ Basic index sequential access method (BISAM)
⊙ Queued index sequential access method (QISAM)
⊙ Basic telecommunications access method (BTAM)
⊙ Queued telecommunications access method (QTAM)

Zu (3): Bei Konfigurierungshandlungen, die zu unmittelbaren Konsequenzen für die Strukturen anderer Subsysteme führen, ist als wesentliches Kriterium herauszustellen, daß die Anstöße für die ihnen zuzuordnenden Gestaltungsentscheidungen im Software-System selbst zu suchen sind. Dies bedeutet, daß es sich um Gestaltungsentscheidungen handelt, die primär der Schaffung oder Verbesserung der Funktionsfähigkeit bzw. Wirksamkeit des Software-Systems selbst dienen und erst sekundär bei der Gestaltung der übrigen Subsysteme berücksichtigt werden müssen. Beispiele für derartige Entscheidungen sind die folgenden zum Task Management gehörenden Optionen[224]):

---

220) Vgl. die Ausführungen über die Job Scheduler Konfigurierung in IBM Corp. (Hrsg.): Form C 20-1660-1, a. a. O., S. 24 f.; ebenso die Ausführungen über das SCHEDULR-Makro in IBM Corp. (Hrsg.): Form C 28-6554-5, a. a. O., S. 135—141.

221) Abkürzung für „write-to-operator". Vgl. IBM Corp. (Hrsg.): IBM System /360 Operating System. Concepts and Facilities. Form C 28-6535-4, a. a. O., S. 38.

222) Vgl. die Ausführungen über die Konfigurierung des Control Program in IBM Corp. (Hrsg.): Form C 20-1660-1, a. a. O., S. 23; ebenso die Ausführungen über das CTRLPROG-Makro in IBM Corp. (Hrsg.): Form C 28-6554-5, a. a. O., S. 67—70.

223) Vgl. IBM Corp. (Hrsg.): Form C 20-1660-1, a. a. O., S. 28; ebenso IBM Corp. (Hrsg.): Form C 28-6554-5, a. a. O., S. 71.

224) Vgl. IBM Corp. (Hrsg.): Form C 20-1660-1, a. a. O., S. 26 f.

Spezifikation der Timer-Funktion[225])

Diese Spezifikation erfolgt durch Angabe eines der folgenden Software-System-Parameter TIME,
INTERVAL,
JOBSTEP

und induziert gleichzeitig die Installation einer entsprechenden Hardware-Einrichtung (Spezialuhr). Die Timer-Funktion dient primär der Planung und Kontrolle des Ablaufs aller übrigen Funktionen.

Spezifikation der TRACE-Funktion[226])

Hierbei kann die Größe der zum Tracing verwendeten Tabelle variabel gewählt werden. Dies impliziert unmittelbare Auswirkungen auf die Größe der zur Speicherung dieser Tabelle notwendigen Speichermedien[227]). Primär dient diese Funktion Software-Zwecken.

Spezifikation der On-Line-Test-Funktion[228])

Diese Funktion erlaubt die Durchführung von Tests an den Eingabe-/Ausgabe-Geraten *während* des Betriebes des ADV-Systems, d. h. diese Funktion läuft als einer von vielen „job steps" ab und gehört dann mit zur „work load" eines ADV-Systems x zum Zeitpunkt y. Unmittelbare Konsequenz des Einsatzes dieser Software-Funktion ist die Verminderung der I/O-Geschwindigkeit der überprüften Hardware-Geräte bezogen auf die Eingabe und Ausgabe der Mehrheit der Daten, die nichts mit dem Testsystem zu tun haben.

Zu (4): Konfigurierungshandlungen, die sich mittelbar auf die Strukturen anderer Subsysteme auswirken, implizieren Entscheidungen, deren Resultate mehrere Alternativen für die Gestaltung der übrigen System-Komponenten offen lassen. Dazu gehören z. B. die folgenden Optionen:

- Spezifikation des Overlay-Typs z. B. BASIC, ADVANCED[229]).

- Spezifikation der Bedindungen, unter denen ein Job nicht ausgeführt werden soll[230]).

- Spezifikation von Möglichkeiten zur temporären Unterdrückung der Verarbeitung von Kennsätzen[231]).

---

225) Vgl. IBM Corp. (Hrsg.): Form C 28-6554-5, a. a. O., S. 153.
226) Vgl. IBM Corp. (Hrsg.): Form C 28-6554-5, a. a. O., S. 154; ebenso IBM Corp. (Hrsg.): IBM System/360 Operating System. System Programmer's Guide. Form C 28-6550-6 (Poughkeepsie, N. Y. 1969), S. 155—157.
227) Vgl. IBM Corp. (Hrsg.): IBM System/360 OS Storage Estimates. Form C 28-6551-8 (Poughkeepsie, N. Y. 1969), S. 26, 59.
228) Vgl. IBM Corp. (Hrsg.): Form C 28-6554-5, a. a. O., S. 153.
229) Vgl. IBM Corp. (Hrsg.): Form C 28-6554-5, a. a. O., S. 67 ff.
230) Vgl. IBM Corp. (Hrsg.): Form C 28-6554-5, a. a. O., S. 137.
231) Vgl. IBM Corp. (Hrsg.): Form C 28-6554-5, a. a. O., S. 135 f.

Es ist wesentlich, daß der Standpunkt des „Software-System-Konfigurators"
bei der systematischen Analyse der Gestaltungsentscheidungen zur Konfigurierung eines betriebsindividuellen Software-Systems[232]) permanent bei behalten wird. Unter dem Aspekt der Gestaltung eines anderen Subsystems,
z. B. des Hardware-Systems, erscheinen die gleichen Phänomene in einem
völlig anderen Licht. Hier wird erkennbar, welch große Bedeutung kontinuierlichen Rückkopplungsprozessen zwischen den einzelnen Gestaltungsaufgaben zukommt.

Bis zu diesem Zeitpunkt sind ausschließlich der Einsatz eines bestimmten
Konfigurierungs-Instrumentariums und die Arten der diesen Einsatz bewir-
kenden Entscheidungen untersucht worden. Der nächste Schritt müßte darin
bestehen, Entscheidungsregeln abzuleiten, die Auskunft darüber geben, welche Instrumente (in Form von zu spezifizierenden Parametern) einzusetzen
sind, um bestimmte Wirkungen (in Form von Informationsverarbeitungsleistungen bzw. Qualitätskomponenten-Ausprägungen) zu realisieren. Sofern
die Gruppen 1 und 3 der oben verwendeten Systematik angesprochen sind,
können derartige Entscheidungsregeln ohne Zweifel angegeben werden.
Hierbei handelt es sich jedoch nur um einen Teil der insgesamt vorhandenen
Gestaltungsparameter[233]). Für die Gruppen 2 und 4 der Konfigurierungshandlungen existieren bisher keine allgemein bekannten Entscheidungsregeln. Dies bedeutet: Der Konfigurator weiß zwar, welche Aktionen er po-
tentiell auslösen kann, er weiß jedoch selten, unter welchen Voraussetzungen
er sie auslösen muß und kennt nur in sehr groben Umrissen die Wirkungen,
die sich beim Auslösen auf das ADV-System und seine Leistungsfähigkeit ergeben. Dabei ist sein Wissen hinsichtlich der zwischen den Software-System-
Parametern und dem Aufgaben-System sowie dem System der Benutzerprogramme existierenden Zusammenhänge noch sehr viel geringer, als das Wissen über die Beziehungen zwischen Software-System, Hardware-System und
Sprachen-System. Im folgenden sollen einige der Ursachen für diesen Wis-
sensmangel genannt werden, der seinerseits dafür verantwortlich ist, daß
das Instrument der System-Konfigurierung bisher kaum voll ausgenutzt
werden konnte.

Eine wesentliche Ursache für den Wissens-Mangel ist das Verhalten der
Benutzer von ADV-Systemen. Diese verhalten sich häufig noch so, als ob
sie die Software der zweiten Generation von ADV-Systemen vor sich hätten.
Sie vernachlässigen beispielsweise die Qualitätskomponente „Flexibilität",
die in der dritten Generation zu einem der wesentlichsten Faktoren geworden

---

232) Die als Beispiele zu den vier Gruppen angeführten Parameter bzw. Optionen kennzeichnen den Prozeß der „System Generation" für das IBM/360 Operating System hinsichtlich einiger wesentlicher Aspekte. Es erscheint grundsätzlich möglich, alle in diesem
Prozeß ansprechbaren Parameter einer der genannten vier Gruppen zuzuordnen.

233) Bei den Software-Systemen für die Großanlagen der 3. Generation stehen im allgemeinen 200—300 Systemparameter zur Verfügung, durch die eine selektive Anpassung an
betriebsindividuelle Bedingungen erfolgen kann.

ist. Teilweise sind sie im Anfangsstadium ihrer Benutzung der Systeme der dritten Generation aufgrund der „Kinderkrankheiten" dieser Anlagen zu einem solchen Verhalten gezwungen worden. Bei vielen Benutzern ist die darin zum Ausdruck kommende Einstellung aber auch dann noch anzutreffen, wenn die technischen Anfangsschwierigkeiten als überwunden gelten müssen. Man ist zufrieden „ . . . wenn das System ohne Unterbrechung läuft und produziert". Eine Optimierung findet nur selten statt. Nur wenige Benutzer experimentieren systematisch mit ihren Systemen, um sich auf diese Weise nach und nach an das betriebsindividuelle Optimum heranzutasten[234]. Vorab besteht die Notwendigkeit, die kaum erforschten quantitativen Zusammenhänge zwischen Konfigurierungshandlungen und ihren leistungsmäßigen Auswirkungen zu erkennen und die zu ihrer Messung notwendigen Maßstäbe zu entwickeln. Dies sind außerordentlich schwierige Aufgaben, an die sich meist nur sehr große Benutzer heranwagen.

Als weitere Ursache kommt hinzu, daß die Hersteller selbst durch die Konfigurierungsmöglichkeiten in einen Zielkonflikt geraten sind. Fördern sie diese Möglichkeiten, entwickeln sie z. B. die notwendigen Entscheidungsregeln, so besteht die Gefahr, daß als Ergebnis der Konfigurierungsprozesse Systeme konstruiert werden, die „software-intensiv" sind. Solange der Kunde im wesentlichen nur die Bestandteile des Hardware-Systems bezahlen muß und die Elemente des Software-Systems quasi „kostenlos" geliefert bekommt, sind die Hersteller an „hardware-intensiven" Systemen interessiert. Fördern die Hersteller die Konfigurierungsmöglichkeiten jedoch nicht, so verstoßen sie gegen die Grundkozeption der Software-Systeme der dritten Generation, deren wesentliches Merkmal „Flexibiliät" eben nur in Kombination mit einem hochentwickelten Instrument der Anpassung an betriebsindividuelle Bedingungen sinnvol nutzbar ist[235].

Gegenwärtig hat es den Anschein, als ob die Hersteller eher den zweiten Vorwurf auf sich nehmen, als ihr Ziel „Gewinn-Maximierung durch Verkauf bzw. Vermietung von möglichst viel Hardware" einzuschränken[236]. Von großen Benutzern ist zu erfahren, daß das vom Hersteller für Konfigurierungshandlungen bereitgestellte Personal quantitativ nicht ausreicht, und häufig den qualitativen Anforderungen nicht entspricht, die aufgrund der Komplexität der Aufgabe gestellt werden müssen.

---

234) Die hier wiedergegebenen Informationen waren bei Gesprächen mit Herstellern und Benutzern von ADV-Systemen zu erfahren. Dabei sind Einzelheiten systematischer betriebs-individueller Konfigurierungsexperimente meist nicht zugänglich, weil man sie als besonders wertvolle Informationen vertraulich behandelt.

235) Von Benutzern kann man häufig die Ansicht hören, daß die sogenannten „Normalsysteme" einerseits zu groß dimensioniert sind, andererseits zu wenig auf Spezialbedürfnisse eingehen. Damit werden die beiden gegensätzlichen Richtungen deutlich, die nur mit Hilfe der Konfigurierung versöhnt werden können.

236) Selbst von Hersteller-Seite war in Gesprächen zu erfahren, daß die Vermittlung von Wissen und Erfahrungen über Konfigurierungsmöglichkeiten an Benutzer gegenwärtig als unbefriedigend empfunden wird.

Die Hersteller haben bisher keine Konkurrenz bei der Ausbildung von „Konfiguratoren". Damit bleibt dieses wichtige Gestaltungsinstrument voll in ihrem Einflußbereich[237]). Wenn z. B. „System-Generierungs-Workshops" und ähnliche Veranstaltungen durchgeführt werden, dann werden sie von den Herstellern selbst organisiert[238]). Selbständige unabhängige Berater-Unternehmungen haben sich bisher noch nicht in diesem Veranstaltungsbereich engagiert, obwohl ein solches Engagement an sich nahe läge[239]).

Bisher ist nichts darüber bekannt, ob im universitären Bereich der Forschung jemals systematische, wissenschaftliche Untersuchungen und Experimente mit dem Ziel stattgefunden haben, bei bestimmten maschinellen, sprachlichen, aufgabenmäßigen und algorithmischen Voraussetzungen gültige Grundsätze und Entscheidungsregeln für die Konfigurierung von Software-Systemen zu entwickeln[240]).

Schwierigkeiten scheinen auch im Hinblick auf die Rückkopplungsbeziehungen zwischen Konfiguratoren und Systementwicklern zu existieren[241]). In Gesprächen mit Benutzern entsteht der Eindruck, daß die Kommunikation zwischen den an den beiden Gestaltungsabschnitten Beteiligten einseitig ist, d. h. daß zwar die Resultate der Systementwicklung genügend kommentiert und dokumentiert an die Konfiguratoren weitergegeben werden, daß aber umgekehrt die Erfahrungen der Konfiguratoren nicht genügend Berücksichtigung bei der Wartung und Verbesserung der Systeme finden.

Der Mangel an Wissen über die Probleme der Fonfigurierung betriebsindividueller Software-Systeme induziert Unsicherheit hinsichtlich der notwendigen Gestaltungsentscheidungen. Er führt zur Auswahl derjenigen Parameter,

---

237) Dies wird erleichtert durch die Tatsache, daß die Konfigurierungsmöglichkeiten z. B. in Form der dafür bereitgestellten speziellen Sprachen bzw. System-Parameter meist vom Hersteller permanent weiterentwickelt werden. Wenn ein Benutzer nicht von vornherein auf die in diesen Entwicklungen steckenden Ergänzungen und Verbesserungen verzichten will, muß er sich jeglicher Eigenentwicklung enthalten, weil er sonst Gefahr läuft, daß sein System nicht mehr mit den vom Hersteller gelieferten neuen Versionen kompatibel ist.

238) Daran ist prinzipiell nichts auszusetzen, solange derartige Veranstaltungen nicht zur Forcierung einer primär Hardware-orientierten Vertriebspolitik dienen. Die Hersteller sind selbst meist intensive Benutzer ihrer eigenen Systeme und daher kompetente Kommunikationspartner.

239) Beraterfirmen und Software-Häuser unterstützen allerdings schon seit Einführung der ADV-Systeme der dritten Generation einzelne Benutzer bei ihren Konfigurierungsbemühungen. Vgl. dazu auch die Ausführungen in Abschnitt D II d.

240) Dies gilt in etwas geringerem Umfang auch für das Problem der Konfigurierung von Hardware-Systemen. Hier sind bereits eine Reihe von Ansätzen zu einer „Theorie der Konfigurierung" erkennbar. Vgl. z. B. Schwab, Bernhard Joachim: Economic Evaluation and Selection ..., a. a. O., S. 83 ff. Die in Abschnitt D II d untersuchten von Herstellerfirmen oder Software-Häusern entwickelten Simulationsverfahren sind ebenfalls stark Hardware-orientiert und können im allgemeinen nicht den Anspruch erheben, die Gesamtheit aller Elemente eines Software-Systems zu berücksichtigen.

241) Auf die Bedeutung dieser Rückkopplungsbeziehungen wurde bereits in der Einleitung zum Hauptteil D hingewiesen.

von denen man weiß, daß sie nichts schaden und vielleicht nutzen. Offen bleibt, wieviel sie nutzen und wie weit das konfigurierte System dann von einem möglichen Optimum entfernt ist.

Das Entscheidungsmodell für den Prozeß der Konfigurierung eines betriebsindividuellen Software-Systems enthält eine Reihe von Entscheidungsvariablen und Umweltfaktoren, die in Abschnitt D II c im einzelnen untersucht werden. Entscheidungssubjekte sind sowohl die Konfiguratoren der Hersteller als auch die Konfiguratoren der Benutzer des jeweiligen Software-Systems. Es kann nicht vorausgesetzt werden, daß bei beiden Gestaltungsgruppen eine Übereinstimmung der Wertvorstellungen besteht. Eine Zielkonzeption wird sich höchstens als Kompromiß zwischen beiden Gruppen aushandeln lassen.

Als von den Entscheidungssubjekten beeinflußbare Variablen kommen prinzipiell die gleichen Faktoren in Betracht, wie beim Entscheidungsmodell zur Entwicklung eines generellen Software-Systems (vgl. Abschnitt D I b):

(1) Input für die Konfigurierung (= Ressourcen-Kombinationen)
 (a) Menschliche Ressourcen
 (b) Maschinelle Ressourcen
 (c) Sprachliche Ressourcen

(2) Output der Konfigurierung (= Qualitätskomponenten des Produktes „betriebsindividuelles Software-System")[242])
 (a) Funktionale Fähigkeiten
 (b) Flexibilität
 (c) Verhalten der Funktionen im System
 (d) Anforderungen an die zukünftigen Anwender

Im Gegensatz zur Entwicklung genereller Software-Systeme müssen bei der Konfigurierung betriebsindividueller Software-Systeme auch die Strukturen der übrigen Subsysteme als „Quasi-Entscheidungsvariablen" betrachtet werden. In diesem Abschnitt wurde darauf bereits in Zusammenhang mit der verwendeten Systematik hingewiesen. Die Strukturen der Subsysteme haben dabei teilweise Input-Charakter (Gruppe 1 und 2 der Systematik) und teilweise Output-Charakter (Gruppe 3 und 4).

Schließlich sind auch in dieser Gestaltungsphase eine Reihe von Umweltfaktoren wirksam, die durch die Entscheidungssubjekte nicht beeinflußt bzw. kontrolliert werden können, die sich jedoch unter Umständen nicht unbeträchtlich auf die Entscheidungen auswirken. Als ein Umweltfaktor besonderer Art kann das generelle Software-System gelten. Wenn alle drei Gestaltungsphasen zusammengenommen und als ein „Produktionsprozeß" betrach-

---

242) Zur Begründung, warum „Zuverlässigkeit" und „Dokumentationsniveau" bei der Konfigurierung nicht als Entscheidungsvariable betrachtet werden, vgl. die Ausführungen im nächsten Abschnitt.

tet werden, erscheint das generelle Software-System als „Zwischenprodukt", das in der Konfigurierungsphase „weiterverarbeitet" wird. Die Beziehungen sind schematisch in Abbildung 26 zusammengefaßt. Die Abbildung stellt gleichzeitig den Planungsprozeß zur Konfigurierung eines speziellen Software-Systems dar, der unter Umständen iterativ abläuft. Bei den im folgenden analysierten Ressourcen und Qualitätskomponenten handelt es sich zunächst um Plangrößen, denen die bei der Realisierung entstehenden Istgrößen gegenüberzustellen sind.

c) Untersuchung der Entscheidungsvariablen und Umweltfaktoren

Dieser Abschnitt gliedert sich in vier Teile. Zunächst werden die menschlichen, maschinellen und sprachlichen Ressourcen analysiert. Es folgt eine Untersuchung der in Abbildung 26 dargestellten Qualitätskomponenten. Notwendig ist außerdem eine Analyse der als „Quasi-Entscheidungsvariablen" bezeichneten Input- bzw. Output-Faktoren. Schließlich sind die Einflüsse von Umweltfaktoren auf die Entscheidungsvariablen zu untersuchen.

(1) *Ressourcen-Kombinationen*

Menschliche Einzelressourcen im Konfigurierungsprozeß sind Produkte $K_j \cdot t_{Kj}$, wobei mit K_j die Arbeitsleistungen von Konfiguratoren unterschiedlicher Qualität (charakterisiert durch Variation des Index j) und mit t_{Kj} die Arbeitszeiten dieser Konfiguratoren (gemessen in Stunden, Tagen, Monaten usw.) bezeichnet werden. Die Kombination HRK derartiger menschlicher Einzelressourcen läßt sich mit Hilfe der folgenden Formel errechnen:

$$HRK = \sum_{j=1}^{n} K_j \cdot t_{Kj}$$

$n =$ Anzahl der unterschiedlichen Konfiguratoren-Qualitäten.

Für t_{Kj} gelten die in Abschnitt D I b für t_{Ri} abgeleiteten Zusammenhänge. Ehe auf die Art der zur Konfigurierung notwendigen Arbeitsleistungen und auf die möglichen unterschiedlichen Qualitätsausprägungen eingegangen wird, ist eine wesentliche Voraussetzung zu nennen: Es wird nicht unterschieden zwischen Leistungen der vom Hersteller und der vom Benutzer eingesetzten Konfiguratoren, sofern mit diesen Leistungen der gleiche Zweck erreichbar ist. Es wird also davon ausgegangen, daß die beiden Konfiguratoren-Gruppen grundsätzlich gleich gut für die Konfigurierungs-Aufgaben qualifiziert sind.

Konfiguratoren-Leistungen können genau wie Entwickler-Leistungen in Konzeptions- und Implementationsleistungen unterteilt werden[243]. Es ist

---

243) Vgl. dazu Abbildung 18. Die dort gemachte Unterscheidung von Flußdiagramm- und Programmierleistungen (beide Arten sind Implementationsleistungen) ist bei der Konfigurierung nur zur Schaffung von bisher nicht im generellen Software-System enthaltenen Funktionen sinnvoll (= additive Anpassung).

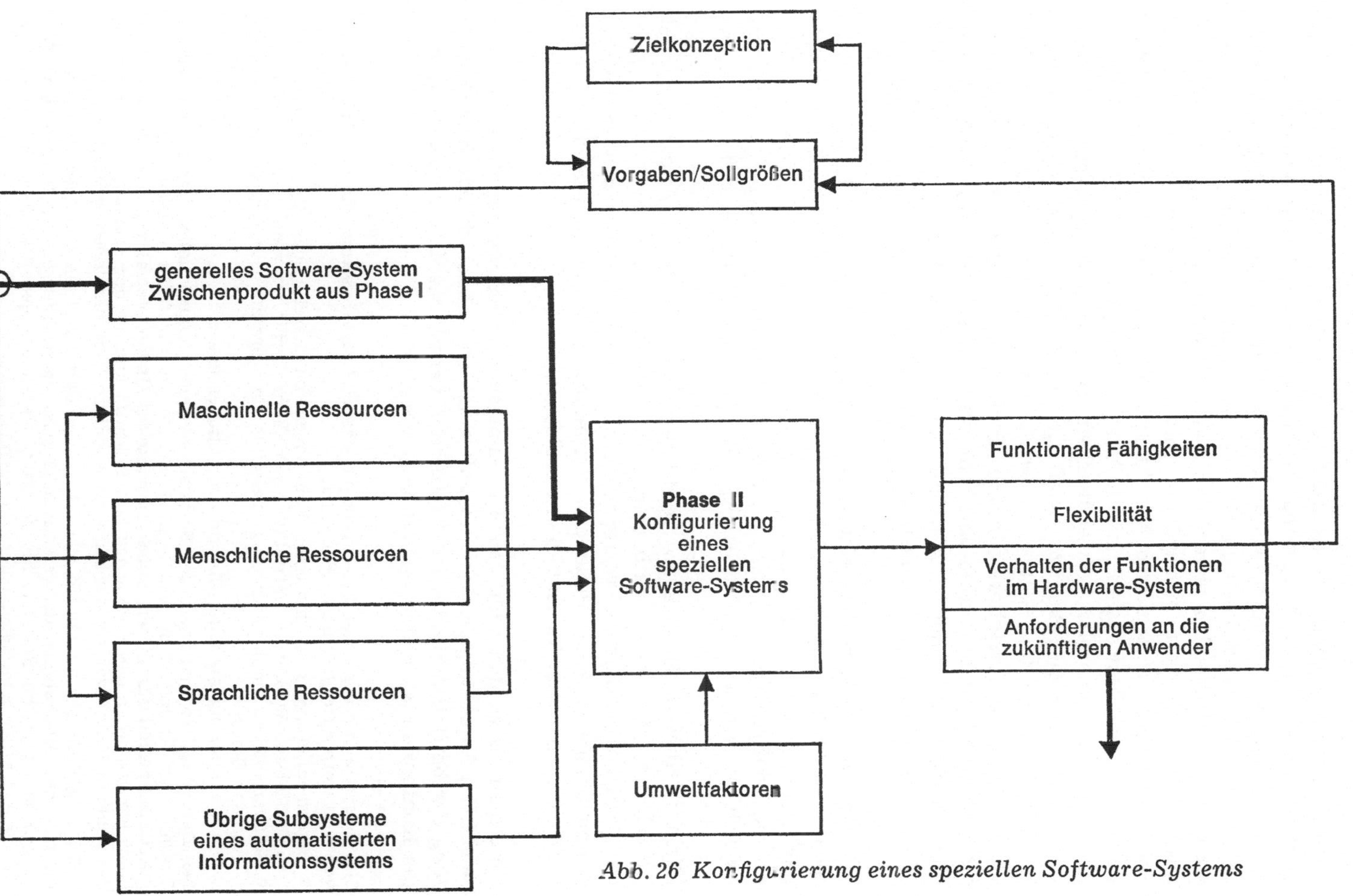

Abb. 26 Konfigurierung eines speziellen Software-Systems

jedoch zu trennen zwischen Leistungen zur additiven Anpassung und Leistungen zur selektiven Anpassung. Leistungen zur additiven Anpassung entsprechen dem prozessualen Leistungstyp der Entwickler-Leistungen: Es werden zusätzliche Funktionen geschaffen, die bisher nicht im generellen Software-System vorhanden waren[244]). Derartige Gestaltungsleistungen könnten
auch als beim Benutzer nachgeholte Entwicklungsleistungen bezeichnet werden. Der einzige Unterschied besteht in der Ausrichtung der geschaffenen
Funktionen auf betriebsindividuelle Verhältnisse, d. h. es fehlt den Funktionen meist die generelle Verwendbarkeit. Die additive Anpassung ist nicht
ungefährlich für den Benutzer, weil sie unter Umständen zur Unverträg-
lichkeit des gesamten Software-Systems mit zukünftigen generellen Entwicklungen des Herstellers führt[245]). Benutzerspezifische Erweiterungen[246])
des Software-Systems setzen eine sehr genaue Kenntnis dieses Systems und
eine außerordentlich hohe Qualifikation der Konfiguratoren voraus, die beim
Normalbenutzer im allgemeinen nicht anzutreffen ist.

Typisch für den normalen Konfigurierungsprozeß sind die Leistungen zur
selektiven Anpassung. Hier werden sie definiert als diejenigen Gestaltungsleistungen, die sich in dem Rahmen halten, der von den System-Entwicklern
für die Konfigurierung als Anpassungsspielraum (= Entscheidungsspielraum)
explizit vorgegeben worden ist. Alle Beispiele für Konfigurierungshandlungen, die in die Systematik des vorigen Abschnittes eingeordnet wurden, gehören zu diesem Spielraum. Leistungen der selektiven Anpassung sind
sicherlich nicht geringer zu bewerten als die Entwickler-Leistungen, sofern
das dazu notwendige, im vorigen Abschnitt skizzierte Wissen über die Zusammenhänge zwischen Parameter-Veränderungen und (Sub-)System-Struk-
turen erworben worden ist und eingesetzt wird.

Im Gegensatz zu den additiven Anpassungsleistungen werden die t_{Kj} für die
selektiven Anpassungsleistungen im allgemeinen fast ausschließlich zur Schaffung der betriebsindividuellen Konzeption verwendet. Die Implementierung
der Konzeption ist weitgehend automatisiert[247]).

---

244) Beispiele für derartige Erweiterungen des Software-Systems, die auch tatsächlich
von Benutzern durchgeführt werden, sind:

⊙ Implementierung von speziellen Funktionen im Bereich des Daten-Management,
  um nicht-standardmäßig unterstützte periphere Geräte verwenden zu können.
⊙ Softwaremäßige Implementierung spezieller Unterbrechungsverfahren für Eingabe-/
  Ausgabe-Geräte.
⊙ Implementierung spezieller Übersetzerfunktionen usw.

245) Derartige Erweiterungen des Software-Systems können daher nur in sehr enger
Zusammenarbeit mit dem jeweiligen Hersteller durchgeführt werden. Sie erfordern
meist ein speziell für diesen Zweck entwickeltes Update-Verfahren, das alle Querver-
bindungen zwischen den Funktionen berücksichtigt und bei der Freigabe neuer Releases
des generellen Software-Systems die notwendigen Modifikationen sicherstellt.

246) Das gleiche gilt prinzipiell für alle „Veränderungen" des Software-Systems, die
nicht zu den Maßnahmen der selektiven Anpassung gezählt werden können. Erweiterungen sind typische Beispiele für derartige Veränderungen. Daneben gibt es andere
Beispiele, die hier nicht näher untersucht werden können.

Eine Klassifizierung der Konfigurator-Qualitäten erscheint analog dem in Abbildung 18 dargestellten Ansatz möglich, müßte jedoch zusätzlich den Unterschied zwischen selektiven und additiven Anpassungsleistungen berücksichtigen. Ein *objektiver* Maßstab, auf dem die Ausprägungen aller Konfigurator-Qualiäten abgebildet werden könnten, kann aus den Gründen, die bereits in Abschnitt D I c genannt worden sind, nicht existieren. Um den Entscheidungsprozeß hinsichtlich alternativer menschlicher Ressourcen-Kombinationen transparenter zu machen, ist bei einem *bestimmten* Benutzer die Entwicklung und Anwendung einer einzigen *subjektiven* topologischen Skala möglich, auf der dann die unterschiedlichen Ausprägungen aller Konfigurator-Qualitäten meßbar werden.

Maschinelle Einzelressourcen im Konfigurierungsprozeß sind die zum System-Generierungslauf (d. h. zur selektiven Anpassung) und zur Gestaltung von zusätzlichen Funktionen (d. h. zur additiven Anpassung) verwendeten „Produktionsmaschinen". Diese bestehen, wie die „Produktionsmaschinen" zur Entwicklung genereller Software-Systeme, selbst ebenfalls aus Hardware- und Software-Systemen. Die Messung des Einsatzes dieser ADV-Systeme erfolgt mit Hilfe der Maschinenzeiten. Im allgemeinen steht bei den Benutzern nur *ein* ADV-System für diese Zwecke zur Verfügung, so daß das Problem, die Zeiten unterschiedlicher Hardware-/Software-Systeme untereinander auf den gleichen Nenner zu bringen, normalerweise nicht auftritt[248]). Da das zu konfigurierende spezielle Software-System nur an eine einzige betriebsindividuelle Kombination von Subsystemen angepaßt wird, entfällt die Notwendigkeit, sie auf unterschiedlichen Hardware-/Software-Systemen testen zu müssen. Hinsichtlich der selektiven Anpassung in Form der System-Generierung sind drei Typen zu unterscheiden[249]):

---

247) Der menschliche Anteil an der Implementierung (in Form der System-Generierung) beinhaltet lediglich das Entwerfen und Ablochen einer großen Anzahl von Steuerkarten mit Anweisungen in der System-Generierungssprache. Die eigentliche Anpassung der System-Struktur wird automatisch durch das ADV-System während des System-Generierungslaufes bewirkt. Letzterer dauert bei einer vollständigen Generierung laut Auskunft von Herstellern ca. 4—6 Stunden. Änderungen einzelner Parameter können in Minuten durchgeführt werden. Demgegenüber kann laut Auskunft von Benutzern bei sorgfältig konfigurierten Systemen die Spezifizierung der betriebsindividuellen Konzeption mehrere Mann-Monate erfordern. Hinzu kommt, daß die Konfigurierungsphase immer wieder neu durchlaufen werden muß, sobald sich die Struktur irgendeines Subsystems verändert.

248) Spezialprobleme können entstehen, wenn ein Teil der Konfigurierungsarbeiten z. B. die additive Anpassung extern auf Anlagen mit sehr viel größerer Kapazität durchgeführt wird. Vergleiche von Entscheidungsalternativen können hier, ähnlich wie in D I c schon erwähnt, u. U. nur bei Auflösung der unterschiedlichen Konfigurationen in ihre Elemente und Messung der Elementzeiten stattfinden. — Die gleiche Problematik tritt bei additiven Anpassungshandlungen auch benutzerintern auf, wenn das System während der zur Konfigurierung notwendigen Laufzeit auch andere Aufgaben löst (z. B. beim Mehrprogrammbetrieb). Hier müssen u. U. Spezialprogramme und/oder Spezialgeräte zur Messung der fraglichen Zeitanteile eingesetzt werden. Bei der selektiven Anpassung können sich derartige Schwierigkeiten nicht ergeben, weil das generierende Hardware-/Software-System während der System-Generierung ausschließlich für diese Aufgabe bereitstehen muß.

249) Vgl. IBM Corp. (Hrsg.): Form C 28-6554-5, a. a. O., S. 10 ff.

(a) Generierung eines vollständigen neuen Software-Systems

(b) Generierung des Nucleus (d. h. nur der im Hauptspeicher residente Teil des Software-Systems wird neu konfiguriert)

(c) Generierung von Übersetzern und/oder Bibliotheken.

Während der Generierungsläufe sind sowohl Hardware- als auch Software-Elemente damit beschäftigt, das neue mit Hilfe der System-Generierungssprache spezifizierte Software-System bzw. die genannten Teile zu erzeugen. Im allgemeinen ist ein bestimmtes Minimal-Hardware-System zur Generierung erforderlich. Zur „Voll-Generierung" wird meist ein „Starter"-Software-System benutzt. Wenn dieses einmal initialisiert ist, stellt es alle notwendigen System-Funktionen zur Verfügung und kann dann als generierendes System verwendet werden[250]). Während der Nucleus-Generierung bzw. während der Übersetzer-/Bibliotheken-Generierung kann im Hinblick auf den Software-Teil der Produktionsmaschine das generierende gleichzeitig das generierte Software-System sein. Dies ist ein Beispiel für die Fähigkeit von Software-Systemen, sich selbst zu reproduzieren bzw. zu modifizieren[251]).

Sprachliche Einzelressourcen für die Konfigurierung von speziellen Software-Systemen sind einerseits die zur selektiven Anpassung notwendigen Generierungssprachen[252]), andererseits die zur additiven Anpassung notwendigen Spezialsprachen[253]). Während für die Generierungssprachen im allgemeinen sowohl die Sprach-Syntax als auch die notwendigen Übersetzungsprogramme bereits in der Phase der Entwicklung des jeweiligen generellen Software-Systems geschaffen worden sind, existieren für die als „Produktsprachen" (vgl. Abschnitt D I c) einzusetzenden Spezialsprachen unter Umständen weder die Syntax noch die entsprechenden Übersetzungsprogramme. Es wird deutlich, daß die Entwicklung von Spezialsprachen (Syntax und/oder Übersetzer) im Rahmen der Konfigurierungsphase einen erheblichen Aufwand induzieren kann. Eine genaue Prüfung, ob nicht wenigstens eine ähnliche Syntax bereits von einem Hersteller oder Benutzer entwickelt worden ist und somit als Ressource vorliegt, erscheint unbedingt notwendig[254]). Für die Bestimmung von vorhandenen bzw. noch zu schaffenden sprachlichen Ressourcen erscheint

---

250) Vgl. IBM Corp. (Hrsg.): Form C 28-6554-5, a. a. O., S. 16. Zum Prozeß der Initialisierung vgl. die Ausführungen in Abschnitt D III.

251) Probleme, die sich bei der Entwicklung von generellen Software-Systemen dadurch ergeben, daß die Produktionsmaschinen zu einer Generation von ADV-Systemen gehören, die durch das neue, zu produzierende Software-System (und das entsprechende Hardware-System) ersetzt wird, entstehen bei der Konfigurierung nicht. Hier gehören sowohl das „konfigurierte" als auch das „konfigurierende" Software-System der gleichen Generation an.

252) Vgl. Sperry Rand Corp. (Hrsg.): UNIVAC 1108, UP-4144 Rev. 1, a. a. O., S. 1—24; ebenso IBM Corp. (Hrsg.): Form C 28-6554-5, a. a. O., S. 43—46.

253) Hierunter fallen z. B. individuelle Entwicklungen von speziellen Konversations- oder Abfrage-Sprachen zur Kommunikation zwischen bestimmten Gruppen von Benutzern (z. B. Managern) mit einem als Dialogsystem funktionierenden ADV-System. Vgl. z. B. Feingold, Samuel L.: PLANIT — A flexible language designed for computerhuman interaction. In: AFIPS Conference Proceedings. Vol. 31 / FJCC 1967, S. 545—552.

die in Abschnitt D I c abgeleitete Vorgehensweise geeignet. Im Hinblick auf eine exakte Messung der sprachlichen Ressourcen ergeben sich bereits die dort analysierten Probleme.

(2) Qualitätskomponenten

Bei der Erörterung der Qualitätskomponenten des Produktes „generelles Software-System" hat sich ergeben, daß mit Ausnahme des zur Qualitätskomponente „Flexibilität" gehörenden Attributes „Eignungsbreite" und mit Ausnahme der Qualitätskomponente „Verhalten der Funktionen im Hardware-System" ausschließlich subjektive topologische Skalen zur Messung verwendet werden können. Dies ist um so unbefriedigender, als ein generelles Software-System für eine möglichst große Zahl von Benutzern geeignet sein soll. Auf die Notwendigkeit, eine möglichst große Anzahl von Benutzer-Nutzenfunktionen bei den Entwicklungsentscheidungen zu berücksichtigen, ist in Abschnitt D I b hingewiesen worden. Informationen über die Nutzenfunktionen potentieller Benutzer erfordern breite empirische Erhebungen, die nach Abschluß der Einführungsphase über einen längeren Zeitraum hinweg durchgeführt werden müßten. Dies ist einer der Gründe, weshalb die Geschwindigkeit, mit der bisher die Generationen von ADV-Systemen aufeinander gefolgt sind, sich wahrscheinlich in Zukunft verringern wird.

Für die Entscheidungen im Prozeß der Konfigurierung eines betriebsindividuellen Software-Systems gilt eine andere Ausgangssituation. Hier kann zwar ebenfalls nicht von vornherein davon ausgegangen werden, daß eine einzige Nutzenfunktion existiert, die sich beispielsweise aus der Zielkonzeption der Unternehmungsführung des Benutzers direkt ableiten ließe[255]). Die an der Konfigurierung beteiligten Entscheidungssubjekte sind jedoch aufgrund ihrer „Anwesenheit" in der Lage, sich aktiv an der Entwicklung einer Nutzenfunktion zu beteiligen, so daß die als Ergebnis eines „bargaining process" gefundene Lösung den individuellen Wertvorstellungen so weit wie möglich entgegenkommt. Zur Messung der das Produkt „betriebsindividuelles Software-System" kennzeichnenden Qualitätskomponenten werden zwar weiterhin die gleichen, meist subjektiven topologischen Skalen verwendet. Diese

---

254) Vereinfacht wird diese Problematik bei Sprachen, die bewußt als „extensible language facilities" entwickelt werden, so daß sie vom Benutzer in der Konfigurierungsphase auf dessen spezielle Zwecke zugeschnitten werden können. Vgl. Cheatham, T. E. Jr.; Fischer, A.; Jorrand, P.: On the basis of ELF — An extensible language facility. In: AFIPS Conference Proceedings. Vol. 33 / Part 2 / FJCC 1968, S. 937—948. Es ist anzunehmen, daß dieser Gestaltungsaspekt bei zukünftigen Sprachentwicklungen mehr und mehr berücksichtigt wird.

255) Es ist nicht nur an die möglichen Zielkonflikte zwischen den Konfiguratoren des Benutzers und des Herstellers zu denken. Vielmehr ergeben sich bei großen Unternehmungen mit vielen das ADV-System benutzenden Stellen und Abteilungen sowie mit einer großen Anzahl unterschiedlicher Anwendungsgebiete auch häufig konkurrierende Zielkonzeptionen innerhalb dieser Benutzer-Institutionen, die nur dann zu einer optimalen Kompromißlösung führen, wenn die Unternehmungsführung die Zusammenhänge zwischen vielen möglichen Einzelnutzen und dem Gesamtnutzen genau kennt.

erscheinen jedoch bei der Konfigurierung relativ besser geeignet als bei der Entwicklung, weil die Konfigurierungsphase von vornherein auf die Befriedigung der subjektiven Bedürfnisse eines einzigen Benutzers ausgerichtet ist.

Die als Ergebnis des Entwicklungsprozesses entstandene Ausprägung der Qualitätskomponente „Funktionale Fähigkeiten" wird im Rahmen der Konfigurierung verändert. Die Arten der Veränderungen und die Anlässe zu den Konfiguierungshandlungen sind bereits untersucht worden. Im allgemeinen wird die Menge der aufrufbaren Einzelfunktionen bzw. Routinen (vgl. Abschnitt C III c) verringert, in seltenen Fällen werden spezielle, im generellen System nicht vorhandene Funktionen hinzugefügt. Rückwirkungen der Veränderungen auf die menschlichen und maschinellen Ressourcen-Kombinationen sind ebenfalls bereits genannt worden, so daß hier lediglich noch Einflüsse auf andere Qualitätskomponenten charakterisiert werden müssen. Je kleiner die nach der selektiven Anpassung verbleibende Funktionenmenge, um so geringer sind die Anforderungen an Hauptspeicherraum bzw. generell an Hardware-Kapazitäten. Je kleiner die Funktionenmenge, um so geringer ist tendenziell die Flexibilität des Software-Systems. Verminderungen der Flexibilität, wie sie sich z. B. an dem Attribut „Eignungsbreite" nachweisen lassen (vgl. Abbildung 19 und 20), gehen allerdings sprunghaft vonstatten, d. h. erst bei Wegfall einer größeren Zahl von strukturell zusammenhängenden Funktionen verringert sich auch die Eignungsbreite von Software-Systemen[256]). Je kleiner die Funktionenmenge, um so geringer sind tendenziell die Anforderungen an die zukünftigen Benutzer, um so geringer ist außerdem die absolute Anzahl der zu erwartenden Fehler des Software-Systems.

Die Zuverlässigkeit des Systems ist eine Größe, die man sich aus einer Vielzahl von „Teil-Zuverlässigkeiten" zusammengesetzt denken kann. Diese „Teil-Zuverlässigkeiten" sind in Relation zu den Einzelfunktionen zu setzen. Die Gesamt-Zuverlässigkeit ist somit eine Größe, die nur aussagefähig ist, wenn man sie auf eine bestimmte Menge bzw. Liste von Funktionen bezieht. Die Gesamt-Zuverlässigkeit eines Software-Systems als relative Größe wird sich nur dann durch Konfigurierungshandlungen verändern, wenn die Teil-Zuverlässigkeiten der ausgesonderten (bzw. hinzugefügten) Funktionen geringer oder höher als die durchschnittliche Zuverlässigkeit der verbleibenden Funktionen sind. Das ist in der Einführungsphase neuer ADV-Systeme häufig der Fall und führt dazu, daß die Qualitätskomponente „Zuverlässigkeit" zu einem der wesentlichsten Faktoren bei den Grundsatzentscheidungen für oder gegen ein System wird. Als Folge davon konzentrieren die Entwickler (Hersteller) jedoch sofort ihre Korrektur- und Wartungsaktivität auf die unzuverlässigen Funktionen und erreichen damit bald ein ausgeglichenes

---

256) Der Verzicht auf große Eignungsbreite kann einerseits durch die engen Grenzen eines unabhängig von der Software fixierten Hardware-Systems bedingt sein. Andererseits können potente Hardware-Systeme auch mit Software-Systemen von sehr geringer Eignungsbreite gefahren werden, wenn es z. B. allein auf die Geschwindigkeit ankommt, mit der bestimmte Operationen ablaufen.

Zuverlässigkeitsniveau. Aus diesem Grunde wird in dieser Untersuchung, die sich primär auf die selektiven Anpassungsmaßnahmen bezieht, und von den spezifischen Schwierigkeiten der Einführungsphase neuer ADV-Systeme abstrahiert, die Zuverlässigkeit nicht als alternativ gestaltbare Qualitätskomponente angesehen[257]).

Keine Rückwirkungen bestehen im allgemeinen zwischen einer verminderten Funktionenmenge und der Qualitätskomponente Dokumentation. Diese ist ebenfalls nicht als Entscheidungsvariable im Konfigurierungsprozeß zu betrachten. Der Benutzer sollte zwar alle von ihm vorgenommenen Veränderungen dokumentieren. Diese Dokumentation betrifft dann jedoch den Konfigurierungsprozeß und nicht das durch ihn gestaltete Produkt. Für die verminderte Zahl der Einzelfunktionen des betriebsindividuellen Software-Systems gelten weiterhin die in der Entwicklungsphase erstellten Dokumentationen.

Die Qualitätskomponente „Verhalten der Funktionen im Hardware-System" stellt eine wesentliche Entscheidungsvariable im Rahmen der Konfigurierung dar. Dieses Verhalten[258]), das in Abschnitt D I.c eingeteilt wurde in Verhalten der Funktionen in Speichern, Verhalten der Funktionen in der CPU, Verhalten der Funktionen in der Peripherie, kann durch einige der in Abschnitt D II b genannten Konfigurierungshandlungen alternativ gestaltet werden. Beispiele sind die variable Bestimmung von Parametern des Job Management, durch die die Anzahl der Pufferbereiche und die Anzahl der (Antwort-) Warteschlangen für die WTO-Routinen[259]) festgelegt werden oder von Parametern des System-Management, die die Art des Mehrprogrammbetriebes und die Verwendung programmgesteuerter Unterbrechungen während des Hereinholens eines Programmes in den Hauptspeicher spezifizieren[260]).

Auf den Zusammenhang zwischen der Qualitätskomponente „Flexibilität" und der Qualitätskomponente „Funktionale Fähigkeiten" wurde bereits hingewiesen. Die Eignungsbreite nimmt ab, wenn eine bestimmte Untermenge von Funktionen weggelassen wird und umgekehrt. Die in Abschnitt D I c zur Messung der Eignungsbreite entwickelte objektive topologische Skala sollte für die Zwecke der Konfigurierung durch subjektive Merkmale verfeinert werden. Nur die Eignungsbreite als Teilkomponente der Flexibilität gehört jedoch zu den Entscheidungsvariablen der Konfiguratoren. Additive und selektive Anpassungsfähigkeit sind Eigenschaften, die von den Systementwicklern implementiert werden und dann nicht mehr — auch nicht gra-

---

257) Wenn additive Anpassungshandlungen bei der Konfigurierung dominieren, so ergibt sich eine andere Situation. Vom Benutzer zusätzlich entwickelte Funktionen sind meist durch überdurchschnittliche Fehlerraten gekennzeichnet. Häufig induzieren sie neue Fehler in den bereits ausgetesteten und (nahezu) fehlerfreien Software-Systemen. Die (nicht sehr häufige) additive Anpassung wird hier nicht berücksichtigt.

258) „Verhalten" ist hier im Sinne von variierenden Anforderungen der Software-Funktionen an Elemente bzw. Subsysteme des Hardware-Systems zu verstehen.

259) Abkürzung für „write-to-operator"; vgl. dazu IBM Corp. (Hrsg.): IBM System/360 Operating System-Introduction. Form C 28-6534-4. (Poughkeepsie/N. Y. 1966), S. 38.

260) Vgl. dazu die Ausführungen in Abschnitt D II b.

duell — verändert werden können[261]). Die Entscheidungsalternativen der Konfiguratoren bestehen nur darin, diese Eigenschaften zu nutzen oder sie nicht zu nutzen. Bei Nichtnutzung verhalten sich die Konfiguratoren so, als ob es diese Qualitätskomponenten nicht gäbe bzw. als ob das Software-System nicht anpassungsfähig sei. Dies ist isoliert betrachtet ein suboptimales Verhalten. In Kombination mit anderen Faktoren kann dieses Verhalten jedoch zielkonform sein.

Die Qualitätskomponente „Anforderungen an die zukünftigen Anwender" als Entscheidungsvariable für die Konfiguratoren besteht aus den beiden Teilkomponenten „Anforderungen an die Software-Disponenten" und „Anforderungen an die Software-Benutzer" (vgl. im Gegensatz dazu die Ausführungen in Abschnitt D I c). Die als Ergebnis der Entwicklungsphase entstandenen Teilkomponenten können durch Gestaltungshandlungen der Konfiguratoren erheblich modifiziert werden. Beispielsweise können bei Nichtvorhandensein von gut ausgebildeten Software-Disponenten alle Möglichkeiten, die das Software-System zur Optimierung der Aufgabenerfüllung in der Anwendungsphase bietet, weggeschnitten werden. Im Grenzfall entsteht dann ein System, das mit Operateuren gefahren werden kann, die nur kurz mit den notwendigen Handgriffen zum Starten, Laden, Stoppen und Beschicken der einzelnen Elemente eines ADV-Systems vertraut gemacht worden sind. Die dritte Gestaltungsphase entfällt in einem solchen Falle vollständig. Es liegt auf der Hand, daß eine derartige „Kastration" eines Software-Systems nur für sehr kurze Zeit rational begründet werden kann. — Die gleichen Möglichkeiten zur Variation bestehen bei der Teilkomponente „Anforderungen an die Software-Benutzer". Die Anforderungen können mit Hilfe spezieller Programme (additive Anpassung) stark reduziert werden, durch die den Benutzern zwar die funktionale Vielfalt erhalten, die damit verbundene „complexity of handling" aber verdeckt wird[262]).

(3) *Quasi-Entscheidungsvariablen*

Entscheidungen hinsichtlich der Qualitätskomponente „Verhalten der Funktionen im Hardware-System" müssen mit den Entscheidungen zur Gestaltung des Hardware-Systems im Einklang stehen. Dabei braucht das Software-System nicht immer das „angepaßte", sondern kann auch das die Anpassung (des Hardware-Systems) induzierende System sein. Diese „aktive Rolle" kann das Software-System gegenüber allen Subsystemen eines betriebsindividuellen automatisierten Informationssystems spielen. Die Zahl

---

261) Hier besteht ein Zusammenhang mit der Art und Weise, wie ein Software-System konstruiert ist. Additive und selektive Anpassungsfähigkeit sind im allgemeinen nur bei modularem Aufbau des Software-Systems realisierbar, wobei hinzukommen muß, daß die einzelnen Moduln oder einzelne Gruppen von Moduln funktional weitgehend „souverän" sind. Eine ausschließlich entwicklungstechnisch orientierte Modularität reicht also nicht aus.

262) Programme, die den Benutzern die Job-Vorbereitung und ähnliche Tätigkeiten vereinfachen bzw. abnehmen, für die eine genaue Kenntnis des Software-Systems erforderlich ist, existieren bereits bei einigen Benutzern.

der Entscheidungsvariablen, die bei derartigen Entscheidungen berücksichtigt werden müssen, ist außerordentlich groß. Eine rationale Gestaltung eines betriebsindividuellen Software-Systems scheint nur dann möglich, wenn mehrere aktive und passive Phasen im Wechsel aufeinander folgen.

Auf die Notwendigkeit zu iterativen Vorgehen wurde bereits hingewiesen (vgl. Einleitung zu D). Dieses Vorgehen setzt jedoch nicht nur die genaue Kenntnis der Zusammenhänge zwischen den fünf unterschiedlichen Subsystemen, sondern darüber hinaus die Kenntnis einer oder mehrerer alternativer Iterationsvorschriften voraus. Beide Arten von Kenntnissen sind zum gegenwärtigen Zeitpunkt bei den meisten Konfiguratoren nicht vorhanden.

Ein erster Schritt (im Rahmen des interativen Vorgehens) kann darin bestehen, die bei der Entwicklung genereller Software-Systeme noch zu den Umweltfaktoren gezählten Elemente und Attribute der übrigen Subsysteme als „Quasi"-Entscheidungsvariablen in die Konfigurierung eines betriebsindividuellen Software-Systems einzubeziehen[263]). Prinzipiell ist dieser Ansatz durch die Abgrenzung von „Konfigurierungshandlungen, die unmittelbare Folge von vorher fixierten Strukturen anderer Subsysteme sind" bereits in der Systematik des Abschnittes D II b enthalten. Wesentlich in diesem Zusammenhang erscheint die Forderung, daß die Software-Konfiguratoren sich nicht *nur* zwangsläufig an vorher fixierte Strukturen anderer Subsysteme anpassen müssen, sondern diese Strukturen in der Konfigurierungsphase entscheidend mitbestimmen. Andernfalls sind die Strukturen keine Entscheidungsvariablen, sondern Entscheidungskonstanten, wodurch meist ADV-Systeme entstehen, die unausgewogen sind[264]). Bei allen wichti gen Entscheidungen über die Gestalt der betriebsindividuellen Hardware-Konfiguration, des betriebsindividuellen Aufgaben-, Programm- und Sprachen-Systems müssen die Software-Konfiguratoren konsultiert werden.

Einige der in Abschnitt D I c erwähnten Zusammenhänge zwischen der Software-System-Entwicklung und der Entwicklung anderer genereller Subsysteme gelten auch für die betriebsindividuelle Konfigurierung. Entscheidungsvariablen sind beispielsweise:

— Mengen- und artmäßige Zusammensetzung der täglich, wöchentlich, monatlich usw. zu erfüllenden Informationsverarbeitungsaufgaben.

— Menge und Arten der Automatensprachen, für deren Anwendung ausgebildetes Personal zur Verfügung steht, sowie Menge und Arten der Automatensprachen, die zur Erfüllung der Aufgabenstellungen am besten geeignet sind.

---

263) Diesem Schritt entspricht bei der isolierten Betrachtung eines der übrigen Subsysteme unter den gleichen Gestaltungsaspekten die Berücksichtigung der Elemente (Funktionen) und Attribute des Software-Systems als „Quasi"-Entscheidungsvariablen.
264) Unausgewogen sind beispielsweise ADV-Systeme, in denen ein softwaremäßig realisierbarer Mehrprogramm-Betrieb an zu eng ausgelegten Kanal- und Speicher-Kapazitäten scheitert.

— Menge und Arten der bereits existierenden Benutzerprogramme, Grad ihrer Integration, sprachliche Formulierung (= Codierung).

— Auslegung des Hardware-Systems.

  - Geschwindigkeit der Zentraleinheit
  - Anzahl der allgemeinen arithmetischen Register
  - Hauptspeicher-Zykluszeit
  - Hauptspeicher-Kapazität
  - Überlappungsmöglichkeiten
  - Menge und Arten der verdrahteten Instruktionen
  - Verfügbarkeit von Hardware-Eigenschaften, die für Zeitteilverfahren und für Realzeitbetrieb notwendig sind
  - Anzahl und Übertragungsrate von Kanälen
  - Anzahl, Kapazitäten und Zugriffsgeschwindigkeiten von Sekundärspeichern
  - Anzahl und Arten der Eingabe- und Ausgabegeräte

(4) *Umweltfaktoren*

Das externe Entscheidungsfeld für die Gestaltungshandlungen der Software-Konfiguratoren enthält formal teilweise die gleichen Umweltfaktoren, die sich auch auf die Entscheidungsvariablen der Entwickler genereller Software-Systeme auswirken. Dazu gehören beispielsweise der allgemeine Wissensstand auf dem Gebiete der Konfigurierung betriebsindividueller Software-Systeme, der Ausbildungsstand und der Erfahrungsreichtum der Software-Konfiguratoren beim einzelnen Hersteller und Benutzer, die Einstellung zu und die Bewertung der Werkzeuge für die Software-System-Konfigurierung (z. B. der System-Generierungsmöglichkeiten) durch die Gesamtheit der Hersteller und Benutzer, zeitliche und sonstige Limitierungen für den Konfigurierungsprozeß. Neben diesen Faktoren, die ihr Analogon im externen Entscheidungsfeld für die Entwicklungsphase finden (vgl. dazu Abschnitt D I c), gibt es jedoch einige „konfigurierungs-spezifische" Umweltfaktoren, die nicht vernachlässigt werden dürfen. Dazu gehört beispielsweise die wahrscheinliche zukünftige Entwicklung der Benutzer-Unternehmung und ihre Position auf allen Märkten, auf denen sie sich Ressourcen beschafft bzw. ihre Produkte absetzt. Stark expandierende Unternehmungen müssen auf die Entscheidungsvariable „Flexibilität" ihres Software-Systems sehr viel größeres Gewicht legen als Unternehmungen, deren Geschäftsvolumen nur langsam wächst. In stark expandierenden Unternehmungen ist im allgemeinen auch die Bereitschaft zur Automatisierung einer ständig zunehmenden Anzahl von Informationsverarbeitungsaufgaben überdurchschnittlich groß. Dabei kann der Umweltfaktor „Markt für hochqualifizierte Software-Spezialisten" zu einem den Fortschritt hemmenden Engpaß werden. — Als weiterer „konfigurierungs-spezifischer" Umweltfaktor ist das zu konfigurierende generelle Software-System zu beachten, wobei weniger an seine momentane

Struktur bzw. Qualität zum Zeitpunkt der Benutzer-Entscheidung für ein bestimmtes Hardware-/Software-System zu denken ist, sondern an die Wartung und Verbesserung (Weiterentwicklung), die der jeweilige Hersteller über einen längeren Zeitraum hinweg für das generelle System investieren wird. Von diesem natürlich nur abschätzbaren Tatbestand sollte der Aufwand abhängig gemacht werden, den der einzelne Benutzer in Form von menschlichen und maschinellen Ressourcen zur Konfigurierung — vor allem zur additiven Anpassung — einsetzt.

Der Einfluß der Umweltfaktoren auf die Entscheidungsvariablen kann auch bei der Konfigurierung wahrscheinlich nur zum geringen Teil mit Hilfe objektiver Skalen gemessen werden. Diese Tatsache braucht jedoch nicht davon abzuhalten, subjektive Maxima und Minima für die Ausprägungen der einzelnen Entscheidungsvariablen zu bestimmen, um auf diese Weise zu einer Vorstellung über die Bandbreite der Gestaltungsmöglichkeiten zu gelangen. Formal können wahrscheinlich die gleichen Bewertungsverfahren angewendet und die gleichen Koeffizienten bestimmt werden, die in Abschnitt D I c entwickelt worden sind.

d) Simulation von betriebsindividuellen Software-Systemen

Die gegenwärtig benutzten ADV-Systeme sind so komplex, daß man sie nicht mit Hilfe von mathematisch-analytischen Methoden untersuchen kann. Aus diesem Grunde wird im Bereich der Gestaltung von Hardware- und Software-Systemen intensiver Gebrauch von automatisierten Simulationsverfahren gemacht[265]). Am erfolgreichsten sind diese Verfahren bei der Untersuchung genau abgegrenzter Problemstellungen, die allerdings dann meist nur winzige Ausschnitte aus der Gesamtproblematik einer Gestaltungsphase betreffen[266]). Es gibt bisher kein Simulationsverfahren, das speziell zur Konfigurierung betriebsindividueller Software-Systeme entwickelt worden ist. Vorhanden sind jedoch eine Reihe von Simulationsverfahren bzw. -programmen, in denen Teilaspekte aus der Software-System-Gestaltung mit Teilaspekten der Konfigurierung von Hardware-Systemen und Benutzerprogramm-Systemen kombiniert werden. Dazu gehören beispielsweise die folgenden, von US-amerikanischen Software-Firmen entwickelten Simula-

---

265) Vgl. Randell, B.: Towards a methodology ..., a. a. O., S. 206; ebenso Mertens, Peter: Simulation. Sammlung Poeschel, Reihe IV (P 61). Stuttgart 1969, S. 66.

266) Vgl. Parnas, David L.: On simulating networks of parallel processes in which simultaneous events may occur. In: Comm. of the ACM, Vol. 12 / No. 9 / Sept. 1969, S. 519—531; ebenso Cheng, P. S.: Trace-driven system modeling. In: IBM Systems Journal, Vol. 8 (1969), No. 4, S. 280—289, vor allem S. 284 ff.; ebenso Yetter, Irvin H.: Highspeed faultsimulation for UNIVAC 1107 computer system. In: Proceedings of 23rd ACM National Conference, a. a. O., S. 265—277; ebenso Nielsen, N. R.: The Simulation of Time-Sharing Systems. In: Comm. of the ACM, Vol. 10 / 1967 / No. 7 / S. 397—412; ebenso Fine, G. H.; Mc Isaac, P. V.: Simulation of a time-sharing system. In: Management Science, Vol. 12 / 1966, S. B-180—B-194.

tionsverfahren: das SCERT-Verfahren von COMRESS Inc.[267]), die Programme zur Bestimmung der „Configuration Utilization Efficiency" im Zusammenhang mit den „System Simulation Services" von Boole und Babbage Inc.[268]), das von der Computer Learning and Systems Corp. entwickelte Simulationsverfahren CASE[269]) und das Verfahren SAM (= System Analysis Machine) von Applied Data Research[270]). Hinzu kommt der von der IBM Corp. entwickelte „Computer System Simulator/360" (CSS/360[271]).

Die meisten dieser häufig für ADV-Systeme unterschiedlicher Hersteller implementierten Simulationsverfahren berücksichtigen lediglich die Qualitätskomponenten „Funktionale Fähigkeiten" und „Verhalten der Funktionen im System". Dies erscheint verständlich aufgrund ihrer breiten, auch andere Subsysteme umfassenden Konzeption. Die Relevanz der übrigen hier untersuchten Entscheidungsvariablen steht jedoch außer Zweifel. Bei Rubey und Hartwick umfaßt die Qualitätskomponente „Anforderungen an die zukünftigen Anwender" allein drei der insgesamt sieben Gruppen von Attributen, die die Qualität von Programmen kennzeichnen[272]). Scharf weist besonders deutlich auf die Bedeutung des Faktors „Flexibilität" bei den Gestaltungsentscheidungen der Benutzer von Software-Systemen hin[273]). Joslin hält es für gerechtfertigt, daß die vom Hersteller von ADV-Systemen einzusetzenden Ressourcen zur Erstellung eines Vorschlages für ein betriebsindividulles Hardware-/Software-System (cost of proposing) ca. 2,5 % der Investitionssumme des Benutzers betragen[274]). Es erscheint sinnvoll, wenn vom Benutzer selbst etwa der gleiche Betrag für die Konfigurierung bereitgestellt wird. Dies würde bedeuten, daß bei einem mittleren ADV-System mit einem Kaufpreis von ca. 4 Mill. DM etwa 200 000,— DM für die Konfigurierung des

---

267) Das SCERT-Verfahren ist eines der ersten und hinsichtlich seiner Anwendungsmöglichkeiten umfassendsten Simulationsverfahren. Vgl. Herman, Donald J.; Ihrer, Fred C.: The use of computers to evaluate computers. In: AFIPS Conference Proceedings. Vol. 25 / SJCC 1964, S. 383—395.

268) Vgl. Boole & Babbage Inc.: Systems Measurement Software SMS/360. Configuration Utilization Efficiency (CUE) Product Description. Palo Alto/Calif. 1969.

269) Computer Learning and Systems Corp. (Ed.) CASE — Computer-Aided System Evaluation. A Technical Description. (o. Ort 1968).

270) Vgl. Applied Data Research, Inc. — Anzeige in DATAMATION, November 1969, S. 4—5; ebenso Prospekte der Firma Applied Data Research, Inc. SAM ist eine Software-Entwicklung, die es dem Benutzer gestattet, die „performance" von alternativen Software- und/oder Hardware-Konfigurationen zu bewerten. SAM enthält eine Sprache, mit der betriebs-individuelle Systeme von Benutzerprogrammen und Informationsverarbeitungsaufgaben in verschiedener Detailliertheit modelliert werden können. Das Verfahren besteht in der Simulation diskreter Stufen von automatisierten Informationsverarbeitungsprozesses.

271) Vgl. IBM Corp. (Hrsg.): Computer System Simulator / 360 (CSS/360). Education Guide, Form R 20—4097. Poughkeepsie, N. Y. (1968).

272) Die Aussagen von Rubey und Hartwick beziehen sich zwar primär auf Benutzerprogramme. Der Qualitätskomponente „Anforderungen an die zukünftigen Anwender" wird jedoch in Verbindung mit den Programmen des Software-Systems keineswegs eine geringere, sondern allenfalls eine noch höhere Bedeutung zuzumessen sein. Vgl. Rubey, Raymond J.; Hartwick, R. Dean: Quantitative measurement..., a. a. O., S. 672 ff.

273) Vgl. Scharf, Tom: Management and the new software, a. a. O., S. 52, 57, 59.

betriebsindividuellen Hardware- und Software-Systems eingesetzt werden können[275]). Speziell für das Software-System dürfte aufgrund der in ihm enthaltenen großen Zahl von System-Alternativen der größere Teil dieses Betrages eingesetzt werden[276]).

Im folgenden werden zwei der genannten Simulationsverfahren näher untersucht und auf ihre Eignung bei der Konfigurierung betriebsindividueller Software-Systeme überprüft.

Das SCERT-Verfahren (*Systems and Computers Evaluation and Review Technique*) wird seit etwa 1964 von einer immer größer werdenden Anzahl von Benutzern von ADV-Systemen zur Bewertung ihrer Hardware- und Software-Systeme, zur Analyse alternativer Konfigurierungs-Konzeptionen und zur Untersuchung der Wirksamkeit operierender Systeme im Rahmen der Anwendung eingesetzt[277]). Das Verfahren kann daher — genau wie das später dargestellte CSS-Programm-Paket — in zwei der hier abgegrenzten Phasen des Prozesses der Gestaltung von ADV-Systemen zur Entscheidungsvorbereitung benutzt werden. Hier wird lediglich auf die Möglichkeit eingegangen, die SCERT bei der Konfigurierung betriebsindividueller Software-Systeme bietet[278]).

SCERT besteht aus einem Paket von Programmen, mit dessen Hilfe primär das Verhalten (performance) von Benutzerprogrammen in Hardware-/Software-Systemen, die von unterschiedlichen Herstellern stammen, simuliert werden kann. Aus Definitionen der Informationsverarbeitungsaufgaben für

---

274) Vgl. Joslin, Edward O.: Computer Selection. Reading / Mass. usw. (1968), S. 108 ff.

275) Daneben sind erheblich höhere Aufwendungen, vor allem in Form von menschlichen Ressourcen, für die Konfigurierung betriebsindividueller Aufgaben-Systeme und Systeme von Benutzerprogrammen einzuplanen. Vgl. dazu beispielsweise Piligian, M. S.; Pokorney, J. L.: Air Force concepts for the technical control and design verification of computer programs. In: AFIPS Conference Proceedings, Vol. 30 / SJCC 1967, S. 61—66; ebenso Joslin, Edward O.: Describing Workload for Acquiering ADP Equipment and Software. In: Computers and Automation, Juni 1969, S. 36—40.

276) Diese Aussage müßte überprüft werden, sofern die heute mit dem Schlagwort „Firmware" bezeichneten Möglichkeiten zum Maßschneidern von betriebsindividuellen Hardware-Systemen (auf der Basis von speziellen verdrahteten Mikroprogrammen) ebenfalls berücksichtigt werden. Vgl. Blau, Helmut: Hardware — Software — Firmware. In: BTA, Heft 5/1969, S. 241—242. Vgl. dazu auch die Ausführungen in Abschnitt E.

277) Seit 1968 ist das Verfahren auch in Deutschland mietbar. Vgl. Müller, Günther; Enders, Kurt: Maschinelle Verfahren zur Optimierung des Einsatzes von Datenverarbeitungsanlagen. In: Die Wirtschaftsprüfung, Jg. 21 (1968), Nr. 3, S. 57—63.

278) Als Quellen für die Darstellung wurden neben den oben genannten Aufsätzen die folgenden Artikel und Manuals benutzt: Herman, Donald J.: SCERT: A computer evaluation tool. In: DATAMATION, Febr. 1967; ebenso Ihrer, Fred C.: Computer performance projected through simulation. In: Computers and Automation, April 1967, S. 3—6; ebenso Ihrer, Fred C.: The projection of computer performance through simulation. A technical description of the SCERT program. 5th Edition (o. Ort 1967); ebenso Deutsche Revisions- und Treuhand-AG, Treuarbeit (Hrsg.): „Technische Beschreibung des SCERT-Verfahrens (Kurzform)" und „Ausgewählte Beispiele von SCERT-Ausdrücken". (o. Ort und Jg.); ebenso Ihrer, Fred C.: The measurement of software performance in SCERT. (Manuskript) (o. Ort und Jg.).

ein geplantes bzw. bereits operierendes ADV-System, die in einer speziell für diesen Zweck entwickelten analytischen Sprache formuliert sind, konstruiert SCERT eine Reihe von Modellen, die die variablen Merkmale des jeweiligen Informationsverarbeitungskomplexes in eine bestimmte Ordnung und Beziehung zueinander setzen. Diese Modelle werden kombiniert mit einer Reihe von Definitionen, die das geplante Hardware-/Software-System beschreiben. Die Definitionen sind in der sogenannten „Faktoren-Bibliothek" — einer sehr großen Datenbasis — enthalten, die ständig mit den Herstellern abgestimmt und auf dem neuesten Stand gehalten wird. Die Kombination ergibt ein Gesamtmodell, in dem die Faktoren der Anwendungsmodelle bzw. Informationsverarbeitungsaufgaben mit den Strukturen des Hardware- und des Software-Systems integriert sind.

Danach findet die eigentliche Simulation der Anwendungsmodelle auf der jeweiligen Konfiguration statt. Die Ergebnisse werden in einer Serie von Statistiken ausgegeben, die über Merkmale wie:

> handware performance
> system software performance,
> response,
> cost performance usw.

Auskunft geben[279]).

Das Software-System (system software) wird bei SCERT willkürlich in die drei folgenden Kategorien aufgeteilt:

(1) *„stand-alone software"*, d. h. im wesentlichen systeminduzierte Standardprogramme, z. B. Sortier- und Mischprogramme, Report Generatoren usw. (vgl. Funktionskomplex 5 in Abschnitt C III c).

(2) *„operational software"*, d. h. im wesentlichen Operating Systeme und IOCS-Routinen[280]) (vgl. Funktionskomplexe 1, 3 und 4 in Abschnitt C III c).

(3) *„program preparation software"*, d. h. im wesentlichen Übersetzerprogramme (vgl. Funktionskomplex 2 in Abschnitt C III c).

Es wird lediglich die Behandlung der operational software im Rahmen von SCERT betrachtet. Die von SCERT verwendeten Faktoren sind den beiden Qualiätskomponenten „Funktionale Fähigkeiten" und „Verhalten der Funktionen im Hardware-System" zuzuordnen. Es handelt sich um:

---

279) Gemeint ist das Verhalten der hardware, der system software usw. bei der jeweiligen Aufgaben-Konfiguration, die simuliert wird.

280) IOCS-Routinen, d. h. die Routinen des Input/Output-Control System, waren die Vorläufer der heutigen Operating Systeme. Ihr Einsatz ist typisch für die ADV-Systeme der zweiten Generation. Vgl. Mealy, George H.: Operating Systems, a. a. O., S. 517 ff. In den ADV-Systemen der dritten Generation sind die IOCS-Routinen meist in die Operating Systeme integriert. Vgl. Chorafas, D. N.: Programmiersysteme für elektronische Rechenanlagen, a. a. O., S. 230 ff.

(a) *Kapazitäts-Faktoren* (capacity factors)

(b) *Fähigkeits-Faktoren* (capability factors)

(c) *Faktoren, die den mengenmäßigen Aufwand* (z. B. hinsichtlich CPU-Zeit und Kernspeicherbedarf) *zur Ausführung der Funktionen kennzeichnen* (overheads).

Beispiele für die Gruppe (c):

(1) Hauptspeicheraufwand für das Operating System

(2) Hauptspeicheraufwand für jedes permanent im Hauptspeicher residierende Programm

(3) Hauptspeicheraufwand für jeden Typ peripherer Funktionen

(4) Hauptscheicheraufwand für jede Eingabe- bzw. Ausgabe-Datei

(5) Zeitaufwand zur Initialisierung von Programmen

(6) Zeitaufwand, um bei Mehrprogrammbetrieb die Steuerung (control) zwischen den operierenden Programmen hin und her zu schalten

(7) Zeitaufwand zur dynamischen Reallokation von Hauptspeicherbereichen

(8) Zeitaufwand zur Beendigung von Programmen

(9) Zeitaufwand zum Einfügen zusätzlicher Teile eines gerade operierenden Programmes.

Mit Hilfe der oben genannten Faktoren kann SCERT sowohl den sequentiellen Betrieb als auch den Mehrprogrammbetrieb von ADV-Systemen realistisch simulieren. Die Simulationsmodelle werden so konstruiert, daß sie sich in Übereinstimmung mit der Struktur des Operating System befinden. SCERT mißt den Einfluß der Software-Funktionen und der im Rahmen wiederholter Simulationsläufe an ihnen durchgeführten Modifikationen indirekt mit Hilfe der Wirkungen, die sie auf das Verhalten der Benutzerprogramme ausüben. Das gleiche gilt für die Funktionen der beiden anderen Komponenten der „system software", d. h. für die „stand-alone software" und für die „program preparation software".

Der Primärzweck von SCERT ist nicht die Simulation betriebsindividueller Software-System-Alternativen, sondern die Simulation alternativer Systeme von Benutzerprogrammen. Dennoch wird SCERT aufgrund der oben beschriebenen indirekten Wirkungen auch bei der Konfigurierung von Software-/Hardware-Systemen erfolgreich eingesezt. Es ist ist sogar ein Beispiel bekannt, wo SCERT zur Entwicklung eines generellen Software-Systems verwendet worden ist[281]). Im allgemeinen wird man für diesen Zweck jedoch spezielle Simulationsverfahren benutzen[282]).

---

281) Nach mündlicher Auskunft ist SCERT von einem europäischen Hersteller zur Entwicklung einer neuen Serie von aufwärts kompatiblen ADV-Systemen eingesetzt worden.

282) Vgl. z. B. Fox, D.; Kessler, J. L.: Experiments in software modeling. In: AFIPS Conference Proceedings, Vol. 31 / FJCC 1967, S. 429—436; ebenso Campbell, D. J.; Heffner, W. J.: Measurement and analysis of large operating systems..., a. a. O., S. 904 ff.

Als zweites Simulationsverfahren wird der für die ADV-Systeme der IBM Corperation entwickelte Computer System Simulator/360 (CSS/360) untersucht[283]. Wie SCERT diente auch CSS/360 ursprünglich nur zur Simulation von Hardware-Systemen und Systemen von Benutzerprogrammen. Durch Hinzufügen einiger spezieller Submodelle[284], durch die die Funktionen von Software-Systemen abgebildet werden, ist dieses Verfahren auch zur Simulation von betriebsindividuellen Software-System-Alternativen geeignet.

CSS/360 besteht aus einer speziellen Simulationssprache und einem Programm, durch das eine große Anzahl von unterschiedlichen ADV-System-Konfigurationen der Serie IBM/360 mit unterschiedlicher Detailliertheit simuliert werden kann. Der Input zur Spezifikation des CSS-Modells eines bestimmten ADV-Systems in Form von Anweisungen der CSS-Sprache besteht aus[285]:

● Beschreibung der Konfiguration des Hardware-Systems

● Beschreibung der Benutzerprogramme

● Beschreibung der Konfiguration des Software-Systems

● Beschreibung der Konfiguration des Aufgaben-Systems (job environment)

Diese Beschreibungen werden nach vorgegebenen Format-Regeln fixiert und auf Lochkarten eingegeben. Die Konfiguration des Hardware-Systems wird charakterisiert durch Merkmale wie Größe des Hauptspeichers, Datenübertragungsgeschwindigkeiten für jedes unterschiedliche Eingabe-/Ausgabe-Gerät, Belastung der Kanäle durch die einzelnen Eingabe-/Ausgabe-Geräte usw. Die Benutzerprogramme und die Programme des Software-Systems werden sowohl hinsichtlich ihrer Programmlogik als auch hinsichtlich ihrer zeitlichen Anforderungen gekennzeichnet[286].

Dazu ist in der Simulationssprache ein Satz von Instruktionen enthalten, mit dessen Hilfe Flußdiagramme der Programme erzeugt werden[287].

---

283) CSS ist nicht in GPSS programmiert, sondern in der Assemblersprache für das System IBM/360. CSS benutzt viele Techniken von GPSS, die jedoch an die spezifischen Merkmale der zu modellierenden ADV-Systeme angepaßt worden sind. Vgl. dazu auch Gould, R. L.: GPSS/360 — An improved general purpose simulator. In: IBM Systems Journal, Vol. 8 (1969), No. 1, S. 16—27.

284) Diese Submodelle wurden zunächst in Experimenten unter Laboratoriums-Bedingungen getestet. Die Ergebnisse dieser Untersuchung auf ihre allgemeine Verwendbarkeit durch Benutzer von ADV-Systemen veröffentlichen Seaman, P. H.; Soucy, R. C.: Simulating operating systems. In: IBM Systems Journal, Vol. 8 (1969), No. 4, S. 264—279.

285) Vgl. Seaman, P. H.; Soucy, R. C.: Simulating operating systems, a. a. O., S. 266.

286) Es handelt sich um die Zeiten, die zur Ausführung der Programme auf einzelnen Elementen des Hardware-Systems benötigt werden.

287) Die Simulationssprache enthält 40 Instruktionen, von denen einige den Makro-Instruktionen des untersuchten Operating System direkt entsprechen (READ, WRITE, BRANCH, ALLOCATE usw.). Andere — wie PRINT und TABULATE — werden für statistische Zwecke benutzt. Darüber hinaus gibt es Instruktionen zur Manipulation des Simulationsmodells, z. B. einen probabilistischen Branch-Befehl, Testinstruktionen, Instruktionen zur Bildung von Warteschlangen usw. Zusätzlich können aus der Grundmenge neue Instruktionen für Spezialzwecke gebildet werden. Vgl. Seaman, P. H.; Soucy, R. C.: Simulating ..., a. a. O., S. 269.

Das betriebsidividuelle Aufgabensystem kommt sowohl in den Angaben über die Hardware als auch in den Angaben über die Software implizit zum Ausdruck[288]).

Aus den Input-Spezifikationen assembliert das CSS-Programm das gewünschte Modell und simuliert mit ihm die Operationen des realen Systems. Das Modell läuft, bis eine vorgesehene Stop-Bedingung auftritt, bis eine bestimmte Zeitspanne des Systems simuliert worden ist oder bis eine vorgegebene Programm-Ausführungszeit beendet ist. Nach Abschluß des Simulationslaufes wird automatisch ein Output-Report erzeugt, der die während der Simulation gesammelten statistischen Informationen ausgibt. Dieser enthält[289]):

● Liste der Input-Spezifikationen

● Prozentuale zeitliche Nutzung jedes einzelnen spezifizierten Hardware- und Software-Elementes (100 % = Gesamt-Simulationszeit)

● Statistische Informationen über die räumliche Nutzung verschiedener Hardware-Elemente, z. B. von Hauptspeicherblöcken

● Statistische Informationen über die im System aufgetretenen Job- und Task-Warteschlangen (system queues)

● Aktivitäten-Statistik, z. B. Anzahl der an jedem Terminal erzeugten Nachrichten.

Zusätzlich können auf Anforderung spezielle Informationen gesammelt werden, beispielsweise über die Größenordnung von Antwortzeiten, wobei dieser Output dazu benutzt wird, um festzustellen in welchem Umfang das System die vorgegebenen (zeitlichen) Anforderungen erfüllt. In Abhängigkeit davon werden Veränderungen und Verbesserungen des Modells durchgeführt. Durch wiederholte Programmläufe können die quantitativen Auswirkungen dieser Veränderungen systematisch untersucht werden.

In jeder Software-System-Konzeption müssen die Beziehungen zwischen den einzelnen Hardware-Geräten und den zu ihrer Unterstützung notwendigen Programmen des Software-Systems definiert werden. Seaman und Soucy haben speziell diese Beziehungen für die folgenden häufig benutzten peripheren Geräte in ihrem Modell berücksichtigt[290]):

	IBM 2311 Plattenspeicher-Einheiten,
Serie	IBM 2400 Bandspeicher-Einheiten,
	IBM 1050 Terminals.

---

288) So wird beispielsweise ein Job-Strom auf einem oder mehreren Eingabegeräten in das ADV-System gelangen. Aufgaben in der vom ADV-System erfüllbaren Form (tasks) werden durch die Programme erzeugt, Konversationen finden zwischen Terminals und einer oder mehreren Zentraleinheiten statt. Die Abbildung der Aufgaben-Charakteristiken erfolgt mit Hilfe der Angaben über diese Eingabegeräte, Programme, Terminals bzw. Zentraleinheiten. Vgl. Seaman, P. H.; Soucy, R. C.: Simulating operating systems, a. a. O., S. 266 f.

289) Vgl. Seaman, P. H.; Soucy, R. C.: Simulating ..., a. a O., S 267.

290) Vgl. Seaman, P. H.; Soucy, R. C.: Simulating ..., a. a. O., S. 270.

Abbildung 27 zeigt die Zusammenhänge zwischen den 18 entwickelten Teilmodellen und den übrigen Software-Funktionen[291]). Die Teilmodelle beinhalten sowohl Basis-Zugriffsmethoden als auch erweiterte Zugriffsmethoden (queued access methods), die unter den Supervisor-Programmen für die Software-Systeme OS/360[292]) und DOS/360[293]) operieren. Jede Zugriffsmethode wird durch ein Teilmodell repräsentiert[294]). (Vgl. Abbildung 27 mit den in Abschnitt C III c erläuterten Beziehungen.)

Das simulierte System orientiert sich an den Bedürfnissen der Benutzer, wobei das Hauptgewicht der Experimente von Seaman und Soucy auf der Simulation von Teleprocessing-Aufgaben (mit und ohne Background-Job-Interferenz) lag[295]). Die Bibliothek der 18 Software-System-Teilmodelle (plus entsprechende Programme für die Zeitberechnungen) besteht aus mehr als 10 000 Instruktionen in der CSS-Sprache bzw. erfordert ca. 150 000 Bytes Speicherraum. Die meisten Moduln enthalten 500 — 800 CSS-Instruktionen, die Meßprogramme ca. 100 individuelle Zeitberechnungs-Segmente. Diese Zahlen weisen auf die große Detailliertheit der Teilmodelle hin.

Das Gesamtmodell kann sowohl von den Konfiguratoren (installation planers) betriebsindividueller Software-Systeme als auch von den Entwicklern genereller Software-Systeme für ihre Entscheidungen verwendet werden. Allerdings sind dabei die unterschiedlichen Ziele dieser beiden Gruppen zu berücksichtigen[296]). Die Entwickler werden das Modell benutzen, um das Verhalten geplanter Funktionen und die Auswirkungen geplanter Strukturveränderungen zu simulieren. Für die Entwickler muß das Modell daher sehr detailliert sein, damit es auch auf kleinere Veränderungen reagiert. Die Simulationsgeschwindigkeit[297]) wird dagegen von den Entwicklern nicht als

---

291) Die Abbildung entspricht inhaltlich der Figur 5 des Beitrages von Seaman und Soucy. Vgl. op. cit., S. 271. Die Teilmodelle beziehen sich auf die Funktionen von Release 12 des „System/360 Operating System" und auf die Funktionen von Release 16 des „System/360 Disk Operating System".

292) Vgl. IBM Corp. (Hrsg.): IBM System/360 Operating System. Supervisor and Data Management Services. Form C 28-6646-2. (San Jose/Calif. 1968), S. 99 ff.

293) Vgl. Bender, G.; Freeman, D. N.; Smith, J. D.: Function and design of DOS/360 and TOS/360. In: IBM Systems Journal, Vol. 6 (1967), No. 1, S. 2—21.

294) Vgl. Seaman, P. H.; Soucy, R. C.: Simulating ..., a. a. O., S. 273. Die Anforderungen an das Job Management (schedule requirements) und die Häufigkeit der Benutzung waren die Kriterien, nach denen die Funktionen für die 18 Teilmodelle ausgewählt wurden. Dazu gehörten die Funktionen des Startens, der zeitlichen Zuordnung (scheduling) und der Bedienung der oben genannten peripheren Einheiten bei Mehrprogrammbetrieb, außerdem Supervisor-Aufrufe, Eingabe-/Ausgabe-Routinen und Zugriffs-Methoden-Moduln. Einsprungs- und Ausgangsbedingungen für Benutzerprogramme wurden wie in jedem Software-System spezifiziert.

295) Vgl. Seaman, P. H.; Soucy, R. C.: Simulating ..., a. a. O., S. 273.

296) Vgl. Seaman, P. H.; Soucy, R. C.: Simulating, a. a. O., S. 277.

297) Zur Bestimmung der Simulationsgeschwindigkeit ist festzustellen, wieviel Laufzeit des operierenden realen (oder hypothetischen) Systems in einer bestimmten Programm-Ausführungszeit simuliert werden können. Wenn z. B. 10 Minuten Programm-Ausführungszeit notwendig sind, um eine Minute Laufzeit des realen Systems zu simulieren, so ist die Simulationsgeschwindigkeit 10mal geringer als die des realen Systems.

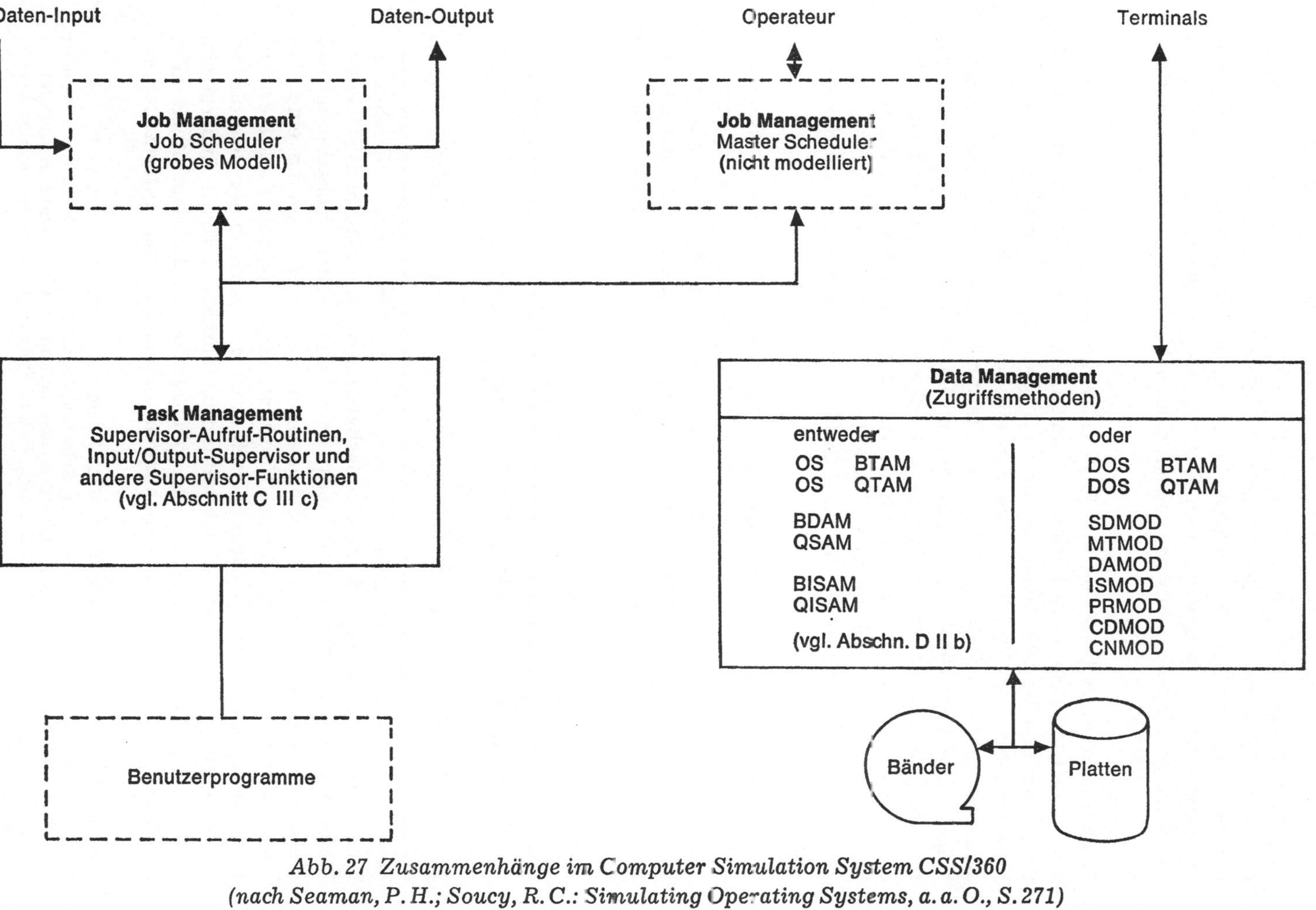

Abb. 27 Zusammenhänge im Computer Simulation System CSS/360
(nach Seaman, P. H.; Soucy, R. C.: Simulating Operating Systems, a. a. O., S. 271)

kritischer Faktor betrachtet. — Die Konfiguratoren akzeptieren ein Modell mit sehr viel geringerer Genauigkeit und Detailliertheit, sofern es schnell und seine Benutzung einfach ist. Die bisher meist sehr groben Informationen über die übrigen oben genannten Subsysteme, die die Konfiguratoren als Input-Daten eingeben müssen, lassen eine hohe Modell-Detailliertheit als ungerechtfertigt erscheinen.

Seaman und Soucy berichten, daß Entwickler und Konfiguratoren schon nach kurzer Zeit mit dem Modell arbeiten können. Anwender, die das Supervisor-Programm und die Zugriffsmethoden des Systems kennen und eine oberflächliche Kenntnis von CSS haben, können ein komplexes Modell, das zu konstruieren sie vorher mehrere Wochen gekostet hat, an einem Tage entwikkeln[298]). Die Versuche haben allerdings bisher ausschließlich unter Laboratoriums-Bedingungen stattgefunden. Die allgemeine Verwendung eines solchen „modeling package" zur Konfigurierung benutzerindividueller Software-Systeme würde wahrscheinlich ein Modell mit einer groberen Logik, geringerer Genauigkeit und einer um eine Größenordnung höheren Geschwindigkeit erfordern.

Neben Simulationsverfahren sind eine Reihe anderer Verfahren entwickelt worden, die beider Konfigurierung betriebsindividueller ADV-Systeme — und damit meist auch Software-Systeme — angewendet werden können[299]). Diese sollen hier jedoch nicht untersucht werden, zumal sie sich ebenfalls nur auf eine oder zwei der in dieser Arbeit abgegrenzten Qualitätskomponenten beziehen.

III. Gestaltung im Rahmen der Anwendung eines speziellen betriebsindividuellen Software-Systems

Es wurde bereits festgestellt, daß die Konfigurierung eines betriebsindividuellen Software-Systems in der Realität eng mit der Konfigurierung der anderen Subsysteme eines automatisierten Informationssystems verzahnt ist. Eine solche Verzahnung der Gestaltungshandlungen findet in noch stärkerem Maße in der Anwendungsphase statt. Dies führt zu der Beobachtung, daß die Gestaltung des Software-Systems während der Anwendung eines betriebsindividuellen automatisierten Informationssystems von Praktikern oft nicht als eigenständiges Problem betrachtet wird, weil sie in der Realität fast immer vermischt mit anderen Gestaltungshandlungen auftritt. Andererseits erscheinen Gestaltungs-Ansätze, die von vornherein die Gesamtheit aller Strukturen (Elemente und Beziehungen) automatisierter Informationssy-

---

298) Vgl. Seaman, P. H.; Soucy, R. C.: Simulating..., a. a. O., S. 277 f.
299) Vgl. Joslin, Edward O.: Computer Selection, a. a. O., S. 105 ff. Joslin vergleicht z. B. drei Verfahren des Timing: a) application benchmarks; b) computer simulation; c) hand timing. Vgl. ebenfalls Calingaert, Peter: System performance evaluation..., a. a. O., S. 12 ff.

steme in die Analyse bzw. Synthese einbeziehen wollen, wenig erfolgversprechend, wenn nicht vorher genügend Informationen über die Zusammenhänge in den einzelnen Subsystemen gesammelt worden sind. Aus diesem Grunde wird hier der Versuch unternommen, diejenigen Gestaltungsmöglichkeiten aufzuzeigen, die sich in bezug auf Software-Systeme in der Anwendungsphase ergeben, wobei bis zu einem bestimmten Grade von den Wirkungen der übrigen Subsysteme abstrahiert werden muß.

a) Abgrenzung der Gestaltungsaufgaben während der Anwendung

Die während der Anwendung anfallenden Software-Gestaltungsaufgaben können mit Hilfe des in Abbildung 28 dargestellten Schemas systematisiert werden. Bei der ersten Gruppe von Gestaltungsaufgaben, d. h. bei der Bildung von Subsystemen für die interne Planung und planungsorientierte Steuerung der Informationsverarbeitung innerhalb eines ADV-Systems handelt es sich um Aufgaben, die auch zur Entwicklung oder zur Konfigurierung von Software-Systemen gerechnet werden können[300]). Da diese Aufgaben jedoch bisher von den Software-Systementwicklern und -Konfiguratoren vernachlässigt worden sind und die Folgen dieser Vernachlässigung den Benutzern meist erst deutlich werden, wenn sie ihre Systeme über einen längeren Zeitraum hinweg angewendet und beobachtet haben, werden die Aufgaben der Konzipierung und Implementierung derartiger zusätzlicher Software-Funktionen hier im Rahmen der Anwendungsgestaltung untersucht[301]). Hinzu kommt, daß zur Bildung der genannten Subsysteme teilweise Software-Funktionen als Bausteine benutzt werden können, die bei der Entwicklung der entsprechenden generellen Subsysteme produziert worden und zur Anwendungszeit in unterschiedlichen Kombinationen zusammenfügbar sind.

Die beiden anderen Gruppen von Gestaltungsaufgaben umfassen konsequenterweise sowohl Subsysteme, die bereits in den vom Hersteller gelieferten Software-Systemen enthalten sind, als auch die zusätzlich entwickelten Subsysteme. Die Erfassung der variablen Werte, d. h. der vorgegebenen Sollwerte und der gemessenen Istwerte, führt zu einer ständigen Korrektur und Ver-

---

300) Im Rahmen der Konfigurierung würden diese Aufgaben als „additive Anpassungshandlungen" zu kennzeichnen sein. Vgl. dazu Abschnitt D II a.

301) Als Vorstufe der Konzipierung und Implementierung von automatisierten Planungs- und Steuerungssubsystemen werden meist „manuelle" Subsysteme entwickelt, die aber zwei entscheidende Nachteile haben: Ihre Reaktionsgeschwindigkeit (Reaktion auf eine sich verändernde Aufgaben-Situation) ist häufig sehr gering. Sie gehen meist von einem groben Modell aus, d. h. sie berücksichtigen nur wenige der in der Realität vorhandenen System-Variablen.

Aufgaben-gruppen	Gestaltungsaufgaben
1. Bildung von Soft-ware-Sub-systemen	*1.1 Bildung von Subsystemen für die interne Planung* Konzipierung/Implementierung von Software-Funktionen, durch die Input und Output eines automatisierten Informations-Systems für den Zeitraum x geplant werden
	1.2 Bildung von Subsystemen für die planungsorientierte Steuerung Konzipierung/Implementierung von Software-Funktionen, durch die ein automatisiertes Informations-System zum Zeitpunkt y gemäß den Ergebnissen der Planung gesteuert wird
2. Anwendung von Software-Sub-Systemen	*2.1 Anwendung der Subsysteme für die interne Planung* Einsetzen/Verändern von Parametern, durch die die Subsysteme für die interne Planung an die im Zeitraum x zu erwartende Aufgaben-Situation angepaßt werden
	2.2 Anwendung der Subsysteme für die Steuerung Einsetzen/Verändern von Parametern, durch die die Subsysteme für die Steuerung an die zum Zeitpunkt y gegebene Aufgaben-Situation angepaßt bzw. letztere an die Software-Konfiguration angepaßt wird
3. Erfassung der bei der Anwendung anfallenden variablen Werte	*3.1 Erfassung der Auswirkung des Einsatzes bestimmter Planungsparameter* Erfassung der Auswirkungen, die sich durch Einsetzen/Verändern von Software-Parametern auf die Input/Output-Größen der Planungssubsysteme ergeben
	3.2 Erfassung der Auswirkungen des Einsatzes bestimmter Steuerungsparameter Erfassung der Auswirkungen, die sich durch Einsetzen/Verändern von Software-Parametern auf die Input-Output-Größen der Steuerungssubsysteme ergeben

Abb. 28 Gestaltungsaufgaben während der Anwendung

feinerung der Subsysteme[302]). Die Anwendungsgestaltung endet somit theoretisch niemals. Aufgaben der 3. Gruppe induzieren Aufgaben der 2. Gruppe. Die Trennung zwischen Software-Subsystemen für die interne Planung und Software-Subsystemen für die planungsorientierte Steuerung der Informationsverarbeitung in einem ADV-System entspricht der Trennung zwischen Fertigungssteuerungssystemen und Prozeßsteuerungssystemen im Bereich der Produktion materieller Objekte.

Die Gruppen 1.1 und 1.2 der in Abbildung 28 systematisierten Gestaltungsaufgaben werden gegenwärtig in der Realität nur in seltenen Fällen wahrgenommen. Dies deutet einerseits darauf hin, daß die Mehrzahl der Benutzer durch diese Art von Aufgaben überfordert wird[303]). Andererseits ist der Ressourcen-Aufwand zur Bildung von Subsystemen für die interne Planung und planungsorientierte Steuerung der Informationsverarbeitung in einem Hardware-/Software-System wahrscheinlich so hoch, daß sich derartige Subsysteme nur bei sehr großen ADV-Systemen mit einem entsprechend großen Aufgaben-„Durchsatz" (throughput) rentieren[304]).

Die Gruppe 2.2 der in Abbildung 28 systematisierten Gestaltungsaufgaben besitzt den größten Umfang, weil nicht nur die als Ergebnis der Gruppe 1.2 entstandenen Subsysteme zur planungsorientierten Steuerung, sondern gleichzeitig auch alle anderen, bereits im generellen Software-System enthaltenen Steuerungssubsysteme angewendet werden. Das Einsetzen bzw. Verändern der Software-Parameter bewirkt eine „Kalibrierung" (= Feineinstellung)[305]) des Software-Systems entsprechend dem jeweils zu erfüllenden Aufgaben-Strom. Andererseits wird auch der Aufgaben-Strom in seinem Umfang und in seiner Zusammensetzung durch Software-Parameter gesteuert. Schließlich

---

302) Die Erfassung der Variablen-Werte ist hier als gesonderte Gruppe von Gestaltungsaufgaben angeführt, weil nicht alle generellen Software-Systeme Funktionen vorsehen, die in der Lage sind, die sich durch Einsetzen bzw. Verändern von Software-Parametern auf Input- und Outputgrößen ergebenden Auswirkungen zu messen, sie mit den Plan-Werten zu vergleichen und Abweichungen festzustellen. Wenn derartige Funktionen nicht vorhanden sind, müssen die Benutzer sich diese Funktionen selbst erstellen. Außerdem entfällt dann auch die Gruppe 1.1 der in Abbildung 28 klassifizierten Gestaltungsaufgaben, weil keine Rückkopplung zwischen Plan- und Istwerten möglich ist.
303) Daraus kann die Konsequenz gezogen werden, daß spätestens bei der nächsten Generation von ADV-Systemen derartige Subsysteme von den Herstellern mitgeliefert werden müssen. Notwendig wären sie bereits bei der hier im Mittelpunkt der Untersuchung stehenden dritten Generation.
304) Je größer ein ADV-System ist, um so höher ist im allgemeinen seine interne Verarbeitungsgeschwindigkeit, um so ungünstiger das Verhältnis zwischen interner Verarbeitungsgeschwindigkeit und Eingabe-/Ausgabe-Geschwindigkeiten, um so notwendiger daher eine automatisierte Planung und planungsorientierte Steuerung der Informationsverarbeitung.
305) Kalibrieren bedeutet:
a) das Kaliber messen,
b) Werkstücke auf genaues Maß bringen,
c) Meßinstrumente eichen.
Vgl. Der Große Duden. Fremdwörterbuch, Band 5, 2. Aufl., Mannheim (1966), S. 336. Der Begriff „Kalibrierung" wird hier im Sinne der zweiten Bedeutung verwendet.

sind Software-Funktionen zur Ausführungszeit selbst Elemente des Aufgaben-Stromes.

Die Aufgaben der Software-System-Gestaltung während der Anwendung werden von Software-Spezialisten, Systemprogrammierern bzw. System-Operateuren erfüllt. Diese werden im folgenden entsprechend ihrer Funktion als „Software-Disponenten" bzw. als „Arbeitsvorbereiter" bezeichnet. Neben umfangreichen praktischen Erfahrungen mit den jeweiligen ADV-Systemen müssen die Software-Disponenten einen vollständigen Überblick über die periodischen Ablaufstrukturen der betrieblichen Aufgabenströme[306] haben, um ihre Funktion erfüllen zu können. Die organisatorischen Konsequenzen, die sich bei Ausnutzung der Möglichkeiten der Anwendungsgestaltung notwendigerweise im „Zulieferbereich" für die automatisierte Informationsverarbeitung ergeben, werden in Abschnitt D III d untersucht.

b) Instrumentarium der Anwendungsgestaltung von Software-Systemen

Die Gestaltung eines betriebsindividuellen Software-Systems während seiner Anwendung wird hier als Produktionsprozeß aufgefaßt, dem ein Entscheidungsprozeß vorausgeht. Im Entscheidungsprozeß wird festgelegt, welche Ressourcen als Input eingesetzt und welche Qualitätskomponenten als Output des Produktionsprozesses erzeugt werden[307]. Ehe Aussagen über die für die Anwendungsgestaltung relevanten Ressourcen und Qualitätskomponenten gemacht werden (vgl. Abschnitt D III c), wird der verfahrenstechnische Spielraum[308] dieser Gestaltungsphase untersucht, wobei sowohl auf bereits existierende als auch auf notwendige neu zu schaffende Gestaltungsinstrumente eingegangen wird.

---

306) Die Aufgabenströme repräsentieren sozusagen den dynamischen Aspekt eines betrieblichen Aufgaben-Systems. Für die Software-Disponenten genügt im allgemeinen die Kenntnis der Dynamik der Aufgaben-Ströme. Sie werden selbst nicht an der Gestaltung der Aufbau- und Ablaufstrukturen des Aufgaben-Systems beteiligt sein. Insofern umfaßt die Funktion der „Arbeitsvorbereitung" mehr Teilaufgaben, als die Software-Disponenten im allgemeinen wahrnehmen werden. Vgl. dazu auch die Unterscheidung zwischen externen und internen Prioritäten im nächsten Abschnitt.

307) Der Produktionsprozeß „Gestaltung eines betriebsindividuellen Software-Systems während seiner Anwendung" darf nicht mit dem Produktionsprozeß „Erfüllung von Informationsverarbeitungsaufgaben mit Hilfe eines ADV-Systems" verwechselt werden. Die Unterschiede werden deutlich, wenn man die vorgelagerten Entscheidungsprozesse vergleicht. Während für den erstgenannten Produktionsprozeß die in Abbildung 29 dargestellten Entscheidungsvariablen in Betracht gezogen werden müssen, ist vor dem letztgenannten Produktionsprozeß theoretisch eine Integration dieses Entscheidungsmodells mit analogen Modellen für die Gestaltung des Hardware-Systems, des Aufgaben-Systems, des Sprachen-Systems und des Systems der Benutzerprogramme erforderlich. Das in Abbildung 29 skizzierte Software-Entscheidungsmodell enthält Nahtstellen (interfaces), die als Übergänge zu den übrigen Subsystemen zu betrachten sind.

308) Nach Szyperski umfaßt der „Organisationsspielraum" die alternativ zulässigen Strukturen und die alternativ zulässigen (organisations-)technischen Verfahren. Vgl. Szyperski, Norbert: Organisationsspielraum, a. a. O., Sp. 1230. Die Menge der alternativ zulässigen Strukturen ist bei der Anwendungsgestaltung von Software-Systemen ebenso wenig zu übersehen wie bei den vorher untersuchten Gestaltungsabschnitten.

Die meisten Software-Systeme der dritten Generation bieten einen relativ großen verfahrenstechnischen Spielraum hinsichtlich der Anwendung, d. h. Anpassung von Steuerungssubsystemen an eine zu einem bestimmten Zeitpunkt gegebene Aufgaben-Situation bzw. für den komplementären Fall der Anpassung von Aufgaben-Strömen an ein vorgegebenes Software-System. In diesem letzteren Fall sind Software-Funktionen sowohl die die Anpassung herbeiführenden als auch die anzupassenden Elemente (nämlich als Teile der Aufgabenströme). Dies soll am Beispiel einer realen Software-System-Konfiguration für Mehrprogrammbetrieb mit einer festen Anzahl von „gleichzeitig"[309]) erfüllten Aufgaben (tasks) demonstriert werden. Als Demonstrationsobjekt dient das IBM System/360 Operating System — MFT (= Multiprogramming with a fixed number of tasks)[310]).

Die Anzahl der von diesem Software-System gleichzeitig zu erfüllenden Aufgaben wird normalerweise in der Konfigurierungsphase festgelegt, kann aber während der Anwendung, d. h. während und nach der System-Initialisierung, entsprechend den jeweils zu verarbeitenden Aufgabenströmen variiert werden[311]). Unter System-Initialisierung ist die Aktivierung jener Elemente des Software-Systems zu verstehen, die ständig in einem ausschließlich für diesen Zweck vorgesehenen Hauptspeicher-Bereich (system area) residieren. Der übrige Hauptspeicher-Raum (dynamic area) wird vom Benutzer in so genannte Partitions eingeteilt. Durch die Anzahl der Partitions wird die Anzahl der gleichzeitig zu erfüllenden Aufgaben festgelegt, weil jede Aufgabe ihre eigene Partition braucht[312]). Partitions werden definiert als

> Reader-Partition,
> Writer-Partition oder
> Benutzerprogramm-Partition.

Eine Reader-Partition ist ein Hauptspeicherbereich, in dem die Software-Funktion „Lesen eines Input-Aufgaben-Stromes" dauernd resident ist[313]). Ent-

---

309) De facto handelt es sich um eine scheinbare Gleichzeitigkeit.

310) Zur Untersuchung wurde die folgende von der IBM Corp. herausgegebene, sich auf das IBM System/360 Operating System beziehende, bereits in vorhergehenden Abschnitten zitierte Literatur herangezogen:
Form C 28-6535-4: Concepts and Facilities.
Form C 27-6939-4: Planning for Multiprogramming with a Fixed Number of Tasks.
Form C 28-6550-6: System-Programmer's Guide.
Form C 28-6539-4: Job Control Language.
Form C 28-6540-5: Operator's Guide.
Form C 28-6646-2: Supervisor and Data Management-Services.
In den folgenden Zitaten werden jeweils nur die Form-Nummern angegeben.

311) Vgl. Form C 27-6939-4, a. a. O., S. 5.

312) Die maximale Anzahl der Partitions beträgt 52. Von diesen maximal 52 Partitions können jedoch nur maximal 15 gleichzeitig aktiv sein, weil nur maximal 15 Aufgaben gleichzeitig erfüllbar sind. Vgl. C 28-6535-4, a. a. O., S. 47.

313) Der Reader/Interpreter liest Job-Control-Anweisungen, analysiert ihren Inhalt und baut Tabellen auf, die während der Initiierung und Ausführung von einzelnen Aufgaben benutzt werden.

sprechendes gilt für eine Writer-Partition[314]). Neben den residenten können jedoch zusätzlich nicht-residente Reader- und Writer-Funktionen spezifiziert werden, die je nach Bedarf in unterschiedlichen Benutzerprogramm-Partitions gespeichert werden können[315]).

Jede Partition erhält eine feste Priorität (Partition 0 die höchste, Partition 51 die niedrigste). Durch die Priorität wird bestimmt, welcher Partition als nächster Ausführungszeit zugeteilt wird, sofern in der gerade laufenden Partition eine Warte-Bedingung auftritt. Aufgaben werden einer bestimmten Partition mit Hilfe eines CLASS-Parameter zugeordnet[316]). Auf diese Weise kann der Benutzer Klassen von Informationsverarbeitungsaufgaben spezifizieren, die in etwa die gleichen Merkmale haben. Aufgaben, die sehr rechenintensiv sind, können z. B. in Partitions mit niedriger Priorität laufen, so daß sie möglichst wenig mit eingabe-/ausgabeintensiven Aufgaben interferieren, die in Partitions mit hoher Priorität untergebracht werden, damit die ohnehin schon langsamen Eingabe-/Ausgabe-Prozesse nicht durch niedrige Prioritäten verzögert werden[317]).

Jede Partition kann Aufgaben aus drei unterschiedlichen Klassen und damit aus drei unterschiedlichen Warteschlangen aufnehmen[318]). Die Klassen-Bezeichnungen werden vom System benutzt, um zu bestimmen, welche Eingabe-Warteschlange zuerst vom Initiator[319]) behandelt wird. Die Reihenfolge, in der Aufgaben aus einer einzelnen Warteschlange ausgewählt werden, wird durch einen speziellen Prioritäts-Parameter (PRTY) bestimmt, der von den mit der Partition-Nummer verbundenen Prioritäten unabhängig ist, d. h. sich nur auf eine einzige Warteschlange bezieht[320]).

---

314) Der Output-Writer bildet zusammen mit dem Reader/Interpreter und dem Initiator/ Terminator den sogenannten Job Scheduler. Aus Job Scheduler und Master Scheduler, der die Kommunikation des Software-Systems mit dem Operateur besorgt, besteht das in Abschnitt C III c bereits näher gekennzeichnete Job Management.

315) In MFT können bis zu drei Reader-Funktionen und bis zu 14 nicht-residente Writer-Funktionen gestartet werden. Vgl. Form C 27-6939-4, a. a. O., S. 8 f.

316) Vgl. Form C 27-6939-4, a. a. O., S. 12.

317) Wenn die Anforderungen aller Aufgaben, die vom System erfüllt werden sollen, alle mehr oder weniger die gleichen Merkmale haben, müssen andere Software-System-Konfigurationen ausgewählt werden. Beispielsweise kann es dann sinnvoll sein, ein Software-System für Mehrprogrammbetrieb mit Hilfe des Zeitteilverfahrens zu haben. (Vgl. dazu Abbildung 19 in Abschnitt D I c).

318) Umgekehrt kann mehr als eine Partition ein und derselben Aufgaben-Klasse zugeordnet sein. Vgl. Form C 27-6939-4, a. a. O., S. 12.

319) Der Initiator ist eine Software-Funktion, die entweder aus dem Input Stream oder aus der Input Work Queue die als nächste auszuführende Aufgabe (job step) heraussucht. Sie analysiert die Eingabe-/Ausgabe-Anforderungen der Aufgaben, besorgt die Allokation der Geräte, unterrichtet den Operateur, welche Datenträger einzulegen sind und prüft, ob die richtigen Datenträger montiert worden sind. Vgl. Form C 28-6536-4, a. a. O., S. 37.

320) Die PRTY-Werte laufen von 0 (niedrig) bis 13 (hoch). Aufgaben, die die gleiche Klasse und Priorität haben, werden in bezug auf die Warteschlange nach der FIFO-Methode behandelt. Vgl. Form C 27-6939-4, a. a. O., S. 21.

Die Anzahl der Partitions, ihre Größe und die ihnen zugeordnete Aufgaben-Klassen (job classes) können vom Operateur jederzeit während der Anwendung verändert, d. h, an neue Situationen angepaßt werden. Mehrere benachbarte Partitions können zu einer großen Partition zusammengefaßt und später wieder getrennt werden. Reader- und Writer-Partitions können als Benutzerprogramm-Partitions redefiniert werden und umgekehrt[321]). Wenn MFT mit Zeitteilverfahren (Time Slicing Feature)[322]) spezifiziert worden ist, kann die Anzahl der Time Slicing Partitions innerhalb der durch die System-Konfiguratoren zur „System Generation Zeit" vorgegebenen Grenzen und die Größe der den einzelnen Aufgaben zugeteilten Zeitscheiben durch Software-Parameter variiert werden[323]).

Andere Möglichkeiten im Rahmen der wechselseitigen Anpassung von Steuerungssubsystemen und unterschiedlichen Aufgaben-Situationen (repräsentiert durch Aufgaben-Ströme) bestehen im Einsetzen einer Vielzahl von optionalen Parametern, durch die beispielsweise ein zweiter Nucleus oder einzelne Software-Funktionen resident gemacht werden können[324]). Software-Systeme, die eine *variable* Anzahl von Aufgaben „gleichzeitig" ausführen können, bieten noch umfangreichere Gestaltungsmöglichkeiten während ihrer Anwendung[325]).

Eine Reihe von Instrumenten für die in Abbildung 28 als Gruppe 3.2 herausgestellten Aufgaben der automatischen Erfassung von Auswirkungen des Einsatzes bestimmter Steuerungsparameter ist ebenfalls von den Herstellern entwickelt worden. Allerdings ergeben sich hier bereits erhebliche Unterschiede zwischen vergleichbaren Software-Systemen. Es existieren noch keine „Vorschriften"[326]), welche Erfassungs-Instrumente standardmäßig vorgesehen sein müßten. Die Erfassungs-Instrumente werden häufig als „System-Logbücher" (system logs) bezeichnet[327]). Wesentlich ist, daß es sich hierbei um Software-Funktionen handelt, die Software-Aktivitäten messen und speichern[328]). Ein vergleichsweise sehr komfortables System-Logbuch wird vom

---

321) In letzterem Falle sind vom Operateur statt des CLASS-Parameter, die Parameter RDR bzw. WTR anzugeben. Vgl. Form C 27-6939-4, a. a. O., S. 15.

322) Mehrprogramm-Betrieb mit Hilfe des Zeitteilverfahrens. Vgl. Form C 28-6535-4, a. a. O., S. 48.

323) Vgl. Form C 27-6939-4, a. a. O., S. 16.

324) Vgl. Form C 28-6540-5, a. a. O., S. 57 ff.

325) Vgl. z. B. das IBM/360 Operating System MVT (= Multitasking With a Variable Number of Tasks), beschrieben in: Form C 28-6535-4, a. a. O., S. 48 f. usw.

326) Derartige „Vorschriften" müßten eigentlich von den Benutzern der ADV-Systeme aufgestellt werden. Die Tatsache, daß dies bisher noch nicht geschehen ist, ist ein weiteres Indiz für die große Distanz, die die meisten Benutzer gegenwärtig von einer bewußt alle Möglichkeiten ausschöpfenden Nutzung ihrer Systeme trennt.

327) Vgl. Trachtenberg, Martin: Problems of Evaluating Operating Systems. In: DATA PROCESSING, Vol. XIII. Proceedings of the 1968 International Data Processing Conference and Business Exposition. DPMA (Ed.) Washington 1968, S. 21—27.

328) Neben den System Logs als Software-Funktionen werden auch die bereits erwähnten Hardware-Monitoren eingesetzt, wobei diese aber nicht zwischen den Auswirkungen der einzelnen Jobs auf die Elemente des Hardware-Systems (Kanäle, CPU usw.) differenzieren können.

Software-System EXEC 8 für das UNIVAC 1108 Multiprocessor-System angeboten[329]. Nach Beendigung eines einzelnen Programmes werden die folgenden Informationen im System Log gespeichert[330]):

- Programm-Identität
- Programm-Beginn (Zeitpunkt)
- Programm-Ende (Zeitpunkt)
- Tatsächliche Laufzeit des Programmes
- Programm-Länge
- Länge der benutzen Datenfelder
- Programm-Typ und Art der Beendigung

Nach Beendigung eines Laufes (mit mehreren Programmen) werden die folgenden Informationen erfaßt[331]):

- Laufzeit-Identität
- Lauf-Beginn und Lauf-Ende
- Gesamtzeit für den Lauf (aus der Differenz zwischen den Angaben über Lauf-Beginn und Lauf-Ende und der Angabe über die Gesamtzeit kann auf die System-Wartezeit geschlossen werden)
- Zahl der gelesenen und gestanzten Karten
- Zahl der gedruckten Zeilen
- Räumlicher und zeitlicher Umfang der Benutzung einzelner Speichermedien.

Neben diesen Informationen erfaßt der System Log für die EXEC 8 automatisch eine Reihe weiterer Auswirkungen auf Hardware-System-Elemente, die programm- und laufunabhängig sind[332]), aus denen aber in Kombination mit den programm- und laufabhängigen Informationen genau rekonstruiert werden kann, was während der Erfüllung von Informationsverarbeitungsaufgaben im System vor sich gegangen ist. Entscheidend ist, daß das Verhalten der Software-Funktionen im Hardware-System ebenfalls eindeutig feststellbar ist[333]). Nicht festgestellt werden können dagegen die Auswirkungen einiger in Abbildung 29 zusammengefaßter Qualitätskomponenten,

---

329) Vgl. Sperry Rand Corp. (Hrsg.): UNIVAC 1108 . . ., a. a. O., UP-4144-Rev. 1, Section 7.7, S. 27 ff. Ähnlichen funktionalen Umfang haben die „software measurement techniques" für das Operating System GECOS II der General Electric Systeme 625/635. Vgl. Cantrell, H. N.; Ellison, A. L.: Multiprogramming system performance measurement and analysis, a. a. O., S. 213—221.

330) Vgl. UP-4144-Rev. 1, Section 7.7, S. 32.

331) Vgl. UP-4144-Rev. 1, Section 7.7, S. 28 und 33.

332) So werden beispielsweise neben den bereits genannten Run Logs und Program Logs sogenannte Facility Usage Logs, I/0 — Error Logs und Console Logs geführt. Vgl. UP-4144-Rev. 1, Section 7.7, S. 30—38.

333) „Executive time and facility usage is logged under the account maintained for EXEC. The totals appear just as if the EXEC was a user program." Vgl. UP-4144-Rev. 1, Section 7.7, S. 28.

z. B. die Auswirkungen der „Dispositiven Fähigkeiten" (siehe Abschnitt D III c) und der „Anforderungen an das organisatorische Vorfeld" (siehe Abschnitt D III d). Der Aufwand an CPU-Zeit und Hauptspeicherplatz für den gesamten System-Log liegt wahrscheinlich in der Größenordnung von einem Prozent des Gesamtaufwandes für das Software-System[334]. Der einzelne Benutzer kann zusätzliche eigene Software-Funktionen zur automatischen Erfassung der Wirkungen von Parameter-Variationen entwickeln, die ihm einen noch größeren Komfort bieten. Beispielsweise sollte es Software-Funktionen geben, die Abweichungen von vorgegebenen Planwerten für den Input und Output von ADV-Systemen automatisch feststellen und on-line an planungsorientierte Steuerungssubsysteme weitermelden, durch die dann korrigierende Maßnahmen eingeleitet werden[335]. Bei der Entwicklung solcher Funktionen sollte sichergestellt werden, daß die Funktion ohne großen Aufwand zur Laufzeit vom Operateur modifiziert und an die jeweilige Aufgaben-Situation angepaßt werden können[336], wobei die primitivste Form der möglichen Anpassung darin besteht, daß jede Funktion einzeln an- und abschaltbar ist[337].

An Software-Subsystemen für die planungsorientierte Steuerung von automatisierten Informationssystemen wird wahrscheinlich bei verschiedenen Herstellern gearbeitet, Informationen darüber sind jedoch bisher noch nicht freigegeben worden. Ebenso ist bekannt, daß einige große Benutzer derartige Systeme entwickeln. Benutzer sind jedoch im allgemeinen noch weniger „informationsfreundlich" als Hersteller. Dennoch kann hier die Schilderung eines praktischen Beispiels zugrunde gelegt werden, an dem die Umrisse derartiger zukünftiger Systeme bereits erkennbar werden[338]. Es wird ein Versuch beschrieben, bei dem den zu erfüllenden Informationsverarbeitungsaufgaben entsprechend ihrer individuellen CPU-Benutzung[339] automatisch mit Hilfe spezieller Software-Funktionen Prioritäten zugeteilt werden.

Zwei Arten von Aufgaben-Prioritäten müssen unterschieden werden:

1) externe Prioritäten

2) interne Prioritäten

Externe Prioritäten gelten außerhalb des ADV-Systems. Sie werden entspre-

---

334) Vgl. Trachtenberg, Martin: Problems . . ., a. a. O., S. 21—27.

335) Wenn derartige Funktionen nicht vorhanden sind, fehlen die Voraussetzungen, um die in Gruppe 1 der Abbildung 28 zusammengefaßten Gestaltungsaufgaben erfüllen zu können.

336) Auf dieses Ziel weist Stanley ausdrücklich hin. Vgl. Stanley, W. I.: Measurement of system operational statistics. In: IBM Systems Journal, Vol. 8 (1969), No. 4, S. 299—308, vor allem S. 304.

337) Vgl. Campbell, D. J.; Heffner, W. J.: Measurement and analysis . . ., a. a. O., S. 907.

338) Vgl. Marshall, Bruce S.: Dynamic Calculation of dispatching priorities under OS/360 MVT. In: DATAMATION, August 1969, S. 93—97.

339) Die CPU-Benutzung der einzelnen Aufgaben ist über einen längeren Zeitraum hinweg statistisch erfaßt worden.

chend den Zusammenhängen im Aufgabensystem festgelegt. Diese Zusammenhänge sind so außerordentlich kompliziert und vielschichtig, daß bisher noch keine analytischen Methoden entwickelt worden sind, mit deren Hilfe das Problem eine Bestimmung optimaler externer Prioritäten angegangen werden kann[340]).

Interne Prioritäten gelten innerhalb des ADV-Systems, wenn mehrere Aufgaben gleichzeitig um „knappe" Hardware- bzw. Software-Funktionselemente konkurrieren. Es scheint, daß das ADV-System selbst am besten zur ad-hoc-Bestimmung dieser Prioritäten geeignet ist[341]). Die Regel, daß bei Mehrprogrammbetrieb Eingabe-/Ausgabeintensive Aufgaben mit hohen, rechenintensive Aufgaben mit weniger hohen Prioritäten zu versehen sind, ist bereits genannt worden. Die Eingabe-/Ausgabe-Intensität („I/O-boundness") bzw. die Rechenintensität („compute boundness") von Aufgaben kann sich aber von Sekunde zu Sekunde ändern[342]). Nur das Software-System selbst kann zu jedem Zeitpunkt feststellen, an welcher Stelle die Ausführung der einzelnen Aufgaben steht.

Trotz dieser Tatsache, sind die meisten Software-Systeme der dritten Generation nur in der Lage, extern spezifizierte Prioritäten zu erkennen und die Aufgabenerfüllung nach diesen externen Prioritäten zu steuern[343]). Die internen Prioritäten sind somit identisch mit den externen. Sie werden meist irgendwann einmal fixiert und gelten dann, solange die Aufgaben „leben", obwohl sie gewöhnlich nur mit dem Genauigkeitsgrad von Vermutungen bestimmt werden können.

Das beschriebene Subsystem zur automatischen Vergabe interner Prioritäten[344]) basiert auf dem Verhältnis der Zeit, die eine Aufgabe (job) im Warte-Zustand verbracht hat, zur Gesamtzeit, die eine Aufgabe im Wartestatus und im Laufstatus verbracht hat. Dieses Verhältnis wird als ein sinnvoller Maßstab für die Eingabe-/Ausgabe-Intensität einer Aufgabe angesehen. Die Prioritäten-Verteilung beim OS/360-MVT beruht normalerweise auf der

---

340) In diesem Bereich werden gegenwärtig fast ausschließlich intuitiv gefärbte Erfahrungsregeln angewendet. Simulationsverfahren scheinen für diesen Zweck gut geeignet. Sie sind aber bisher im allgemeinen nur zur Bestimmung interner Prioritäten angewendet worden.

341) Vgl. Marshall, Bruce S.: Dynamic calculation . . ., a. a. O., S. 93 f.

342) Dies ist um so wahrscheinlicher, je weniger Informationsverarbeitungsaufgaben weder eindeutig dem rechenintensiven Typ der mathematischen Probleme noch eindeutig den Eingabe-/Ausgabe-intensiven Typ der kommerziellen Sortier- und Listenerstellungsaufgaben angehören.

343) Das oben beschriebene Software-System „IBM/360 Operating System MFT" ist ein Beispiel dafür. Das gleiche gilt auch für das funktional umfangreichere „MVT-System", das der Beschreibung von Marshall zugrunde liegt.

344) Das Subsystem wurde implementiert für das wissenschaftliche Rechenzentrum bei Lear Siegler, Inc. Dabei handelt es sich um ein Modell 50 des IBM System/360 mit 512 K Hauptspeicher und MVT-Benutzung. Die Aufgaben bestehen zu 95 Prozent aus „FORTRAN compile, load, and go jobs". Die Laufzeiten dieser Jobs reichen von 1 bis 20 Minuten. Vgl. Marshall, Bruce S.: Dynamic calculation . . ., a. a. O., S. 94.

Position eines Task-Steuerblock (TCB) in der Kette der für alle Aufgaben (tasks) aufgebauten Task-Steuerblocks, wobei der TCB am Anfang der Kette die höchste, der TCB am Ende der Kette die niedrigste Priorität hat. Die normale Software-Funktion für die CPU-Zuteilung (MVT-Dispatcher) wählt diejenige Aufgabe aus der Kette aus, die die höchste Priorität besitzt und gleichzeitig verarbeitungsbereit (ready) ist.

Die automatische Vergabe von Prioritäten setzt daher voraus, daß in einem bestimmten Zeitintervall (hier alle 5 Sekunden) die Reihenfolge eines Teiles der TCB entsprechend der veränderten, durch Abfragen des oben genannten Verhältnisses feststellbaren Eingabe-/Ausgabe-Intensität modifiziert wird. Nach diesen Modifikationen folgt der Dispatcher seiner üblichen Logik während des gesamten sich anschließenden Zeitintervalls.

Die Anzahl der erfüllten Aufgaben pro Zeiteinheit (throughput) wurde auf diese Weise zwischen 7 % und 22 % um durchschnittlich 19 % gesteigert[345]. Gleichzeitig ist mit diesen neuen Steuerungssubsystemen eine nicht unerhebliche Reduktion der Anforderungen an die Operateure (als Disponenten) verbunden, weil diese nicht mehr mit der Vergabe interner Prioritäten belastet sind[346].

Das geschilderte Subsystem zielt eigentlich bewußt nur auf die Erhöhung einer einzigen Qualitätskomponente, nämlich auf die Steigerung des Aufgaben-Durchsatzes ab. Dies ist gleichzeitig seine Schwäche und seine Stärke. Der Aufwand an (primär menschlichen) Ressourcen zur Implementierung ist gering, das Ergebnis in Form von erhöhtem throughput in Abhängigkeit von der Häufigkeit, mit der die Eingabe-/Ausgabe-Intensität der Aufgaben wechselt, unter Umständen groß. Andere Subsysteme, mit denen man mehr als eine Qualitätskomponente verbessern will, werden einen sehr viel höheren Aufwand an Ressourcen erfordern. Wahrscheinlich wird der tägliche „Output" aber sehr viel höher sein als der „Input" in Form der systematischen Optimierungsanstrengungen.

Als Beispiel für ein Software-System, das standardmäßig eingebaute Routinen für eine intern-optimierende Prioritäten-Steuerung enthält, kann das Operating System EXEC 8 für das UNIVAC 1108 Multiprocessing System der Sperry Rand Corp. genannt werden. In diesem System werden 6 „Typen" von Prioritäten unterschieden[347]:

---

345) Vgl Marshall, Bruce S.: Dynamic calculation . . ., a. a. O., S. 97.

346) Marshall ist überzeugt, daß die „throughput"-Steigerungen bei größeren Maschinensystemen mit mehr als drei „gleichzeitig" ausgeführten Aufgaben noch sehr viel höher liegen können. Dieses Steuerungssubsystem kann auch beim OS/360 MFT angewendet werden, wobei die „throughput"-Steigerungen u. U. sogar noch größer als beim OS/360 MVT sein können.

347) Vgl. Sperry Rand Corp. (Hrsg.): UNIVAC 1108 Multiprocessing System. Operating System EXEC 8 Programmer's Reference, a. a. O., Kapitel 7; vgl. ebenso Sperry Rand GmbH (Hrsg.): Arbeitsblattsammlung für die UNIVAC-Serie 1100. Einführung in die Hardware, Software und Datenübertragung. o. Ort (12/1970), S. 21.

Typ 1: EXEC-Aufgaben hoher Priorität
        (z. B. Interrupt-Verarbeitung, I/O-Requests)

Typ 2: Realzeit-Aufgaben von Benutzern

Typ 3: EXEC-Aufgaben niedriger Priorität

Typ 4: Dialog-/Terminalaufgaben (Demand)

Typ 5: Stapelverarbeitungsaufgaben
        mit „kritischen" Anfangs- oder Endzeitpunkten

Typ 6: Normale Stapelverarbeitungsaufgaben

Jeder Prioritäten-Typ kann selbst noch einmal in bis zu maximal 35 unterschiedliche Prioritäten-Stufen (Levels) unterteilt werden. Die höchste Priorität besitzt Typ 1, die niedrigste Typ 6, die höchste Priorität innerhalb eines Typs die Stufe 1, die niedrigste Stufe 35. Aufgaben innerhalb einer Stufe werden zyklisch berücksichtigt. Die dynamische Anpassung (nur für Typen 4-6) erfolgt durch Variation der Priorität, zusammen mit einer Variation der Zeitscheibenlänge. Hohe Priorität bedeutet kleine Zeitscheibe (I/O bounded, dialogfreudig), und umgekehrt (compute bounded). Nichtausgenutzte Zeitscheiben bedeuten Verbleib in der jeweiligen Stufe, Überschreitung bedeutet Prioritätsminderung um eine Stufe und Verdoppelung der Zeitscheibe (in Richtung compute-bounded). Übergeordnete Kriterien, wie CPU-Aufteilung zwischen Typ 4 und 5, oder Begrenzung der Antwortzeiten für Typ 4, werden durch Verschiebung der Typparameter gegeneinander erreicht. Für die Hauptspeicherzuordnung gilt ein analoger Algorithmus.

Als anspruchsvollste Form der Anwendungsgestaltung ist schließlich die Konzipierung und Implementierung von Software-Funktionen zu nennen, durch die die interne Planung für die Informationsverarbeitung in einem Hardware/Software-System automatisch realisiert wird. Derartige Software-Subsysteme für die interne Planung, die erst in Ansätzen erkennbar sind, müßten etwa folgende Fähigkeiten haben:

1. Funktionen für mehrere aufeinander abgestimmte, hierarchisch geordnete Planungszyklen, die z. B. täglich, alle 4 Stunden, stündlich, alle 10 Minuten und/oder minütlich ablaufen[348]).

2. Funktionen, die die Fähigkeiten einer Vielzahl von System-Elementen transparent machen[349]).

---

348) Hinsichtlich einiger System-Elemente, z. B. in bezug auf die Hauptspeicher-Belegung können sogar noch kürzere Planungszyklen (alle 5 oder 2 Sekunden) notwendig werden. Dies bedeutet gleichzeitig, entsprechend kurze Erfassungszyklen für die Ist-werte. Vgl. z. B. die „Internal Performance MAP", für das Generel Electric System GE-635 (für das Software-System GECOS II) bei Cantrell, H. N.; Ellison, A. L.: Multiprogramming system performance measurement ..., a. a. O., S. 218.

349) Diese Funktionen ergänzen damit andere Software-Funktionen, mit deren Hilfe System-Elemente modifiziert werden können.

3. Funktionen, die die Zusammensetzung der Aufgabenströme nach mehrdimensionalen Kriterien optimieren[350]).

4. Einerseits ständige Verfeinerung der Planwerte, je näher (zeitlich) man an die Verarbeitungsprozesse herankommt, andererseits ständiges Updating der „weiter außen" gelegenen Planungszyklen entsprechend den auftretenden Istwerten.

5. Möglichkeiten zum Rollin/Rollut, zum Abschalten und zum Modifizieren der Funktionen entsprechend wechselnden Planungsnotwendigkeiten.

Es geht somit darum, dem Software-System einen Überblick über das gesamte System, in übertragenem Sinne eine Art „Bewußtsein", zu verschaffen. Nur wenn das Software-System neben den ihm global vorgegebenen Arbeitsanforderungen auch seine eigenen Möglichkeiten und die Fähigkeiten der anderen Systemkomponenten genau kennt, ist es in der Lage, die Aktivitäten automatisch zu planen und entsprechend den jeweils auftretenden externen Bedingungen zu optimieren.

Software-Subsysteme für die interne Planung der Informationsverarbeitung in Hardware-/Software-Systemen gibt es zur Zeit noch nicht. Ihre Entwicklung erscheint aber notwendig, um die Diskrepanzen zwischen den immer schneller abgewickelten maschinellen Informationsverarbeitungsprozessen und ihrem „menschlichen Vorfeld", d. h. der Arbeitsvorbereitung und Produktionsplanung, nicht so groß werden zu lassen, daß der Gesamterfolg in Frage gestellt wird[351]).

c) Untersuchung der Elemente des Entscheidungsfeldes

Das Entscheidungsfeld für die in Abschnitt D III a charakterisierten Software-Disponenten besteht aus den in Abbildung 29 dargestellten Entscheidungsvariablen, -konstanten und Umweltfaktoren. Die Entscheidungsziele können ähnlich den für die Entwicklung und Konfigurierung geltenden Zielen formuliert werden:

1. Mit einer bestimmten Menge von Ressourcen sind bei Wirksam-Sein bestimmter, den Gestaltungsspielraum einschränkender Bedingungen maximale Ausprägungen der Qualitätskomponenten zu erreichen[352]).

---

350) Die Einteilung der Funktionen in die genannten drei Gruppen erfolgt hier nur im Rahmen einer abstrakten Analyse. In der Realität können mehrere unterschiedliche Fähigkeiten durch eine einzige Funktion realisiert werden.

351) Dabei wird die Gestaltung derartiger Subsysteme wahrscheinlich aus dem Bereich der Anwendungsgestaltung herausgenommen und im Bereich der System-Entwicklung generell gelöst werden müssen, weil die meisten Benutzer nicht in der Lage sein werden, die zur Gestaltung notwendigen umfangreichen Ressourcen bereitzustellen.

352) Das Problem des „trade-off" zwischen den einzelnen Qualitätskomponenten ist bei dieser Formulierung des Entscheidungszieles bewußt vernachlässigt.

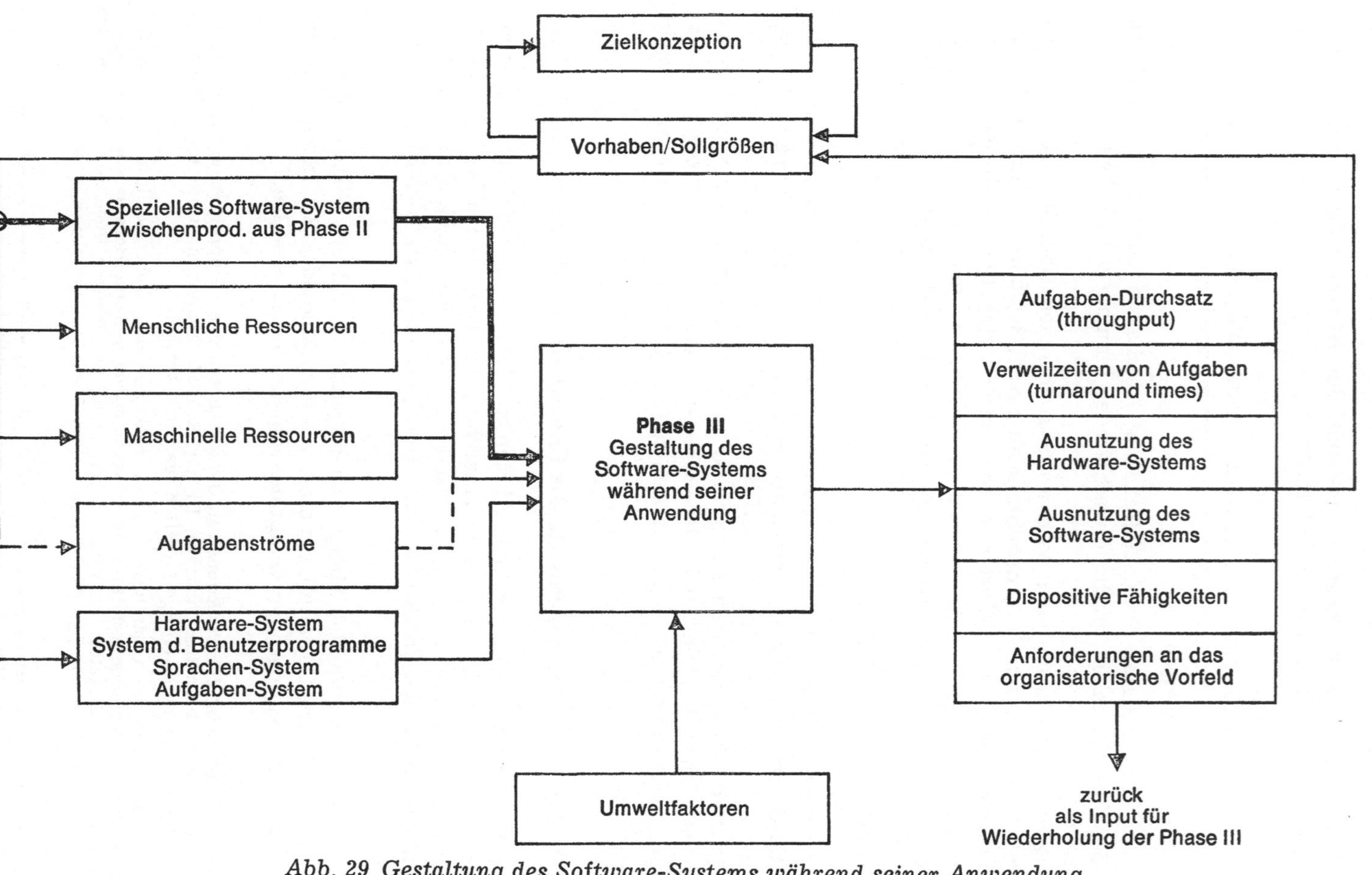

Abb. 29 *Gestaltung des Software-Systems während seiner Anwendung*

2. Bestimmte Qualitätskomponenten-Ausprägungen sind bei Wirksam-Sein bestimmter, den Gestaltungsspielraum einschränkender Bedingungen mit einer minimalen Menge von Ressourcen zu erreichen[353]).

Für die beiden Entscheidungsvariablen „menschliche" und „maschinelle Ressourcen" gelten prinzipiell die in den Abschnitten zur Entwicklung und Konfigurierung gemachten Aussagen (z. B. hinsichtlich der zur Messung unterschiedlicher Ausprägungen verwendbaren Skalen). Maschinelle Ressourcen werden sowohl zur Erfassung der bei der Anwendung von Software-Subsystemen anfallenden variablen Werte (Aufgaben-Gruppe 3 in Abbildung 28) als auch zur Gestaltung zusätzlicher Software-Funktionen für die interne Planung und planungsorientierte Steuerung (Aufgaben-Gruppe 1 in Abbildung 28) benötigt[354]). Selbst wenn die letztgenannten additiven Gestaltungshandlungen in der Phase der Anwendungsgestaltung zukünftig überflüssig werden sollten[355]), bleibt der Aufwand an maschinellen Ressourcen für die Erfassungsaufgaben so bedeutsam, daß er als Entscheidungsvariable beachtet werden muß.

Für den Aufwand an menschlichen Ressourcen gelten die folgenden Beziehungen. Die Anwendung der vorhandenen Software-Subsysteme (Aufgaben-Gruppe 2 in Abbildung 28), d. h. das Einsetzen bzw. Verändern von Software-Parametern, ist neben der Planung und Kontrolle von Aufgabenströmen gegenwärtig der eigentliche Einsatzbereich für menschliche Arbeitsleistungen im Rahmen der Anwendungsgestaltung. Solange ausschließlich menschliche Ressourcen für planende und kontrollierende (erfassende) Tätigkeiten eingesetzt werden, ergeben sich die im vorigen Abschnitt gekennzeichneten Diskrepanzen zwischen den Leistungen des ADV-Systems und den Leistungen der menschlichen Arbeitsvorbereiter. Wenn zusätzliche maschinelle Ressourcen in Form der genannten Software-Subsysteme für die interne Planung und planungsorientierte Steuerung geschaffen werden sollen, so müssen die menschlichen Ressourcen für die Aufgaben-Gruppen 1 und 3 unter Umständen temporär sehr stark erhöht werden[356]). Selbst wenn dieser temporäre Ressourcen-Aufwand nach Abschluß der Implementierung der neuen Software-Funktionen stark zurückgeht, wird der später permanent anfallende Ressourcen-Aufwand aufgrund der größeren Zahl und höheren Komplexität

---

353) Ein „trade-off" zwischen menschlichen und maschinellen Ressourcen wird im allgemeinen bei der Anwendungsgestaltung nicht existieren.

354) Hier ist primär an den Testaufwand zur Erstellung der neuen Software-Funktionen und an die Kombination vorgefertigter Software-Moduln gedacht.

355) Der Grund, nämlich eine zukünftige generelle Lösung im Bereich der Software-System-Entwicklung, ist bereits genannt worden.

356) Das „Qualitätsproblem" im Hinblick auf den Einsatz menschlicher Ressourcen in der Anwendungsphase ist relativ einfach lösbar, weil im wesentlichen nur zwei Typen von Spezialisten für die Gestaltungsaufgaben in Betracht kommen: der Systemoperateur und der Systemprogrammierer. Beide repräsentieren in etwa das gleiche Wissensspektrum, obwohl die Aktivitäten des ersteren primär disponierende, die des letzteren primär programmierende sind.

der anzuwendenden Software-Subsysteme größer als vor der Implementierung sein. Eine Rechtfertigung für diese Gestaltungsentscheidungen kann nur auf der Output-Seite des Gestaltungsprozesses gefunden werden, d. h. durch eine vergleichsweise höhere Steigerung der Qualitätskomponenten-Ausprägungen.

Im Gegensatz zur Konfigurierungsphase, in der die übrigen Subsysteme eines automatisierten Informationssystems als Quasi-Entscheidungsvariablen zu betrachten sind, müssen diese Subsysteme in der Phase der Anwendungsgestaltung als Entscheidungskonstanten gelten, d. h. sie beeinflussen zwar durch ihre Struktur die Gestaltungsentscheidungen (engen beispielsweise den Entscheidungsspielraum unter Umständen erheblich ein), können aber selbst nicht von Software-Disponenten beeinflußt werden[357]).

Ebenfalls als Entscheidungskonstante ist das als Ergebnis des Konfigurierungsprozesses entstandene betriebsindividuelle Software-System anzusehen. Die es kennzeichnenden Qualitätskomponenten-Ausprägungen stecken den Spielraum ab, innerhalb dessen sich die Software-Disponenten-Entscheidungen bewegen können. Die durch die Konfigurierung weitergegebene Flexibilität ist dabei von entscheidender Bedeutung.

Eine Sonderstellung nehmen die als „Quasi-Entscheidungsvariable" zu betrachtenden Aufgabenströme ein[358]). Einerseits werden sie „extern" im Rahmen der Gestaltung des Aufgaben-Systems fixiert. Andererseits kann über ihre kurzfristige quantitative und qualitative Zusammensetzung nicht ohne Mitsprache der Software-Disponenten entschieden werden. Je mehr Software-Subsysteme jedoch für die interne Planung und planungsorientierte

---

357) Insofern besteht kein wesensmäßiger Unterschied zwischen Entscheidungskonstanten und Umweltfaktoren. Dennoch sind die übrigen Subsysteme hier nicht als Umweltfaktoren bezeichnet worden, weil sie im allgemeinen eher quantifizierbar sein werden als die übrigen Umweltfaktoren.

358) Bei einem Software-System für Mehrprogramm-Betrieb treten so viele Aufgabenströme auf, wie das System „Partitions" bzw. „Regions" besitzt, in denen „gleichzeitig" Aufgaben erfüllt werden können.

359) Im Vergleich mit den in der Entwicklungsphase und in der Konfigurierungsphase als Entscheidungsvariablen verwendeten Qualitätskomponenten ist festzustellen, daß die sechs genannten Komponenten der Anwendungsgestaltung im Grunde genommen drei Entwicklungs- bzw. Konfigurierungskomponenten entsprechen, nämlich:

(a) Funktionale Fähigkeiten (→ Dispositive Fähigkeiten)
(b) Verhalten der Funktionen im System (→ Aufgaben-Durchsatz, → Verweilzeit, → Ausnutzung des Hardware-Systems, → Ausnutzung des Software-Systems)
(c) Anforderungen an die zukünftigen Anwender (→ Anforderungen an das organisatorische Vorfeld)

Die übrigen in den Abschnitten D I und D II genannten, den Output der Gestaltungsprozesse kennzeichnenden Qualitätskomponenten können durch die Entscheidungen der Software-Disponenten normalerweise nicht mehr beeinflußt werden, es sei denn, die Software-Disponenten sind aufgrund spezieller Bedingungen dazu gezwungen, Teilaufgaben der vorangegangenen Gestaltungsphasen noch einmal zu wiederholen. Wie bereits betont, sind die in den vorangegangenen Phasen festgelegten Qualitätskomponenten-Ausprägungen jedoch als Entscheidungskonstanten von erheblicher Bedeutung für die Entscheidungen der Software-Disponenten.

Steuerung der Informationsverarbeitung eingesetzt werden, um so weniger wird die Struktur der Aufgaben-Ströme von kurzfristigen menschlichen Entscheidungen abhängen.

Entscheidungsvariablen, die den „Output" des Gestaltungsprozesses kennzeichnen, sind die folgenden Qualitätskomponenten[359]).

(1) Menge und Art der pro Zeiteinheit (z.B. pro Stunde oder Schicht) erfüllten Informationsverarbeitungsaufgaben = *Aufgaben-Durchsatz* (job throughput). Diese Größe ist prinzipiell zu maximieren.

(2) Zeitspanne zwischen der Übergabe einer Aufgabe an das ADV-System und der Rückgabe der Verarbeitungsergebnisse = *Verweilzeit* (turnaround time). Diese auf die einzelne Aufgabe zu beziehende Größe ist prinzipiell zu minimieren.

(3) Prozentualer Anteil der für Verarbeitungsoperationen genutzten Zeit an der Gesamtzeit, in der die wichtigsten Hardware-Elemente zur Verfügung stehen = *Ausnutzung des Hardware-Systems*. Die Ausnutzung ist prinzipiell zu maximieren.

(4) Prozentualer Anteil der aktiven Zeit an der Gesamtzeit, in der die wichtigsten Software-Funktionen zur Verfügung gestanden haben = *Ausnutzung des Software-Systems*. Die Ausnutzung ist prinzipiell zu maximieren.

(5) Menge und Art der Erfassungs-, Planungs- und planungsorientierten Steuerungsfunktionen für die Software-Disposition = *Dispositive Fähigkeiten*. Ungeachtet ihrer artmäßigen Zusammensetzung sind diese Fähigkeiten prinzipiell zu maximieren.

(6) Anforderungen, die ein in bestimmter Weise gestaltetes betriebsindividuelles Software-System an die Benutzer, genauer an die als Zulieferer von Rohinformationen und Abnehmer von Verarbeitungsergebnissen auftretenden Stellen und Abteilungen stellt = *Anforderungen an das organisatorische „Vorfeld"* der automatisierten Informationsverarbeitung. Diese Anforderungen sind prinzipiell zu minimieren.

Die geforderte „prinzipielle" Maximierung bzw. Minimierung der Qualitätskomponenten-Ausprägungen gilt bei ceterisparibus-Annahme für alle übrigen Qualitätskomponenten. In der Realität bestehen wechselseitige Beziehungen zwischen den einzelnen Komponenten. So können beispielsweise bei Erreichen des Maximums einer bestimmten Komponente für alle übrigen Komponenten unter Umständen nur durchschnittliche Lösungen möglich sein.

Für die meisten der angegebenen Qualitätskomponenten können zwar objektive Maßstäbe zur Messung der Ausprägungen angegeben werden. Die relative Wichtigkeit der einzelnen Qualitätskomponenten wird jedoch von den Benutzern unterschiedlich beurteilt. Diese Subjektivität stellt nicht die Menge der hier genannten, im Entscheidungsprozeß zu berücksichtigenden Variablen in Frage, sondern lediglich die Transferierbarkeit benutzerindividueller Entscheidungsergebnisse auf die Verhältnisse anderer Benutzer.

Die Qualitätskomponenten „Aufgaben-Durchsatz" und „Verweilzeit" werden im allgemeinen als die wichtigsten Faktoren angesehen, durch die die Leistung (performance) eines ADV-Systems charakterisiert wird. In den beiden Abschnitten D I und D II wurde im Zusammenhang mit der Qualitätskomponente „Verhalten der Funktionen im System" mehrfach darauf hingewiesen, daß die meisten der Qualitätskomponenten-Ausprägungen nicht ausschließlich durch die Gestaltung des Software-Systems entstehen, sondern auch eine entsprechende Strukturierung anderer Subsysteme, vor allem des Hardware-Systems, voraussetzen. Dies gilt in besonderem Maße für die beiden Qualitätskomponenten „Aufgaben-Durchsatz" und „Verweilzeit", Der Umfang der Software-orientierten Gestaltungsmöglichkeiten, d. h. der „verfahrenstechnische Spielraum" ist bereits in Abschnitt D III b abgesteckt worden. Hier soll analog zu den bei der Entwicklung und Konfigurierung diskutierten Fragen primär die Meßproblematik untersucht werden.

Der „Aufgaben-Durchsatz" kann mit Hilfe unterschiedlicher — teilweise „feinkörniger", teilweise „grobkörniger" — Maßstäbe gemessen werden. Feinkörnige Maßstäbe sind beispielsweise[360]):

- die Anzahl der pro Stunde verarbeiteten Instruktionen eines bestimmten Programmes (bzw. Programm-Mixes beim Mehrprogramm-Betrieb),
- die Anzahl der pro Stunde in Teleprocessing-Systemen übermittelten Nachrichten-Einheiten,
- die Anzahl der pro Minute compilierten oder assemblierten Anweisungen eines Ursprungsprogrammes usw.

Grobkörnige Maßstäbe sind beispielsweise:

- die pro Schicht ausgeführte Menge von betriebsindividuellen Informationsverarbeitungsaufgaben eines bestimmten Benutzers[361]),
- die durchschnittliche Zeit zur Durchführung einer (zu einer bestimmten Menge von Aufgaben gehörenden) Informationsverarbeitungsaufgabe[362]).

---

360) Vgl. Calingaert, Peter: System Performance Evaluation..., a. a. O., S. 13. Die Fein- oder Grobkörnigkeit des jeweiligen Maßstabes ist davon abhängig, was ein Benutzer individuell als „Aufgabe" ansieht. Vgl. ebenso Joslin, Edward O.: Describing Workload For Acquiring ADP Equipment and Software. In: Computers and Automation, Juni 1969, S. 36—40, vor allem S. 38 f.; ebenso Arbuckle, R. A.: Computer analysis and thruput evaluation. In: Computers and Automation, Januar 1960, S. 12—19.

361) Vgl. Calingaert, Peter: System Performance Evaluation..., a. a. O., S. 13. In diesem Zusammenhang ist das Problem der Zusammenstellung bestimmter „Benchmark-Stapel" zu lösen. Vgl. Joslin, E. O.: Application benchmarks: The key to meaningful computer evaluations. In: Proceedings of 20th ACM National Conference. (New York) 1965, S. 27—37.

362) Vgl. Hellerman, Herbert: Notes on System Performance Evaluation. In: Notes on Second International Seminar on Advanced Programming Systems. Jerusalem 1969, S. 10 f.

Dabei ist zu beachten: Je feinkörniger die verwendeten Maßstäbe sind, um so größer ist der Benutzerkreis, für den die Meßwerte Aussagekraft haben, um so größer ist aber auch der Meßaufwand, der betrieben werden muß.

Die Qualitätskomponente „Aufgaben-Durchsatz" sagt nichts über die Durchführungszeit für eine einzelne Aufgabe und nichts über die Reihenfolge, in der bestimmte Aufgaben erfüllt werden. Dazu dient die Qualitätskomponente „Verweilzeit", die besonders wichtig für „fast response environments" z. B. für Systeme mit Mehrprogrammbetrieb im Zeitteilverfahren ist[363]). Auch für die Verweilzeit gibt es unterschiedliche Maßstäbe je nach Art der Aufgaben, die zu erfüllen sind, beispielsweise

- fixe Zeitintervalle zwischen bestimmten Anforderungen und bestimmten Reaktionen des Systems,

- variable Zeitintervalle... in Abhängigkeit von der Menge an Anforderungen, die dem System zur gleichen Zeit gestellt werden.

Für einige Benutzer kann die Komponente „Aufgaben-Durchsatz", für andere die Komponente „Verweilzeit" wichtiger sein. Dieses Verhältnis kann sich jedoch unter Umständen relativ schnell umkehren, so daß es grundsätzlich notwendig erscheint, beide Komponenten im Auge zu behalten.

Die Ausnutzung des Hardware-Systems und die Ausnutzung des Software-Systems, d. h. die prozentualen Anteile der aktiven Zeiten an den Gesamtzeiten, in denen jeweils wichtige System-Elemente zur Verfügung stehen, können mit den gleichen Hilfsmitteln gemessen werden. Als Beispiel werden im folgenden die durch ein Spezialmeßprogramm (MAPPER) für das GE-625/635 Multiprogramming Operating System GECOS II gemessenen Teilkomponenten zusammengestellt[364]):

1. Die MAP-Funktion dieses Meßprogramms prüft alle zwei Sekunden die verschiedenen Buchführungs-Zellen des Software-Systems GECOS II, subtrahiert die zwei Sekunden vorher aufgetretenen Werte und druckt

---

363) Die Probleme der Messung der Verweilzeiten bzw. Antwortzeiten für die Informationsverarbeitungsaufgaben-Erfüllung mit Hilfe von Time-Sharing-Systemen sind im Rahmen der diesen speziellen Systemen gewidmeten systematischen Studien schon häufig untersucht worden. Vgl. z. B. De Meis, W. M.; Weizer, N.: Measurement and Analysis of a Demand Paging Time Sharing System. In: Proceedings of 24th ACM National Conference. (New York) 1969, S. 201—216, vor allem S. 202 ff.; ebenso Deniston, W. R.: SIPE: A TSS/360 Software Measurement Technique. In: Proceedings of 24th ACM National Conference, a. a. O., S. 229—245, vor allem S. 234 ff.

364) Vgl. Cantrell, H. N.; Ellison, A. L.: Multiprogramming system performance..., a. a. O., S. 213—221, vor allem S. 217 ff. Vgl. dazu ebenfalls General Electric Information System Division (Hrsg.): GE-625/635 Comprehensive Operating Supervisor (GECOS). Reference Manual CPB-1195. Ähnliche Untersuchungen über die Ausnutzung des Hardware- bzw. des Software-Systems finden sich bei Campbell, D. J.; Heffner, W. J.: Measurement and analysis of large operating systems..., a a O., S. 903—914; ebenso Pinkterton, Tad Brian: Program Behavior and Control in Virtual Storage Computer Systems. The University of Michigan Technical Report 4, edited by CONCOMP. Ann Arbor 1968.

eine Zeile aus, die die Prozentsätze an CPU-Zeit, Hauptspeicher-Zeit, I/O-Kanal-Zeit, Band-Zeit, Trommel-Zeit, Platten-Zeit usw. anzeigt, die für die unterschiedlichen Benutzerprogramme und Funktionen des Software-Systems während der Zwei-Sekunden-Periode verwendet worden sind[365]). Auf diese Weise können Engpässe in der Hardware-Konfiguration und in der Software-Konfiguration sowie ungünstige Zusammensetzungen der Aufgabenströme aufgedeckt werden.

2. Die als Option vorhandene Funktion „Major Event Report" erfaßt zusätzlich alle wichtigen Ereignisse auf einem Magnetband, z. B. das Zuteilen (dispatching) bzw. das Abziehen der CPU an ein bzw. von einem Programm sowie die Initiierung und Terminierung aller Eingabe-/Ausgabe-Ereignisse. Auf diese Weise werden die Meßergebnisse der MAP-Funktion wie mit Hilfe eines Mikroskops vergrößert. Eine Zeile des Berichtes der MAP-Funktion entspricht dann 300 Zeilen im „Major Event Report"[366]).

3. Die ebenfalls als Option vorhandene Funktion „Slave Profile Analysis" dient zur Messung und Protokollierung der CPU-Zeitverteilung zwischen Benutzerprogrammen und stellt somit einen Ausschnitt aus dem Bericht der MAP-Funktion dar.

Die Vorteile der Durchführung derartig detaillierter Analysen des Ausnutzungsgrades des Hardware- und Software-Systems bestehen darin, daß durch sie die Informationen für eine optimale Gestaltung dieser Subsysteme gewonnen werden können, und daß das Verständnis der gesamten System-Zusammenhänge stark verbessert wird sowie bisher nicht sichtbare System-Fähigkeiten erkennbar werden[367]).

Die Qualitätskomponente „Dispositive Fähigkeiten" repräsentiert einen Ausschnitt aus der Qualitätskomponente „Funktionale Fähigkeiten" der Abschnitte D I c und D II c. Dieser Ausschnitt schließt die Erfassungs-, Planungs- und planungsorientierten Steuerungsfunktionen eines betriebsindividuellen Software-Systems ein. Nur dieser Ausschnitt aus der Gesamtheit der Funktionalen Fähigkeiten ist in der Phase der Anwendungsgestaltung

---

365) Die MAP-Funktion läuft üblicherweise über Perioden von mehreren Stunden normaler Arbeitsbelastung des Systems. Der zusätzliche Aufwand beträgt:
1 on-line-Drucker
4 k Hauptspeicher-Bedarf
10 % Abnahme an Verarbeitungs-Leistung aufgrund der Meß- und Protokollierungsleistungen.
Vgl. Cantrell, H. N.; Ellison, A. L.: Multiprogramming..., a. a. O., S. 218.

366) Aufgrund der großen Detailliertheit der ausgegebenen Informationen wird diese Funktion normalerweise nur während 10—15 Minuten des täglichen Betriebes laufen.
Vgl. Cantrell, H. N.; Ellison, A. L.: Multiprogramming..., a. a. O., S. 219.

367) Über ähnlich detaillierte Untersuchungen der Ausnutzung von Hardware- und/ oder Software-Systemen berichten: Stanley, W. I.: Measurement of system operational statistics. In: IBM Systems Journal, Vol. 8 / 1969 / No. 4, S. 299—308; ebenso Stanley, W. I.; Hertel, H. F.: Statistics gathering and simulation for the Apollo real-Time operating system. In: IBM Systems Journal, Vol. 7 / 1968 / No. 2, S. 85-102; ebenso Deniston W. R.: SIPE: A TSS/360 Software Measurement Technique, a. a. O., S. 231 ff.

noch variabel, sofern die in Abschnitt D III a begründete Aufgabenteilung zwischen den drei Phasen akzeptiert wird. „Variabel" bedeutet hier anpassungsfähig im Sinne einer Addition von neuen, bisher nicht existierenden Funktionen. Unabhängig davon können die übrigen vorhandenen Software-Funktionen durch Einsetzen bzw. Verändern von Parametern innerhalb vorgegebener Grenzen an betriebsindividuelle Bedingungen angepaßt werden. Hinsichtlich der Meßbarkeit der „Dispositiven Fähigkeiten" gelten grundsätzlich die zur Messung der „Funktionalen Fähigkeiten" gemachten Aussagen. Der subjektive Charakter der verwendbaren topologischen Skalen erscheint dem Charakter der Anwendungsphase darüber hinaus von vornherein angemessen.

Wesentliche Zusammenhänge zwischen Ausprägungen der Qualitätskomponenten „Dispositive Fähigkeiten" und den übrigen Entscheidungsvariablen des Prozesses der Anwendungsgestaltung sind bereits in Abschnitt D III b untersucht worden.

Die Qualitätskomponente „Anforderungen an das organisatorische Vorfeld" der automatisierten Informationsverarbeitung bildet gewissermaßen eine komplementäre Größe zu den bisher genannten, den Output des Prozesses der Anwendungsgestaltung kennzeichnenden Qualitätskomponenten. Wenn versucht wird, die genannten Komponenten zu optimieren, werden im allgemeinen hohe „Anforderungen an das organisatorische Vorfeld" nicht zu umgehen sein und umgekehrt. Diese Entscheidungsvariable wird zusammen mit den bei der Anwendungsgestaltung wirksamen Umweltfaktoren zur Kennzeichnung der organisatorischen Voraussetzungen und Konsequenzen der Anwendung permanent optimierter Software-Systeme benutzt.

d) Organisatorische Voraussetzungen und Konsequenzen der Anwendung permanent optimierter Software-Systeme

Für die Planung der Reihenfolge (Scheduling), in der eine bestimmte Menge von sofort verfügbaren, voneinander unabhängigen Aufgaben (jobs/tasks) auf einer oder mehreren Verarbeitungseinheiten erfüllt wird, wobei gleichzeitig z. B. eine bestimmte Kostenfunktion zu minimieren ist, sind eine Reihe von Lösungen entwickelt worden[368]). Einige dieser Lösungen sind für Aufgaben in der Produktion materieller Objekte[369]), andere für Informationsver-

---

368) Vgl. Rothkopf, Michael H.: Scheduling Independent Tasks on Parallel Processors. In: Management Science, Vol. 12 / No. 5 / Januar 1966, S. 437—447; ebenso Root, James G.: Scheduling with Deadlines and Loss Functions on k Parallel Machines. In: Management Science, Vol. 11 / 1965, S. 460—475.

369) Vgl. Conway, R. W.; Maxwell, W. L.; Miller, L.: Theory of Scheduling. Reading/Mass. 1967; ebenso eine Lösung bei Einengung der Problemstellung auf die Reihenfolge-Planung für eine einzige Maschine bei Moore, Michael J.: An n Job, One Machine Sequencing Algorithm for Minimizing the Number of Late Jobs. In: Management Science, Vol. 15 / No. 1 / September 1968, S. 102—109.

arbeitungsaufgaben entworfen worden[370]). Häufig erscheint es möglich, die für einen der beiden Bereiche konzipierten Lösungen analog auch auf den jeweils komplementären Bereich anzuwenden.

Entscheidendes Kennzeichen der Scheduling-Verfahren ist die stillschweigende Voraussetzung, daß keine Ereignisse auftreten, die nicht im Modell parametrisch berücksichtigt worden sind. Statistiken der geplanten und der tatsächlich eingetretenen Aufgaben-Reihenfolgen in den mit derartigen Verfahren versuchsweise optimierten Informationsverarbeitungssystemen ergeben jedoch meist eine Vielzahl von Abweichungen, mit denen im Modell nicht gerechnet worden ist. Häufig auftretende Ursachen für Abweichungen von den aus den Modell-Läufen resultierenden Dispositionsergebnissen sind beispielsweise die folgenden:

- Die Eingabe-Daten sind zu dem Zeitpunkt, an dem sie von einem bestimmten Programm angefordert werden, noch nicht verfügbar, z. B. weil die Datenerfassung nicht rechtzeitig erfolgt ist.
- Die Eingabe-Daten sind zwar rechtzeitig verfügbar, aber sie sind fehlerhaft (z. B. wegen Format-Fehlern) bzw. unvollständig.
- Der Anfall an Eingabe-Daten ist größer als eingeplant. Auf diese Weise entstehen längere Laufzeiten einzelner Benutzungsprogramme als eingeplant.
- Die Benutzerprogramme selbst enthalten noch Fehler.
- Es treten Fehler im Software-System oder im Hardware-System auf.
- Die Operateure machen Fehler beim Rüsten (z. B. durch Montieren der falschen Datenträger).
- Die Software-Disponenten machen Fehler beim Ausfüllen der Anweisungen in der System-Steuersprache (Job Control Language).

Ein Teil dieser Fehler ist unvermeidlich, weil er auf menschliche Unzulänglichkeit zurückzuführen ist, die zwar durch bestimmte Maßnahmen reduziert, aber niemals ganz ausgeschlossen werden kann. Wenn Software-Funktionen für die interne Planung und planungsorientierte Steuerung der Arbeitsabläufe in einem ADV-System eingesetzt werden, so ergibt sich die Notwendigkeit, das bisher von primär personell-manuellen Operationen beherrschte „Vorfeld der automatisierten Informationsverarbeitung" entweder ebenfalls zu automatisieren oder parametrisch in den Optimierungsmodellen zu berücksichtigen. Beide Konsequenzen dürften sehr schwer zu realisieren sein. Dennoch muß versucht werden, auf beiden Wegen so viele Teilerfolge wie möglich zu erreichen. Bereits zum gegenwärtigen Zeitpunkt, in dem auf Software-Funktionen zur internen Planung noch verzichtet werden muß,

---

370) Vgl. Fenske, Russell W.: Scheduling Computer Operations — Part I. In: Data Processing Magazine, September 1967 S. 30—32; ebenso Coffman, E. G. and Kleinrock, L.: Computer Scheduling Methods and Their Countermeasures. In: AFIPS Conference Proceedings, Vol. 32 / SJCC 1968, S. 11—21.

sind — unter der Prämisse, daß eine permanente Optimierung der Informationsverarbeitung zur Ausführungszeit angestrebt wird — die Anforderungen an das organisatorische Vorfeld recht hoch. Meist führt das dazu, daß entweder die Optimierungskriterien auf ein niedriges Niveau reduziert werden oder im Vorfeld selbst restriktive Vorkehrungen getroffen werden[371]. Die Anforderungen werden um so höher sein, je größer Teile des Planungsprozesses in Zukunft automatisch durch Software-Funktionen realisiert werden. Die Benutzer werden dann wahrscheinlich die der automatischen Informationsverarbeitung vor- und nachgelagerten Tätigkeiten einschließlich der Stellen- und Abteilungsstrukturen organisatorisch in einem Ausmaße auf die Abläufe im ADV-System ausrichten müssen, wie dies heute kaum vorstellbar ist[372].

Damit werden eine Reihe von Umgebungsfaktoren sichtbar, die bei den Entscheidungsprozessen zur permanenten Optimierung während der Anwendung wesentliche Bedeutung erlangen dürften:

- Die grundsätzliche Haltung der Unternehmungsführung der Benutzerunternehmung zu derartig weitreichenden organisatorischen Veränderungen (Innovationsfreundlichkeit).

- Der Umfang und die Art der Widerstände, die von seiten der Fachabteilungen bei derartigen organisatorischen Veränderungen zu erwarten ist.

- Das Ausmaß, in welchem die automatisierte Informationsverarbeitung bereits das generelle, alle Aktivitäten umfassende Informationssystem einer Unternehmung durchdrungen hat.

Die genannten Faktoren können sowohl fördernde als auch hemmende Auswirkungen auf die Optimierungsbemühungen ausüben. Im Extremfall können diese Umweltfaktoren die permanente Optimierung vollständig verhindern. Es wird darauf ankommen, mit Hilfe von systematischen Untersuchungen an Pilot-Systemen die Kosten- und Leistungswirksamkeit der permanenten Optimierung zu demonstrieren und die Benutzer auf die notwendigen organisatorischen Maßnahmen hinzuweisen.

---

371) Beispiele dafür sind Restriktionen hinsichtlich der Art oder des Umfanges bestimmter Aufgaben, die pro Verarbeitungsperiode erfüllt werden.

372) Zu den Problemen des „humanizing" von Mensch-Maschine-Systemen vgl. Neblett, J. B.; Brevik, D. J.: Humanizing industrial control software. In: AFIPS Conference Proceedings, Vol. 30 / SJCC 1967, S. 783—792.

E. Die Rolle der Software-Systeme im Rahmen zukünftiger automatisierter Informationssysteme

Eine Vielzahl von Aufsätzen und Diskussionsbeiträgen der Fachliteratur beschäftigt sich mit der Frage, welche Gestalt die automatisierten Informationssysteme der Zukunft haben werden[1]. Da immer unterschiedliche, hinsichtlich ihrer technischen Fortschrittlichkeit bzw. hinsichtlich ihres Reifegrades differierende Systeme nebeneinander existieren werden, und da die individuellen Strukturierungsprozesse von vielen noch ungenügend erforschten und daher nicht kontrollierbaren Umweltfaktoren abhängen, haftet allen Vorhersagen ein mehr oder weniger spekulatives Moment an. Es darf jedoch nicht vergessen werden, daß für eine neue Generation von Hardware- und Software-Systemen ähnlich lange Entwicklungszeiten wie für neue Flugzeug-Generationen eingeplant werden müssen. Dementsprechend ist zu erwarten, daß ein großer Teil der Elemente, zukünftiger automatisierter Informationssysteme gegenwärtig bereits konzipiert, wenn nicht sogar implementiert ist.

Die Untersuchung der Rolle, die Software-Systeme im Rahmen zukünftiger automatisierter Informationssysteme spielen werden, kann einerseits den Vergleich existierender mit bereits erkennbaren zukünftigen Software-Strukturen in den Mittelpunkt stellen. Andererseits müssen mögliche Veränderungen im Verhältnis der Subsysteme zueinander berücksichtigt werden.

Historische Betrachtungen der Entwicklung von ADV-Systemen unterscheiden im allgemeinen drei Generationen von ADV-Systemen. Die erste Generation

---

1) Vgl. Brooks, F. P. Jr.: The Future of Computer Architecture. In: Proceedings of the IFIP Congress 1965, Vol. 1, a. a. O., S. 87—91; ebenso Nisenoff, N.: Hardware for Information Processing Systems: Today and in the Future, a. a. O., S. 1820—1835; ebenso Flynn, Michael, J.: A Prospectus on Integrated Electronics and Computer Architecture. In: AFIPS Conference Proceedings, Vol. 29 / FJCC 1966, S. 97—103; ebenso (o. Verf.): The Next Generation. In: DATAMATION, Januar 1967, S. 31—34; ebenso Patrick, R. L.: Computing in the 1970's. In: DATAMATION, Januar 1967, S. 27—30; ebenso Ware, W. H.: The Computer in your Future. RAND Paper P-3626, Santa Monica/Calif. 1967, vor allem S. 13; ebenso Humphrey, W. S. Jr.: Future Technical Trends in Software Development. In: Proceedings of IFIP Congress 68, a. a. O., S. I 9; ebenso Opler, Ascher: Fourth Generation Software. In: DATAMATION, Januar 1967, S. 22—24; ebenso Joseph, Earl C.: Computers: Trends Toward the Future. In: Proceedings of IFIP Congress 68, a. a. O., Invited Papers, S. 145—157; ebenso Lass, Stanley E.: A. Fourth-Generation Computer Organization. In: AFIPS Conference Proceedings, Vol. 32 / SJCC 1968, S. 435—441; ebenso Walter, Cloy J. et al.: Fourth Generation Computer Systems. In: AFIPS Conference Proceedings, Vol. 32 / SJCC 1968, S. 423—434; ebenso Jewett, Don L.: A Fourth Generation Computer Now? In: DATAMATION, April 1968, S. 37—38; ebenso Amdahl, Lowell D.: Architectural Questions of the Seventies. In: DATAMATION, Januar 1970, S. 66—68; ebenso Dorn, Philiph: The Onslaught of the Next Generation. In: DATAMATION, Januar 1970, S. 76—78; ebenso Withington, Frederic G.: Trends in MIS Technology. In: DATAMATION, Februar 1970, S. 108—119; ebenso Bouvard, Jacques: Fourth Generation Software: The User's Prospective. In: Honeywell Computer Journal, Summer 1970, S. 42—49.

war gekennzeichnet durch Software-Systeme, die meist nur die Funktionen des Übersetzens und Ladens enthielten[2]). Assemblerprogramme übersetzten die Anweisungen der Ursprungsprogramme aus der jeweiligen maschinenorientierten symbolischen Programmiersprache in Anweisungen der Maschinensprache, Ladeprogramme ordneten den Zielprogrammen echte Adressen zu. Obwohl die Hardware-Systeme im Prinzip bereits aus den gleichen Funktionseinheiten zusammengesetzt waren, die heute üblich sind (Zentraleinheit bestehend aus Steuerwerk, Rechenwerk, Speicherwerk und eine mehr oder weniger umfangreiche Peripherie), war die Verarbeitungsgeschwindigkeit und Speicherkapazität aufgrund der damals verwendeten Schalt- und Speicherelemente (Vakuum-Röhren und kliene handgefertigte Kernspeicher) noch relativ gering[3]).

Die Software-Systeme der zweiten Generation enthielten neben den Assembler- und Ladeprogrammen bereits Compiler[4]), d. h. ein oder mehrere Programme zur Übersetzung von problemorientierten bzw. prozedurorientierten Programmiersprachen. Außerdem gehörten zu ihnen relativ einfache Eingabe-/Ausgabe-Steuerungssysteme[5]) und Monitoren zur Koordination und Steuerung der Reihenfolge separater Benutzerprogramme[6]). Dies entsprach den Verbesserungen der Hardware-Systeme (Übergang von der Röhrentechnik zur Transistortechnik), die sich vor allem in erhöhter Verarbeitungsgeschwindigkeit und höherer Speicherkapazität niederschlugen[7]). Darüber hinaus war vor allem die Entwicklung des Datenkanals und später die Entwicklung der Datenkanal-Fähigkeit, die Aktivität der Zentraleinheit automatisch zu unterbrechen, von entscheidender Bedeutung für den Ausbau der Software-Funktionen. Dies führte dazu, daß gegen Ende der zweiten Generation in einigen Großsystemen bereits Funktionen zur Verfügung standen, die standardmäßig erst in der dritten Generation von Software-Systemen implementiert wurden[8]).

Die dritte Generation enthält neben den bereits genannten Software-Funktionen umfangreiche Steuerungs- und Koordinationsfunktionen, durch die die parallele Verarbeitung mehrerer Aufgaben- bzw. Benutzerprogramm-Ströme

---

2) Vgl. (o. Verf.): The Next Generation, a. a. O., S. 32; ebenso Walter, Cloy J.: Fourth Generation Computer Systems, a. a. O., S. 424.

3) Vgl. Nisenoff, N.: Hardware for Information Processing Systems..., a. a. O., S. 1821.

4) Vgl. Walter, Cloy J.: Fourth Generation Computer Systems, a. a. O., S. 424.

5) Vgl. Mealy, George H.: Operating Systems..., a. a. O., S. 517 ff.; ebenso Rosin, Robert F.: Supervisory and Monitor Systems. In: Computing Surveys, Vol. 1 / No. 1 / März 1969, S. 37—54, vor allem S. 44 ff.

6) Vgl. Noble, A. S. Jr.: Design of an integrated programming and operating system. Part I: System considerations and the monitor. In: IBM Systems Journal, Vol. 2 / Juni 1963, S. 153—161, vor allem S. 160 f.; ebenso White, B. and Trimble, J.: Design of an integrated programming and operating system. Part VI: Implementation on the 7040/44 data processing system. In: IBM Systems Journal, Vol. 3 / No. 1 / 1964, S. 79—94, vor allem S. 84 ff.

7) Vgl. Amdahl, Lowell D.: Architectural Questions in the Seventies, a. a. O., S. 66; ebenso Nisenoff, N.: Hardware for Information Processing Systems..., a. a. O., S. 1820 ff.

8) Vgl. Rosin, Robert F.: Supervisory and Monitor Systems, a. a. O., S. 51.

möglich wird. Ein derartiger Mehrprogrammbetrieb kann entweder mit Prioritäten-Steuerung oder mit Steuerung nach dem Zeitteilverfahren (time slicing) oder mit beiden Steuerungsverfahren durchgeführt werden[9]). Die Software-Systeme der dritten Generation, die im Hauptteil D dieser Arbeit primär untersucht worden sind, dienen u. a. dem Zweck, Eingriffe menschlicher Operateure in die außerordentlich schnell ablaufenden Verarbeitungsprozesse zu minimieren und einen möglichst hohen Ausnutzungsgrad der einzelnen Elemente des Hardware-Systems, vor allem der Zentraleinheit zu erreichen. Daneben wird eine große Anzahl von systeminduzierten Software-Funktionen angeboten, deren Implementierung in der ersten und zweiten Generation entweder technisch noch nicht möglich war[10]) oder vom Benutzer selbst durchgeführt werden mußte.

Bereits in der dritten Generation, die auf der Hardware-Seite durch Miniaturisierung der Schaltkreise und durch gleichzeitige Integration funktionsmäßig zusammengehörender Moduln zu charakterisieren ist, zeichnet sich die Tendenz ab, bestimmte, während der zweiten Generation noch in Form von Software realisierte Funktionen zu verdrahten. Dies trifft beispielsweise für Teile der früheren Eingabe-/Ausgabe-Steuerungssysteme zu, die bei Systemen der dritten Generation in Form von Mikroprogrammen in den Kanälen bzw. in den ihnen vorgeschalteten Peripherie-Steuereinheiten verdrahtet werden[11]). Diese Tendenz wird sich in den nächsten Entwicklungsstufen wahrscheinlich verstärkt fortsetzen. Hardware-Hilfen, die zu einer Entlastung und Beschleunigung der im Software-System enthaltenen Funktionen führen, sind hinsichtlich der folgenden systeminduzierten Teilaufgaben zu erwarten[12]):

- Anwendung assoziativer Techniken, nicht nur beim Paging, sondern wahrscheinlich auch für die Steuerung von Unterbrechungen und für das Task Management

- Anwendung von Kellerspeichern (push down stacks) für Job-Warteschlangen

- Multiple Indizierung, um durch eine einzige Instruktion sowohl den Zugriff zu einer von mehreren Prioritäten-Listen als auch den Zugriff zu einem der in dieser Liste enthaltenen Elemente zu realisieren

---

9) Zur Realisierung dieser Betriebsarten sind eine Reihe von zusätzlichen Hardware-Elementen notwendig, z. B. ein Unterbrechungsmechanismus mit einer eingebauten Uhr und Multiplexer-Einrichtung.

10) Gründe für die „technische Unmöglichkeit" waren meist zu geringe Speicherkapazität bzw. zu geringe Auslegung der Register und internen Elemente der Zentraleinheiten. Daneben fehlten häufig auch die methodischen Grundlagen, um bestimmte Probleme zu lösen bzw. einen programmierbaren Algorithmus zu entwickeln.

11) Damit werden die Kanäle und Steuereinheiten selbst zu einer Art Mini-Computer, die von der Zentraleinheit nur noch angestoßen werden und dann ihre Funktionen selbständig und parallel zu den Aktivitäten der Zentraleinheit durchführen.

12) Vgl. Withington, Frederic G.: Trends in MIS Technology, a. a. O., S. 114; ebenso Joseph, Earl C.: Computers: Trends Toward the Future, a. a. O., S. 151.

● Trennung der Funktionssteuerung und -ausführung der Eingabe-/Ausgabe-Operationen von der Steuerung und Ausführung der arithmetischen und logischen Operationen, um Unterbrechungen zu vermeiden

● Multiples Speichern und Hereinholen von Programmen, um den Aufwand für das Rollin/Rollout (Swapping) zu vermindern

● Selbständiges Reagieren von I/O-Funktionen, d. h. automatisches Auslösen von Benutzer-Tasks durch System-Tasks (die intern bei der Ausführung einer I/O-Operation entstehen), wobei diese auch „ad-hoc-Veränderungen" der Prioritätenlisten für die Benutzer-Tasks vornehmen können.

Die Frage, ob die genannten Hardware-Hilfen für das Software-System bereits in der vierten oder erst in einer der folgenden Generationen von ADV-Systemen realisiert werden können, kann erst beantwortet werden, wenn entschieden ist, welche Hardware-Elemente als Bausteine für die neue(n) Generation(en) zur Verfügung stehen. Die bisher bekannten Informationen über die Technik der „Large Scale Integration" (LSI) lassen den Schluß zu, daß diese Technik zu neuen Dimensionen hinsichtlich der Modularität, des Maßschneiderns für individuelle Bedürfnisse (selektive und additive Anpassungsfähigkeit), der Zuverlässigkeit und der Verarbeitungskapazität sowie -geschwindigkeit von ADV-Systemen führen wird[13]). Sobald diese neuen Dimensionen erschlossen sind, dürfte die Realisierung der genannten Funktionen in Form von Mikroprogrammen keine Schwierigkeiten bereiten.

Von wesentlicher Bedeutung dürften die Möglichkeiten sein, die sich durch LSI bzw. durch die Mikro-Programmierung von LSI-Moduln für das System der Benutzerprogramme ergeben[14]). Teile der Benutzerprogramme, die sogenannten „primitives"[15]), werden für bestimmte Anwendungsbereiche „maßgeschneidert" in Hardware implementiert werden[16]). Dies gestattet eine schnellere Verarbeitung, Speicherplätze werden frei und die Programmierung der restlichen Teile der Benutzer-Aufgaben wird einfacher.

---

13) Vgl. Joseph, Earl C.: Computers . . ., a. a. O., S. 146 ff. Joseph nennt Vergleichszahlen hinsichtlich der Menge von Schaltkreisen, die gegenwärtig und zukünftig auf einem Chip, d. h. in einem Mikromodul (Mikroschaltung auf Halbleiterplättchen) zusammengefaßt werden: Auf SLT- und ähnlichen Moduln der 3. Generation = 5—10 Schaltkreise (component on chip technology); auf LSI-Moduln, deren Benutzung er für die frühen siebziger Jahre prognostiziert, = 100 bis 1000 Schaltkreise (subsystem on chip technology).

14) Vgl. Wilkes, M. V.: The Growth of Interest in Microprogramming: A Literature Survey. In: Computing Surveys, Vol. 1 / No. 3 / Sept. 1969, S. 139—145.

15) Vgl. Joseph, Earl C.: Computers . . ., a. a. O., S. 153. Eine deutsche Übersetzung für „primitives" existiert noch nicht. Es handelt sich um Instruktionsfolgen bzw. Unterprogramme, die von einem Benutzer häufig gebraucht werden und bereits relativ komplex sind.

16) Joseph nennt als Beispiele für mögliche „primitives" im Bereich der Anwendungsprogramme
. Approximationen von Funktionen durch Polynome (z. B. Sinus, Cosinus, Tangens usw.),
. Listen-Operationen,
. Darstellung von Zeichenketten mit Hilfe der Polish Notation,
. assoziative Adressierung usw.

Opler hat vorgeschlagen, derartige Mikroprogramme, die auch bereits mit den Hardware-Elementen der dritten Generation implementiert werden können, als „Firmware" zu bezeichnen[17]). Es erscheint jedoch irreführend, in Form von Hardware realisierte Funktionen nur deshalb nicht als Hardware zu bezeichnen, weil diese Funktionen vorher irgendwann einmal in Form von Software existiert haben. Auch eine Definition, die unter Firmware diejenigen Routinen versteht, „... die hardwaremäßig realisiert werden, ohne jedoch zur Basis-Hardware zu gehören (d. h. der Computer wäre auch ohne diese Firmware operabel)"[18]), erscheint wenig sinnvoll, weil die Frage nach der „Operabilität" immer nur in bezug auf konkrete Aufgaben gestellt werden kann. Für bestimmte Aufgaben ist das ADV-System *ohne* die Firmware-Routinen eben nicht operabel. Wesentlicher als die Schaffung eines neuen Begriffes ist die Erkenntnis, daß sich im Bereich der Hardware gegenwärtig eine ähnliche Einteilung wie die zwischen den Programmen des Software-Systems und den Benutzerprogrammen abzeichnet, und daß der Qualitätskomponente „Flexibilität des Hardware-Systems" in Zukunft größere Bedeutung zukommen wird als bisher.

Es ist zu erwarten, daß der Abnahme von Software-Funktionen z. B. im Bereich der Eingabe-/Ausgabe-Steuerung und im Bereich des Task Management eine relativ stärkere Zunahme neuer, bisher nicht verfügbarer Software-Funktionen gegenüberstehen wird. Hauptgebiete für zukünftige Software-Funktionen sind:

- Automatische Planung und planungsorientierte Steuerung der internen Prioritäten-Vergabe an Jobs, entsprechend der jeweiligen momentanen Situation.

- Automatische Generierung von Zielprogrammen, d. h. automatische Übertragung von Problemlösungen, die entweder in Form von Programmablaufplänen oder in Form von Entscheidungstabellen vorliegen, in die Maschinensprache.

- Automatische Analyse und Interpretation von Problemstellungen und automatisches Vorschlagen möglicher Problemlösungen.

- Automatische Konversion von Zielprogrammen für ADV-Systeme unterschiedlicher Hersteller und Generationen.

Die Notwendigkeit der permanenten automatischen Feinplanung von Informationsverarbeitungsprozessen zur Ausführungszeit ist bereits in Abschnitt D III b hervorgehoben worden. Joseph geht noch einen Schritt weiter, wenn er Software-Systeme prognostiziert, die „entscheiden", welche Programme und Tasks zu einem bestimmten Zeitpunkt durchgeführt werden sollen, indem sie ihr Verhalten ständig durch Lernprozesse korrigieren[19]). Derartige Software-Systeme würden eine echte Berater-Funktion gegenüber den Benutzer-

---

17) Vgl. Opler, Ascher: Fourth Generation Software, a. a. O., S. 22.
18) Vgl. Blau, Helmut: Hardware-Software-Firmware. In: BTA, Nr. 5 / Mai 1969, S. 241—242.

Elementen (Menschen und Maschinen) haben, indem sie die Benutzer auf Zustände und Ereignisse aufmerksam machen, die für deren Verhalten wesentlich sind. Die Routinen für die Prioritäten-Vergabe werden nach Ansicht von Joseph periodisch die Aufgaben-Listen kontrollieren und feststellen, ob die Prioritäten für die einzelnen Aufgaben erhöht oder vermindert werden sollen, wobei die extern vorgeplanten Erfüllungstermine (dead lines) und die jeweils zum Zeitpunkt der Kontrolle gegebene System-Auslastung die wesentlichen Entscheidungskonstanten sind[20]). In die gleiche Richtung weisen die Prognosen von Withington, der überzeugt ist, daß zukünftige Software-Systeme mit Hilfe von routinemäßig vorhandenen „status monitors" und „workload monitors" eine Art „Selbst-Bewußtsein" erlangen werden, das es ihnen gestattet, auf momentane Veränderungen in ihrer Umgebung sofort zu reagieren[21]). Als plastisches Beispiel für das Verhalten derartiger, zukünftig allgemein verfügbarer Software-Funktionen erinnert Withington[22]) an ein Ereignis im Zusammenhang mit dem Mondflug von Apollo 11: Das ADV-System im Lunar Module besaß bereits einen „status and workload monitor", der sich zu einem bestimmten Zeitpunkt beim irdischen Raumflugzentrum darüber beklagte, daß das System mit Aufgaben überlastet sei, worauf entsprechende Entlastungsmaßnahmen eingeleitet wurden.

Auf die Möglichkeiten von Software zur Automatisierung der Codierungsphase, zur automatischen Analyse und Interpretation von Problemstellungen und zur Generierung von Problemlösungsvorschlägen ist bereits im Zusammenhang mit der Ableitung zukünftiger Automatensprachen hingewiesen worden.

Unabhängig von neuen Automatensprachen und den ihnen entsprechenden Software-Funktionen wird für die Zukunft eine Lösung oder zumindest Entschärfung der Konversions- bzw. Kompatibilitätsproblematik vorausgesagt[23]).

---

19) „What is needed is an executive program which operates in a real-time, closed loop fashion — one which ‚decides' what programs and tasks should be run by ‚learning' the things to be done: not an executive system, as today's, in which the user must interrogate and work hard to obtain the information he needs from the computer system." Joseph, Earl C.: Computers: Trends Toward the Future, a. a. O., S. 149 f.

20) Vgl. Joseph, Earl C.: Computers ..., a. a. O., S. 150. Damit diese Routinen nicht zuviel CPU-Zeit kosten, schlägt Joseph vor, Listen-Verarbeitungsmethoden anzuwenden, z. B. „Move-Stack"-Operationen, „Push-up-" und „Push-down-"Operationen mit automatischer Adressierung, sehr schnelle Speicher für Zeiger und Listen, indirekte Befehle mit Zähler-Manipulationen, Listen-Vergleichs-Operationen und Listen-Reservierungs- und -Freigabe-Befehle. (Es handelt sich jeweils um Prioritätslisten.)

21) Vgl. Withington, Frederic G.: Trends in MIS Technology, a. a. O., S. 114. Diese Fähigkeiten werden nach Ansicht von Withington bis 1975 in allen Arten von „fast-response computer systems" implementiert werden. M. E. ist nicht die Länge oder Kürze der Antwortzeit, sondern die Verarbeitungskapazität des Hardware-/Software-Systems das entscheidende Kriterium. Je größer die Verarbeitungsleistung (throughput) pro Zeiteinheit, um so notwendiger sind die genannten Fähigkeiten.

22) Vgl. Withington, Frederic G.: Trends ..., a. a. O., S. 114.

23) Vgl. z. B. Chorafas, D. N.: Programmiersysteme für elektronische Rechenanlagen, a. a. O., S. 48 ff.; ebenso Burkhardt, W. H.: Universal Programming Languages and Processors ..., a. a. O., S. 1—21.

Möglich erscheinen zwei Wege: die Entwicklung von Inter-Sprachen-Übersetzern und/oder die Entwicklung von Übersetzern aus und in eine zentrale Universalsprache, die dann jedoch nicht als Sprache für Benutzerprogramme, sondern speziell für Konversionszwecke dienen sollte[24]. Wenn diese Entwicklungen vielleicht noch nicht in der nächsten oder übernächsten Generation realisiert werden können, so scheint doch festzustehen, daß die Hersteller von Hardware-/Software-Systemen zumindest für ihre eigenen Produkte in Zukunft eine echte „Rückwärtskompatibilität" schaffen müssen[25], die sehr viel wirkungsvoller sein muß, als die bisherigen Simulations- und Emulationsmöglichkeiten, nämlich eine Rückwärtskompatibilität auf der Ebene des Maschinencode. Konversionshilfen dieser Art werden bei den Kauf- und Mietentscheidungen der Zukunft sicher von erheblicher Bedeutung sein.

Die genannten wesentlichen Merkmale der bisherigen und der zu erwartenden zukünftigen Generationen bzw. Entwicklungsstufen von Hardware- und Software-Systemen sind in Abbildung 30 skizziert. Diese Darstellung erhebt keineswegs Anspruch auf Vollständigkeit. In der Darstellung kommen auch keine quantitativen, sondern nur qualitative Relationen zwischen den Entwicklungsstufen von Hardware- und Software-Systemen zum Ausdruck. Die Entwicklungsstufen entsprechen den Generationen.

Abschließend sollen die wichtigsten Ergebnisse der Untersuchung der möglichen zukünftigen Rolle von Software-Systemen im Rahmen automatisierter Informationssysteme noch einmal hervorgehoben werden:

1. In vielen Bereichen der Steuerung und Kontrolle von System-Elementen werden Software-Funktionen wahrscheinlich durch Hardware-Funktionen ersetzt werden. Dies wird primär aus einer Konsolidierung des Wissens über die Zusammenhänge zwischen den Funktionen resultieren. Eine derartige Wissenskonsolidierung kann dazu führen, daß relativ weniger flexible (als bisher), aber insgesamt ausreichend flexible, im Hinblick auf andere Teilziele stark verbesserte Systeme konstruiert werden.

2. Neue komplexe Funktionsbereiche werden wahrscheinlich zunächst in Form von Software-Lösungen automatisiert werden. Neben der zunehmenden Komplexität wird die vor allem bei noch unerprobten Funktionen wünschenswerte Flexibilität für die Software-Lösung sprechen.

---

24) Der Vorteil der Entwicklung einer universalen Programmiersprache, die bei Erschließung neuartiger Anwendungsgebiete immer wieder ergänzt werden müßte, würde darin bestehen, daß die Menge der zur Erzeugung einer universalen Kompatibilität zwischen allen Sprachen erforderlichen Übersetzungsprogramme gleich der Summe der Anzahl der unterschiedlichen ADV-Systeme und der Anzahl der unterschiedlichen Sprachen ist. Um das gleiche Ziel zu erreichen, müßte bei Inter-Sprachen-Übersetzern eine sehr viel größere Menge von Übersetzungsprogrammen geschaffen werden. Die Entwicklung einer zentralen Universalsprache würde die logische Konsequenz zu einer breiten, auf Anwendungsgebiete bezogenen Entwicklung von vielen unterschiedlichen problemorientierten Automatensprachen sein.

25) Vgl. Withington, Frederic G.: Trends in MIS Technology, a. a. O., S. 114.

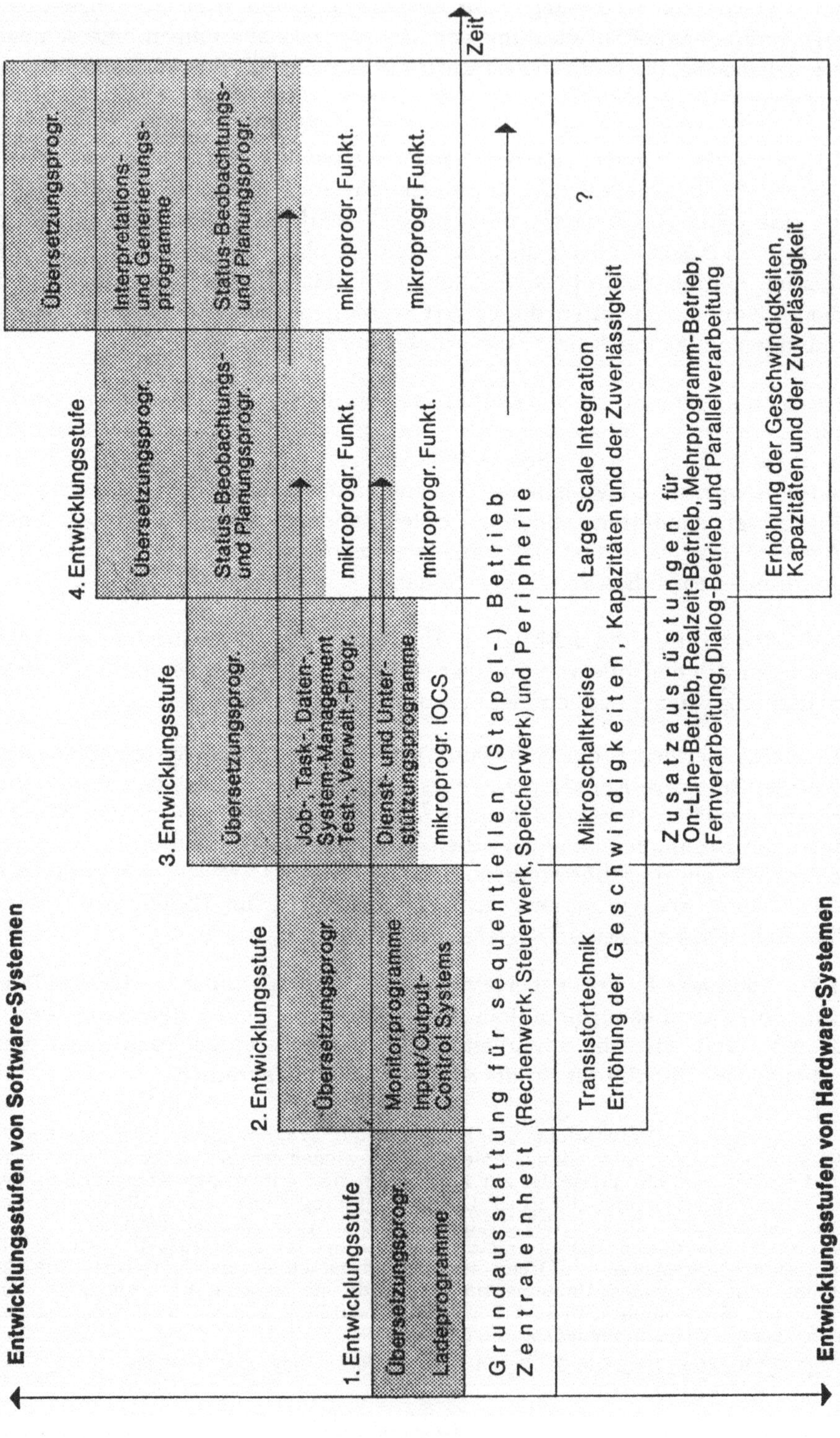

Abb. 30 Abhängigkeiten zwischen Entwicklungsstufen von Hard- und Software-Systemen

3. Während Software-Funktionen in früheren Generationen gegenüber dem Hardware-System primär eine unterstützende, „dienende" Rolle einnahmen, wird es in zukünftigen ADV-Systemen eine Reihe von Hardware-Funktionen geben, die umgekehrt das Software-System unterstützen und es entlasten. Die Beziehungen zwischen dem Hardware-System und dem Software-System werden wahrscheinlich zukünftig immer stärker durch das Merkmal der „Gleichberechtigung" gekennzeichnet sein. Diese Gleichberechtigung wird bereits in der Entwurfsphase neuer ADV-Systeme beginnen, indem Software und Hardware quasi gleichzeitig konzipiert werden. Mit der Gleichberechtigung verbunden wird das Merkmal der permanent möglichen Austauschbarkeit von Hardware- und Software-Lösungen für bestimmte Problemstellungen dazu führen, daß ADV-Systeme genauer an individuelle Benutzerziele und -bedürfnisse angepaßt werden können, und daß damit der Grad der Zielerreichung erhöht wird.

F. Anhang

Mengentheoretische Formulierung[1]) der in Abschnitt D I b dargestellten Zusammenhänge zwischen den Entscheidungsvariablen im Prozeß der Entwicklung eines generellen Software-Systems

Das Aktionsfeld des Systementwicklers wird gekennzeichnet durch die Menge Ω der (technisch) realisierbaren Strategien und durch die Menge Θ der zulässigen Nutzenfunktionen, mit denen die Strategien bewertet werden können. Ziel des Systementwicklers soll zunächst die Auswahl der optimalen aus der Menge der realisierbaren Strategien sein.

Ω entspricht dem kartesischen Produkt[2]) der Mengen A x B x C x S, die wie folgt definiert sind:

A = Menge der realisierbaren maschinellen Ressourcen-Kombinationen
  $A = \{ a_1, \ldots \ldots, a_i, \ldots \ldots, a_n \}$
  $a_i =$ eine bestimmte maschinelle Ressourcen-Kombination, dargestellt durch ein Tupel von Ausprägungen einzelner maschineller Ressourcen.

B = Menge der realisierbaren menschlichen Ressourcen-Kombinationen
  $B = \{ b_1, \ldots \ldots, b_i, \ldots \ldots, b_o \}$
  $b_i =$ eine bestimmte menschliche Ressourcen-Kombination, dargestellt durch ein Tupel von Ausprägungen einzelner menschlicher Ressourcen.

C = Menge der realisierbaren sprachlichen Ressourcen-Kombinationen
  $C = \{ c_1, \ldots \ldots, c_i, \ldots \ldots, c_p \}$
  $c_i =$ eine bestimmte sprachliche Ressourcen-Kombination, dargestellt durch ein Tupel von Ausprägungen einzelner sprachlicher Ressourcen.

S = Menge der realisierbaren Software-System-Alternativen
  $S = \{ s_1, \ldots \ldots, s_i, \ldots \ldots, s_q \}$
  $s_i =$ eine bestimmte System-Alternative, dargestellt durch ein Tupel von Qualitätskomponenten.

---

1) Diese Art der Darstellung wurde angeregt durch eine ähnliche Vorgehensweise bei Klar, R.; Spies, P. P.: Adaptive Betriebsprogramme und ihre Unterstützung durch einen Zählmonitor. In: Betriebsprogrammierung, Beiheft Band 19 zur Zeitschrift Elektronische Rechenanlagen; hrsg. von W. Händler. München und Wien 1969, S. 151 ff.

2) Zum Begriff des kartesischen Produktes vgl. z. B. Steiner, Hans-Georg: Mengen, Abbildungen, Strukturen. In: Das Fischer-Lexikon. Mathematik I, hrsg. von Heinrich Behnke u. a. (Frankfurt 1964), S. 255.

Θ = Menge der zulässigen Nutzenfunktionen

$\Theta = \quad \{ \ \vartheta_1, \ldots\ldots\ldots, \ \vartheta_i, \ldots\ldots\ldots, \ \vartheta r \ \}$

$\vartheta_i = \quad$ eine zulässige Nutzenfunktion, d. h. ein bestimmter Zahlenindex, nach dem die Strategien der Menge geordnet werden können.

Das Kriterium für Zulässigkeit ist die Übereinstimmung mit dem Entscheidungsziel (vgl. Abschnitt D I b).

Ω = Menge der realisierbaren Strategien.

$\Omega = \quad \{ \ \omega_1, \ldots\ldots\ldots, \ \omega_i, \ldots\ldots\ldots, \ \omega_s \ \}$

$\omega_i = \quad$ eine bestimmte Strategie, repräsentiert durch ein Element des kartesischen Produktes A x B x C x S

$\omega_i = \quad$ (a, b, c, s)

Es wird versucht, sich dem Gestaltungsziel des Systementwicklers schrittweise zu nähern:

I. Schritt

Aus der Menge Θ der zulässigen Nutzenfunktionen wird eine bestimmte Nutzenfunktion ϑ_i ausgewählt, mit der die realisierbaren Strategien bewertet werden. Es erfolgt eine Abbildung[3]) der zu bewertenden Strategien in die Menge R^1 der reellen Zahlen[4]).

Definition 1: Existiert eine Strategie $\omega_0 = (a', b', c', s')$ für die gilt:

$$\bigwedge_{a \in A} \ \bigwedge_{b \in B} \ \bigwedge_{c \in C} \ \bigwedge_{s \in S} \ \vartheta_0 \, (a', b', c', s') \geqq \vartheta_0 \, (a, b, c, s)$$

so heißt diese Strategie ω_0 optimal im Hinblick auf ϑ_0 -A -B -C -S, d. h. also optimal im Hinblick auf die Bewertung der Strategien nach einer einzigen Nutzenfunktion (ϑ_0) aus der Menge der zulässigen (Θ)[5]).

Behält man zunächst eine einzige Nutzenfunktion als Bewertungsgrundlage bei, so können bei Einführung weiterer einschränkender Bedingungen folgende suboptimale Lösungen abgeleitet werden:

Definition 2: Angenommen, die Ressourcen-Kombination $\hat{a}, \hat{b}, \hat{c}$ sei fest vorgegeben, dann heißt die Strategie $\omega_1 = (\hat{a}, \hat{b}, \hat{c}, s')$ suboptimale Lösung im Hinblick auf $\vartheta_0 - \hat{a} - \hat{b} - \hat{c} - s$, wenn gilt:

$$\bigwedge_{s \in S} \vartheta_0 \, (\hat{a}, \hat{b}, \hat{c}, s') \geqq \vartheta_0 \, (\hat{a}, \hat{b}, \hat{c}, s)$$

---

3) Zum Begriff der Abbildungen vgl. Steiner, Hans-Georg: Mengen, Abbildungen, Strukturen, a. a. O., S. 261 ff. Vgl. ebenso Kamke, Erich: Mengenlehre. 6. Auflage, Berlin 1969, S. 23 ff.

4) Durch Anwendung unterschiedlicher Nutzenfunktionen entstehen unterschiedliche Abbildungen der Strategien in den R^1.

5) Neben den Parametern A, B, C und S können eine Reihe weiterer Faktoren, die hier zwar zum Entscheidungsfeld, aber nicht zum Aktionsfeld der Systementwickler gehören, in die Betrachtung einbezogen werden, sofern es gelingt, sie aus der „Umwelt" (vgl. Abschnitt D I c (11) abzuspalten und zu operationalisieren.

In diesem Falle gilt als wahrscheinlich, daß zur Auswahl der suboptimalen Strategien eine Abbildung der nach ϑ_0 bewerteten Menge S in die Menge R^1 der reellen Zahlen genügt[6]).

Definition 3: Angenommen, die Software-Systemalternative $\hat{s}$ ist fest vorgegeben, dann heißt die Strategie $\omega_2 = (a', b', c', \hat{s})$ suboptimal im Hinblick auf $\vartheta_0 - A - B - C - \hat{s}$, wenn gilt:

$$\bigwedge_{a \in A} \bigwedge_{b \in B} \bigwedge_{c \in C} \vartheta_0 (a', b', c', \hat{s}) \geqq \vartheta_0 (a, b, c, \hat{s})$$

In diesem Falle soll eine Abbildung der nach ϑ_0 bewerteten Elemente des kartesischen Produktes A x B x C in die Menge R^1 genügen, d. h. eine Bewertung der Menge S soll in diesem Falle nicht erforderlich sein.

Weitere Beispiele sind denkbar, bei denen als Nebenbedingungen entweder Untergrenzen oder Obergrenzen für die zu verwendenden Ressourcen-Kombinationen und/oder für die zu realisierenden Software-Systemalternativen vorgegeben werden. Die optimale Strategie ist dann jeweils aus den reduzierten Teilmengen von A x B x C x S auszuwählen.

II. Schritt

Der Systementwickler soll danach streben, ein generelles Software-System zu entwickeln, das im Hinblick auf **alle** zulässigen Nutzenfunktionen optimal ist.

Definition 4: Existiert eine Strategie $\omega_0' = (a', b', c', s'')$ für die gilt:

$$\bigwedge_{\vartheta \in \Theta} \bigwedge_{a \in A} \bigwedge_{b \in B} \bigwedge_{c \in C} \bigwedge_{s \in S} \vartheta (a', b', c', s'') \geqq \vartheta (a, b, c, s)$$

so heißt diese Strategie „universell"-optimal. Der Begriff „universell"-optimal wird hier verwendet, weil die Auswahl der Strategie nicht nur aus **einer** Abbildung der Elemente des kartesischen Produktes A x B x C x S in den R^1 erfolgt, sondern aus allen Abbildungen, die durch die unterschiedlichen zur Menge Θ gehörenden Nutzenfunktionen entstehen. Um die universell-optimale Strategie ω_0' in der Realität auswählen zu können, müßten die Mengen A, B, C, S und Θ bekannt sein. Diese Voraussetzung ist jedoch nicht gegeben.

Als erste Annäherung an die reale Situation können bestimmte Ressourcen-Kombinationen $\hat{a}, \hat{b}, \hat{c}$ vorgegeben werden, s'' ist das universell-optimale Software-System bei fester Ressourcen-Vorgabe $\hat{a}, \hat{b}, \hat{c}$.

$$\bigvee_{s''} \bigwedge_{\vartheta \in \Theta} \bigwedge_{s \in S} \vartheta (\hat{a}, \hat{b}, \hat{c}, s'') \geqq \vartheta (\hat{a}, \hat{b}, \hat{c}, s)$$

Zur Auswahl von s'' müssen nun nur noch Θ und S bekannt sein. Da auch diese Voraussetzung in der Realität nicht erfüllt ist, wird aus der Menge Θ nur die Teilmenge $\overline{\Theta}$, d. h. die zum Zeitpunkt der Systementwicklung **subjektiv** be-

---

6) Die Relevanz der Definition 2 und 3 für die Praxis der Software-System-Entwicklung wird in Abschnitt D I c diskutiert.

kannten Nutzenfunktionen und aus der Menge S nur die Teilmenge $\overline{S}$, d. h. die zum Zeitpunkt der Systementwicklung subjektiv als Alternativen perzipierten Software-Systeme berücksichtigt.

$$\overline{\theta} \subset \theta$$
$$\overline{\theta} = \{\overline{\vartheta}_1, \ldots\ldots, \overline{\vartheta}_{r-x}\}$$

$x =$ Anzahl der unbekannten Nutzenfunktionen

$$\overline{S} \subset S$$
$$\overline{S} = \{\overline{s}_1, \ldots\ldots, \overline{s}_{q-y}\}$$

$y =$ Anzahl der unbekannten Systemalternativen

Die Existenz der universell-optimalen Systemalternative s''' bei fester Ressourcenvorgabe $\hat{a}$, $\hat{b}$, $\hat{c}$ und bei Reduzierung der Mengen θ bzw. S auf $\overline{\theta}$ bzw. $\overline{S}$ kann wie folgt formuliert werden:

$$\bigvee_{s'''} \bigwedge_{\vartheta \in \overline{\theta}} \bigwedge_{s \in \overline{S}} \vartheta\,(\hat{a}, \hat{b}, \hat{c}, s''') \geqq \vartheta\,(\hat{a}, \hat{b}, \hat{c}, s)$$

III. Schritt

Auf die Feststellung der optimalen Strategie wird verzichtet. Dem Systementwickler fällt die Aufgabe zu, einen Bereich zufriedenstellender Strategien abzugrenzen und aus diesem Bereich eine Strategie auszuwählen.

Dies bedeutet, daß aus dem Abbildungsfeld Θ x Ω eine Teilmenge Φ herausgeschnitten wird, die als „Optimalitätsbereich" bezeichnet wird.

$$\Phi \subset \Theta \cdot \Omega$$
$$\Phi = A^* \text{ x } B^* \text{ x } C^* \text{ x } S^* \text{ x } \Theta^*$$

$\sigma_0 =$ Nutzenuntergrenze $=$ Zufriedenheitsniveau

$$\bigwedge_{a^* \in A^*} \bigwedge_{b^* \in B^*} \bigwedge_{c^* \in C^*} \bigwedge_{s^* \in S^*} \bigwedge_{\vartheta^* \in \theta^*} \vartheta^*\,(a^*, b^*, c^*, s^*) \geqq \sigma_0$$

Die Fixierung der Ressourcen-Kombinationen auf bestimmte Vorgabe-Werte, z.B. $\hat{a}$, $\hat{b}$, $\hat{c}$, die zur Ermittlung von σ_0 aufgegeben werden muß, kann in einem weiteren Schritt wieder eingeführt werden, wobei dann gelten müßte:

$$\vartheta^*\,(\hat{a}, \hat{b}, \hat{c}, s^*) \geqq \vartheta^*\,(a^*, b^*, c^*, s^*)$$

Zur verbalen Erläuterung der Zusammenhänge vgl. Abschnitt D I b.

Literaturverzeichnis

1. Bücher und selbständige Schriften

Adam, A.: Messen und Regeln in der Betriebswirtschaft. Einführung in die informationswissenschaftlichen Grundzüge der industriellen Unternehmensforschung. Würzburg 1959.

Amosov, N. M.: Modeling of Thinking and the Mind. New York (1967).

Applied Data Research, Inc. (Hrsg.): System Analysis Machine. (Princeton/N. J. 1970).

Armerding, George W.: Computer Software: The Evolution Within The Revolution. RAND-Paper P 3894, Santa Monica/Calif. 1968.

Ashby, W. Ross: Design for a Brain. (Second Edition) London 1960.
— An Introduction to Cybernetics. London 1961.

Backus, J. W.: The Syntax and Semantics of the Proposed International Algebraic Language of the Zürich ACM-GAMM-Conference. London 1960.

Bakker, J. W. de: Formal Definition of Programming Languages. With an Application to the Definition of ALGOL 60. Amsterdam 1967.

Bar-Hillel, Y.: Languages and Information. Reading/Mass. (1964).

Barlow, R. E.; Porschan, F.: Mathematical Theory of Reliability. New York 1965.

Bartee, T. C.; Lebow, I. L.; Reed, I. S.: Theory and Design of Digital Machines. New York 1962.

Beer, Stafford: Kybernetik und Management. Hamburg (1962).

Berthel, Jürgen: Informationen und Vorgänge ihrer Bearbeitung in der Unternehmung. Eine programmatische Problem- und Aussagenanalyse. Berlin (1967).

Betriebswirtschaftliches Institut für Organisation und Automation (Hrsg.): Memorandum. Anwendungssysteme für die Automatisierte Datenverarbeitung. Die Lücke in Forschung und Ausbildung in der Bundesrepublik Deutschland. (Köln 1968).
— Begriffe aus dem Bereich der Automatisierten Datenverarbeitung. 2. Aufl., Köln 1968.
— Zweites Memorandum. Betriebsinformatik und Wirtschaftsinformatik als notwendige anwendungsbezogene Ergänzung einer Allgemeinen Informatik. Köln 1969.

Bleicher, K.: Zentralisation und Dezentralisation von Aufgaben in der Organisation der Unternehmung. Berlin 1966.

Bochenski, I. M.; Menne, A.: Grundriß der Logistik. Paderborn 1965.

Bonini, Charles P.: Simulation of Information and Decision Systems in the Firm. 2. Aufl., Englewood Cliffs/N. J. 1964.

Boole & Babbage, Inc. (Hrsg.): Systems Measurement Software SMS/360 Configuration Utilization Efficiency (CUE) Product Description. Palo Alto/Calif. 1969.
— System-Measurement Software SMS/360. Problem Program Efficiency (PPE). Product Description. Palo Alto/Calif. 1969.

Borko, Harold: Automated Language Processing. New York—London—Sydney (1967)

Brauser, Klaus J.: Die Systemphilosophie lernender Automaten in der Anwendung auf Autopiloten. München und Wien 1966.

Chmielewicz, Klaus: Grundlagen der industriellen Produktgestaltung. Berlin (1968).

Chomsky, Noam: Syntactic Structures. The Hague Paris 1966.

Chorafas, Dimitris N.: Programmiersysteme für elektronische Rechenanlagen. München—Wien 1967.

Churchman, C. W.; Ackoff, R. L.; Arnoff, E. L.: Introduction to Operations Research. New York (1957).

Cleland, David I.; King, William R.: Systems Analysis and Project Management. New York usw. (1968).

Computer Learning and Systems Corp. (Hrsg.): CASE Computer-Aided System Evaluation. A Technical Description. (o. Ort 1968).

Conway, R. W.; Maxwell, W. L.; Miller, L.: Theory of Scheduling. Reading/Mass. 1967.

Dean, Joel: Managerial Economics 4th print, New York 1954.

Desmonde, William H.: Real-Time Data Processing Systems. Englewood Cliffs/N. J. 1964.

Deutsche Revisions- und Treuhand-AG Treuarbeit (Hrsg.): Technische Beschreibung des SCERT-Verfahrens (Kurzform) und ausgewählte Beispiele von SCERT-Ausdrucken. (o. Ort und Jg.).

Diebold Deutschland GmbH (Hrsg.): Diebold-Statistik der installierten und bestellten Rechenanlagen in Deutschland. Stand vom 1. Juli 1969. (Frankfurt/Main 1969).

Emde, Wilhelm; Seibt Dietrich: Verfahren zur Schätzung des Aufwandes für die Programmerstellung. Arbeitsbericht 70/9 des Betriebswirtschaftlichen Institut für Organisation und Automation an der Universität zu Köln, Köln 1970.

Engels, Wolfram: Betriebswirtschaftliche Bewertungslehre im Lichte der Entscheidungstheorie. Köln-Opladen 1962.

Fachnormenausschuß Informationsverarbeitung (FNA) im Deutschen Normenausschuß (DNA): Informationsverarbeitung. Sinnbilder für Datenfluß- und Programmablaufpläne. DIN 66001 (o. Ort) 1966.

—   Informationsverarbeitung — Begriffe. Entwurf DIN 44300 (o. Ort) 1971.

Farr, L. and Zagorski, H. J.: Quantitative Analysis of Computer Programming Cost Factors: a Progress Report. Systems Development Corp. (Ed.) Sp — 2036, Santa Monica/Calif. 1965.

Feigenbaum, E. A.; Feldman, J. (Editors): Computers and Thought. New York usw. 1963.

Fine, G. H.; Jackson, C. W; Mc Isaac, P. V.: Dynamic Program Behavior Under Paging. System Development Corporation (Ed.) Sp — 2397, Santa Monica/Calif. 1966.

Fishburn, Peter C.: Decision and Value Theory. New York, London, Sydney (1964).

Fisher, G. H.: The Analytical Bases of Systems Analysis. The Rand Corp. (Ed.) P — 3363 Santa Monica/Calif. 1966.

Fisher, F. P.; Swindle, G. F.: Computers Programming Systems. New York usw. (1964).

Flechtner, H. J.: Grundbegriffe der Kybernetik. Eine Einführung. 4. Aufl., Stuttgart 1969.

Flores, Ivan: Software-Technik. Stuttgart 1969.

Foppa,Klaus: Lernen, Gedächtnis, Verhalten. Köln—Berlin (1965).

Forrester, Jay W.: Industrial Dynamics. Cambridge/Mass. 1961.

Frese, Erich: Kontrolle und Unternehmungsführung. Wiesbaden 1968.

—   Zur Gestaltung organisatorischer Systeme. Arbeitsbericht 69/1 des Betriebswirtschaftlichen Instituts für Organisation und Automation an der Universität zu Köln. Köln 1969.

Gäfgen, Gérard: Theorie der wirtschaftlichen Entscheidung. Untersuchung zur Logik und ökonomischen Bedeutung des rationalen Handelns. 2. Aufl., Tübingen 1968.

Ganzhorn, K. und Tjaden, K. (Hrsg.): Was ist Software? Programmiersprachen und Betriebssysteme. Köln—Braunsfeld (1970).

General Electric Company (Hrsg.): GE — 615/635 Information Systems Manual. (o. Ort 1969).

General Electric Information Systems Division (Hrsg.): GE — 625/635 Comprehensive Operating Supervisor (GECOS) Reference Manual CPB — 1195. (o. Ort und Jg.).

Gill, A.: Introduction to the Theory of Automata. New York 1962.

Ginsburg, S.: The mathematical theory of context free languages. New York 1966.

Gluschkow, W. M.: Theorie der abstrakten Automaten. Berlin 1963.

Goldman, Thomas A. (Edit.): Cost-Effectiveness Analysis. New York 1967.

Grochla, Erwin: Betrieb und Wirtschaftsordnung. Das Problem der Wirtschaftsordnung aus betriebswirtschaftlicher Sicht. Berlin (1954).

— Betriebsverband und Verbandbetrieb. Berlin (1959).

— Automation und Organisation. Wiesbaden (1966). Band 1 der Schriftenreihe Betriebswirtschaftliche Beiträge zur Organisation und Automation.

Grochla, Erwin: Szyperski, Norbert; Seibt Dietrich: Ausbildung und Fortbildung in der automatisierten Datenverarbeitung. Eine Gesamtkonzeption. München und Wien 1970.

Gruenberger, Fred; Jaffray, George: Problems for Computer Solution. New York 1965.

Guilford, J. P.: Persönlichkeit, Logik, Methodik und Ergebnisse ihrer quantitativen Erforschung. Weinheim 1964.

Gutenberg, Erich: Grundlagen der Betriebswirtschaftslehre. 1. Band: Die Produktion. 10. Aufl., Berlin—Göttingen—Heidelberg 1968.

Harrison, Michael A.: Introduction to Switching and Automata Theory. New York 1965.

Heinen, Edmund: Das Zielsystem der Unternehmung. Grundlagen betriebswirtschaftlicher Entscheidungen. Wiesbaden 1966.

Hill, Peter B.: The Control of Large-Scale Software Projects. Working Paper for Workshop of IFIP-ADP-Group, Fribourg 1969 (unveröffentlicht).

IBM Corp. (Hrsg.): IBM System/360 Operating System. System Generation Configurator. Form C 20-1660-1 (White Plains/N. Y. 1967).

— IBM System/360 Operating System. Planning for Multiprogramming with a Fixed Number of Tasks (MFT) Form C 27-6939-4. (Poughkeepsie/N. Y. 1968).

— IBM System/360 Operating System. Introduction Form C 28-6534-4. (Poughkeepsie/N. Y. 1966).

— Corp. (Hrsg.): IBM System/360 Operating System. Concepts and Facilities. Form C 28-6535-5. (Poughkeepsie/N. Y. 1968).

— IBM System/360 Operating System. Job Control Language. Form C 28-6539-4. (o. Ort 1967).

— IBM System/360 Operating System. Operator's Guide. Form. C 28-6540-5. (o. Ort 1967).

— IBM System/360 Operating System SORT/MERGE. C 28-6543-5. (o. Ort 1968).

— IBM System/360 Operating System. System Programmer's Guide. Form C 28-6550-6. (Pouhkeepsie/N. Y. 1969).

— IBM System/360 Operating System. Storage Estimates. Form C 28-6551-8. (Poughkeepsie/N. Y. 1969).

— IBM System/360 Operating System. System Generation. Form C 28-6554-6. (Poughkeepsie/N. Y. 1969).

— IBM System/360 Operating System. Supervisor and Data Management Services. Form C 28-6646-2. (San José/Calif. 1968).

— IBM System/360 Decision Logic Translator. Application Description Manual. Form H 20-0492-1. (White Plains/N. Y. 1968).

— Computer System Simulator/360 (CSS/360) Education Guide. Form R 20-4097 (Poughkeepsie/N. Y. 1968).

IBM Schule für Datenverarbeitung (Hrsg.): Betriebssystem/360 OS-Utilities. Lehrgangsunterlagen. Form 81786-1 (o. Ort 1969).

Ihrer, Fred C.: The measurement of software performance in SCERT. (Manuskript, o. Ort und Jg.).

— The projection of computer performance through simulation. A Technical description of the SCERT program. 5th Edition (o. Ort 1967).

International Federation for Information Processing (Hrsg.): IFIP Fachwörterbuch der Informationsverarbeitung. Amsterdam 1968.

Jaehnig, Werner: Systemvergleich Elektronischer Rechenanlagen. Kommunale Gemeinschaftsstelle für Verwaltungsvereinfachung (Hrsg.). Köln 1966.

Johnson, Richard A.; Kast Fremont E.; Rosenzweig, James E.: The Theory and Management of Systems. London (1963).

Johnson, R. W.: Information System Design in a Complex Organization. The Rand Corp. (Ed.) RM-2901-PR. Santa Monica/Calif. 1962.

Joslin, Edward O.: Computer Selection. Reading/Mass. usw. (1968).

Kamke, Erich: Mengenlehre. 6. Aufl., Berlin 1969.

Kast, Fremont E.; Rosenzweig, James E. (Editors): Science, Technology, and Management. New York usw. (1963).

Kemeny, John G.; Schleifer, Arthur J.; Snell, J. Laurie; Thompson, Gerald L.: Mathematik für die Wirtschaftspraxis. Berlin 1966.

Kosiol, Erich: Die Unternehmung als wirtschaftliches Aktionszentrum. Einführung in die Betriebswirtschaftslehre. (Reinbeck 1966).

— Organisation der Unternehmung. Wiesbaden (1962).

Kramer, Rolf: Information und Kommunikation. Berlin (1965).

Krelle, Wilhelm: Präferenz- und Entscheidungstheorie. Tübingen 1968.

La Bolle, V.: Estimation of Computer Programming Costs. Systems Development Corp. (Ed.) SP-1747. Santa Monica/Calif. 1964.

Langefors, Börje: Theoretical Analysis of Information Systems. 2. Aufl., Lund (Schweden) 1968, Vol. 1 und 2.

Lehmann, M. R.: Allgemeine Betriebswirtschaftslehre. Allgemeine Theorie der Betriebswirtschaft. 3. Auflage, Wiesbaden 1956.

Luhmann, Niklas: Funktionen und Folgen formaler Organisation. Berlin 1964.

Mac Crimmon, K. R.: Decisionmaking Among Multiple-Attribute Alternatives: A Survey and Consolidated Approach. The Rand Corp. (Ed.). RM-4823-ARPA. Santa Monica/Calif. 1968.

Martin, J.: Programming Real-Time Computer Systems. Englewood Cliffs/N. J. (1965).

Martin, James: Design of Real-Time Computer Systems. Englewood Cliffs/N. J. (1967).

Mc Millan, Claude; Gonzalez, Richard F.: Systems Analysis, a Computer Approach to Decision Models. Homewood/Ill. 1965.

Mertens, Peter: Die zwischenbetriebliche Kooperation und Integration bei der automatisierten Datenverarbeitung. Meisenheim am Glan 1966.

— Simulation. Sammlung Poeschel. Reihe IV (P 61). Stuttgart 1969

Mooney, James D.: The Principles of Organization. New York—London (1947).

Naur, Peter and Randell, Brian (Ed.): Software Engineering. Report on a conference sponsored by NATO Science Committee. (Brüssel) 1969.

Naylor, Thomas H.; Chu, Kong; Balintfy, Joseph L.: Computer Simulation Techniques for Business and Economics. New York 1965.

Nelson, E. A.: Management Handbook for the Estimation of Computer Programming Costs. Systems Development Corp. (Ed.) TM-3225/000/00. Santa Monica/ Calif. 1966.

Nelson, R. J.: Introduction to Automata. New York 1966.

Neumann, John von: First draft of a report on the EDVAC. Contract No. W-670. ORD-492. Moore School of Electrical Engineering University of Pennsylvania (30. Juni 1945).

Neumann, J. von; Morgenstern, O.: Theory of Games and Economic Behavior (Second Edit.). Princeton/ N. J. 1947.

Newell, A.; Shaw, J. C.; Simon, H. A.: The Process of Creative Thinking. The RAND Corp. (Ed.) P-1320. Santa Monica/Calif. 1958.

Nicklisch, Heinrich: Die Betriebswirtschaft. 7. Aufl., Stuttgart 1932.

Orlicky, Joseph: The successful computer system. Its planning, development, and management in a business enterprise. New York usw. (1969).

Parkhill, D. F.: The Challenge of the Computer Utility. Palo Alto—London 1966.

Pfanzagl, J.: Die axiomatischen Grundlagen einer allgemeinen Theorie des Messens. Würzburg 1959.

Pietzsch, Jürgen: Die Information in der industriellen Unternehmung. Grundzüge einer Organisationstheorie für elektronische Datenverarbeitung. Köln und Opladen 1964.

Pritsker, A. A. B.; Watters, Lawrence J.; Wolfe, Philip M.: Mathematical Formulation: A Problem In Design. The Rand Corp. (Ed.) P-3790. Santa Monica/Calif. 1968.

Quade, E. S.: Cost-Effectiveness: Some Trends in Analysis. The RAND Corp. (Ed.) P-3529. Santa Monica/Calif. 1967.

Rölle, Harald: Konzeptionen für die Gestaltung von Management Informations-Systemen. Arbeitsbericht 68/3, hrsg. vom Betriebswirtschaftlichen Institut für Organisation und Automation an der Universität zu Köln. Köln 1968.

Rosser, J. B.; Turquette, A. R.: Many Valued Logics. Amsterdam 1952.

Rutishauser, H.; Speiser, A.; Stiefel, E.: Programmgesteuerte Rechenmaschinen. Mitteilungen Nr. 2 aus dem Institut für angewandte Mathematik der ETH Zürich. Zürich 1951.

Rutishauser, Heinz: Automatische Rechenplanfertigung bei programmgesteuerten Rechenmaschinen. Mitteilungen Nr. 3 aus dem Institut für angewandte Mathematik der ETH Zürich. Basel/Stuttgart 1961.

— Description of ALGOL 60 Handbook for Automatic Computation. Vol. I. Berlin usw. 1967.

Sackman, Harold: Computers, System Science and Evolving Society. New York 1967.

Sammet, Jean E.: Programming Languages: History and Fundamentals. Englewood Cliffs/N. J. (1969).

Savage, L. J.: The Foundations of Statistics. New York 1954.

Schmidt, Ernst: Die Automation in organisations-theoretischer Betrachtung. (Berlin 1966).

Schweiker, K. F.: Grundlagen einer Theorie betrieblicher Datenverarbeitung. Wiesbaden (1966).

Schweitzer, Marcell: Probleme der Ablauforganisation in Unternehmungen. Berlin (1964).

Siemens AG (Hrsg.): Siemens System 4004/35-55. Band-Platte-Betriebssystem. Organisationsprogramm. (o. Ort) 1969.

Simon, Herbert A.; Guetzkow, Harold et al.: Centralization vs. decentralization in organizing the controller's department. New York 1954.

Simon, Herbert A.: Administrative Behavior. A Study of Decision — Making Processes in Administrative Organizatons. 2. Aufl., New York 1961.

— The Shape of Automation. New York 1965.

Sperry Rand Corp. (Hrsg.): UNIVAC 1108 Multiprocessing System. Operating System EXEC 8 Programmer's Reference UP-4144 Rev. 1 (o. Ort 1968).

— UNIVAC 1100 Series. Systems Memorandum System 1108 OS, Revision 9, Ident. 3.4 (o. Ort, o. Jg.).

Sperry Rand GmbH (Hrsg.): Arbeitsblattsammlung für die UNIVAC-Serie 1100, Einführung in die Hardware, Software und Datenübertragung. o. Ort (1970).

Staerkle, Robert: Stabsstellen in der industriellen Unternehmung, Bern (1961).

Steinbuch, Karl: Automat und Mensch. Kybernetische Tatsachen und Hypothesen. Berlin—Heidelberg—New York 1965.

— Die informierte Gesellschaft. Geschichte und Zukunft der Nachrichtentechnik. (Stuttgart 1968).

Szyperski, Norbert: Zur Problematik der quantitativen Terminologie in der Betriebswirtschaftslehre. Berlin (1962).

— Unternehmungs-Informatik. Grundlegende Überlegungen zu einer Informationstechnologie für Unternehmungen. Arbeitsbericht 68/2 des Betriebswirtschaftlichen Instituts für Organisation und Automation an der Universität zu Köln. Köln 1968.

Thüring, B.: Einführung in die Methoden der Programmierung kaufmännischer und wissenschaftlicher Probleme für elektronische Rechenanlagen. I. Teil: Die Logik der Programmierung. 2. Aufl., Baden-Baden 1961.

Tupac, J. D.: An Approach To Software Evaluation. The Rand Corp. (Ed.) P-3581. Santa Monica/Calif. 1967.

Unger, Heinz: Elektronische Datenverarbeitungsanlagen und Automatentheorie. Heft 152 der Arbeitsgemeinschaft für Forschung des Landes Nordrhein-Westfalen. Köln und Opladen (1965).

Urwick, Lyndall F.; Gulick, Luther: Papers on the Science of Administration. New York 1937.

Wahrig, Gerhard (Hrsg.): Das große Deutsche Wörterbuch. Gütersloh (1966).

Ware, W. H.: The Computer in Your Future. The RAND Corp. (Ed.). P-3626. Santa Monica/Calif. 1967.

Wegner, Gertrud: Systemanalyse und Sachmitteleinsatz in der Betriebsorganisation. Wiesbaden (1969).

Wegner, Peter: Programming Languages, Information Structures, and Machine Organization. New York usw. (1968).

Wichmann, B. A.: A Comparison of ALGOL 60 Execution Speeds. (Working Paper) National Physical Laboratory. Teddington/ Middlesex (o. Jg.)

Wild, Jürgen: Grundlagen und Probleme der betriebswirtschaftlichen Organisationslehre. Entwurf eines Wissenschaftsprogramms. Berlin 1966.

— Neuere Organisationsforschung in betriebswirtschaftlicher Sicht. Internationale Forschungsansätze und -ergebnisse zur formalen Problematik der Aufbauorganisation. Berlin (1967).

Wilson, Ira G.; Wilson, Marthan E.: Information, Computers, and System Design. 3. Aufl., New York—London—Sydney 1967.

Winkler, Heinz: Anleitung zum praktischen Gebrauch von PL/1. München und Wien 1967.

Withington, Frederic G.: The Real Computer: Its Influence, Uses and Effects. Reading/Mass. usw. (1969).

Wittmann, Waldemar: Unternehmung und unvollkommene Information. Unternehmerische Voraussicht, Ungewißheit und Planung. Köln-Opladen 1959.

Wooldridge, Dean E.: Mechanik der Gehirnvorgänge. Wien—München 1967.

Zwicky, F. and Wilson, A. G. (Editors): New Methods of Thought and Procedure. (Contribution to the Symposium on Methodologies). Berlin—Heidelberg—New York 1967.

2. Beiträge in Sammelwerken

Abrahams, Paul W.: Symbol Manipulation Languages. In: Advances in Computers, edited by Franz L. Alt and Morris Rubinoff. Vol. 9, New York—London 1968, S. 51—111.

Acker, Heinrich B.: Stelle. In: Handwörterbuch der Organisation, hrsg. von Erwin Grochla, Stuttgart 1969, Sp. 1577—1582.

Ackoff, Russell L.: Systems, Organizations, and Interdisciplinary Research. In: Systems: Research and Design, edited by Donald P. Eckman, New York—London 1961, S. 26—42.

Agapeyeff, A. d': Reducing the cost of software. In: Software Engineering. Report on a Conference sponsored by NATO Science Committee, ed. by Peter Naur and Brian Randell, (Brüssel) 1969, S. 68, 71.

Altman, Stanley M.; Lo, Arthur W.: Systematic design for modular realization of control functions. In: AFIPS Conference Proceedings, Vol. 34/SJCC 1969, S. 587—595.

Apple, C. T.: The program monitor a device for program performance measurement. In: Proceedings of 20th ACM National Conference. Princeton/N. J. 1965, S. 65—75.

Arden, B.; Boettner, D.: Measurement and Performance of a Multiprogramming System. In: Second Symposium on Operating Systems Principles. Princeton/N. J. 1969, S. 130—146.

Ashby, W. Ross: Principles of the Self-Organizing System. In: Principles of Self-Organization ed. by Heinz von Foerster and George W. Zopf, Jr. Oxford—London—New York—Paris 1962, S. 255—278.

Avizienis, Algirdas: An Experimental Self-Repairing Computer. In: Proceedings of IFIP Congress 68. Edinburgh 1968, Submitted Papers, S. E 29-E 33.

Babcock, J. D.: Variations on software available to the user. In: Software Engineering. Report on a Conference sponsored by NATO Science Committee, edited by Peter Naur and Brian Randell, (Brüssel) 1969, S. 85.

Ball, William E.: A macromodular meta machine. In: AFIPS Conference Proceedings, Vol. 30/SJCC 1967, S. 377—392.

Balzer, R. M. EXDAMS — EXtendable Debugging And Monitoring System. In: AFIPS Conference Proceedings, Vol. 34/SJCC 1969, S. 567—580.

Barkley, Fritz W.: Computer change at the Westinghouse defense and space center. In: AFIPS Conference Proceedings, Vol. 31/FJCC 1967, S. 581—586.

Beauclair, W. de: Geschichtliche Entwicklung. In: Taschenbuch der Nachrichtenverarbeitung, hrsg. von K. Steinbuch, 2. Aufl., Berlin—Göttingen—Heidelberg
1967, S. 1—38.

Bemer, R. W.: Software Systems Customized By Computer. In: Proceedings of IFIP
Congress 65, Vol. 2, Washington—London (1966), S. 356.

—   Checklist for planning software system production. In: Software Engineering.
Report on a Conference Sponsored by Nato Science Committee. Edited by
Peter Naur and Brian Randell, (Brüssel) 1969, S. 165—180.

—   A Politico-Social History of ALGOL. In: Annual Review in Automatic Programming, Vol. 5. Admin. Editors Mark I. Halpern, Christopher J. Shaw.
Oxford—London usw. (1969), S. 151—237.

Biddle, Bruce J: Roles, Goals, And Value Structures In Organizations. In: Cooper,
W. W.; Leavitt, H. J.; Shelly II, M. W. (Editors): New Perspectives in Organization Research, New York usw. (1964), S. 150—172.

Bleicher, Knut: Span of Control. In: Handwörterbuch der Organisation, hrsg. von
Erwin Grochla, Stuttgart 1969, Sp. 1531—1536.

Bobrow, Daniel G.; Raphael, Bertram: A Comparison of List-Processing Computer
Languages. In: Programming Systems and Languages, edited by Saul Rosen,
New York usw. (1967), S. 490—511.

Bohnert, Herbert G.: The Logical Structure of the Utility Concept. In: Decision Processes, edited by R. M. Thrall; C. H. Coombs; R. L. Davis, New York—London
(1957), S. 221—230.

Borsei, A. A.; Bos, A. C.: Real-Time Information Management Design Criteria For
System Efficiency. In: Proceedings of IFIP Congress 68. Edinburgh 1968, Invited Papers, Vol. 1, S. 40—58.

Bouricius, W. G.; Carter, W. C.; Schneider, P. R.: Reliability modeling techniques for
self repairing computer systems. In: Proceedings of the 24th ACM National
Conference, New York 1969, S. 295—309.

Brawn, Barbara S.; Gustavson, Frances G.: Program behavior in a paging environment. In: AFIPS Conference Proceedings, Vol. 33/Part 2/FJCC 1968, S. 1019
bis 1032.

Briley, R. E.: Picoprogramming: A New Approach to Internal Computer Control.
In: AFIPS Conference Proceedings, Vol. 27/Part 1/FJCC 1965, S. 93—98.

Brooks, F. P. Jr.: The Future of Computer Architecture. In: Proceedings of the
IFIP Congress 65, Vol. 1, Washington—London (1966), S. 87—91.

Buchet, Jaques de: The development of a large scale mathematical programming
system. In: Proceedings of 23rd ACM National Conference. Princeton N. J.—
London 1968, S. 433—438.

Buchholz, Werner: Instruction Formats. In: Planning a Computer System — Project
Stretch, edited by Werner Buchholz. New York—Toronto—London 1962.

Burkhardt, Walter H.: Universal programming languages and processors: a brief
survey and new concepts. In: AFIPS Conference Proceedings, Vol. 27/Part 1/
FJCC 1965, S. 1—21.

Burks, A. W.: Computation, Behavior and Structure in Fixed and Growing Automata.
In: Self-Organizing Systems. Proceedings of an Interdisciplinary Conference,
edited by Marshall C. Yovits and Scott Cameron. Oxford usw. 1960, S. 282—309.

Campbell, D. J.; Heffner, W. J: Measurement and analysis of large operating systems
during system development. In: AFIPS Conference Proceedings, Vol. 33/Part 1/
FJCC 1968, S. 903—914.

Cantrell, H. N.; Ellison, A. L.: Multiprogramming system performance measurement
and analysis. In: AFIPS Conference Proceedings, Vol. 32/SJCC 1968, S. 213—221.

Cheatham, T. E. Jr.; Sattley, K.: Syntax — directed compiling. In: AFIPS Conference Proceedings, Vol. 25/ SJCC 1964, S. 31—57.

Cheatham, T. E. Jr.; Fischer, A.; Jorrand, P.: On the basis for ELF — An extensible language facility. In: AFIPS Conference Proceedings, Vol. 33/Part 2/FJCC 1968, S. 937—948.

Cheek, R. C.: Concurrent Processing And Program Priorities. In: Proceedings of IFIP Congress 65. Vol. 2, Washington—London (1966), S. 541—542.

Chomsky, N.: Formal Properties of Grammars. In: Handbook of Mathematical Psychology, edited by R. R. Bush, E. H. Galanter, R. D. Luce, Vol. 2, New York (1963), S. 323—415.

Churchman, C. West; Ackoff, Russell L.: An Experimental Measure of Personality. In: Philosophy of Science, Vol. 14 (1947), S. 304—332.

Clippinger, Richard F.: Programming Implications of Hardware Trends. In: Proceedings of the IFIP-Congress 65, Vol. 1, Washington—London (1966), S. 207 bis 212.

Coffman, E. G. and Kleinrock, L.: Computer scheduling methods and their countermeasures. In: AFIPS Conference Proceedings, Vol. 32/SJCC 1968, S. 11—21.

Conway, M. E.; Spandorfer, L. M.: A Computer system designer's view of large scale integration. In: AFIPS Conference Proceedings, Vol. 33/Part 1/FJCC 1968, S. 835—845.

Crowley, W. R.: A Possible Future System For Automatic Control Of The Development, Distribution, And Maintenance Of Programming Systems. In: Proceedings of IFIP Congress 65, Vol. 2, Washington—London (1966), S. 355—356.

Cyert, R. M.; Mac Grimmon, K. R.: Organizations. In: Handbook of Social Psychology, edited by G. Lindzey und E. Aronson, 2. Aufl., Reading/Mass. 1967.

Daniels, Almon E.: Some Observations Concerning Large Programming Efforts In: AFIPS Conference Proceedings, Vol. 25/SJCC 1964, S. 231—238.

David, E. E. Jr.: Some thoughts about production of large software systems. In: Software Engineering. Report on a Conference sponsored by NATO Science Committee, edit. by Peter Naur and Brian Randell. (Brüssel) 1969, S. 67—69, 83—84.

Davis, Ruth M.: Information Control in Command-Control Systems. In: Cooper, W. W.; Leavitt, H. J.; Shelly II, M. W. (Editors): New Perspectives in Organization Research. New York usw. (1964), S. 464—478.

—   Programming Language Processors. In: Advances in Computers, Vol. 7, edited by Franz L. Alt and Morris Rubinoff. New York—London 1966, S. 117—180.

De Meis, W. M. and Weizer, N.: Measurement and analysis of a demand paging time sharing system. In: Proceedings of the 24th ACM National Conference. (New York) 1969, S. 201—216.

Deniston, W. R.: SIPE: A TSS/360 Software Measurement Technique. In: Proceedings of 24th ACM National Conference. (New York) 1969, S. 229—245.

Dijkstra, E. W.: An attempt to unify the constituent concepts of serial program execution. In: Symbolic Languages in Data Processing. New York 1962, S. 237—251.

—   Programming Considered As A Human Activity. In: Proceedings of the IFIP Congress 65, Vol. 1, Washington—London (1966), S. 213—217.

—   Complexity controlled by hierarchical ordering of function and variability. In: Software Engineering. Report on a Conference sponsored by NATO Science Committee, edited by Peter Naur and Brian Randell, (Brüssel) 1969, S. 181—185.

Dove, Richard K.: Design highlights of CABAL — a compiler-compiler. In: AFIPS Conference Proceedings, Vol. 33/Part 2/FJCC 1968, S. 1321—1328.

Edwards, N. P.: On the Evaluation of the Cost-Effectiveness of Command and Control Systems. In: AFIPS Conference Proceedings, Vol. 25/SJCC 1964, S. 211—218.

Estrin, G.; Hopkins, D.; Coggan, B.; Crocker, S. D.: SNUPER COMPUTER — a computer in instrumentation automaton. In: AFIPS Conference Proceedings, Vol. 30/SJCC 1967, S. 645—656.

Estrin, G.; Kleinrock, L.: Measures, models and measurements for time-shared computer utilities. In: Proceedings of the 22nd ACM National Conference, Washington-D. C. 1967, S. 85—96.

Etzrodt, A.: Metschl, E. C.: Allgemeines über Bauelemente — Zuverlässigkeit — Miniaturisierung. In: Taschenbuch der Nachrichtenverarbeitung, hrsg. von Karl Steinbuch, 2. Aufl., Berlin—Göttingen—Heidelberg 1967, S. 167—200.

Feingold, Samuel L.: PLANIT — A flexible language designed for computer — human interaction. In: AFIPS Conference Proceedings, Vol. 31/FJCC 1967, S. 545—552.

Feldman, Jerome A.: A Formal Semantics For Programming Languages. In: Proceedings of IFIP Congress 65, Washington—London (1966), S. 435—436.

Fenichel, Robert R.; Grossman, Adrian J: An analytic model of multiprogrammed computing. In: AFIPS Conference Proceedings, Vol. 34/SJCC 1969, S. 717—721.

Flynn, Michael J.: A Prospectus on Integrated Electronics and Computer Architecture. In: AFIPS Conference Proceedings, Vol. 29/FJCC 1966, S. 97—103.

Foerster, H. von: On self-organizing systems and their environments. In: Self-Organizing Systems. Proceedings of an Interdisciplinary Conference. Edited by Marshall C. Yovits and Scott Cameron. Oxford usw. 1960, S. 31—50.

Fox, D.; Kessler, J. L.: Experiments in Software Modeling. In: AFIPS Conference Proceedings, Vol. 31/FJCC 1967, S. 429—436.

Fraser, A. G.: The nature of progress in software production. In: Software Engineering. Report on a Conference Sponsored by Nato Science Committee. Edited by Peter Naur and Brian Randell, (Brüssel) 1969, S. 19, 22, 87.

Freeman, David N.; Pearson, Robert R.: Efficiency vs responsiveness in a multiple-services computer facility. In: Proceedings of 23rd ACM National Conference. Princeton/N. J.—London 1968, S. 25—34 B.

Freibergs, I. F.: The dynamic behavior of programs. In: AFIPS Conference Proceedings, Vol. 33/Part 2/FJCC 1968, S. 1163—1167.

Frese, Erich: Wirtschaftlichkeit und Organisation. In: Handwörterbuch der Organisation, hrsg. von Erwin Grochla, Stuttgart 1969, Sp. 1787—1802.

Fritz, W. Barkley: Computer Change At The Westinghouse Defense and Space Center. In: AFIPS Conference Proceedings, Vol. 31/FJCC 1967, S. 581—586.

Fuchs, Herbert: Systemtheorie. In: Handwörterbuch der Organisation, hrsg. von Erwin Grochla, Stuttgart 1969, Sp. 1618—1630.

Garrett, G. A.: Management Problems of an Aerospace Computer Center. In: AFIPS Conference Proceedings, Vol. 27/Part I/FJCC 1965, S. 129—137.

Gerstmann, H.; Hoffmann, H.-J.; Remus, H.; Thiele, W.: Programmierung digitaler Systeme. In: Taschenbuch der Nachrichtenverarbeitung, hrsg. von K. Steinbuch, 2. Aufl., Berlin/Heidelberg/New York 1967, S. 1293—1359.

Gilbert, Philip; McLellan, William G.: Compiler Generation using formal specification of procedure-oriented and machine languages. In: AFIPS Conference Proceedings, Vol. 30/SJCC 1967, S. 447—455.

Gilette, H. R.: Aids in the production of maintainable software. In: Software Engineering. Report on a Conference Sponsored by Nato Science Committee. Edited by Peter Naur and Brian Randell, (Brüssel) 1969, S. 111—112.

Gill, Stanley: Thoughts on the sequence of writing software. In: Software Engineering. Report on a Conference Sponsored by Nato Science Committee. Edited by Peter Naur and Brian Randell, (Brüssel) 1969, S. 186—188.

Good, Irving John: Speculations Concerning the First Ultraintelligent Machine. In: Advances in Computers, edited by Franz L. Alt; Morris Rubinoff, Vol. 6, New York—London 1965, S. 31—88.

Goodenough, John B.: The comparison of programming languages: a linguistic approach. In: Proceedings of 23rd ACM National Conference. Princeton/ N. J.—London 1968, S. 765—785.

Gorman, Donald F.: Functional design and evaluation. In: AFIPS Conference Proceedings, Vol. 33/Part 2/FJCC 1968, S. 1500—1501.

Grochla, Erwin: Technische Entwicklung und Unternehmungsorganisation. In: Organisation und Rechnungswesen, hrsg. von Erwin Grochla, Berlin (1964), S. 57—80.

— Planung, betriebliche. In: Handwörterbuch der Sozialwissenschaften, hrsg. von Erwin von Beckerath, Hermann Bente, Carl Brinkmann u. a., Band 8, Stuttgart—Tübingen—Göttingen 1964, S. 314—325.

— Organisationstheorie. In: Handwörterbuch der Organisation, hrsg. von Erwin Grochla, Stuttgart 1969, Sp. 1236—1255.

Gunzenhäuser, R.; Knödel, W.: Einführung. In: Nicht-numerische Informationsverarbeitung, hrsg. von Rul Gunzenhäuser, Wien—New York 1968, S. 4 ff.

Händler, W.: Digitale Universalrechenautomaten. In: Taschenbuch der Nachrichtenverarbeitung, hrsg. von K. Steinbuch, 2. Aufl., Berlin—Göttingen—Heidelberg 1967, S. 965—1089.

Harr, J. A.: The design and production of realtime software for electronic switching systems. In: Software Engineering. Report on a Conference Sponsored by NATO Science Committee, edited by Peter Naur and Brian Randell, (Brüssel) 1969, S. 25—30.

Hatch, Theodore F. Jr.; Geyer, James B.: Hardware/software interaction on the Honeywell model 8200. In: AFIPS Conference Proceedings, Vol. 33/Part 1/FJCC 1968, S. 891—901.

Hausner, Melvin: Multidimensional Utilities. In: Decision Processes, edited by R. M. Thrall; C. H. Coombs; R. L. Davis, New York—London (1957), S. 167—180.

Hellerman, Herbert: Notes on System Performance Evaluation. In: Notes on Second International Seminar on Advanced Programming Systems, Jerusalem 1969, S. 1—76.

Herman, Donald J.; Ihrer Fred C.: The Use of Computers to Evaluate Computers. In: AFIPS Conference Proceedings, Vol. 25/SJCC 1964, S. 383—395.

Herman, Donald J.: Equiment Comparison and Selection. In: DATA PROCESSING, Vol. XI, Proceedings of the 1966 Fall Conference and Business Exposition. Data Processing Management Association, Los Angeles/Calif. 1966, S. 218—231.

Hobbs, L. C.: Effects of Large Arrays on Machine Organization and Hardware/Software Tradeoffs. In: AFIPS Conference Proceedings, Vol. 29/FJCC 1966, S. 89 bis 96.

Hoffmann, Walter: Entwicklungsbericht und Literaturzusammenstellung über Ziffern-Rechenautomaten. In: Digitale Informationswandler, hrsg. von Walter Hoffmann. Braunschweig 1962, S. 650—686.

Humphrey, W. S. Jr.: Future Technical Trends In Software Development. In: Proceedings of IFIP Congress 68 Edinburgh 1968, Submitted Papers, S. I 9.

Huse, Edgar F.: The Impact of Computerized Programs on Managers and Organizations: A Case Study in an Integrated Manufacturing Company. In: The Impact of Computers on Management, by Charles A. Myers, Cambridge/Mass.—London (1967), S. 282—302.

Ihrer, F. C.: TRANSIM — A New Approach to Computer Conversion. In: DATA PROCESSING, Vol. XI, Proceedings of the 1966 Fall Conference and Business Exposition Data Processing Management Association, Los Angeles/Calif. 1966, S. 416—427.

Irons, E. T.: The Structure and Use of the Syntax Directed Compiler. In: Annual Review in Automatic Programming, Vol. 3, edited by Richard Goodman, Oxford usw. 1963, S. 207—227.

Jacobson, Robert V.: Digital Simulation of Large Scale Systems. In: AFIPS Conference Proceedings, Vol. 28/SJCC 1966, S. 159—164.

Jones, P. D.: Operating System Structures. In: Proceedings of IFIP Congress 68 Edinburgh 1968, Submitted Papers, S. C 29-C 33.

Joseph, Earl C.: Computers: Trends Toward The Future. In: Proceedings of IFIP Congress 68. Edinburgh 1968, Invited Papers, Vol. 1, S. 145—157.

Joslin, Edward O.: Cost-Value Technique For Evaluation of Computer System Proposals. In: AFIPS Conference Proceedings, Vol. 24/SJCC 1964, S. 367—381.

—   Application Benchmarks: The Key to Meaningful Computer Evaluations. In: Proceedings of the 20th ACM National Conference, (New York) 1965, S. 27—37.

Kalibrierung, Stichwort in: Der Große Duden. Fremdwörterbuch, Band 5, 2. Aufl., Mannheim 1966, S. 336.

Kay, Ronald H.: The management and organization of large scale software development projects. In: AFIPS Conference Proceedings, Vol. 34/SJCC 1969, S. 425 bis 433.

Kazmierczak, H.: Wandler. In: Taschenbuch der Nachrichtenverarbeitung, hrsg. von Karl Steinbuch, 2. Aufl., Berlin—Heidelberg—New York 1967, S. 325—374.

Keller, Roy F.; Denham, Charles R.: Computer selection procedures. In: Proceedings of 23rd ACM National Conference. Princeton/N. J.—London 1968, S. 679—683.

Kerner, I. O.: Modern Programming Methods and Problems and Their Influence on the Design of Computing Instruments. In: Proceedings of IFIP Congress 62. Amsterdam (1963), S. 699—703.

Kisich, Rod: Operations Scheduling, Machine Loading, and Process Control. In: DATA PROCESSING, Vol. XI, Proceedings of the 1966 Fall Conference and Business Exposition. Data Processing Management Association. Los Angeles/ Calif. 1966, S. 348—352.

Klahr, David; Leavitt, Harold J.: TASKS, ORGANIZATION STRUCTURES, AND COMPUTER PROGRAMS. In: The Impact of Computers on Management, edited by Charles A. Myers, Cambrigde/Mass. (1967), S. 107—139.

Klar, R.; Spies, P. P.: Adaptive Betriebsprogramme und ihre Unterstützung durch einen Zählmonitor. In: Betriebsprogrammierung, hrsg. von W. Händler. Beiheft 19 zur Zeitschrift Elektronische Rechenanlagen, München und Wien 1969, S. 151—174.

Kolence, K.: On the interactions between software design techniques and software management problems. In: Software Engineering. Report on a Conference sponsored by Nato Science Committee, edited by Peter Naur and Brian Randell, (Brüssel) 1969, S. 59—60.

Lass, Stanley E.: A Fourth-Generation Computer Organization. In: AFIPS Conference Proceedings, Vol. 32/SJCC 1968, S. 435—441.

Leavitt, Harold J.: Applied Organizational Change in Industry: Structural, Technological and Humanistic Approaches. In: Handbook of Organizations, edited by James G. March. Chicago 1965.

Lehmann, Helmut: Integration. In: Handwörterbuch der Organisation, hrsg. von Erwin Grochla. Stuttgart 1969, Sp. 768—774.

—   Organisationslehre I (Entwicklung im deutschsprachigen Raum). In: Handwörterbuch der Organisation, hrsg. von Erwin Grochla. Stuttgart 1969, Sp. 1150 bis 1168.

Leonard, G. F.; Goodroe, J. R.: An Environment For An Operating System. In: Proceedings of the 19th ACM National Conference. New York 1964, S. E 2.3-1 — E 2.3-11.

Lipp, H. M.: Algorithmen zur Einstellung diskreter deterministischer Systeme. In: KYBERNETIK 1968, hrsg. von Hans Marko und Georg Färber, S. 409—424.

Llewelyn, A. I.; Wickens, R. F.: The testing of computer software. In: Software Engineering. Report on a Conference sponsored by NATO Science Committee, edited by Peter Naur and Brian Randell, (Brüssel) 1969, S. 189—199.

Marschak, Jacob: Towards An Economic Theory of Organization and Information. In: Decision Processes, edited by R. M. Thrall; C. H. Coombs; R. L. Davis, New York—London (1957), S. 187—220.

Mayntz, Renate: Organisationsziel. In: Handwörterbuch der Organisation, hrsg. von Erwin Grochla, Stuttgart 1969, Sp. 1255—1262.

Mc Clure, R. M.: Projection versus performance in software production. In: Software Engineering. Report on a Conference sponsored by NATO Science Committee, ed. by Peter Naur and Brian Randell, (Brüssel) 1969, S. 65—66, 122—123.

McGee, W. C.; Petersen, H. E.: Microprogramming for Data Acquisition and Control. In: AFIPS Conference Proceeding, Vol. 27/Part 1/FJCC 1965, S. 77—92.

McGee, William C.: Generalized File Processing. In: Annual Review in Automatic Programming, Vol. 5, Administrative Editors Mark I. Halpern and Christopher J. Shaw, Oxford—London usw. (1969), S. 77—149.

McIlroy, M. D.: Mass produced software components. In: Software Engineering. Report on a Conference sponsored by NATO Science Committee, edited by Peter Naur and Brian Randell, (Brüssel) 1969, S. 138—150.

McKeeman, W. M.: Language directed computer design. In: AFIPS Conference Proceedings, Vol. 31/FJCC 1967, S. 413—417.

Mc Naughton, Robert: The Theory of Automata, a Survey. In: Advances in Computers, Vol. 2, edited by Franz L. Alt et al., New York—London 1961, S. 379—421.

Mealy, George H.: Operating Systems (Excerpts). In: Programming Systems and Languages, edited by Saul Rosen, New York (1967), S. 516—534.

— The System Design Cycle. In: Second Symposium on Operating Systems Principles. Princeton/N. J. 1969, S. 1—7.

Mesarović, M. D.; Sanders, J. L.; Sprague, C. F.: An Axiomatic Approach To Organizations From A General Systems Viewpoint. In: Cooper, W. W.; Leavitt, H. J.; Shelly II, M. W. (Editors): New Perspectives in Organization Research. New York usw. (1964), S. 493—512.

Michaelson, S.: How to Succeed in Software. In: Proceedings of IFIP Congress 68. Edinburgh 1968, Invited Papers, S. 184—185.

Minsky, Marvin: Steps Toward Artificial Intelligence. In: Computers and Thought, edited by E. A. Feigenbaum and J. Feldman, New York 1963, S. 406—450.

— Matter, Mind and Models. In: Proceedings of IFIP Congress 65, Vol. 1, Washington—London (1966), S. 45—49.

Moore, Edward F.: Gedanken-Experiments on Sequential Machines. In: Automata Studies, edited by C. E. Shannon and J. McCarthy. Princeton/N. J. 1956, S. 129—153.

Morenoff, E.; McLean, J. B.: Inter-program communications, program string structures and buffer files. In: AFIPS Conference Proceedings, Vol. 30/SJCC 1967, S. 175 bis 183.

Morris, C.: Foundations of the theory of signs. In: International Encyclopedia of Unified Science, Vol. 1/No. 2, Chicago 1938.

Nanus, Burt; Farr, Leonard: Some Cost Contributors to Large-Scale Programs. In: AFIPS Conference Proceedings, Vol. 25/SJCC 1964, S. 239—248.

Narasimhan, R.: Programming Languages and Computers: A Unified Metatheory. In: Advances in Computers, Vol. 8, edited by Franz L. Alt and Morris Rubinoff. Oxford—London usw. 1967, S. 189—245.

Nash, J.: Some problems of management in the production of large scale software systems. In: Software Engineering. Report on a Conference Sponsored by Nato Science Committee. Edited by Peter Naur and Brian Randell, (Brüssel) 1969, S. 20, 66—67, 75—76.

Naur, Peter: The Place Of Programming In A World of Problems, Tools And People. In: Proceedings of IFIP Congress 65, Vol. 1, Washington—London (1966), S. 195—199.

Neblett, J. B.: Brevik, D. J.: Humanizing industrial control software. In: AFIPS Conference Proceedings, Vol. 30/SJCC 1967, S. 783—792.

Needham, R. M.; Hartley, D. F.: Theory and Practice in Operating System Design. In: Second Symposium on Operating Systems Principles. Princeton/N. J. 1969, S. 8—12.

Neumann, Peter G.: The Role of Motherhood in the Pop Art of System Programming. In: Second Symposium on Operating Systems Principles. Princeton/ N. J. 1969, S. 13—18.

Newell, A.; Shaw, J. C.; Simon, H. A.: A Variety of Intelligent Learninig in a General Problem Solver. In: Self-Organizing Systems. Proceedings of an Interdisciplinary Conference. Edited by Marshall C. Yovitts and Scott Cameron. Oxford usw. 1960, S. 153—189.

Nielsen, Norman R.: Flexible pricing: An approach to the allocation of computer resources. In: AFIPS Conference Proceedings, Vol. 33/Part 1/FJCC 1968, S. 521—531.

Nordsieck, Fritz: Funktion. In: Handwörterbuch der Organisation, hrsg. von Erwin Grochla, Stuttgart 1969, Sp. 602—616.

Nordsieck, Fritz; Nordsieck-Schröer, Hildegard: Aufgabe. In: Handwörterbuch der Organisation, hrsg. von Erwin Grochla, Stuttgart 1969, Sp. 191—199.

Oettinger, A. G.: Automatische Verarbeitung natürlicher und formaler Sprachen. In: Taschenbuch der Nachrichtenverarbeitung, hrsg. v. K. Steinbuch, 2. Aufl., Berlin/Heidelberg/New York 1967, S. 1269—1282.

O'Neil, John T. Jr.: META PI — An on-line interactive compiler-compiler. In: AFIPS Conference Proceedings, Vol. 33/Part 1/FJCC 1968, S. 1321—1328.

Pankhurst, R. J.: GULP — A compiler-compiler for verbal and graphic languages. In: Proceedings of 23rd ACM National Conference. Princeton/N. J.—London 1968, S. 405—421.

Orchard-Hays, W. M.: Structure of mathematical programming systems. In: Proceedings of 23rd ACM National Conference. Princeton/N. J.—London 1968, S. 439—458.

Parnas, David L.: More on simulation languages and design methodology for computer systems. In: AFIPS Conference Proceedings, Vol. 34/SJCC 1969, S. 739 bis 743.

Parnas, David L.; Darringer, John A.: SODAS and a methodology for system design. In: AFIPS Conference Proceedings, Vol. 31/FJCC 1967, S. 449—474.

Perlis, A. J.: Keynote Speech. In: Software Engineering. Report on a Conference sponsored by Nato Science Committee. Edited by Peter Naur and Brian Randell. (Brüssel) 1969, S. 135—138.

Petritz, Richard L.: Technological Foundations and Future Directions of Large-Scale Integrated Electronics. In: AFIPS Conference Proceedings, Vol. 29/FJCC 1966, S. 65—87.

Pietrasanta, Alfred M.; Nelson, Edward A.; Sackman, Harold: Managing the Economics of Computer Programming. Current Methodological Research. In: Proceedings of 23rd ACD National Conference. Princeton/N. J.—London 1968, S. 341—353.

Piligian, M. S.; Pokorney, J. L.: Air Force concepts for the technical control and design verification of computer programs. In: AFIPS Conference Proceedings, Vol. 30/SJCC 1967, S. 61—66.

Piloty, R.: Datenverarbeitung In: Taschenbuch der Nachrichtenverarbeitung, hrsg. von K. Steinbuch, 2. Aufl., Berlin—Heidelberg—New York 1967, S. 1090—1114.

Pinkerton, Tad B.: Performance monitoring and systems evaluation. In: Software Engineering. Report on a Conference Sponsored by NATO Science Committee. Edited by Peter Naur and Brian Randell, (Brüssel) 1969, S. 200—203.

Poel, W. L. van der: The Software Crisis. Some Thoughts and Outlooks. In: Proceedings of IFIP Congress 68 Edinburgh 1968, Invited Papers, S. 201—205.

Pratt, Terrence W.: A hierarchical graph model of the semantics of programs. In: AFIPS Conference Proceedings, Vol. 34/SJCC 1969, S. 813—825.

Presser, L.; Melkanoff, M. A.: Software measurements and their influence upon machine language design. In: AFIPS Conference Proceedings, Vol. 34/SJCC 1969, S. 733—737.

Randell, B.: Towards a methodology of computing system design. In: Software Engineering. Report on a Conference sponsored by NATO Science Committee, edit. by Peter Naur and Brian Randell, (Brüssel) 1969, S. 204—208.

Raphael, B. et al.: A Brief Survey of Computer Languages for Symbolic and Algebraic Manipulation. In: Proceedings of the IFIP Working Conference on Symbol Manipulation Languages, Amsterdam 1968, S. 1—54.

Ratynski, Milton V.: The Air Force computer program acquisition concept. In: AFIPS Conference Proceedings, Vol. 30/SJCC 1067, S. 33—41.

Richards, Martin: BCPL: A tool for compiler writing and system programming. In: AFIPS Conference Proceedings, Vol. 34/SJCC 1969, S. 557—566.

Rosen, Saul: Programming Systems and Languages: A Historical Survey. In: AFIPS Conference Proceedings, Vol. 25/SJCC 1964, S. 1—15.

— Hardware Design Reflecting Software Requirements. In: AFIPS Conference Proceedings, Vol. 33/Part 2/FJCC 1968, S. 1443—1449.

Rubey, Raymond J.; Hartwick, R. Dean: Quantitative measurement of program quality. In: Proceedings of 23rd ACM National Conference, Princeton N. J.—London 1968, S. 671—677.

Ruffner, Armin: Prinzipien der Organisation. In: Handwörterbuch der Organisation hrsg. von Erwin Grochla, Stuttgart 1969, Sp. 1330—1339.

Sackman, H.: Time-sharing versus batch processing: the experimental evidence In: AFIPS Conference Proceedings, Vol. 32/SJCC 1968, S. 1—10.

— Managing the Economics of Computer Programming — Current Methodological Research. In: Proceedings of the 23rd National Conference ACM Princeton/N. J. 1968, S. 349—353.

Samelson, K.: Programming Languages and Their Processing. In: Proceedings of IFIP-Congress 62, Amsterdam (1963), S. 487—492.

Schmidt, Ralf-Bodo: Bemerkungen zu den Grundfragen der Unternehmungspolitik. In: Hamburger Jahrbuch für Wirtschafts- und Gesellschaftspolitik. Hrsg. von H.-D. Ortlieb und B. Molitor, Bd. 10, Tübingen 1965, S. 34—54.

Schmitz, Paul: Programmierung. In: Handwörterbuch der Organisation, hrsg. von Erwin Grochla, Stuttgart 1969, Sp. 1358—1362.

— Programmiersprachen. In: Handwörterbuch der Organisation, hrsg. von Erwin Grochla, Stuttgart 1969, Sp. 1349—1358.

— Problematik der Auswahl einer Programmiersprache. In: Studienkreis Paul Schmitz: Die Wirksamkeit von Programmiersprachen. Wiesbaden 1972.

Schmitz, Paul; Seibt, Dietrich; Matis, Heinz; Strunz, Horst: Entwicklung eines Modells zur Bestimmung der Wirksamkeit von Programmiersprachen. In: Studienkreis: Paul Schmitz: Die Wirksamkeit von Programmiersprachen. Wiesbaden 1972.

Schneider, Victor: A system for designing fast programming language translators. In: AFIPS Conference Proceedings, Vol. 34/SJCC 1969, S. 777—792.

Schuff, Hans Konrad: Programmsteuerung. In: Handwörterbuch der Organisation, hrsg. von Erwin Grochla, Stuttgart 1969, Sp. 1362—1370.

Seibt, Dietrich: Automatensprachen und Programme für Problemlösungsprozesse. In: Management-Informationssysteme — Eine Herausforderung an Forschung und Entwicklung. Hrsg. von Erwin Grochla und Norbert Szyperski, Wiesbaden 1971.

Seibt, Dietrich; Matis, Heinz: Untersuchung von Programmiersprachen mit Hilfe von Beispielprogrammen. In: Studienkreis Paul Schmitz: Die Wirksamkeit von Programmiersprachen. Wiesbaden 1972.

Seibt, Dietrich; Stöwer, Emil: Erfahrungen der Anwender von ADV-Systemen. Ergebnisse einer empirischen Erhebung. In: Studienkreis Paul Schmitz: Die Wirksamkeit von Programmiersprachen. Wiesbaden 1972.

Selig, Franz: Documentation standards (excerpted from) Documentation for service and users. In: Software Engineering. Report on a Conference Sponsored by Nato Science Committee. Edited by Peter Naur and Brian Randell, (Brüssel) 1969, S. 21, 209—211.

Shannon, C. E.: A Universal Turing Machine with Two Internal States. In: Automata Studies, edited by C. E. Shannon and J. McCarthy. Princeton 1956.

Searle, Lloyd V.; Neil, George: Configuration management of Computer programs by the air force: principles and documentation. In: AFIPS Conference Proceedings, Vol. 30/SJCC 1967, S. 45—49.

Sieber, Edgar: Datenträger. In: Handwörterbuch der Organisation hrsg. von Erwin Grochla, Stuttgart 1969, Sp. 371—378.

Simon, Herbert A.; Newell, A.: Simulation of a human thinking. In: Management and the Computer of the Future, ed. by M. Greenberger. New York 1962.

Simon, Herbert A.: The Architecture of Complexity. In: General Systems. Yearbook of the Society for General Systems Research, Vol. X/1965, S. 63—76.

—   A Behavioral Model of Rational Choice. In: Herbert A. Simon (Editor): Models of Man, New York—London 1967, S. 241—260.

Simons, J.: The Economics of Programming. In: Proceedings of IFIP Congress 65, Washington—London (1966).

Smith, D. K.: An introduction to the List processing language SLIP. In: Programming Systems and Languages, edited by Saul Rosen, New York usw. (1967), S. 393—418.

Snediker, J. M.: A Self Organizing Program for Describing Concepts. In: Proceedings of the 20th ACM National Conference, New York 1965, S. 101—118.

Staff of the Civil Engineering Systems Laboratory (M. I. T.): Computers and the Design Process. In: Progress in Operations Research, Vol. III. Relationship between Operations Research and the Computer. Edited by Julius S. Aronofsky, New York usw. (1969), S. 415—472.

Steel, Thomas B. Jr.: Multiprogramming — promise, performance and prospect. In: AFIPS Conference Proceedings, Vol. 33/Part 1/FJCC 1968, S. 99—103.

Stefanić-Allmayer, Karl: Organismus. In: Handwörterbuch der Organisation, hrsg. von Erwin Grochla, Stuttgart 1969, Sp. 1280—1284.

Steiner, Hans-Georg: Logik und Methodologie. In: Das Fischer-Lexikon. Mathematik 1, hrsg. von Heinrich Behnke u. a., (Hamburg 1964), S. 196—227.

— Mengen, Abbildungen, Strukturen. In: Das Fischer-Lexikon. Mathematik 1, hrsg. von Heinrich Behnke u. a., (Hamburg 1964), S. 246—292.

Stevens, S. S.: Measurement, psychophysics, and utility. In: Measurement. Definitions and theories, edited by C. W. Churchman and Ph. Ratoosh, New York—London 1959, S. 18—63.

Strachey, C.: Towards a Formal Semantics. In: Formal Language Description Languages for Computer Programming. Proceedings of IFIP Working Conference, Amsterdam 1966, S. 198—220.

Strunz, Horst: Entscheidungstabellentechnik und Normierte Programmierung als Verfahren der computergestützten Programmerstellung. In: Studienkreis Paul Schmitz: Die Wirksamkeit von Programmiersprachen. Wiesbaden 1972.

Szyperski, Norbert: Analyse der Merkmale und Formen der Büroarbeit. In: Bürowirtschaftliche Forschung, hrsg. von Erich Kosiol, Berlin (1961), S. 79—131.

— Organisationsspielraum. In: Handwörterbuch der Organisation, hrsg. von Erwin Grochla, Stuttgart 1969, Sp. 1229—1236.

Teichroew, Daniel: Problem Statement Languages in MIS. In: Management-Informationssysteme — Eine Herausforderung an Forschung und Entwicklung. Hrsg. von Erwin Grochla und Norbert Szyperski. Wiesbaden 1971.

Tonik, Albert B.: Development of executive routines, both hardware and software. In: AFIPS Conference Proceedings, Vol. 31/FJCC 1967, S. 395—408.

Trachtenberg, Martin: Problems of Evaluating Operating Systems. In: DATA PROCESSING, Vol. XIII, Proceedings of the 1968 International Data Processing Conference and Business Exposition. Data Processing Management Association, Washington 1968, S. 21—27.

Trapnell, F. M.: A systematic approach to the development of system programs. In: AFIPS Conference Proceedings, Vol. 34/SJCC 1969, S. 411—418.

Walter, Cloy J.; Bohl, Walter Arline; Bohl, Marilyn Jean: Fourth Generation Computer Systems. In: AFIPS Conference Proceedings, Vol. 32/SJCC 1968, S. 423 bis 434.

Warshall, Stephen: On Computational Cost. In: Annual Review in Automatic Programming, Vol. 5, edited by Mark I. Halpern and Christopher J. Shaw, Oxford usw. (1969), S. 309—330.

Wassermann, W.: The Compatibility of Value Engineering and Configuration Management. In: Proceedings of the Third Space Congress, (o. Ort 1966), S. 437 bis 451.

Wegner, Gertrud: Systemanalyse. In: Handwörterbuch der Organisation, hrsg. von Erwin Grochla, Stuttgart 1969, Sp. 1610—1617.

— Sachmittel in der Organisation. In: Handwörterbuch der Organisation, hrsg. von Erwin Grochla, Stuttgart 1969, Sp. 1471—1476.

Weinwurm, George F.: Managing the economics of computer programming. In: Proceedings of 23rd ACM National Conference, Princeton/N. J.—London 1968, S. 329—332.

Wilkes, Maurice V.: A model for core space allocation in a time-sharing system. In: AFIPS Conference Proceedings, Vol. 34/SJCC 1969, S. 265—271.

Winnefeld, Friedrich: Psychologische Analyse des pädagogischen Lernvorganges. In: Handbuch der Psychologie, 10. Band „Pädagogische Psychologie", hrsg. von H. Hetzler, Göttingen 1959.

Wulf, William A.: Performance Monitors for Multiprogramming Systems. In: Second Symposium on Operating Systems Principles. Princeton/N. J. 1969, S. 175—181.

Wyle, Henry; Burnett, Gerald J.: Management of periodic operations in a real-time computation system. In: AFIPS Conference Proceedings, Vol. 31/FJCC 1967, S. 201—208.

Yetter, Irvin H.: High-speed fault simulation for UNIVAC 1107 computer system. In: Proceedings of 23rd ACM National Conference. Princeton/N. J.—London 1968, S. 265—277.

Zemanek, H.: Logische Algebra und Theorie der Schaltnetzwerke. In: Taschenbuch der Nachrichtenverarbeitung, hrsg. von K. Steinbuch, 2. Aufl., Berlin/Heidelberg/New York 1967, S. 84—145.

—   Lernende Automaten. In: Taschenbuch der Nachrichtenverarbeitung, 2. Aufl., hrsg. von K. Steinbuch, Berlin/Heidelberg/New York 1967, S. 1383—1450.

Zimmermann, Norman A.: System integration as a programming function. In: Proceedings of the 24th ACM National Conference, New York 1969, S. 459—467.

Zurcher, F. W.; Randell, B.: Multi-level modeling, a methodology for computer system design. In: Proceedings of IFIP Congress 68 Edinburgh 1968, Submitted Papers, S. D 138 — D 142.

Zuse, Konrad; Entwicklungslinien einer Rechengerät-Entwicklung von der Mechanik zur Elektronik. In: Digitale Informationswandler, hrsg. von Walter Hoffmann, Braunschweig 1962, S. 508—532.

3. Aufsätze in Zeitschriften

Ahlers, H.: Das Betriebssystem der GE Serie 600, Teil 1. In: Elektronische Datenverarbeitung, Heft 6/1967, S. 255—267.

Amdahl, Lowell D.: Architectural Questions of the Seventies. In: Datamation, January 1970, S. 66—68.

Arbuckle, R. A.: Computer analysis and thruput evaluation. In: Computers and Automation, January 1960, S. 12—19.

Aron, J. D.: Real-time systems in perspective. In: IBM Systems Journal, Vol. 6/Number One/1967, S. 49—67.

Ashby, W. Ross: Principles of the self-organizing dynamic system. In: Journal of General Psychology, Vol. 37/1947, S. 125—128.

Bar-Hillel, Y.; Perlis, M.; Shamir, E.: On formal properties of simple phrase structure grammars. In: Zeitschrift Phonetik — Sprachwissenschaftliche Kommunikationsforschung, 14. Jg./1961, S. 143—173.

Bartee, Erwin M.: Problem Solving with Ordinal Measurement. In: Management Science. Vol. 17/No. 10 (Juni 1971) S. B 622—B 633.

Bashkow, Theodore R.; Sasson, Azra; Kronfeld, Arnold: System Design Of A FORTRAN Machine. In: IEEE Transactions on Electronic Computers, Vol. EC-16 (1967), No. 4, S. 485—499.

Belady, L. A.; Kuehner, C. J.: Dynamic Space-Sharing in Computer Systems. In: Communications of the ACM, Vol. 12/No. 5/May 1969, S. 282—288.

Bender, G.; Freeman, D. N.; Smith, J. D.: Function and design of DOS/360 and TOS/360. In: IBM Systems Journal, Vol. 6/1967/No. 1, S. 2—21.

Berger, Barbara; Seibt, Dietrich; Strunz, Horst: Bibliographie zum Thema „Programmiersprachen" (veröffentlicht in 3 Teilen) In: Elektronische Datenverarbeitung, Hefte 5, 7 und 8/1969, S. 225—234, 330—341, 387—397.

Bertalanffy, L. von: Zu einer allgemeinen Systemlehre. In: Biologia Generalis, Band XIX (1949), Heft 1, S. 114—129.

Blaauw, G. A.: The structure of System/360 Part V: „Multisystem organization" In: IBM Systems Journal, Vol. 3/1964, Numbers 2/3, S. 181—195.

Blau, Helmut: Der EDV-Kunde ab 1970. Mögliche Konsequenzen aus der neuen IBM Vertriebspolitik. In: Bürotechnik und Automation, August 1969, S. 425.

—   Hardware — Software — Firmware. In: Bürotechnik und Automation, Hest 5/ 1969, S. 241—242.

Boulding, K.: General Systems Theory: The Skeleton of Science. In: Management Science, April 1956, S. 197—208.

Bouvard, Jacques: Fourth Generation Software. The User's Prospective In: Honeywell Computer Journal Sommer 1970, S. 42—49.

Briskin, L. E.: A Method of Unifying Multiple objective Functions. In: Management Science, Vol. 12/No. 10/ S. B-406 — B-416.

Brüggemann, F. W.: Das Betriebssystem der Großrechenanlage der Control Data 6000-Serie. In: Elektronische Datenverarbeitung, Heft 3/1967, S. 115—120.

Bryant, P.: Levels of Computer Systems. In: Communications of the ACM, Vol. 9/ No. 12/December 1966, S. 873—876.

Busse von Colbe, Walther: Entwicklungstendenzen in der Theorie der Unternehmung. In: Zeitschrift für Betriebswirtschaft, 34. Jg./1964, S. 615—627.

Calingaert, Peter: Systems Performance Evaluation: Survey and Appraisal. In: Communications of the ACM, Vol. 10/No. 1/January 1967, S. 12—18.

Callahan, Michael D.; Chapman, Anson E.: Description of Basic Algorithm in DETAB/65 Preprocessor. In: Communications of the ACM, Vol. 10/No. 7/ July 1967, S. 441—446.

Campise, James A.: The Software Dilemma. In: Journal of Data Management, November 1967, S. 16—72.

Chapin, Ned: An Introduction To Decision Tables. In: DPMA Quarterly, April 1967, S. 2—23.

Chang, W. and Wong, D. J.: Analysis of real time multiprogramming In: Journal of the ACM, Vol. 12/No. 4/October 1965, S. 581—588.

Cheng, P. S.: Trace-driven system modeling. In: IBM Systems Journal, Vol. 8/1969/ No. 4, S. 280—289.

Chomsky, N.: On Certain Formal Properties of Grammars. In: Information and Control, Vol. 2/1959, S. 137—167.

Clifford, H.: Dynamic Multiprogramming at Douglas. In: Datamation, November 1968, S. 52—54, u. 59.

Clippinger, R. F.: Systems Implications of Hardware Trends. In: Systems and Procedures Journal, Vol. 18 (1967), No. 3 (May/June), S. 10—17.

Coffman, E. G.: Studying Multiprogramming Systems. In: DATAMATION, June 1967, S. 47—54.

Constantine, Larry: A Modular Approach to Program Optimization. In: Computers and Automation, March 1967, S. 35—37.

Conway, Melvin E.: How do committees invent? In: DATAMATION, April 1958, S. 28—31.

—   On the Economics of the Software Market. In: DATAMATION, October 1968, S. 28—31.

Corbató, F. J.: PL/1 as a Tool for Systems Programming. In: DATAMATION, May 1969, S. 68—76.

Dahm, D. M.; Gerbstadt, F. H.; Pacelli, M. M.: A Systems Organization for Resource Allocation In: Communications of the ACM, Vol. 10/No. 12/December 1967, S. 772—779.

Denning, P. J.: The working set model for program behavior. In: Communications of the ACM, Vol. 11/No. 5/May 1968, S. 323—333.

Dijkstra, Edsger W.: The Structure of ‚THE'-Multiprogramming System. In: Communications of the ACM, Vol. 11/No. 5/May 1968, S. 341—346.

Dodd, George G.: Elements of data management systems. In: Computing Surveys, Vol. 1/No. 2/June 1969, S. 117—133.

Dorn, Philip: The Onslaught of the Next Generation. In: DATAMATION, January 1970, S. 76—78.

Eckenrode, R. T.: Weighting Multiple Criteria. In: Management Science, Vol. 12/No. 3, S. 180—192.

Fenske, Russel W.: Scheduling Computer Operations — Part I. In: Data Processing Magazine, September 1967, S. 30—32.

Fine, G. H.; Mc Isaac, P. V.: Simulation of a time-sharing system. In: Management Science, Vol. 12/No. 6/February 1966, S. B 180 — B 194.

Fischer, Patrick C.: Multi-tape and infinite-state automata — a survey. In: Communications of the ACM, Vol. 8/No. 12/December 1965, S. 799—805.

Fishburn, Peter C.: Methods of Estimating Additive Utilities. In: Management Science, Vol. 13/No. 7/March 1967, S. 435—453.

—   Utility Theory. In: Management Science, Vol. 14/No. 5/January 1968, S. 335 bis 378.

Forest, R. B.: Separate Hardware/Software Pricing. In: DATAMATION, June 1968, S. 72—77.

Foy, Nancy S.: Systems and their computers. In: DATAMATION, October 1967, S. 57—60.

Gorn, S.: Detection of generative ambiguities in context-free mechanical languages. In: Journal of the ACM, Vol. 10/1963, S. 196—208.

—   Summary Remarks. In: Communications of the ACM, Vol. 7/1964, S. 133—134.

Gotlieb, C. C.: The Cost of Programming and Coding. In: Computers and Automation, Vol. 3/No. 7/September 1954, S. 14—15.

Gould, R. L.: GPSS/360 — An improved general purpose simulator. In: IBM Systems Journal, Vol. 8/1969/No. 1, S. 16—27.

Greniewski, Henryk: Intention and Performance: A Primer of Cybernetics of Planning. In: Management Science, Vol. 11/No. 9/ July 1965, S. 763—782.

Grochla, Erwin: Die Integration der Datenverarbeitung. Durchführung anhand eines integrierten Unternehmungsmodells. In: Bürotechnik und Automation, März 1968, S. 108—123.

—   Die Zukunft der automatisierten Datenverarbeitung. — Herausforderung an Forschung und Ausbildung. In: ADL-Nachrichten, Heft 55/1969, S. 370—380.

—   Modelle als Instrumente der Unternehmungsführung. In: Schmalenbachs Zeitschrift für betriebswirtschaftliche Forschung, 21. Jg. der Zeitschrift für handelswissenschaftliche Forschung, N. F., Heft 6, Juni 1969, S. 382—297.

Halpern, Mark I.: The Future of Software. In: Data Processing Digest, Vol. 13/No. 2/ Febr. 1967, S. 1—10.

Heistand, Roy E.: An Executive System Implemented as a Finite-State Automat In: Communications of the ACM, Vol. 7/No. 11/November 1964, S. 669—677.

Hirsch, Phil: WIMMIX: It's The biggest, but will it be the best? In: DATAMATION, October 1969, S. 84—90.

Hoare, C. A. R.: An Axiomatic Basis for Computer Programming. In: Communications of the ACM, Vol. 12/No. 10/October 1969, S. 576—580, 583.

Hoyer, K.; Dreßler, H.: Betriebssysteme moderner Großrechenanlagen, dargestellt am Exekutiv-System der UNIVAC 1108 MP. In: Elektronische Datenverarbeitung, Heft 9/1967, S. 403—410.

Ihrer, Fred C.: Computer Performance Projected Through Simulation. In: Computers and Automation, April 1967, S. 22—27.

Iverson, K. E.: Programming notation in systems design. In: IBM Systems Journal, Vol. 2/No. 2/1963, S. 117—128.

Jen, Frank C.; Pegels, C. Carl; Dupuis, Terrence M.: Optimal capacities of production facilities. In: Management Science, Vol. 14/No. 10/June 1968, S. B 573 — B 580.

Jenkins, Clifford H.: Dynamic Multiprogramming At Douglas. In: DATAMATION, November 1968, S. 52—54, 59.

Jewett, Don L.: A Fourth-Generation Computer Now? In: DATAMATION, April 1968, S. 37—38.

Jones, Malcolm M.; Mc Lean, Ephraim R.: Management Problems in Large Scale Software Development Projects. In: Industrial Management Review, Vol. 11/No. 3 (Frühjahr 1970), S. 1—15.

Jones, R. C.: Systems-Programming — The Expensive Giveaway. In: Data Processing Magazine, Vol. 9/No. 9/1967, S. 26—27.

Jong, J. R. de: Die Aufgabenverteilung zwischen Mensch und Maschine. In: REFA Nachrichten, Zeitschrift für Arbeitsstudien, 20. Jg., Heft 4 (August 1967), S. 157—161.

Joslin, Edward O.: The validity of Basing Computer Selections on Benchmark Results. In: Computers and Automation, January 1966.

—   Describing Workload For Acquiring ADP Equipment and Software: In: Computers and Automation, June 1969, S. 36—40.

Karnough, M.: The Map Method for Synthesis of Combinational Logic Circuits. In: Communications and Electronics, Vol. 9/1953, S. 593—599.

Keefe, D. D.: Hierarchical Control Programs for Systems Evaluation. In: IBM Systems Journal, Vol. 7/No. 2/1968, S. 123—133.

Keeney, Ralph L.: Evaluating Multidimensional Situations Using a Quasi-Separable Utility Function. In: IEEE Transactions on Man-Machine Systems, Vol. MMS-9/No. 2/June 1968, S. 25—28.

Klemm, U.: Der Flußdiagrammübersetzer Strukturella. In: Elektronische Datenverarbeitung, 7. Jg./1965/Heft 2, S. 60—64.

Kosiol, Erich; Szyperski, Norbert; Chmielewicz, Klaus: Zum Standort der Systemforschung im Rahmen der Wissenschaften (einschließlich ihrer Beziehungen zur Organisations-, Automations- und Unternehmensforschung). In: Schmalenbachs Zeitschrift für betriebswirtschaftliche Forschung, 17. Jg. der Zeitschrift für handelswissenschaftliche Forschung, N. F., Heft 7, Juli 1965, S. 337 bis 378.

Lampson, Butler W.: A Scheduling Philosophy for Multiprocessing Systems. In: Communications of the ACM, Vol. 11/No. 5/May 1968, S. 347—360.

Landin, P. J.: The Mechanical Evaluation of Expressions. In: The Computer Journal, Vol. 6/1964, S. 308—320.

—   The Next 700 Programming Languages. In: Communications of the ACM, Vol. 9/No. 3/March 1966, S. 157—166.

Langen, Heinz: Bemerkungen zur betriebswirtschaftlichen Organisationslehre. In: Betriebswirtschaftliche Forschung und Praxis, 5. Jg./1953, S. 455—464.

Laver, Murray: User's Influence on Computer Systems Design. In: DATAMATION, October 1969, S. 107—116.

Licklider, J. C. R.: Man-Computer Symbiosis. In: IRE Transactions on Human Factors in Electronics, Vol. HFE-1/No. 1/March 1960, S. 4—11.

—   Underestimates and Overexpectations. In: Computers and Automation, August 1969, S. 48—52.

Lüttgens, Heinzgard; Seibt Dietrich: Bibliographie des Betriebswirtschaftlichen Instituts für Organisation und Automation an der Universität zu Köln.
zum Thema Programmiersprachen. Ergänzung. Teil 1 und Teil 2: In: Angewandte Informatik, Heft 3 und 4/1971 S. 137—144, 179—188.

Lutz, Theo: Modularprogramme In: Bürotechnik + Automation, Nr. 8, 1967, S. 405 bis 410.

Lutz, Theo und Klimesch, Herbert: Management Information Systems (MIS). Die Datenbank und ihre Probleme. In: IBM-Nachrichten, 18. Jg./Heft 192, Dezember 1968, S. 457—464.

Madnick, S. E.: String Processing Techniques. In: Communications of the ACM, Vol. 10/No. 7/July 1967, S. 420—424.

Marschak, I. A. and Yahav, J. A.: The Sequential Selection of Approaches to a Task. In: Management Science, Vol. 12/No. 9/May 1966, S. 627—647.

Marshall, Bruce S.: Dynamic Calculation of Dispatching Priorities under OS 360/ MVT. In: DATAMATION, August 1969, S. 93—97.

McElroy, David C.: Generalized File Management Software System. In: Total Systems Letter, Vol. 2/No. 5/Juli 1966, S. 1—3.

McGovern, P. J. (Ed.): Growing Number of Independent Firms offer Software-For-Sale Packages in Hopes of Multiple Sales and Attractive Profits on Single Cost Product. In: EDP Industry and Market Report, Vol. 2/No. 14/December 1966, S. 1—9.

Mertens, Peter: Zur Wirtschaftlichkeit und Wirtschaftlichkeitsschwelle der elektron. Datenverarbeitung. In: Neue Betriebswirtschaft, 20. Jg./1967/Heft 1, S. 42—46.

Mesarovic, M. D.: Self-Organizing Control Systems In: IEEE-transactions on applications and industry, Vol. 83/1964/No. 74, S. 265—269.

Montalbano, M.: Tables, flow charts and program logic. In: IBM-Systems Journal, Vol. 1/September 1962, S. 51—63.

Moore, J. Michael: An n job, one machine sequencing algorithm for minimizing the number of late jobs. In: Management Science, Vol. 15/No. 1/September 1968, S. 102—109.

Moravec, A. F.: Basic Concepts for Planning Advanced Electronic Data Processing Systems. In: Management Services, May—June 1965, S. 52—60.

Müller, Günther und Enders, Kurt: Maschinelle Verfahren zur Optimierung des Einsatzes von Datenverarbeitungsanlagen. In: Die Wirtschaftsprüfung, Jg. 21 (1968), Nr. 3, S. 57—63.

Nadler, Gerald: An investigation of design methodology. In: Management Science, Vol. 13/No. 10/ June 1967, S. B 642—B 655.

Naur, P. (Ed.): Revised report on the algorithmic language ALGOL 60. In: Communications of the ACM, Vol. 6/No. 1/January 1963.

Naur, P.: Machine Dependent Programming in Common Languages. In: BIT (Copenhagen), 7. Jg. (1967), No. 2, S. 123—131.

Nesse, Arthur C.: A User Looks At Software. In: DATAMATION, October 1968, S. 48—51.

Nielsen, Norman R.: The Simulation of Time Sharing Systems. In: Communications of the ACM, Vol. 10/No. 7/July 1967, S. 397—412.

Nisenoff, N.: Hardware for Information Processing Systems: Today and in the Future. In: Proceedings of the IEEE, Vol. 54/No. 12/December 1966, S. 1820 bis 1835.

Noble, A. S. Jr.: Design of an integrated programming and operating system. Part I: „System considerations and the monitor." In: IBM Systems Journal, Vol. 2/ No. 2/June 1963, S. 153—161.

Oestreicher, M. D.; Bailey, M. J.; Strauss, J. I.: George 3 — A General Purpose Time Sharing and Operating System. In: Communications of the ACM, Vol. 10/ No. 11/November 1967, S. 685—693.

o. V. Empfehlungen zur Ausbildung auf dem Gebiet der Datenverarbeitung. In: Pressedienst des Bundesministeriums für wissenschaftliche Forschung, Nr. 12/ 1968, S. 102.

— Software Delivery Delays on IBM'S System 360. In: Computers and Automation, August 1966, S. 14.

— The Next Generation. In: DATAMATION, January 1967, S. 31—36.

— IBM Phases out Work on Showcase TSS Effort. In: DATAMATION, Sept. 1, 1971, S. 58—59.

Opler, Ascher: Measurement of Software Characteristics. In: DATAMATION, July 1964.

— New Directions in Software 1960—1966. In: Proceedings of the IEEE, Vol. 54/ No. 12/December 1966, S. 1757—1765.

— Fourth Generation Software. In: DATAMATION, January 1967, S. 22—24.

Orchard-Hays, William: Multilevel Operating Systems (Abstract Only). In: Communications of the ACM, Vol. 9/No. 3/March 1966, S. 189—190.

Orlicky, Joseph A.: Computer Selection. In: Computers and Automation, September 1968, S. 44—49.

Pantages, Angeline: Industry reacts with approval and dismay as IBM goes separate ways. In: DATAMATION, August 1969, S. 105—111.

Parnas, David L.: On Simulating Networks of Parallel Processes in Which Simultaneous Events May Occur. In: Communications of the ACM, Vol. 12/Number 9/September 1969, S. 519—531.

Patrick, R. L.: Computing in the 1970's. The next generation from 50 view points In: DATAMATION, January 1967, S. 27—34.

Pierce, John R.: MEN, MACHINES, AND LANGUAGES. In: IEEE Spectrum, July 1968, S. 44—49.

Poths, Willi: Die Bedeutung problemorientierter Software für die Gestaltung betrieblicher Anwendungssysteme. In: Elektronische Datenverarbeitung, Heft 8/ 1969, S. 356—361.

Presby, J. T. and Wolfson, M. L.: An Algorithm for Solving Job Sequencing Problems. In: Management Science, Vol. 13/No. 8/April 1967, S. B 454—B 464.

Prest, R.; Turvey, R.: Cost-benefit analysis: A survey. In: The Economic Journal, Vol. 75/1965, S. 683—735.

Randell, B.: A Note on Storage Fragmentation and Program Selection. In: Communications of the ACM, Vol. 12/No. 7/July 1969, S. 365—369, 372.

Raphael, Bertram: The Structure of Programming Languages. In: Communications of the ACM, Vol. 9/No. 2/February 1966, S. 67—71.

Reusch, Günter: Die Struktur des Programmsystems und der Datenbank für ein Informationssystem. In: ADL-Nachrichten, Heft 50/1968, S. 21—25.

Reynolds, Carl H.: Software Development and its Costs. In: Computers and Automation, February 1967, S. 18—21.

Rich, Donald S.: Multiplying the Software Dollar. In: SOFTWARE AGE, March 1968, S. 30—35.

Roberts, K. V.: The Readability of Computer Programs. In: The Computer Bulletin, March 1967, S. 17—24.

Root, James G.: Scheduling with Deadlines and Loss Functions on k Parallel Machines. In: Management Science, Vol. 11/1965, S. 460—475.

Rosenberg, Arthur M.: The brave new world of time-sharing operating systems. In: DATAMATION, August 1969, S. 42—47.

Rosin, Robert F.: Supervisory and Monitor Systems. In: Computing Survheys, Vol. 1/No. 1/March 1969, S. 37—54.

Rothkopf, Michael H.: Scheduling Independent Tasks on Parallel Processors. In: Management Science, Vol. 12/No. 5/January 1966, S. 437—448.

Sackman, H.; Erikson, W. J.; Grant, E. E.: Exploratory Experimental Studies Comparing Online and Offline Programming Performance. In: Communications of the ACM, Vol. 11/No. 1/January 1968, S. 3—11.

Scharbert, J.: Änderbare Mikroprogrammspeicher hoher Geschwindigkeit. In: Elektronische Rechenanlagen, Jg. 11/1969/Heft 1, S. 16—20.

Scharf, Tom: Management And The New Software. In: DATAMATION, April 1968, S. 52—59.

—   Gewichtete Rangstufenmethode — Ein Computer-Bewertungsverfahren. In: Bürotechnik + Automation, Heft 5/1969, S. 254—260.

Schlesinger, S.; Saslekin, L.: POSE: A Language for Posing Problems to a Computer. In: Communications of the ACM, Vol. 10/No. 5/May 1967, S. 279—285.

Schmitz, P.: Entscheidungsmodelle und automatisierte Datenverarbeitung. In: Elektronische Datenverarbeitung, Heft 8/1967, S. 329—336.

Schuff, H. K.: Paging 67. In: Elektronische Datenverarbeitung, Heft 6/1967 (9. Jg.), S. 237—239.

Schweitzer, Marcell: Methodologische und entscheidungs-theoretische Grundlagen der betriebswirtschaftlichen Prozeßstrukturierung. In: Schmalenbachs Zeitschrift für betriebswirtschaftliche Forschung, 19. Jg. der Zeitschrift für handelswissenschaftliche Forschung, N. F., S. 279—296.

Seaman, P. H.; Soucy, R. C.: Simulating operating systems. In: IBM Systems Journal, Vol. 8/No. 4/1969/S. 264—279.

Shaber, John A. H.: Decision Tables for Better Management Systems. In: Systems and Procedures Journal, Vol. 17/1966/No. 2, S. 28—32.

Sidon, Günter W.: Die Aufbereitung und Anwendung des Kölner Integrationsmodells in der Praxis. In: Bürotechnik + Automation, 10. Jg./Heft 11/November 1969, S. 642—653.

Silvern, L. C.: Evaluating Hardware and Software in Man-Machine Environments. In: DATA PROCESSING FOR EDUCATION, Vol. 3/No. 8/1964, S. 2—13.

Smidt, Seymour: Flexible Pricing of Computer Services. In: Management Science, Vol. 14/No. 10/June 1968, S. B 581—B 600.

Stanley, W. J.; Hertel, H. F.: Statistics gathering and simulation for the Apollo real-time operating system. In: IBM Systems Journal, Vol. 7/1968/No. 2, S. 85—102.

—   Measurement of system operational statistics. In: IBM Systems Journal, Vol. 8/1969/No. 4, S. 299—308.

Stevens, W. Y.: The structure of System/360 Part II: „System implementations" In: IBM Systems Journal, Vol. 3/No. 2+3/1964, S. 136—143.

Stuart, Walter J. Jr.: An experiment in DP management — revisited. In: DATAMATION, November 1969, S. 149—157.

—   An Experiment in Data Processing Management. In: DATAMATION, June 1968, S. 64—65.

Szyperski, Norbert: Die technologische Herausforderung an die Betriebswirtschaftslehre der Gegenwart. In: Zeitschrift für Betriebswirtschaft, 33. Jg./1963, S. 275—289, 349—358, 423—434.

Teichroew, Daniel; Lubin, John Francis: Computer Simulation-Discussion of the Technique and Comparison of Languages. In: Communications of the ACM, Vol. 9/No. 10/October 1966, S. 723—741.

Terry, H.: Comparative Evaluation of Performance Using Multiple Criteria. In: Management Science, Vol. 9/1963/No. 3, S. 431—442.

Trocchi, Robert F.: Third Generation Hardware — First Generation Applications. In: Computers and Automation, September 1968, S. 28—29.

Tucker, S. G.: Emulation of Large Systems. In: Communications of the ACM, Vol. 8/No. 12/December 1965, S. 753—761.

Walter, Cloy J.; Bohl—Walter, Arline; Bohl, Marilyn Jean: Impact of fourth generation software on hardware design. In: Computer Group News, July 1968, S. 1—10.

Welke, L. A.: Consequences of Separate Pricing For Hardware and Software. In: DATAMATION, July 1969, S. 247—248.

White, B. and Trimble, J.: Design of an integrated programming and operating system. Part VI: „Implementation on the 7040/44 data processing system". In: IBM Systems Journal, Vol. 3/1964/No. 3, S. 79—94.

Wiehle, H. R.; Seegmüller, G.; Ulrich, W.; Peischl, F.: Ein Betriebssystem für schnelle Rechenautomaten. In: Elektronische Rechenanlagen, 6. Jg./Heft 3, S. 119—125.

Wild, Jürgen: Zur praktischen Bedeutung der Organisationstheorie. In: Zeitschrift für Betriebswirtschaft, 37. Jg./1967/Nr. 9, S. 567—592.

Wilkes, M. V.: The Growth of Interest in Microprogramming: A Literature Survey. In: Computing Surveys, Vol. 1/ No. 3/September 1969, S. 139—145.

Wilkes, M. V.; Hartley, D. F.: The Management System — A New Species of Software. In: DATAMATION, September 1969, S. 73—75.

Witt, B. I.: The functional structure of OS/360 Part II: „Job and task management" In: IBM Systems Journal, Vol. 5/1966/No. 1, S. 12—29.

Worthington, John H.: Operating Systems Cut Processing Time. In: Business Automation, July 1964, S. 27—29.

Zemanek, H.: Semiotics and Programming Languages. In: Communications of the ACM, Vol. 9/No. 3/March 1966, S. 139—143.

Zuse, K.: Über sich selbst reproduzierende Systeme. In: Elektronische Rechenanlagen, Heft 2/1967, S. 57—64.

4. Dissertationen und Diplomarbeiten

Miller, J. R.: The Assessment of Worth: A Systematic Procedure and Its Experimental Validation. Diss. Massachusetts Institute of Technology. Cambridge/Mass. 1966.

Paul, M.: Zur Sruktur formaler Sprachen. Diss. Universität Mainz 1962.

Pinkerton, Tad Brian: Program Behavior in Virtual Storage Computer Systems. Diss. University of Michigan Technical Report 4 (CONCOMP), Ann Arbor 1968.

Pleuss, Bruno: Das Problem der Wirtschaftlichkeit der Programmierung elektronischer Datenverarbeitungsanlagen. Diplomarbeit, Köln 1964/1965.

Schillen, Erhard: Die Analyse der Ansätze bei Ashby zur Kybernetik und zur Allgemeinen Systemtheorie. Diplomarbeit, Köln 1968/69.

Schwab, Bernhard Joachim: Economic Evaluation And Selection o f Electronic Data Processing Systems. Diss. University of California, Los Angeles 1967. Working Paper No. 128 Western Management Science Institute.

Band 11
Maschinelle Datenverarbeitungssysteme in der Unternehmung
Von Dr. Manfred zur Nieden   211 Seiten, Leinen 29,50 DM

Band 12
Computer-gestützte Entscheidungen in Unternehmungen
Herausgegeben von Prof. Dr. Erwin Grochla   227 Seiten, Leinen 29,50 DM

Band 13
Regelungstheorie und Entscheidungsprozesse
Von Dr. Bernd Schiemenz   208 Seiten, Leinen 29,20 DM

Band 14
Management-Informationssysteme
Herausgegeben von Prof. Dr. Erwin Grochla und Prof. Dr. Norbert Szyperski
                    868 Seiten, Leinen 68,— DM

Band 15
Istaufnahme und automatisierte Datenverarbeitung
Von Studienkreis Dr. Pärli   240 Seiten, Leinen 34,60 DM

Band 16
Grundlagen und organisatorische Möglichkeiten der Datenerfassung
Von Studienkreis Prof. Dr. Meller

Band 17
Ordnungsmäßige Buchführungssysteme bei automatisierter Datenverarbeitung
Von Dr. Harald Rölle   302 Seiten, Leinen 39,80 DM

Band 18
Organisation von Software-Systemen
Von Dr. Dietrich Seibt   272 Seiten, Leinen 38,80 DM

Band 19
Die Wirksamkeit von Programmiersprachen
Von Studienkreis Dr. Paul Schmitz   434 Seiten, Leinen 54,80 DM

Band 20
Kooperativer Führungsstil und Organisation
Von Dr. Günter Zepf

Betriebswirtschaftlicher Verlag Dr. Th. Gabler, Wiesbaden